二十弱冠

范保群集

STILL YOUNG AND IN PURSUIT

范保群 著

中国社会科学出版社

图书在版编目(CIP)数据

二十弱冠：范保群集 / 范保群著．—北京：中国社会科学出版社，2021.8
ISBN 978-7-5203-8864-1

Ⅰ.①二… Ⅱ.①范… Ⅲ.①改革开放—中国—文集 Ⅳ.①D61-53

中国版本图书馆 CIP 数据核字（2021）第 157937 号

出 版 人	赵剑英
责任编辑	王 茵　周 佳
责任校对	朱妍洁
责任印制	王 超

出　　版	中国社会科学出版社
社　　址	北京鼓楼西大街甲 158 号
邮　　编	100720
网　　址	http://www.csspw.cn
发 行 部	010-84083685
门 市 部	010-84029450
经　　销	新华书店及其他书店
印　　刷	北京君升印刷有限公司
装　　订	廊坊市广阳区广增装订厂
版　　次	2021 年 8 月第 1 版
印　　次	2021 年 8 月第 1 次印刷
开　　本	710×1000　1/16
印　　张	32
字　　数	550 千字
定　　价	128.00 元

凡购买中国社会科学出版社图书，如有质量问题请与本社营销中心联系调换
电话：010-84083683
版权所有　侵权必究

自　　序

感谢中国社会科学出版社提供这样一个机会，让我把自博士阶段起的一些研究成果，能够进行回顾和总结并结集出版。博士阶段之前基本都是在学习消化吸收积累，进入博士阶段有关研究才起步。我是1996年春围绕一些主题开始摸索的，陆续形成一些文字。1999年博士毕业后，我到中兴通讯从事了四年经营管理实践，主要涉及企业的具体事务，虽也常有一些战略问题和应对的思考，但理论研究基本间断。2003年6月，我到国务院发展研究中心工作，才重拾研究，这样粗略地算起来是20年。二十年时光，似白驹过隙。

感谢中国社会科学出版社赵剑英社长、魏长宝总编辑、王茵副总编辑和《中国发展观察》杂志社原社长卫建民先生对我过去这些文稿细致地进行了阅读并反馈了专业的意见。他们作为资深的出版人，给予这些不成熟研究的肯定、认可和鼓励，使我最终鼓起勇气和下了决心。但不管如何，节选的文章结集面世，还是感觉十分勉强、非常忐忑与相当不安。研究时长虽已二十载，但研究见识尚浅薄，研究功底仍欠扎实、功力仍显稚幼。为此，借中国古代二十岁算成年，行"冠礼"，以"二十弱冠"为书名，回顾二十年研究工作中的一些摸索和探索，也努力并期望在从事研究工作三十年时能够"三十而立"！诚然，研究工作是无止境的，生命不息、研究不止、困惑常在。所以，即使是从事研究工作四十年甚至更多年数也无法做到"不惑"。

回顾我20年研究工作，主要集中在三个地点——求是园、225号院和朗润园。

第一个地点是求是园。

求是园是浙江大学四校合并前玉泉校区的简称。我在求是园进行了硕士和博士共计6年多的学习。受影响较深的：一是每一位浙大学生都耳熟能详的竺可桢老校长两问"诸位在校，有两个问题应该自己问问：第一，到浙大来做什么？第二，将来毕业后要做什么样的人？"二是著名国学家马一浮先生作词、著名作曲家应尚能教授谱曲的校歌"大不自多，海纳江河。惟学无际，际于天地。形上谓道兮，形下谓器……"①。从青葱岁月至今，这两方面都影响着我，我时常为之所激励。总好象有一个灯塔在前方，让你去思索生命的意义、教育的意义、工作的意义，也一直在提醒你"惟学无际"、终身学习。求是园的具体研究工作则最受益于导师许庆瑞教授的耳提面命、诸多师长的谆谆教诲和学兄弟姐妹的帮助与启发。

由于博士期间最具代表性的成果博士论文《中国科技、教育与经济协调发展研究》已经由中国发展出版社以专著方式出版，本书就选择了我在求是园学习阶段公开发表的 8 篇文章，其中 6 篇是技术创新与战略管理领域：有 3 篇探讨了技术转移研究、技术转移的供需合作机制和技术转移的一种特殊模式（详见本书第 159 页至第 171 页、第 181 页至第 187 页）；另有 3 篇是分析研究经费投入产出的，有我国研究与发展投入产出的相关性分析和美国研发投入的结构演变以及基础研究投入的国际比较。有 1 篇与经济学有点关系，在文献基础上，较早地提出了经济发展阶段划分的结构变革标准。还有 1 篇是偏自然辩证法的哲学论文《中世纪教育的发展与近代科学的兴起》，探讨了中世纪教育与近代科学的关系，揭示了中世纪教育由教义教育向近代大学教育的演变，从而为文艺复兴时期的人本主义奠定基础和为近代科学的兴起创造了条件。这也是我公开发表的第 1 篇学术论文，以始为终，节选时放在了本书最后一部分。

第二个地点是 225 号院。

经过 4 年多企业实践工作，2003 年 6 月底我又重回研究领域，到国务院发展研究中心②工作，侧重于政策研究，办公地点在朝内大街 225 号院③。国务院发展研究中心一直紧紧围绕事关国民经济、社会发展和改革

---

① 歌词全文：大不自多，海纳江河。惟学无际，际于天地。形上谓道兮，形下谓器。礼主别异兮，乐主和同。知其不二兮，尔听斯聪。国有成均，在浙之滨。昔言求是，实启尔求真。习坎示教，始见经纶。无曰已是，无曰遂真。靡革匪因，靡故匪新。何以新之，开物前民。嗟尔髦士，尚其有闻。念哉典学，思睿观通。有文有质，有农有工。兼总条贯，知至知终。成章乃达，若金之在熔。尚亨于野，无吝于宗。树我邦国，天下来同。

② 国务院发展研究中心是改革开放后国务院成立的第一个直属政策研究咨询机构，由国务院经济研究中心、国务院技术经济研究中心和国务院价格研究中心合并，后又并入了原中央农村政策研究室与国务院农村发展研究中心部分研究职能。

③ 这里原来是外交部办公大楼，因此 225 号院又被称为"老外交部"。后外交部迁朝外大街新址后，225 号院成为国务院发展研究中心、中央机构编制委员会办公室、国务院新闻办公室和中国关心下一代工作委员会办公地。

开放的全局性、综合性、战略性、长期性、前瞻性以及热点、难点问题开展研究。注重从中国实际出发、注重实际问题的调查研究，提出了一系列具有重要政策理论价值和重大影响的研究成果，为中央决策发挥了重要的咨询服务作用[①]。

在225号院工作，不由自主就会有一种"担天下大任于已身"的使命感和责任感。这里有一大批理论水平高、政策研究造诣深的老中青专家学者。他们既善于理论联系实际，又深入了解真实情况；既敢于反映真实问题，又善于提出管用建议；既有全球视野，又有历史眼光和战略眼光，还敢于创新。与这些专家学者朝夕相处、一起讨论、一起调研、一起工作，他们身上所蕴含的专业主义、尊重规律、严谨细致、一丝不苟、客观理性、敬畏责任、不唯上不唯书只唯实、立足国家发展和人民福祉等独有气息，使我受益匪浅、获益终生。我也正是因为耳濡目染了这些专家学者的工作并尝试学习参与其中，才开启了我的政策研究之门。

本书选录了我在国务院发展研究中心工作期间的28篇文章，大体分为五类。第一类是学术研究，例如，关于商业生态系统和平台战略的研究有3篇，分别是《战略管理新趋势：基于商业生态系统的竞争战略》《商业生态系统竞争方式及其启示》《新产品开发中的动态平台战略》，是国内较早引入和深入探讨"商业生态系统"与"平台"战略的文章，也获得了较多的引用。第二类是调查研究，涉及国外考察和国内访谈调研及问卷调查等。这些调查研究一般都有特定的背景，因而指向性和政策建议较明确。例如，对美国东西海岸典型创新区域和高技术公司的考察，形成了《开放式创新趋势下美国高技术公司创新管理新动向与启示》；我可能是国内最早去美国调研半导体"竞争前研发"联盟SEMATECH运作机制的中国学者，调研回来后形成文章《在战略高科技产业　建议加快建立同行业企业"竞争前研发"联盟》，被多次引用；时至当前，关于半导体产业的竞争加剧，探讨我国半导体产业发展路径的研究文章，时常引用我在SEMATECH的调研情况。再如，在印度、印度尼西亚、新加坡关于"微型金融"的考察，形成了文章《微型金融大有可为》，较早地介绍了微型金融的实践和普惠金融的机制，文章中"微型金融"的概念和说法因此也第一次出现在中央文件中。还有很多和国内调研有关的成果，比如《当前我国

---

① 《国务院发展研究中心大事记（1980—2013）》，中国发展出版社2015年版。

企业转型发展的主要模式与进展》《安徽省企业用工情况、发现与建议》《我国企业对当前经营环境、发展机遇和制约因素的看法》《当前经济形势下我国企业转型发展的总体情况及政策建议》以及一系列关于产能过剩的调研文章。第三类是行业研究，包括了手机产业、IT终端产业、传统产业、石化产业、钢铁产业、电子信息产业、通信制造企业等（见第79页至第133页），主要是基于行业特点来探究行业组织管理规律与行业发展态势。第四类是预研性和判断性文章，例如《"十三五"时期企业转型发展与企业全球竞争力提升》《客观看待企业分化，积极推进结构调整》《当前企业效益下滑不是短期和偶然现象》《要防范国有企业经营困难长期化》《以四个"更加注重"进一步发展混合所有制》《中国世界级企业的结构失衡问题研究》等。第五类是一篇代表性译作——《企业变革的八大处方》，作者是美国斯坦福大学的咨询教授塔布里兹，由于企业变革的关注面广和应用性强，我当时翻译了该文，在《中国企业家》杂志上发表，因而也选入了本书，供企业（家）进行企业变革实践时借鉴参考。第六类是一篇企业案例文章，对我曾经工作过的中兴通讯培育企业自主创新能力的过程和做法进行了梳理和总结，亦供企业（家）借鉴参考。

第三个地点是朗润园。

我于2016年9月到北京大学从事国家高端智库工作，办公所在地为朗润园①。北京大学是新文化运动的中心、"五四运动"的策源地，坚守的"思想自由，兼容并包"之精神、"爱国、进步、民主、科学"的传统和歌曲《燕园情》②等都深深地影响着每一位北大人。国家发展研究院的"家国情怀""和而不同"更是典型代表。国家发展研究院是首批国家高端智库，谋求国家发展是其核心目标，研究工作"顶天立地"；这里，拥有一批有国家情怀和情结、以天下为己任、清醒理智不盲从、

---

① 朗润园初为圆明园附园，居鸣鹤园、静春园之北，万泉河之南。旧称春和园。清嘉庆年间赐乾隆十七子永璘，因永璘封庆王，俗称庆王园。咸丰年间，转赐恭亲王奕䜣，始名朗润园。光绪二十四年（1898年）奕䜣故，园收归内务府，曾做内阁、军机处会议之所。宣统年间，隆裕皇太后赐贝勒载涛。1920年由燕京大学购入，1952年随燕京大学并入北京大学。今为北京大学国家发展研究院办公所在地（引自侯仁之《燕园史话》，北京大学出版社1988年版）。

② 周保平词，孟卫东曲。歌词全文：红楼飞雪，一时英杰，先辈曾书写，爱国进步民主科学。忆昔长别，阳关千叠，狂歌曾竞夜，收拾山河待百年约。我们来自江南塞北，情系着城镇乡野；我们走向海角天涯，指点着三山五岳。我们今天东风桃李，用青春完成作业；我们明天巨木成林，让中华震惊世界。燕园情，千千结，问少年心事，眼底未名水，胸中黄河月。

明辨是非不计利害的学者名师大家。重回大学进行研究工作，在朗润园中能够与这样一群令人敬仰、敬重和钦佩的学者成为同事，向他们学习请教并一起工作和生活，是我又一段极其珍贵的缘分和难得宝贵的人生际遇。

本书选录了在朗润园工作的18篇文章。分类与前述大体相同。第一类是学术研究，例如《双边制度安排与外资企业绩效研究》。第二类是调查研究，例如，《深化供给侧结构性改革：怎么看、如何推》《成长型中小企业的创新特征及政策建议》《尽快复工是最直接的纾困，分业施策是最有效的扶持》《振兴东北老工业基地可优先考虑对创新型国企实施债转股混合所有制改革》等。第三类是专题研究，例如《进一步修订外商投资准入负面清单有助于我国经济质量提升》《中度规模金融危机已确认 全面危机应对已开启》《健全质量提升长效机制，建设质量强国》《当前尤其要重视资源衰退地区的转型发展》等。第四类是预研性和判断性文章，例如《健全市场功能、防控重大风险，应尽快建立国家级PPP存量资产流转交易平台》《发展中国特色社会主义经济，要继续发挥好政府的协调作用》《我国有能力解决国有企业杠杆率偏高问题》《美国的国际立场正在远离知识产权制度的本质》等。

这些旧作结集主要是对我部分研究工作的历程记录，也是一种自省。一方面，书中所载文章是当时的一些思考，很多数据已然陈旧，形势也多半时过境迁，疏漏与不妥之处更是难免，因而参考价值有限，但对我本人而言记载价值仍存。另一方面，有的文章的研究逻辑依然成立，一些研究方法仍然可行，也有的研究成果体现了前瞻性，揭示的趋势和提出的建议正成为现实或当前关切。因而本书的出版对政府、业界和学界就有些问题的进一步讨论和思考或深化认识可能有所裨益。

此外，本书中文章的出发点和落脚点大多是问题导向的和改革导向的。这和我的成长与工作经历多少有点关系。我出生在偏远山村的农民家庭，记事的时候，记忆特别深刻的就是联产承包责任制推行到我家所在的村子时，父母的喜悦、眼中的光芒以及他们从此身上焕发出的使不完的劲。邓小平同志恢复高考的决定，也改变了我的命运。我在通河一中读高中时，也要特别感谢学校的一项灵活开明的"土做法"。当时还需要粮票指标，虽然我家没有认可的等价物——粮票，但我家有靠父母辛勤劳动产出的大米等真粮食，幸运地是学校没有生硬、"一刀切"地执行粮票政策，而是通融变通务实地以"学校食堂可以收我父母种植的大米"等同于我的粮票指标。"民以食为天",我受益于"土做法"吃上食堂、顺利完成了学业,考上了大学。大学之后,我通过家教、参与课题研究等方式,不仅支持自己完成了本科、硕士、博士的学业,支持弟弟完成了学业,也为当时还没有新型农村合作医疗保险的母亲、奶奶求医看病。回想起来,如果没有受教育的机会、没有从农村到城市、没有选择的自由、没有开放而仍是封闭和限制,这些将都是不可能的。我先后在深圳、上海、北京不同的城市工作过,也经历过不同城市间社会保障分割而无法转移的无奈,深刻体会到全国统一公共基本保障政策对人的流动和资源配置的重要性。我后来工作的国务院发展研究中心、北京大学也都是研究真问题、推动真改革的标志性机构,受这些因素的影响,我的文章也多是问题导向的、改革导向的。

本书中的文章可能难有实质性建树,但在立足于起码的常识和基本的逻辑基础上研究了一些真实问题、关注了一些实际改革、坚持说了一些真话。社会和经济问题没有标准答案,问题往往比答案更重要,好的问题、真实的问题和说了真话的事实往往已经是答案的一半,已经是改革过程的一半。也希望本书的出版对进一步研究真问题、推动真改革有益。

另外,本书中收录的文章都是当时写作时的内容,保留了文字的原貌,因为没有必要用今天的认识去修改过去的判断或文字。因而,无论对错及是否有偏颇,旨在对过去的研究作一个阶段性回顾,回首当时的摸索过程、反映当时的思考逻辑和当时的认识水平。在向前展望的时候,不可能会有清晰的点和片断,更不可能有这些点和片断连接起来的画面。因此,从这个角度上说,回顾也是一种学习,我们只能是在回顾的时候,才能将这些点点滴滴真实地串连起来。虽然"纸上得来终觉浅,绝知此事要躬行",但回顾也能够让我们在真实的基础上,更好地探索接下来的方向,更全面地了解研究的历程,有助于进一步探索"真知"和"躬行",从而继续前行。

我非常幸运生在这样一个波澜壮阔、伟大的时代,成长在鼎故革新、改革开放的中国,又非常幸运地在求是园、225号院、朗润园进行了学习和研究工作。感恩时代、感恩改革开放的中国!感谢学生阶段的所有师长、一起学习的同学、彼此交流过的学兄弟姐妹,感谢所有工作的前辈与同仁，感谢家人①，感谢所有给予我帮助的朋友。我还要特别感谢本书中文章的所有合作者，没有你们的帮助、付出和支持，就没有本书！在文稿整理期间，刘海波老师做了大量的基础性工作，不少早期文章及图表没有电子版，刘海波老师根据印刷稿进行了重新绘制；书稿的编辑过程中，周佳编辑做了大量专业、细致的工作。没有刘海波老师和周佳编辑的帮助，也难有本书。

过去已去，未来必来。

终日乾乾，与时偕行。

苟利于民不必法古，苟周于事不必循旧。

希望本书的出版在回顾自省之余，勉励自己和有缘者今后继续坚持问题导向、坚持改革导向、坚持说真话。

范保群

2021年6月于朗润园

---

① 尤其要感谢我的爱人，22年来她不计得失、默默付出，与我南下北漂，担负起所有其他的事务来支持我的研究工作。没有她的支持，就很难有这些点滴研究成果。

目　　录

一　宏观形势

试论经济发展阶段划分的结构变革标准 …………………………………（3）
安徽省企业用工情况、发现与建议 …………………………………………（11）
河南省招工难的状况、问题及建议 …………………………………………（21）
当前经济形势下我国企业转型发展的总体情况及政策建议 ……………（29）
当前企业效益下滑不是短期和偶然现象 ……………………………………（33）
当前尤其要重视资源衰退地区的转型发展 …………………………………（37）
深化供给侧结构性改革：怎么看、如何推 …………………………………（43）
健全质量提升长效机制，建设质量强国 ……………………………………（49）
健全市场功能、防控重大风险，应尽快建立国家级 PPP 存量
　　资产流转交易平台 …………………………………………………………（54）
发展中国特色的社会主义经济，要继续发挥好政府的协调作用 ………（62）
进一步修订外商投资准入负面清单有助于我国经济质量提升 …………（70）
尽快复工是最直接的纾困，分业施策是最有效的扶持 …………………（73）

二　行业研究

中国手机产业的发展经验与展望 ……………………………………………（79）
东亚地区 IT 终端产业发展模式的比较研究与启示 ………………………（88）
高度重视传统行业转型升级 …………………………………………………（100）
当前石化、钢铁行业企业经营中的突出问题和政策建议 ………………（104）
中国电子信息行业企业工业 4.0 及智能制造调研情况与建议 …………（108）
通信制造企业的国际化战略 …………………………………………………（124）

三 产能过剩研究

现有产能退出政策仍待完善 …………………………………………… (137)
化解平板玻璃产能过剩重在建立长效机制 …………………………… (141)
多策并举化解水泥行业产能严重过剩 ………………………………… (148)

四 技术创新与战略管理

国内外技术转移研究的现状与前瞻 …………………………………… (159)
供需合作与技术转移过程 ……………………………………………… (166)
我国研究与发展投入产出的相关性分析 ……………………………… (172)
研究所与企业一体化模式研究 ………………………………………… (181)
美国研究与发展经费结构的演变及其启示 …………………………… (188)
基础研究投入的速度、规模与模式的国际比较 ……………………… (201)
新产品开发中的动态平台战略 ………………………………………… (207)
商业生态系统竞争方式及其启示 ……………………………………… (217)
战略管理新趋势：基于商业生态系统的竞争战略 …………………… (225)
在战略高科技产业 建议加快建立同行业企业"竞争前研发"
　　联盟 ………………………………………………………………… (239)
开放式创新趋势下美国高技术公司创新管理
　　新动向与启示 ……………………………………………………… (249)
鼓励原始创新，加快世界科学中心建设 ……………………………… (256)
美国的国际立场正在远离知识产权制度的本质 ……………………… (260)
美国长臂管辖权问题研究 ……………………………………………… (264)

五 企业研究及案例

中兴通讯培育企业自主创新能力的经验总结 ………………………… (273)
当前我国企业转型发展的主要模式与进展
　　——基于实地调研及中小板、创业板上市公司问卷调查 ………… (326)
客观看待企业分化，积极推进结构调整 ……………………………… (337)

成长型中小企业的创新特征及政策建议
　　——基于对新三板挂牌公司的分析 ………………………………（341）
"十三五"时期企业转型发展与企业全球竞争力提升 ………………（350）
我国企业对当前经营环境、发展机遇和制约因素的看法 ……………（383）
企业变革的八大处方 ……………………………………………………（387）
双边制度安排与外资企业绩效研究 ……………………………………（400）

六　国有企业与民营经济

要防范国有企业经营困难长期化 ………………………………………（419）
中国世界级企业的结构失衡问题研究 …………………………………（424）
我国有能力解决国有企业杠杆率偏高问题 ……………………………（435）
以四个"更加注重"进一步发展混合所有制 …………………………（440）
仍需重视当前我国民间投资回升不稳固问题 …………………………（445）
振兴东北老工业基地可优先考虑对创新型国企实施债转股混合
　　所有制改革 …………………………………………………………（452）
内外焦灼之际，尤需破解民营企业困局 ………………………………（457）
进行集团整体上市试点　加快国有企业混合所有制改革进程 ………（462）

七　金融

微型金融大有可为 ………………………………………………………（469）
中度规模金融危机已确认　全面危机应对已开启 ……………………（478）

八　教育与科学

中世纪教育的发展与近代科学的兴起 …………………………………（487）

参考文献 …………………………………………………………………（494）

一　宏观形势

试论经济发展阶段划分的结构变革标准[*]

经济发展阶段论，是指以连续的明确定义过程来描述经济发展。阶段论必然随着时间的日益增长而向前移动，任何一个阶段必须有其显著的特性，有别于其他阶段之特征。对一国经济发展所处阶段的界定，与该国经济适宜采取的发展战略、推动发展的竞争方式与手段有着直接或密切的关系。例如，波特在其著作《国家竞争优势》中关于经济发展阶段性与国际竞争和国家发展战略探讨所提出的"要素推动""投资推动""创新推动"和"财富推动"，[①] 就深刻地体现了这一点。可以说，经济发展所处阶段是确立一国经济发展战略、采取何种竞争行为的基本前提。

然而对于经济发展阶段的划分，经济学家和经济史学家提出过许多迥然不同的理论和标准，从而使一国所处经济发展阶段的界定和国家竞争方式与手段选择问题的研究面临较大的困境。本文旨在通过对经济学家和经济史学家经济发展阶段思想文献述评的基础上，剖析经济发展阶段共存的划分标准。

经济发展阶段划分的文献综述

不同的学者基于自身的研究角度和迥然有异的考察问题的方法，对经济发展阶段做出不同的划分。关于经济发展阶段研究的主要代表人物及其基本观点如下。

（一）毕雪

德国历史学派代表毕雪（K. Bucher）将经济发展划分为三个阶段。

---

[*] 本文刊于《电子科技大学学报》（社会科学版）2000年第2期，与许庆瑞合作。
① M. E. Porter, *The Competitive Advantage of Nations*, London: Macmillan, 1990.

第一个阶段是封闭性的家庭经济，其特点是对于所生产出来的商品，无论是原料还是制成品，皆缺乏任何的交易。

当交易发生于生产者和消费者之间时，便处于经济发展的第二阶段——城市经济。从家庭经济到城市经济，从无交易到有交易的变迁过程，需花几百年的时间去完成。

第三阶段是国民经济，其特征是批发买卖和市场的建立，即生产者、消费者是相隔离的，政治组织的兴起是城市经济变迁到国民经济的根本原因。①

（二）李斯特

李斯特（F. List）针对英国古典学派不考虑各国不同的经济发展条件和发展程度、忽视民族特性的所谓"世界主义"倾向，提出了自己的经济发展阶段理论。②

其理论意图在于强调不同的国家应当根据本国所处的经济发展阶段来选择适合本国的独特的发展道路，制定相应政策，而不要照搬别国的经验和做法。

通过兼用历史分析、制度与结构分析以及部门分析方法，李斯特认为从经济方面来看国家都必须经过如下发展阶段：原始未开化阶段—畜牧业阶段—农业阶段—农业和制造业阶段—农业、制造业和商业阶段。③

（三）罗雪尔

罗雪尔（Wilhelm Roscher）认为并阐明，国民经济发展或国民生活在机理上如同生物界一样，要经过四个发展时期，即幼年期、青年期（开花期）、成年期（成熟期）和老年期（衰老期）。④ 基于此，罗雪尔指出，这四个时期背后起支配作用的要素有三个，即外部自然、劳动和资本。

根据这三个要素以在国民经济不同时期是否起支配作用这一原则为标准，罗雪尔把一个国民经济进化过程分为三大阶段："低级文化阶段"（自然主导阶段）、劳动主导阶段和资本主导阶段。经济发展阶段的更替就是三

---

① K. Bucher, *Industrial Evolution*, Toronto: Toronto University Press, 1901.
② 谭崇台：《西方经济发展思想史》，武汉大学出版社1993年版，第183页。
③ ［德］弗里德里希·李斯特：《政治经济学的国民体系》，陈万煦、蔡受百译，商务印书馆1961年版，第177页。
④ W. Roscher, *Principles of Political Economy*, Henry Holt Co., 1878, p. 115.

个要素——外部自然、劳动和资本主导地位变化的结果。①

（四）施穆勒

施穆勒（Gustav Schmoller）认为，对国民经济形成及其发展的理解不仅应当考虑到经济结构，还应当考虑到社会结构，并且认为国家应当发挥更大的作用，以促使本国经济向高度发展阶段推进。

任何国家的经济发展不仅意味着财富的增长，还意味着经济结构、社会结构乃至包括伦理、心理因素在内的观念的变化，并提出了包括促使收入分配趋于合理化和孤寡救济在内的社会政策以改变分配结构和增加社会福利。②

基于此，施穆勒把人类社会的经济发展划分为氏族和部落经济、马克公社或村落经济、城市经济、地域经济、国民经济和世界经济六个阶段。这种划分表现为一个持续的发展过程，又有助于创造一种有关人类发展的完整理论。③

（五）克拉克和费雪

克拉克（Clark）和费雪（Fisher）是透过三个一组职业上的阶段来观察经济发展的。

在第一阶段，国家起初是生产最初级的基本商品（如农业和渔业），再转移到生产制造品的较高发展阶段。第二阶段的来临是透过知识和技术上的进步，随着物质累积，国家逐渐透过较高的文化形态去寻找较大的福利，同时劳动由商业生产向服务业发展。第三阶段的特征表现在运输、分配和公共管理部门的成长，最高层次的所得是透过非物质上的产出而获得。④

（六）马克思

在马克思（Karl Marx）的理论中，经济体系是通过阶级关系来发展到较

---

① [德]罗雪尔：《历史方法的国民经济学讲义大纲》，朱绍文译，商务印书馆1981年版，第19页。

② G. Schmoller, "Idea of Justice in Political Economy", In J. Oser and S. L. Bruce, eds., *The Evolution of Economic Thought*, 1988, p. 205.

③ G. Schmoller, *The Mercantile System and Its Historical Sig-nificance*, Peter Smith, 1931, pp. 2–3.

④ C. Clark, *The Conditions of Economic Progress* (3rd edn.), London: Macmillan, 1957, pp. 491–493; Allen G. B. Fisher, "Production, Primary, Secondary and Tertiary", *Economic Record*, Vol. 15, No. 1, 1939, pp. 24–38.

高阶段的，这些关系存在于发展较快的生产力量（如知识和技术的改变）与演进较慢的社会政治组织之间。资本累积者和所有者与劳动者之间在社会上、心理上和经济上之力量运作，使封建制度演进到资本主义再到社会主义。

马克思分别从社会经济形态和生产方式演进两个角度来观察和划分经济发展的阶段。按社会经济形态的演进，整个人类社会及各个国家一般都要经历原始社会、奴隶社会、封建社会、资本主义社会和共产主义社会五个阶段，这种划分属于制度变迁的分析框架。①

按社会生产方式划分，则分为手工生产、简单机器生产、机器大工业生产等阶段。由于社会生产方式的转变主要侧重于技术结构的演变，因此，可以把马克思按社会生产方式划分的经济发展阶段看作技术结构变革的结果。②

（七）罗斯托

发展经济学家罗斯托（Rostow）根据历史事实，提出每个国家经济发展都要经历传统社会、起飞前准备阶段、起飞阶段、向成熟推进阶段、高额群众消费阶段、追求生活质量六个阶段。③

传统社会阶段没有现代科学和技术，存在一种僵硬社会结构，生产力低下，人均收入仅够维持生存；起飞前准备阶段是从传统社会向"起飞"阶段发展的"过渡中的社会"，发展的障碍正在被克服，但人均实际收入增长缓慢；起飞阶段则是关键阶段，束缚经济成长的阻力被克服，传统的经济停滞状态被突破，经济由"主导部门"起动，带动其他部门共同实现快速的经济增长；在成熟阶段，处于正常成长条件下的经济力量把现代技术推广到经济活动的全部领域中去；在高额群众消费阶段，社会进入一个高度发达的工业社会，经济主导部门转移到耐用消费品和服务领域；追求生活质量阶段的主导部门已经不是以汽车为主的耐用消费品工业，而是以服务业为代表的提高居民"生活质量"的有关部门（包括教育、市政建设、保健设施、环境保护、文娱旅游等）。

---

① 马克思：《资本论》第一卷，人民出版社1975年版，第204页。
② 马克思：《资本论》第一卷，人民出版社1975年版，第689页。
③ [美]罗斯托：《从起飞进入持续增长的经济学》，贺力平等译，四川人民出版社1988年版，第8–13页。

（八）贝尔

美国社会学家贝尔（Danniel Bell）把社会经济发展划分为三个阶段："前工业化社会""工业化社会"和"后工业化社会"。[①]

前工业社会的"意图"是"同自然界的竞争"：它的资源来自采掘和提取自然资源的产业（矿业、渔业、林业、农业），人们按照传统的方式用体力进行劳动。前工业社会受报酬递减率的制约，生产力低下。工业社会的"意图"是"同经过加工的自然界竞争"：以人与机器之间的关系为中心，利用能源把自然环境改变成为技术环境。工业社会是经济化社会，经济活动以职能效率原则为中心，目标是"以少求多"，并以"合理的"的行动途径来实现。后工业社会的"意图"是"人与人之间的竞争"：以信息为基础。在经济上，由制造业经济转向服务性经济；在职业上，专业与科技人员取代企业家居于社会的主导地位；在中轴原理上，理论知识居于中心，成为社会革新和制定政策的源泉。

经济发展阶段划分共性：结构变革标准

在经济发展阶段的划分标准问题上，上述学者明确地或隐含地遵循了一个共同的标准。这个共同的划分标准就是结构变革。

在毕雪的经济发展阶段论中，一个默认的划分标准就是贸易结构的变革。当贸易结构属于封闭类型时，经济发展处于家庭经济阶段；当贸易结构变革为直接的贸易关系时，经济发展处于城市经济阶段；而当贸易结构进一步演化为由中介方联结供需方时，经济发展进入国民经济阶段。正是以贸易结构变革为准绳，毕雪理论阐述的经济发展由贸易封闭、简单、低级，发展为开放、复杂和高级。

结构变革思想更是贯穿于李斯特经济发展阶段论的始终。这一点正如美国发展经济学家 Hoselitz 所指出："李斯特对发展阶段的阐述，尤其是后三个发展阶段的阐述，隐含着有关三次产业理论的推论。当农业阶段变为农业—制造业阶段时，经济的'重心'便转向了第二次产业；而当农业—制造业阶段演进为农业—制造业—商业阶段时，则隐含着服务业即第三次

[①] ［美］丹尼尔·贝尔：《后工业社会的来临——对社会预测的一项探索》，高铦等译，商务印书馆 1984 年版。

产业的增长。这与费雪和克拉克三次产业理论极为近似。"①

施穆勒与毕雪和李斯特相比，则是从更广义的结构变革——社会组织结构变革的角度来理解经济发展阶段的。在氏族和部落经济阶段，具有某种亲族关系的捕猎人和牧羊人组成原始部落组织，为共同生存、发展和满足需要形成联盟，部落首长起最重要的领导作用。当原始部落经济生活重心转向马克公社或村落经济时，马克—社区（mark-community）或村落—社会（village-community）组织成为核心，发挥领导和控制作用。到城市经济阶段，城市国家或城邦成为社会经济与政治结构形态的主体，并对周边地区辐射其影响。随着商业活动的扩大、联盟精神和整个地区共同利益意识的增强，城市经济阶段逐渐被地域经济阶段取代，起初的组织形式是城市联盟（the town-leagues），后发展成为区域国家（the territorial state），这种地域性组织决定和推动着经济与政治发展，但仍属于较封闭状态。而进入国民经济时代，国民性意识日益强烈，从而形成民族国家把各地区联合成一个统一的实体。世界经济时代是经济发展的最后一个阶段，其标志就是具有连带关系（solidarity）的城市、区域、民族和国家共同体的形成。随着氏族和部落、马克—社区或村落—社会、城市国家或城邦、城市联盟、区域国家、民族国家和连带共同体等组织结构的变革，推动经济发展阶段之间的变迁。

克拉克的经济发展阶段论所揭示的本质就是经济进步过程中部门结构变革的规律性。这一规律为 Kuznets 和 Chenery 等人开展关于经济发展与结构变化关系的经验研究打下了理论基础。

而罗斯托的经济成长阶段论——事实上，就是产业结构转变与主导部门变更相结合的产物。只是罗斯托在注重上述两类转变的同时，还特别强调了起飞阶段的重要意义——资本结构由低积累率向高积累率的飞跃。因此，如果从资本结构变化的角度来思考罗斯托的经济成长阶段的话，经济发展可以划分为三个阶段：低资本积累率阶段—高资本积累率阶段—比较稳定的资本积累率阶段。

贝尔的划分思想基本上类似于罗斯托，只是把罗斯托起飞阶段之前的传统社会和起飞前准备阶段归于"前工业社会"、把起飞阶段到高额群众消费阶段纳入"工业社会"而已，而罗斯托的第六阶段——追求生活质量

---

① B. Hoselitz et al., *Theories of Economic Growth*, New York: The Free Press, 1963, pp. 202 – 203.

阶段大部分内容成为贝尔的"后工业社会"阶段内容。从本质上说，贝尔对经济发展阶段的划分标准除了考虑到罗斯托所关注的产业结构变动、主导部门变更和资本结构变化外，更体现了人类技术结构的演进过程，而这一点也正是马克思划分经济发展阶段的准则之一。

另外，马克思还精辟地指出制度结构变迁维度下经济发展阶段的发展、进化。

综上所述，尽管学者们关于经济发展阶段理论与划分标准迥异，但这些划分标准都可以归因于各种类型的结构（包括贸易结构、产业结构、要素结构、组织结构、技术结构、制度结构和资本结构等）变革，不同的经济发展阶段理论强调不同的结构划分标准（见表1）。

表1　多名学者对经济发展阶段思想与其结构划分标准

学者	1	2	3	4	5	6	结构划分标准
Bucher	封闭的家庭经济	城市经济	国民经济	—	—	—	贸易结构
List	原始未开化阶段	畜牧业阶段	农业阶段	农业和制造业阶段	农业、制造业和商业阶段	—	产业结构
Roscher	低级文化	劳动主导	资本主导	—	—	—	要素结构
Schmoller	氏族和部落经济	马克公社村落经济	城市经济	地域经济	国民经济	世界经济	组织结构
Clark-Fisher	初级商品	制造品	非物质商品	—	—	—	产业结构
Marx	原始社会	奴隶社会	封建社会	资本主义社会	共产主义社会	—	制度结构
Marx	手工生产	简单机器生产	机器大工业生产	—	—	—	技术结构
Rostow	传统社会	起飞前准备	起飞	向成熟推进	高额群众消费	追求生活质量	产业结构 资本结构
Bell	前工业化社会	工业化社会	后工业化社会	—	—	—	产业结构 资本结构 技术结构

资料来源：笔者整理。

结　语

通过对上面有代表性的主要经济学家经济发展阶段观点的述评，本文阐明了经济发展阶段划分理论中存在的共同标准——结构变革。以贸易结构、产业结构、技术结构、要素结构、组织结构、资本结构、制度结构等为特征的变革或变迁是经济发展阶段由简单向复杂、由低级向高级演化的内在原因。

安徽省企业用工情况、发现与建议[*]

根据调研组与安徽省人力资源和社会保障厅、经济和信息化委员会、商务厅、住房和城乡建设厅、政府发展研究中心相关同志的座谈交流以及到省人力资源市场、省人力资源中介机构、安徽省不同类型的用工企业、合肥市人才交流中心等调研的有关情况，可以做出的基本判断是：2012年春季安徽省人力资源供求基本平衡，相对平稳，基本不存在企业"用工荒"，而主要体现为"结构性缺工或招工难"。

安徽省春季企业用工基本情况

（一）人力资源市场供求基本平衡

安徽省人力资源市场求人倍率全年平均一般在1.3左右。2012年1月，用人单位提供岗位19.7万个，求职人员13.5万人。1月后半月，用人单位提供13.6万个就业岗位，求职人员10万人，求人倍率为1.36，略高于全年平均水平。

（二）企业春季用工较为平稳

一是春季缺工比例较低。2012年1月安徽省人社厅重点调查了30个国家级、省级经济技术开发园区中的10654户企业，结果显示：缺工总数约5万人，占92万实有员工数的比例为5.4%，500户监测企业（包括240户小微企业）缺工不到2万人，占实有员工数的比例为5.3%。

二是企业需求岗位与人员供给较平稳。省会城市合肥是安徽省企业用

---

[*] 本文刊于国务院发展研究中心《调查研究报告》2012年第37号，与周健奇合作。

工的"双核"之一，合肥市 2012 年 1 月和 2 月上半月，人力资源市场进场招聘用人单位总数分别为 1024 户和 2068 户，提供就业岗位分别为 9672 个和 16723 个，进场求职的劳动者总数分别为 8987 人次和 17356 人次，岗位需求与人员供给比较平稳。2012 年 1 月 29 日至 2 月 15 日，市人才服务中心举办了 18 场现场招聘会，共有 2227 户用人单位参加，提供就业岗位 42753 个，进场求职劳动者 4 万余人次。

三是企业员工返岗率提高，员工流失率减少，一改往年存在的春节前后用工"大进大出"局面。2012 年 1 月，安徽全省经济开发区内企业员工流失率 0.6%，重点监测企业员工流失率 1.3%。另据对安徽省重点家电制造业企业（如格力、海尔、美的、长虹、京东方等）、快速消费品企业（如联合利华、洽洽等）的调查，春节后员工返岗率均超过 80%。

（三）"结构性缺工或招工难"矛盾仍较突出

一是表现为行业性缺工或招工难。春节前，第三产业用工需求占用人总需求的 51.8%，缺工主要集中在批发和零售、住宿餐饮、租赁和商业服务、居民服务等行业。春节后，第二产业用人需求占用人总需求的 59.3%，缺工主要集中在服装（玩具）加工、机械加工、电子加工等劳动密集型行业。

二是表现为普工[①]缺工比例较高。从安徽省 16 个市人力资源市场、30 个经济开发区、500 户监测企业的缺工结构看，普工缺工比例均高于 80%，结构矛盾仍非常突出。

三是小微企业缺工占比较高。2012 年 1 月，小微企业缺工人数占实有职工人数的比例平均为 15%，而规模以上企业则仅为 4.4%。

安徽省企业用工调研中的若干发现

（一）宏观经济下行预期已经明显影响企业用工决策

改革开放前三十年，我国经济保持了年均 9.7% 的高速增长，但我国经济发展下行压力明显加大。借鉴不同类型工业化国家经济增长的历史经验和规律，国务院发展研究中心"中等收入陷阱问题研究"课题组基于全国数据采用三种方法对我国经济增长的前景进行分析，预计"十二五"期

---

① 普工是指无技术要求的工人或一线操作工。

间我国经济增速可能降至 8.5%—9.5%，进入次高速增长阶段。①

面对宏观经济下行压力不断加大、不确定性预期增强，企业开始对未来普遍持保守审慎态度，②企业经营与战略趋于保守，生产规模趋于稳定或缩小，不愿贸然扩大生产。2012 年春节后，安徽省计划招工企业户数比上年同期明显增加，但计划招用人数反而减少。我们在对劳动服务中介机构的调研中比较了安徽省部分大型制造业企业（如格力、海尔、美的、长虹、京东方等）2011 年春节后和 2012 年春节后的需求人数，整体上 2012 年春节后需求人数仅为 2011 年同期的 1/4。而春节后招聘完成率 2011 年约为 58%，而 2012 年则超过 90%。

（二）安徽省"工业强省"战略加快了城镇化步伐，创造了更多本地企业用工与省内转移就业

2006 年，安徽省第一次明确提出"工业强省"战略，并写入安徽省"十一五"规划和作为"十一五"推动安徽经济发展的第一抓手。随着"工业强省"战略的布置和推进，安徽省城镇化率得到快速提高，2010 年为 43.7%，与全国平均水平的差距由原来一直落后 8 个百分点以上缩小到 6 个百分点（见表 1）。到 2010 年，全省工业增加值已超过 4500 亿元，比"十五"末期翻一番，占全省 GDP 的比重超过 40%，工业化率接近全国平均水平，全省工业企业数达 8 万多户，从业人员增长了 50%，规模以上工业企业达到 8000 户以上。

表 1　　　　　　　安徽省和全国城镇化率的比较　　　　　　（单位：%）

年份	全国	安徽	差距
1990	26.4	17.9	8.5
2000	36.2	28	8.2
2004	41.8	33.5	8.3
2010	49.7	43.7	6

---

① 国务院发展研究中心企业研究所：《中国企业发展报告 2012》，中国发展出版社 2012 年版，第 29—35 页。

② 国务院发展研究中心企业家调查系统对全国 1742 家出口企业的问卷调查显示：64.6% 的企业经营者表达了对"未来一年企业面临的国际经济形势的担忧"。参见《当前出口企业经营状况及面临的挑战》，国务院发展研究中心《调查研究报告》2012 年第 2 号，2012 年 1 月 6 日。

工业化、城镇化的优先发展，创造了更多本地企业用工和省内劳动力转移机会。安徽省农村外出劳动力人数的变化经历了三个阶段：1986—1991年的起步阶段，年均递增6.8%；1992—2003年的高速增长阶段，年均递增25.1%；2004—2012年的增速下降阶段，年均递增速度回落至2%—3%。[①] 安徽省已经由劳务输出主导向"劳务输出与省内就近就地转移就业"双侧重转变，突出表现是省内就业规模不断扩大和比例不断提高（见表2）。2011年年底安徽省农业富余劳动力转移就业1370万人，在省内转移就业450万人，省内转移就业比例为32.9%，比2006年提高了近8个百分点。

表2　　　　安徽省农业富余劳动力、省内转移就业情况　　（单位：万人,%）

年份	2006	2010	2011
全省农业富余劳动力人数	1040	1300	1370
省内转移就业	260	400	450
省内转移所占比例	25	30.8	32.9

2012年春节以来，阜阳火车站统计结果显示发送旅客数量比2011年同期下降约12%，农民工就地就近实现就业是人流下降的重要原因。安徽省人社厅2012年1月对9个县区935名返乡农民工的调查也显示，6.3%的节前返乡农民工春节后确定不到省外务工，比2011年提高了4个百分点。

（三）皖江城市带承接产业转移效应将对企业用工产生更长期的影响

在经济全球化趋势下，长三角、珠三角资源环境约束加剧及土地承载能力下降、劳动力成本上升、制造业要素成本显著增加等，客观上推动了产业结构调整和向中西部转移的进程。安徽省区位优势明显，并已经建立起门类比较齐全、项目配套能力较强的工业体系，为承接沿海区域的产业转移提供了较好的产业配套基础，在承担产业转移中地位十分突出。皖江城市带（包含合肥、芜湖、马鞍山、铜陵、安庆、池州、巢湖、滁州、宣

[①] 骆飞主编：《安徽若干经济问题实证分析与研究》，中国科学技术大学出版社2010年版，第158页。

城九市,以及六安市的金安区和舒城县)成为首个国家级承接产业转移示范区,正在形成装备制造产业、现代农业、原材料产业、轻纺产业和高技术产业、现代服务业等一系列产业基地(集群),高效地承接了东部沿海的产业转移(见表3)。

表3 安徽省皖江城市示范区中主要市县及支柱产业

城市	支柱产业
合肥	汽车及工程机械、家用电器、化工及新型建材
芜湖	汽车及零部件、新材料、电子电器
马鞍山	钢铁、汽车及零部件、新材料及新型建材产业、化工医药、食品及农副产品深加工
铜陵	有色金属、化工、电子、建材、纺织工业
安庆	化工、建材、纺织、机械及汽车零部件
池州	非金属新材料业、旅游业、农副产品及深加工业、有色金属冶炼及深加工、能源产业
巢湖	采掘业、水泥制造业、化工、电缆、食品加工业、船舶制造业
滁州	家电、汽车、纺织、化工、农副产品、非金属矿产深加工
宣城	机电、汽车、建材、纺织、化工、造纸

资料来源:中国产业地图编委会、中国经济景气监测中心编:《中国产业地图2010—2011》,社会科学文献出版社2011年版,第118—119页。

皖江城市带承接产业转移效应主要表现在以下几方面。

一是承接产业转移效果明显。2011年皖江示范区八市(不含六安市的金安区和舒城县)实现地区生产总值10128.6亿元、实现规模以上工业增加值4749.9亿元,引进亿元以上省外投资项目2981个,到位资金2874亿元,占全省的68.8%;核准外商直接投资项目173个,投资总额56.2亿美元,分别占全省的74.9%、77.6%。

二是产业升级态势初步显现。示范区汽车、装备、家电、纺织等主导产业对示范区工业的增长贡献率达到53.4%,电子信息、生物医药、公共安全等新兴产业增幅高达63.3%,高出全省平均水平12个百分点,显示出强劲的发展势头。

三是工业投资结构明显优化。示范区汽车、装备、冶金、石化、非金属材料、家电、农产品加工、电子信息、生物医药、公共安全等重点产业投资增幅明显加快，工业重点产业累计完成固定资产投资占工业固定资产投资的63.55%，高出全省平均水平近4个百分点，重点产业发展的后劲进一步增强。

四是示范区各市产业集中度明显提升。示范区各市加快培育发展支柱产业，主导产业发展迅猛，产业布局不断优化。合肥市电子信息、芜湖市汽车和高端装备制造、马鞍山市铁基材料、滁州市新能源产业增幅分别达148.5%、357.0%、135.6%和154.4%。彩虹光伏玻璃项目、一重集团高端数控机床项目等一批标志性工程开工建设，池州正威集成电路等重大项目前期工作稳步推进，示范区产业错位发展格局正逐步显现。

装备制造业具有较强的劳动力吸纳能力。据测算，我国工业平均每万元固定资产原价可吸纳0.052人，其中化学原料和化学制品工业吸纳0.046人，冶金工业吸纳0.037人，石油加工和炼焦工业吸纳0.018人，而装备工业可吸纳0.078人。[1] 2012年皖江示范区一次性用工超过300人的企业为44户、招工54448人、户均1237人，分别比2011年增长38%、76%和28%。安徽省以装备制造业为主体承接产业转移的趋势将长期影响企业用工决策。

（四）人工成本明显上升，已直接影响企业用工决策

安徽省企业职工工资上升明显，其中普工工资增幅最大。据统计，全省普工月平均工资2009年为1042元，2010年为1287元，增幅为24%；初级工、中级工和高级工增幅分别为16%、22%和14%。另据合肥市对136户企业的调查，企业职工月平均工资2009—2011年增幅逐年增加，2009年为11.2%，2010年为12.7%，2011年达到18%。

人工成本上升明显，已经成为影响企业用工的重要因素，并且直接带来企业进行人员储备的动力不足、意愿下降。我们在调研的十几家不同类型的企业访谈中发现，由于人工成本明显上升而采取的企业用工计划压缩和用人储备计划压缩的做法普遍一致。

（五）新生代农民工成为供需主体且择业期望高，是导致"结构性缺工或招工难"的重要原因之一

目前安徽省人力资源市场中劳动力的供需主体都是青年劳动力，特别

---

[1] 赵炳云、陆勤毅主编：《国际金融危机与安徽工业发展》，合肥工业大学出版社2011年版，第19—20页。

是新生代农民工（指"80后""90后"，年龄18—25岁，以"三高一低"为主要特征——受教育程度高，职业期望值高，物质和精神享受要求高，工作耐受力低）。从登记的求职人员看，16—34岁的劳动者占求职者总数的六成多；从用人需求看，16—24岁、25—34岁求人倍率分别为1.25和1.35，而35—44岁、45岁及以上的求人倍率分别为1.09和0.94。

改革开放初期的农民工往往文化程度较低、家庭负担较重，因此，工作的主要动因是"多挣钱、改善生活"。而新生代农民工与老一代农民工相比，更有文化、更有思想、更有个性，对工资待遇、工作环境、社会保障、感情权、娱乐权等都有更高的要求和期望，工作的主要动因转变为"闯天下、寻发展、体验生活"，甚至出现"旅游式打工"新动向。因此，新生代农民工往往不再选择工作强度大、工作环境差、工资收入不高的劳动密集型岗位，而且工作的流动性明显加大、稳定性显著降低。这也是造成劳动密集型岗位、普工岗位等"结构性缺工或招工难"的非常重要原因之一。

根据国务院发展研究中心"企业家调查系统"2011年对千户企业用工情况季度调查的情况，企业对于"企业出现招工难的主要原因"选择"新生代农民工的择业期望提高"排第一位。[①] 我们对安徽省人力资源市场实地调研的情况也是如此。

（六）政策措施在应对企业用工波动和"招工难"方面发挥着非常重要的作用

针对往年企业用工波动大、"招工难"问题，近些年省内转移就业新趋势，安徽省委、省政府研究出台了许多应对政策和切实有效的措施。例如，为重点促进农民工省内转移就业，省人社厅、省发改委、省财政厅制定了《关于进一步促进农民工就地就近就业的意见》；针对"春节"前后企业往往"招工难"问题，及早组织摸底调查和开展企业用工及农村劳动力外出监测工作，及时准确掌握人力资源市场供求状况，建立企业招工、农民工外出动态、开发区企业重点用工监测制度，每10天对全省企业缺工情况进行会商、研判，及时采取应对措施；组织"皖北农民工与皖江就业岗位对接月"活动，开展28个市（县）岗位和人力资源"区域对接、

---

① 《当前企业用工、招工存在的困难及未来判断——千户企业用工情况问卷调查报告》，国务院发展研究中心《调查研究报告》2012年第10号，2012年1月30日。

县县对接、镇企对接"；组织"春风行动"就业、"县乡招聘会"、"送岗位下乡"、"牵手农民工兄弟，流动招工大篷车"下乡入村活动等专项服务工作；采取报纸、电视、广播等多渠道岗位发布信息工作，开通全省用工信息集中发布平台"安徽省招聘信息公共服务网"，并与中国移动合作，为手机用户免费提供招聘会信息和相关就业政策信息等。

安徽省（市）的这些政策措施（见表4）在应对企业用工波动和"招工难"问题上发挥了非常重要的作用，增强了应对工作的主动性、预见性和前瞻性，取得了较好的成效。往年春季企业用工"大进大出""招工难"等突出问题在2012年春季得到妥善解决或明显降温。

表4　　　　安徽省及合肥市近两年关于企业用工的主要文件

文件主题	发文单位
关于建立重大招商企业用工服务联动机制的通知	省人社厅、省发展改革委、省教育厅、省经信委、省财政厅、省商务厅、省招商服务中心
关于进一步做好农民工就地就近转移就业意见的通知	省人社厅、省发展改革委、省财政厅
关于印发《"皖北地区农民工与皖江示范区就业岗位对接月"活动方案》的紧急通知	省人社厅
关于提高就业水平强化企业用工服务专项资金筹集和使用管理有关问题的通知	合肥市财政局、人社局、教育局
关于进一步提高就业水平强化企业用工服务的意见	合肥市人民政府办公厅
关于推进我市劳动密集型小企业贷款贴息工作有关问题的通知	合肥市人社局、财政局、人民银行合肥中心支行

政策建议

（一）防范当前"大学毕业生就业难"等演变为更大范围的"就业难"

中国宏观经济下行对企业用工决策的影响已经初步显现，而且必将进一步凸显。建议在积极推进缓解企业用工难或招工难政策措施的同时，及早认真研究企业用工需求的变化和总体供求结构变化，防范目前出现的"企业结构性缺工或招工难""大学毕业生就业难"等演变为将来可能出现的更大范围的"就业难"。而更大范围的"就业难"是一个更加难应对、更加复杂、影响更大、更加社会化的难题。

（二）要更多防范沿海区域企业用工难和进一步鼓励沿海区域产业升级

中西部城镇化加速、产业承接加快和持续，对沿海区域的劳动力竞争已经显现，必将进一步加剧。中部地区城镇化、产业承接及劳动力地区内就近就地转移就业，都将是一个趋势。这对沿海区域的产业和劳动力都构成直接竞争。如果不加大产业转型升级的速度和力度，随着劳动密集型产业和一些基础产业的转移，可能造成沿海区域产业的空洞化，并且随着劳动力向中西部地区的转移，可能进一步加剧沿海区域企业用工难度。在这种竞争中，沿海区域产业转型升级发展势在必行。

（三）巩固实体经济根基，加大职业技能教育投入，从教育附加费中按一定比例设立技能教育专项经费，把技能教育作为一项基本政策和重要的民生工程来抓

企业用工现实中存在的"大学毕业生就业难""技工短缺供不应求"矛盾，暴露了教育体系存在的薄弱环节。我国的教育体系中，技工教育和人才培养非常薄弱，这与我国要大力发展实体经济、培育产业国际竞争力严重背离。很长一段时间企业"结构性缺工或招工难"的深层次原因都是技工人才匮乏。新生代农民工成为供需主体后，其择业期望高和追求体验生活的价值观念，会进一步造成劳动密集型产业的技工人才供需矛盾深化。

因此，建议大力加强职业技能培训（无论是公办还是民办），把技能教育作为一项基本政策和重要的民生工程来抓。重点是增加对技能教育的投入，一个可能可行的办法是从教育附加费中按一定比例设立技能教育专项经费，由省劳动局统筹，专款用于本省内技能教育和技能人才培养培训，解决目前的教育附加费征收后根本用不到技能教育和技能人才培养上问题。

（四）尽早出台和执行劳动者社会保障权益在全国范围内的可转移

全国范围内劳动力的可流动性是避免局部区域企业用工难极端化现象

出现的有效对策。而目前阻碍全国范围内劳动力的可流动性最主要制约因素之一是社会保障权益的不可转移性，因此，建议尽早研究出台劳动者社会保障权益在全国范围内的转移机制，降低劳动者流动的成本，为全国范围内人员优化配置创造条件。

河南省招工难的状况、问题及建议[*]

随着我国经济持续增长和农村剩余劳动力不断减少，自 2009 年以来我国招工难现象越来越明显，且出现了从东部沿海地区向中西部地区蔓延的趋势。为全面了解 2012 年春季以来各地用工形势，课题组赴全国东、中、西部共六个省份进行了调研，其中河南省作为中国最大的劳动力输出省份，其劳动力供求状况具有特别的参考意义。

河南省企业用工状况

河南省 2010 年年末总人口 9405 万人，是我国第三大人口大省，也是全国最大的劳务输出省。2011 年，河南省农村劳动力省内转移 1268 万人，省外输出 1190 万人。

（一）2012 年年初河南省劳动力市场总体供求平衡，但部分企业存在招工难现象

根据河南省人社厅对全省 18 个省辖市人力资源市场供求情况监测，2012 年 1 月，进场招聘的企业共提供就业岗位 8.3 万个，进场求职劳动者为 8.9 万人次，企业用工需求和人力资源供给缺口缩小。

河南省人社厅对全省 50 家重点企业用工情况监测发现，截至 1 月末，共有缺工企业 9 家，比 2011 年同期减少 23 家；缺工总数 2160 人，比上年同期减少 8000 人。企业用工形势总体平稳，目前还没有企业反映大规模缺工。待遇较好的企业招工容易，例如富士康郑州公司 2012 年 1 月计划

---

[*] 本文刊于国务院发展研究中心《调查研究报告》2012 年第 41 号，与许召元、项安波合作。

招募普工 0.84 万人，实际应聘超过 3 万人，仅正月初八一天应聘人员就达 1.4 万人。

当前河南省招工难现象主要集中在工作环境较差、工作条件较苦的劳动密集型行业，特别是建筑、纺织、服装、家政、餐饮等行业。例如调研中有 2 家建筑公司和 3 家劳务公司均反映，目前建筑工地的工人几乎都是四五十岁左右的年龄较大人员，年轻人从事建筑业普通工种的已经非常少，由于建筑业的特点，即使是工资水平提高也很难招到年轻务工人员。

（二）当前河南省劳动力供求的几个特点

一是企业用工更趋谨慎，用工增速趋缓。根据 2011 年年末对河南全省 1254 家企业的用工需求调查，春节后计划招工企业比例和用工人数增幅分别比上年同期下降 7.8 和 5.7 个百分点，用工需求有所下降。从河南省人社厅监测的 20 个重点加工制造、服务行业情况看，2012 年春节后用工较节前平均增幅为 18.6%，但较 2011 年同期下降了 6.3 个百分点。受经济增速趋缓的影响，2011 年 10 月以来大部分缺工企业在招用人上显得更加谨慎，除采取提高员工薪酬待遇以吸引求职者外，更加注重提高生产效率降低经营成本。

二是务工人员返岗率提高。河南省人力资源部门的调查发现，2012 年春节后大部分返乡人员节后仍选择去省外务工，或重新返回原有工作岗位。其中对河南省 8 个省辖市的 65 个制造业和服务业企业抽样调查发现，员工返岗率平均超过 70%，较上年同期提高了 18 个百分点。

三是普工需求增幅进一步增大。从省会郑州的情况看，1 月后半段，制造业、服务业的普工用人需求大幅增长，增幅达 32%，特别是餐饮、物流等行业用人需求增幅超过 40%。

（三）河南仍然存在扩大就业的压力

河南省是我国最重要的人力资源大省之一，今后一段时期劳动力供给仍然较为充沛，扩大就业、提高就业质量仍是长期面临的重要任务。据河南人社厅估计，城镇 2012 年需要就业的劳动者在 200 万人以上，农村还有大量以 45 岁以上及中年妇女等群体为主的富余劳动力需要转移就业，重点、困难群体就业压力仍然较大。

在对河南的 10 家企业进行访谈中，调研组对工人进行了问卷调查，特别向来自农村的务工人员询问了其家乡还有可能外出打工的劳动力情况。在55个务工人员中有22个人员回答了家乡劳动力的外出情况（见表1）。

表1　　　　　　　　对河南省乡村外出务工情况的调查　　　　（单位：人，%）

	总人数	比重
村庄总人口	13690	—
其中：还有可能外出打工人数	1764	12.9（占村庄总人口比重）
其中：30岁及以下人员	968	54.9
31—45岁人员	546	31.0
45岁以上人员	250	14.1

资料来源：问卷调查。

由表1可见，目前河南农村中，仍然存在相当数量可以继续转移的劳动力，约占总人口的13%，因此仍需继续扩大就业、解决就业难问题。

对河南部分企业招工难原因的分析及对当地用工形势发展的判断

（一）企业招工难的直接原因是工作条件差、盈利水平低和工人流动性较大

当前反映招工难的企业一部分是劳动密集型行业，例如纺织、服装、家政和餐饮等行业的企业，特别是工作条件较差的建筑行业，许多务工人员不愿意选择在这些行业务工。

部分中小企业技术水平低、盈利能力差也是招工难的直接原因。近年来河南省普通工人工资水平上涨显著。对本次调研企业的普通工人问卷调查发现，2009年以来平均工资上涨明显。例如2010年、2011年和2012年（年初）平均工资分别比上年提高了13.6%、12.4%和12.2%（见图1）。在工人工资、原材料价格上涨和融资成本增加的情况下，部分企业运营成本高、盈利少，无法给工人支付较高的工资，从而直接导致招工难情况出现。

其他一些条件相对较好的行业，招工方面的困难突出表现为部分人才

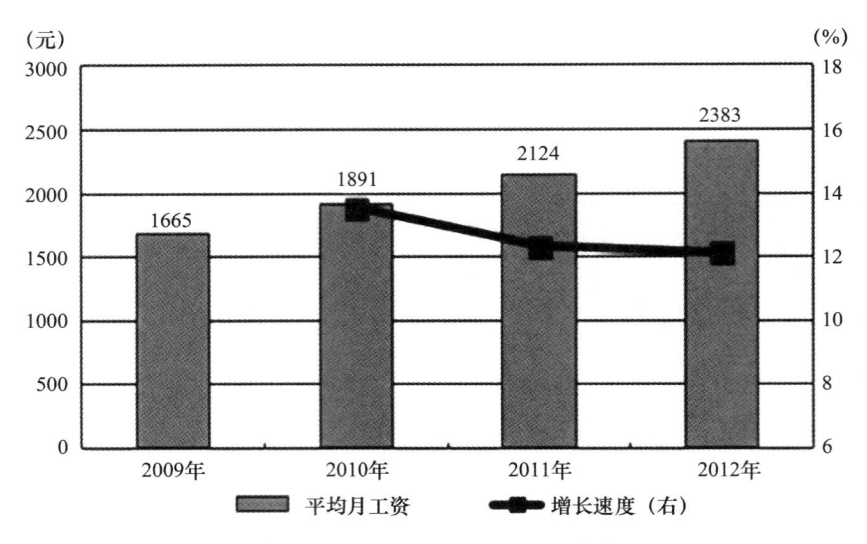

图 1 本次调研的河南省工人平均工资变化情况

流动性加大,由此导致企业不得不经常招工。例如随着近年来部分产业从东部地区转移到河南省,这些企业对技术工人存在较大需求,一部分本地企业的技术工人受其他企业较高工资条件的吸引往往容易流失,增加了招工的压力。

(二)企业招工难的根本原因在于经济发展对劳动力的需求增加

近年来,随着中部崛起战略的实施,我国中部地区由于毗邻东部发达地区,具有显著的区域优势、后发优势和较充裕的劳动力资源优势,加上中部地区正处于工业化、城市化和基础设施建设加速发展的阶段,地区经济增速较快。初步估计,2011年河南全年生产总值达到2.7万亿元,比上年增长11.7%左右,约高出全国平均水平2.5个百分点,经济快速增长显著增加了对就业的需求。

另外,东部地区一些产业开始向中部地区转移,进一步带动了就业需求增长。例如富士康公司在郑州设厂以后,仅仅几个月时间招聘员工即达到12.8万人,且还对上下游其他产业有显著带动作用,郑州市人社厅估计富士康的垂直带动就业比为1∶4.5到1∶5之间。

（三）新生代务工人员择业期望普遍提高也是招工难的重要原因

目前河南省人力资源市场中劳动力的供应主体是青年劳动力，特别是20世纪80年代以后出生的新生代农民工。新生代农民工以"三高一低"为主要特征，即受教育程度较高、职业期望值较高、物质和精神享受要求较高，但工作耐受力较低。他们往往不愿选择"苦、脏、累、险"的劳动密集型岗位，这也是造成劳动密集型岗位、普工岗位等结构性缺工或招工难的非常重要原因之一。

（四）务工人员返乡就业和就近就业是缓解河南省招工难问题的重要因素

近两年来，随着中部和东部地区工资差距的减少，特别是由于中部地区就业机会增加，许多原来选择出省务工的农村劳动力转而选择留在河南工作，从而增加了本地的劳动力供给，缓解了招工难现象。据富士康郑州公司介绍，目前公司共12.8万名员工，来自河南省的达11.6万人，其中许多是从原来深圳的富士康工厂转移到郑州工作的。另外，许多企业特别是从东部地区转移过来的企业选择到农村劳动力富余的县级地区建厂，这些工厂由于位于县城等非常靠近乡村的地区，许多原本不能外出打工的农村劳动力可以就近务工，从而在一定程度上增加了劳动力供应，缓解了招工困难现象。

（五）预计河南省今后用工形势仍将总体平衡，但呈结构性短缺和季节性波动特征

总体来看，河南省人力资源供应仍然较为充足，加上大量往年出省就业人员选择回省就业，就业结构性矛盾突出的状况在短期内不会根本改变，如何解决大量就业困难人员实现就业仍是劳动力市场上的重要任务。

企业"招工难"现象仍将存在，短期内招工难程度会有所缓解，但长期来看将越来越加重。随着河南省加工制造业的快速发展，对年轻普工的刚性需求也进一步增加，部分需用大量普工和技术工人的企业将会出现不同程度的招工难现象。短期内受出口订单减少、劳动力成本上涨、人民币升值等因素叠加影响，河南省纺织、服装、制鞋等劳动密集型企业竞争力减弱，对劳动力需求增幅减缓甚至减少，将缓解招工难现象。但长期来看

由于劳动力供应增长有限，随着经济增长对劳动力需求持续增加，招工难现象将会越来越显著。

从全年来看，河南省人力资源供求会呈现季节性波动特征。一季度特别是春节假期结束后，大部分企业恢复正常生产，用工量将随之增大，而返乡农民工要陆续返回工作岗位或进城求职，人力资源市场将呈现供需两旺与招工难并存的状态。到第三季度，将有近百万应届高校毕业生、中等职业学校毕业生和初、高中毕业生集中进入劳动力市场，人力资源供给将大量增加，将会为企业用工提供较为充足的人力资源。

政策建议

根据调研中所反映的河南省就业状况，我们有以下建议。

（一）通过多种途径促进普通务工人员实际收入水平进一步提高，建立和谐的劳动关系

调研发现，尽管 2009 年以来河南省务工人员工资水平有显著提高，但与经济增长速度相比较仍然较低。例如 2010 年、2011 年平均工资分别比上年提高了 13.6% 和 12.4%，但这两年河南省名义 GDP 总量分别提高了 18.5% 和 16.9%，这显示工资水平增长幅度仍然远远小于经济发展速度，普通务工人员没有充分享受到经济增长的成果。

要提高普通员工的收入水平，一方面要进一步提高最低工资标准，保障职工工资正常增长；另一方面要加强工会在工资集体协商中的作用，改变普通务工人员在劳资谈判中的弱势地位。还要理顺不同行业的分配关系，尤其是要调节垄断行业的过高收入，从而规范分配秩序，扭转城乡、区域、行业和社会成员之间收入差距扩大的趋势。

（二）稳步推进我国劳动法的贯彻执行，提高就业稳定性

当前我国企业招工难的一个重要原因在于许多企业采取订单式生产模式，有了生产任务就招工组织生产，任务完成了就解散员工，"急招急退"导致劳动关系极不稳定；另外，即使不是订单式生产的公司，也大量采用非长期合同员工的模式，这些都导致了大量的工人经常处于转换工作过程中，减少了工作时间，相应增加了招工难现象。

加强就业稳定性，必须要稳步推进我国劳动法的贯彻执行，促使企业和劳工之间形成长期稳定的工作关系。既要保持劳动力市场的灵活性，也要借鉴类似日本的终身雇佣制的优点，要充分认识到稳定的工作关系所带来的员工忠诚度、技能专一化和累积性对于促进企业长期发展的重要作用。

（三）加强社会保障法规的执行力度

调研中我们发现，许多企业都没有给农村的务工人员缴纳养老保险，尤其是在建筑行业几乎没有企业给农民工购买养老保险，其原因多种多样，从务工人员本人到企业对缴纳养老保险的积极性都较低。但应该看到，不缴纳养老保险从根本上侵害了务工人员的权益，而且由于地区之间的竞争，地方行政部门也缺乏严格推动执行社会保障法的动力，因为如果其他地区不严格执行社会保障法，则某个地区严格要求企业给员工缴纳养老保险有可能会降低企业的竞争力。因此，需要中央进一步加大政策推行力度，促进社会保障的广覆盖和全覆盖。

（四）因地制宜地促进工业向较大规模的城镇集聚

当前河南省许多县都设立了工业集聚区，但许多中小企业反映，由于企业大多分布在县城，作为用工主力的"80后""90后"新生代务工人员，他们更向往大都市生活，不甘于在县城工作一辈子，位于小城镇的企业难以吸引高水平人才。例如一些企业反映，同样的技术人员，在大城市只需要2500元的工资，但在县城就需要3000元以上才能留得住人才。因此，需要因地制宜地将有些对人才和技术要求较高的行业适度引导和集聚到规模较大的城镇，或大中城市的郊区，以促进企业的长远发展。

（五）鼓励和规范劳务派遣公司发展

短期内我国许多企业用工季节性波动的状态难以得到根本改变，而劳务派遣公司（或称劳务公司）可以统一调配员工在不同企业的分配，增加就业的稳定性。因此，发展劳务派遣公司也是解决招工难问题的一个重要途径。当前对劳务派遣公司存在的重复征税等问题，需要改革相应政策。例如调研中多个建筑公司反映，如果企业把务工人员工资直接发放给个人，则务工人员只需缴纳个人所得税，但如果建筑公司将务工人员工资交给劳务派遣公司，劳务公司还需要对所有收入缴纳6%左右的营业税，也即存在重复纳税的问题，不利于劳务公司的发展。

同时许多劳务派遣公司还面临规范发展的问题。由于进入门槛较低，从事劳务派遣的公司数量众多，良莠不齐，对务工人员权益保护程度很低，甚至成为用工单位逃避用工责任的途径。迫切需要规范劳务派遣公司的发展，让劳务派遣公司和务工人员形成长期稳定的劳动合同关系，从而保护务工人员权益。

当前经济形势下我国企业转型发展的总体情况及政策建议[*]

为了解各类企业转型发展的基本情况、存在的问题及政策诉求,2012年5—7月,国务院发展研究中心企业研究所进行了专题调研。本次调研共访问了东中西部具有代表性的10个省区市约300多家企业(包括大、中、小规模企业和各种所有制企业),回收了1491份调查问卷(其中887家为深交所中小板和创业板的上市公司)。调研发现,促进企业转型发展,不仅是长期促进经济发展方式转变的必然要求,也是成功应对当前较为困难经济环境的重要途径。

企业转型发展的进展情况

1. 多数企业仍处于低水平同质化竞争中,但也有不少企业在提高附加价值方面取得了显著进展。调研中的多数企业由于创新能力不强,产品特色不突出,表现出明显的低水平同质化竞争。在经济高速增长时期,这些企业受益于好的市场环境,也取得了较快的发展,但一旦遇到经济放缓,效益就会明显下降,陷入微利甚至亏损的困难状况。

问卷调查发现,不少企业在价值链升级方面取得了显著进展(在中小板和创业板上市的公司基本上都属于我国中小企业的佼佼者,因此,问卷调查的结果更多地代表了当前我国优秀中小企业的转型发展状况)。向研发设计、品牌建设、售后服务等附加价值更高的非制造环节延伸是转型发展的重要途径。从2007年到2011年,非制造环节对总利润贡献在10%以下的企业比重下降了18.4个百分点,而在10%—50%的企业比重相应提

---

[*] 本文与赵昌文、许召元、周健奇、马淑萍、项安波、王继承合作。

高了15.1个百分点,超过50%的企业该比重提高了3.2个百分点。

研发的效果及其在公司价值链升级中的关键作用得到普遍认同,问卷调查中,高达85.4%的企业认为研发作用显著,研发帮助企业形成了独特竞争优势或者提升了企业的产品竞争力。调研企业对研发投入的比重也普遍呈上升趋势。

2. 发展自主品牌仍存在诸多困难,但强化品牌经营是众多企业的共识。调研中不少企业反映由于投入大、周期长、风险和不确定性较高,特别是受市场容量、资金投入的限制,发展自主品牌的难度很大。

但品牌对企业提高利润和巩固市场地位的作用进一步凸显。在本轮经济放缓背景下,很多有一定品牌和市场影响力的企业普遍发展较好,盈利水平稳定甚至存在加快发展的机遇。调研企业普遍认同品牌的重要作用,94.2%的企业认为品牌对利润和市场地位有突出作用。中小板和创业板上市公司中,2011年自有品牌销售收入占总销售收入比重在50%以上的企业占90.2%。

不少加工贸易型出口企业已经开始从无品牌向有品牌转型。服装纺织、玩具加工、家电、IT、日化、通信等行业中贴牌企业(OEM)近些年都开始重视发展自主品牌。

3. 加强协作整合,向产业链上下游延伸是产业结构调整的主要模式。进行产业结构调整的企业比重逐年增加。调查问卷发现,2007年有14.5%的企业进行过产业结构调整,而2011年这一比例为19.7%,提高了5.2个百分点。

从产业结构调整的方式看,约60%的企业选择向上下游产业延伸的模式;约1/3的企业保持主业不变,通过进入新行业实现多元化发展;而退出原行业,完全进入新行业的比例很小。

4. 在推动绿色发展方面取得了一定进展,但节能减排的动力和压力仍然不足。企业推进节能减排有一定的成效。14.8%的被调查企业过去五年来单位产品能耗有显著降低,每年下降5%以上;52.8%的企业每年单位产品能耗下降1%—5%。34.3%的企业2007年以来产品污染物排放有显著降低,平均每年下降5%以上;53%的企业每年降低幅度在1%—5%。

调研结果也反映企业节能减排的动力和压力仍然不足。从动力方面看,许多企业认为节能减排带来的收益并不显著。从压力方面看,57.7%的企业认为能源成本占比较小,节能压力不大;61.8%的企业认为排污收费占收入比重较小；35.6%的企业认为改进工艺或者进行污染治理的成本很高，不合算。

5. 市场压力不断加大，企业普遍加大了对国际和国内市场的拓展步伐。金融危机以来企业普遍加大了对国外市场的拓展力度。调研企业中2007年有14.2%的企业出口国家超过20个，而2011年这一比重提高到21.2%，累计上升了7.0个百分点。

许多企业也显著拓展了在国内的销售范围。例如2007年，只有42.4%的企业其国内销售区域在21个及以上省份，而2011年这一比重提高到57.2%，上升了14.8个百分点。

进一步促进企业转型发展的政策建议

调研发现，当前企业在进一步转型发展中也面临诸多困难。第一，核心技术难以突破。不少基础和关键行业的核心技术长期不能突破，也难于从国外引进，给企业升级带来了巨大障碍。第二，真正需要的人才普遍缺乏。很多企业，尤其是处于二、三线城市或一线城市偏僻地区的企业，既缺高端管理人才和技术人才，也缺高水平的技能型人才及普通工人。第三，市场化改革不够深入。不少企业反映政府行政干预较多，包括市场准入限制等，而且政府对企业的管理多以"行政型"为主，而非"市场化"方式。第四，税费负担较重。不少企业反映当前最需要的不是各种专项资金支持，而是实实在在地降低税负。第五，金融业服务实体经济的效率不高。在企业效益全面下滑的背景下，企业的融资成本居高不下甚至大幅上升。

根据调研所反映出来的企业转型发展进展与普遍反映的问题，当前促进企业转型发展需要重点抓好以下几个方面。

1. 简化审批、加强服务，建设公正透明的经营环境。应推广上海等地实行的"并联审批""一站式服务"等改革经验，大力精简、规范部门审批程序，特别是在诸如新药审批等事关企业创新和发展的关键环节，提高审批透明度，严格时效要求。

针对企业加强知识产权创新和品牌建设的迫切要求，要加强对品牌和知识产权的保护和执法力度，建立有利于优秀企业、知名品牌和高质量产品发展的市场和法治环境。

2. 重视对传统产业升级改造和技术创新的支持。转型升级绝不是要淘汰传统产业，要加大对传统产业转型升级的重视程度和支持力度，引导和支持企业进行升级改造和技术创新。要改变目前科技经费分散在各个部门的散乱格局，特别是要调整研发投入结构，将研发经费向企业倾斜，真正使企业成为技术创新主体。

3. 加强人力资源的教育与培训，提高就业质量和稳定性。一是要进一步鼓励各地区，特别是内陆欠发达地区进一步探索吸引海内外优秀人才的模式，加强这些地区对人才的吸引、鼓励和服务措施。二是要加快农民工市民化进程，提高产业工人稳定性，为企业的技能型人才提供充足和稳定的来源，建立起扎根于务工地的熟练制造业技术工人队伍。

4. 从"特惠制"的财政政策转向"普惠制"的税收政策。"特惠制"财政政策主要表现为各类专项财政资金计划。对这种"特惠制"的政策，企业普遍反映申请手续烦琐、耗时耗力，导致专项投入产出和经费效率均不高。建议实行全面性减税，切实降低企业的税费负担，使企业能轻税轻费、公平竞争，树立转型发展的长期信心。

5. 以差别化金融政策促进企业转型发展。一是进一步规范和完善资本市场，如强化创业板的上市和退市制度，为企业提供规范、便捷的融资渠道，借助资本市场压力和动力促进优势企业转型发展。二是进一步深化金融改革，建立和完善开放、竞争、透明和高效的金融资源配置市场，鼓励创新型金融机构发展和创新金融产品，形成与企业融资需求结构相适应的金融供给结构。

当前企业效益下滑不是短期和偶然现象[*]

从 2011 年下半年开始，特别是 2012 年 1—2 月，我国各类企业的经济效益均出现了明显的下滑。这究竟是短期的阶段性问题，还是较长期的周期性趋势？其主要原因是什么？为此，我们对全国 8 个有代表性地区的政府部门及 68 家企业（68 家企业包括了反映出口、投资和消费需求影响的三大类企业）进行了深入访谈调研，并得到了一些有意义的结论。

企业经济效益快速下滑，是近十年来仅次于国际金融危机发生初期的最困难时期，甚至更加严峻

1. 企业生产显著放缓，经济效益快速下降。2012 年 1—2 月，全国工业增加值增速为 11.4%，自上年下半年以来已经累计下降 3.7 个百分点；工业企业实现利润同比下降 5.2%；销售利润率 5.0%，同比下降 1 个百分点，经济效益下滑明显。

与金融危机发生初期的情况相比较，2009 年 1—2 月，工业增加值增速为 3.8%，工业企业实现利润同比下降 37.3%，销售利润率为 3.6%。

从统计数据来看，当前企业经营形势应该是 2002 年以来仅次于 2009 年第一季度的最困难时期。

实际上，我们调研中企业的反映比统计的情况还要严重一些，相当部分企业认为当前经营形势比 2009 年年初更为严峻。广东东莞和浙江温州约七成的企业预计 2012 年外贸订单将下降或持平，河北、江苏、浙江等地的化工化纤、钢铁、机械设备以及汽车、家用电器等企业都对短期内经营形势持悲观态度。

---

[*] 本文与许召元、王继承、马淑萍、亓长东、周健奇合作。

2. 出口导向型和投资拉动型企业（指产品主要用于投资和中间投入的企业，例如钢铁、装备制造等）经营更为困难。从增长速度看，出口导向型和投资拉动型企业显著慢于消费拉动型企业（指产品主要用于居民消费的企业）。2012年1—2月，消费拉动型企业工业增加值平均增速为15.5%，而出口导向型和投资拉动型企业分别为10.7%和12.1%，相差3—4个百分点。

从利润增速看，三类企业差别更为显著。例如，2012年1—2月农副食品加工业利润总额增长了13.3%；而计算机、通信和其他电子设备制造业（出口导向型行业）利润总额下降了40.8%；钢铁行业（投资拉动型行业）利润总额下降了94%。

3. 企业两极分化明显，多数企业经营困难与少数企业效益良好并存。我们在调研中发现，与大多数企业经营困难形成反差的是，上述三类企业中都存在少数企业经营状况稳定、发展势头良好的状况。这些企业销售额和利润均增长较快，2012年第一季度订单仍然充足并保持了较高的利润水平，对今后形势也较为乐观。这些企业的共同特点是长期坚持培育特有的综合优势，如拥有独特技术、知名品牌、营销网络、高附加值产品、完善的产业链等。

企业效益下滑原因多为趋势性因素，当前困难局面短期内难以迅速扭转

1. 国际和国内市场需求难以较快回升。国际经济低迷，需求不振，出口近期难以好转。2012年，世界经济总体上将继续维持低速恢复性增长，国际贸易保护主义也有上升趋势。我国传统的低成本优势正在削弱，调研中企业反映，越南工人工资不到中国的1/3，电价不及中国的2/3，税负也显著低于中国。

国内投资需求放缓。经过多年建设，我国基础设施投资的潜力和空间正在缩小。交通运输业投资实际增速从2010年的15.3%降至2011年年底的-2.9%；公共设施投资增速由2010年的20%降至2011年年底的8.1%；房地产投资将会继续呈现下降趋势。

扩大消费也面临实际困难。国家虽然出台了不少鼓励消费的政策，但当前居民实际收入水平仍然较低，增长较为缓慢，加上收入差距较大，都

制约了居民消费的快速增长。

2. 企业综合经营成本仍处于上升通道。劳动力成本持续较快增长。随着我国农村剩余劳动力越来越少，劳动力供求关系也发生了显著变化，劳动力成本呈长期上升趋势。相关部门和被调查企业均反映，近年来劳动力成本年平均增长 15%—20%，大大增加了企业负担。

主要原材料成本持续上升或维持高位。近年来通胀压力持续存在，土地、能源、环境等要素价格上涨带动了原材料成本上升。而全球经济持续低迷，发达国家实行量化宽松政策，也推动了大宗商品价格走高或在高位震荡。

流通秩序不规范，导致物流成本过大。例如电煤的铁路运费中，1/3 以上属于非常规费用，占到出厂价格比例的 10% 以上，公路运煤费用中也存在名目繁多的非常规费用。

融资难，融资更贵。融资成本大幅上升是调研企业反映最强烈的问题。银行贷款利率除普遍上浮 15%—30% 之外，还通过存贷挂钩、承兑汇票手续费、搭售理财产品、支付抵押评估费等多种方法来变相提高资金利率，短贷长用、惜贷、抽贷、压贷现象普遍。

3. 长期积累的产能过剩进一步加剧了企业经营困难。产能过剩现象已从钢铁、电解铝、水泥和汽车四个行业扩展到焦炭、铁合金、纺织、化纤等十几个行业。不仅在传统行业中，部分战略性新兴产业的产能结构性过剩问题也开始凸显，如碳纤维、风电、多晶硅、锂电池、光伏等行业都已严重过剩。

产能过剩导致大多数企业只能低水平同质化竞争，在市场需求放缓的情况下，无法通过提高产品价格来消化成本压力，直接导致利润大幅度下降甚至亏损。调研中我们发现，纺织业代表性企业自 2011 年下半年以来，开工率一直徘徊在 65% 左右，行业内企业基本上处于亏损状态。

政策建议

1. 正确认识当前企业经营困难局面，把握结构调整的历史机遇。当前企业经营困难并不是短期和偶然的现象，而是长期以来粗放式增长模式下各种矛盾积累的必然结果。经历一段较为困难的时期也是通过市场机制优胜劣汰、历练企业能力、促进结构调整和提升经济增长质量的难得机遇。

与2008年国际金融危机时外需突然大幅度下滑不同，造成当前企业经营困难的因素多是趋势性和渐进发展的，企业有较充足的时间进行自我调整和应对，出现宏观经济硬着陆的风险较小。

因此，当前政策的基本出发点应该是"不盲动、不乱动"。既要根据具体情况及时对有关政策进行微调、预调，着力防范化解风险，也要避免出台大力度、普惠性扩张政策，影响落后产能的自然淘汰和过剩产能的消化调整，丧失结构调整和转型升级的重要机遇。

2. 多措并举，努力控制企业综合成本上升。一是要继续推进结构性减税，清理各种不合理收费，降低税费负担，特别是防止一些部门以收费的方式弥补税收损失。二是要坚决打破金融垄断，促进行业竞争，推进利率市场化改革，降低企业融资成本。三是要大力规范和整顿铁路、公路运输市场，大幅减少不合理收费和非法收费，降低流通成本。

3. 内外并重，积极扩大市场需求。积极解决贸易争端，为出口企业创造良好的国际贸易环境；加快放宽我国的对外投资审批，协助企业对外投资，从而克服贸易壁垒，增加我国产品的外部需求；促进出口企业转型升级，提升新的竞争优势。在扩大国内市场需求方面，当前尤其需要坚持并完善房地产调控，促使房地产价格进一步合理回落，释放自住性住房需求。

4. 推动产业结构调整和企业转型发展。解决当前困难的根本出路是推动结构调整和转型升级。要加大技术创新扶持，引导企业集中力量开发优、精、专的新型产品，提高产品附加值；以产业集群为载体，以先进制造业、现代服务业和特色优势产业发展为重点，完善上、中、下游产业配套体系，形成整体产业竞争力。同时，引导企业把握设计、服务、标准、管理、品牌五要素，实现业态升级。

当前尤其要重视资源衰退地区的转型发展[*]

当前资源衰退地区的转型发展问题非常重要

第一，资源衰退型城市经济下行压力更加明显。根据国务院印发的《全国资源型城市可持续发展规划（2013—2020）》（以下简称《规划》），全国共有262个资源型城市，其中衰退型城市67个，占总数的25.6%。这些城市中，资源衰退型城市的经济形势最为严峻。以24个资源衰退型地级市为例，2014—2015年平均增长5.9%，低于全国1.2个百分点，其中58%的地级市未达到《规划》确定的2013—2020年均增长8%的目标；2016年前三季度，平均增长4.5%，低于全国2.2个百分点。其中，18个城市增长低于8%，12个城市增长低于6.7%。增长速度最慢的资源衰退型城市主要集中在黑龙江和辽宁两省，抚顺和阜新甚至出现了10%以上的负增长。

第二，资源衰退地区的稳定发展关系到当地社会的民生改善，更关系到我国"十三五"规划目标的顺利实现。党的十八大报告提出，要实现GDP和城乡居民人均收入比2010年翻一番。仍以24个资源衰退型地级市为例，2015年城镇居民人均可支配收入平均为25627元，虽已实现《规划》中2015年超过20200元的标准，但与全国城镇居民人均可支配收入（31790元）相比，仍有6000多元的差距。值得注意的是，2012年后，受资源价格影响，资源衰退型城市城镇居民可支配收入与全国水平相比有拉大的趋势，2015年比全国低19.4%，差距比2012年高出了1个百分点。资源衰退地区多是老工业基地，经济维稳压力大，其居民收入的稳定增

---

[*] 本文与王勋合作。

长，有利于我国实现2020年如期全部脱贫的目标，也对顺利实现"十三五"规划目标有重要意义。

第三，产业转型升级是资源衰退型地区实现可持续发展的必经之路。这些地区普遍存在资源型产业"一业独大"问题，对资源开采形成了路径依赖，造成经济具有明显的顺周期性，受宏观经济波动影响较大。一旦资源开发接近枯竭，就易出现"矿竭城衰"的现象。资源开始衰竭后，其他产业总量还未能形成规模，就无法支撑起城市经济系统。而单一的经济结构也很难提供足够的就业岗位。这种经济状况与经济下行压力相叠加，导致地方财政收入剧减，失业、医疗、环境治理等各类社会问题难以解决，反过来又加剧了城市的衰退。因此，资源衰退地区亟待寻求结构转型之策，提升经济的活力和竞争力。

资源衰退地区转型发展面临的突出问题是市场机制缺乏包容性

面临转型困难的资源衰退地区，一般都是在资源开采开发过程中，未能主动以自身优势为基础逐渐建立起具有竞争力的多样化产业结构。产业结构单一、国企占比偏高、资源粗放开采导致现有的市场结构对替代产业、民营企业、专业人才等产生了显著的挤占或挤出效应，导致这些地区的市场机制缺乏包容性。而这些被挤出或挤占的资源，构成了提升经济活力和吸引力的重要内容，是结构转型的重要推动力量。

第一，单一的产业结构导致接续替代产业发展滞后。一个地区如果产业集中度较高且国有经济比重较大，往往会排斥潜在市场主体进入、抑制竞争，造成市场信号失灵。据统计，全国262个资源型城市矿产资源开发的增加值占全部工业增加值的比重约25%，高出全国平均水平一倍以上。而第三产业占比较小，低于全国平均水平12个百分点。资源型城市，尤其是衰退型城市"一矿独大""一业独大"的产业格局，对其他产业产生了挤出效应，导致接续替代产业发展滞后，一旦资源开发接近枯竭，就会出现"矿竭城衰"的现象。

第二，长期资源开发引起严重的环境和生态问题。多年粗放式开采保障了能源资源的供给，但同时也导致资源型城市普遍面临着严重的环境污染和生态破坏等问题，这些问题在转型多年后仍难以彻底恢复。煤炭城市在全国资源城市中占比最大,过度开采导致地表塌陷,植被遭到破坏,土地资源、水资源和大气环境受到严重污染的情况较为普遍。例如,山西平均每挖1吨煤需损耗2.5吨水,地下水资源破坏面积达2万平方公里;辽宁抚顺露天矿在露天堆积条件下,弃渣产生的异味气体影响着空气质量。这些环境和生态问题严重影响了资源衰退地区正常的生产生活,给这些地区留下了高昂的社会治理成本。

第三,行业性质导致国有企业占比大而民营经济的发展空间小。资源型城市由于历史和行业属性原因,国有经济占比较大。以东北三省为例,目前国有经济占比辽宁超过30%,吉林超过40%,黑龙江则超过50%。国有企业占比过大,民营经济发展空间受限,吸纳就业能力就更加不足,再就业水平普遍偏低。单一的就业结构在资源衰退型城市造成大批职工下岗。经济下行期国有企业利润大幅下滑,职工社会保障不到位,社会不稳定因素就会增加。这些城市的贫困人口明显高于一般城市,且呈现出贫困集中和代际传递的特征,使得民生问题在资源枯竭城市表现得更为突出。

第四,劳动力市场缺乏竞争性导致人才流失问题突出。资源衰退地区的城市发展体系中,单一产业的专业化城市较多,产业多样化不充分,无法为本地人口创造丰富的就业和发展机会。以东北地区为例,对比第五次和第六次全国普查数据,东北地区近年来每年平均净流出20万人。2015年国家卫计委的调查数据显示,东北的高学历人口流失更为严重,流出的大专及以上学历人口比例明显大于同等条件的流入人口,而这部分人群是中长期居留意愿最强烈的群体。市场缺乏包容性的结果是经济缺乏吸引力和竞争力,这是资源衰退型城市高级专业人才流失的重要原因。

国际国内资源衰退地区实现转型发展的积极经验

资源枯竭城市转型是世界各国经济发展中都曾经历过或正在经历的突出问题和难题。20世纪80年代以来,越来越多资源丰裕的国家或地区陷入增长陷阱,这种现象被称为"资源诅咒"。要解除这种"诅咒",避免陷入由资源枯竭造成的增长和社会问题陷阱,最重要的是处理好政府与市场的关系。

从国际经验看,德国鲁尔、日本九州、美国匹兹堡等地区历史上都曾扮演着煤炭、钢铁重镇的角色,也都经历了因资源而先繁荣后衰落再进行转型的过程。尽管各国政府在转型中发挥的具体作用有别,但总结起来,都有一些共同之处:第一,立足自身优势促进经济结构向多元转化。例如德国鲁尔充分发挥劳动力充裕和市场巨大优势,日本九州利用区位优势重新定位产业结构,美国匹兹堡利用科技优势,并将关闭的煤矿、钢铁厂改造成旅游景点和科普教育基地;第二,注重发展基础设施,改善投资环境,通过各类税收、商业用地和贷款等优惠政策降低交易成本,吸引新兴企业和中小企业投资提高地区内经济活力;第三,着重发展基础教育和职业培训,为企业参与经济竞争储备大量的人力资源,以提高城市吸引力。经过二三十年的转型发展,德国鲁尔转变为多种经济基础的都市区,日本九州成为重要的高新技术产业区,美国匹兹堡则成为300多家美国和跨国公司的总部所在地。

我国一些资源衰退地区已在进行产业转型的有益尝试并呈现出积极变化。吉林辽源煤炭工业总产值最高时曾占当地全部工业总产值的六成以上。自20世纪80年代末,随着煤田可采储量逐年减少,煤炭产业日渐枯竭,开始了转型的努力探索。第一,依托传统的农业优势,发展精细种植、养殖和深加工,利用装备制造优势推进产业集群发展,把传统优势转化成竞争优势。第二,在此基础上,加强基础设施建设,着力培育特色优势工业园区,放大园区产业集聚效应。2016年上半年,农产品深加工、装备制造、高精铝、纺织袜业、医药制造、新能源等七大产业占全部工业总产值的比重已达到77%。第三,注重支持民营经济发展。2015年全市民营企业总户数比上年增长11.8%,民营经济增加值占GDP比重达到57.8%。

从国际国内经验看,资源衰退地区的转型发展要以自身优势为基础,在推动产业结构多元化过程中政府应积极发挥作用,降低交易成本提高竞争力。尽管我国一些地区在结构转型上取得了积极效果,但大部分资源衰退型城市受经济下滑、失业增加、财政负担加重影响,产业转型依旧面临多重困难。

当前推动我国资源衰退地区转型发展的若干建议

资源衰退地区的成功转型,需要以自身优势为基础,靠市场激励、用市场的优胜劣汰促使企业发挥积极性和主动性。然而,单纯依靠市场机制难以将资源衰退地区的传统优势较平稳地转化为竞争优势，难以有效解决外部性、交易成本过高等关键问题。如果中央和地方政府相互配合，加强引导，在关键领域附以必要的政策、资金支持，提高资源衰退地区市场包容性和自我提升的能力，则有助于这些地区顺利推进结构转型。

第一，产业结构转型成功的突破口是以自身优势为基础发展接续替代产业。以自身优势为基础，可减少各地区因竞相发展同种产业可能导致的产能过剩，避免不同地区间的重复建设和过度竞争；有助于在相对较短的时间内找准替代产业方向，降低经济对资源产业的依赖度，提高产业体系的多样性；也有助于整合现有资源进行产业延伸，充分利用已有的技术优势开展集约化生产经营，提高资源品的科技含量和附加值。建议国家和各级政府在新产业发展有关政策上给予资源衰退地区一定的优先支持，为其发展接续产业及培育经济新动力创造条件。

第二，产业结构转型成功的关键在于构建包容性的市场机制，提升资源衰退地区的吸引力和竞争力。鉴于资源型行业发展过程中产生的排斥潜在市场主体进入、抑制竞争、价格和市场失灵等问题，中央和地方政府在提升市场机制的包容性上，可以而且应该在推进国企混合所有制改革、完善基础设施、降低交易成本、支持中小企业提高活力等方面积极发挥主要作用。

第三，对创新能力强、市场前途广的国企优先以市场化、法治化为原则进行债转股或混合所有制试点改革。资源衰退地区国企占比大、杠杆率高、社会负担重，对有条件的国企率先进行债转股或混合所有制改革，可助其解决因周期性原因造成的流动性短缺和阶段性经营困难，同时加强公司治理，强化监督和预算约束，依托自身创新能力实现可持续发展。针对资源衰退地区融资难的问题，可考虑在代表性城市设立绿色金融创新试验区，政府、政策性金融和环保部门相互配合，引导社会资金支持生态环保、污染治理相关项目。

第四，加大力度支持资源衰退地区加强与完善"软""硬"基础设施建设。基础设施投资短期内可促进资源衰退地区经济增长，缓解经济下行压力，长期内会提高这些地区的生产效率；要加大教育科研和职业培训支持力度，尤其是政府可考虑加大这方面的转移支付资金，提高劳动者技能水平和再就业能力，为经济转型培养人力资本；注重在园区建设的同时，促进企业、科研机构和高等院校科技资源的整合、共享和合理流动，有效引导创新要素向企业和产业集聚，发挥集群的规模优势和外溢效应。

第五，鼓励和扶持资源衰退地区民营企业发展。民营企业是城市转型、活力提升的重要推动力量，只靠几家大型国企难以实现转型升级。然而，行业管制、融资难等问题既限制了民营企业经济规模，又阻碍着民营企业的创新活动。政府可以在放松管制、提供优惠贷款的基础上，优先考虑采取 PPP 等公私合营方式，牵头组织产业联盟，共同出资开发适用的新技术，并将专利、专有技术有偿向社会提供。

深化供给侧结构性改革：
怎么看、如何推

2017年是我国供给侧结构性改革的深化之年，深入推进供给侧结构性改革是当前我国经济发展的大事要事。为更深入更全面了解当前对供给侧结构性改革的认识、已经取得的进展及成效、推进中遇到的主要困难和问题以及对深入推进供给侧结构性改革的看法，我们对企业家、企业高管、机关事业单位研究人员、专家学者等进行了专题问卷调查。共回收有效调查问卷3607份。其中，从受访对象上看，企业家占27%、企业高管占30%、机关事业单位研究人员占10%、专家学者占33%。企业受访对象中上市公司占52%，非上市公司占48%；从企业所有制看，40%为国有及国有控股企业，29%为外资及外资控股企业，31%为民营及民营控股企业。从行业分布看，第一产业占6%，第二产业占74%，第三产业占20%。从地区分布看，参与调查的对象来自全国各个省市区。调查问卷样本具有较广泛的代表性，所反映的看法具有重要的参考价值。

供给侧结构性改革实施后企业经营发展环境好转

与供给侧结构性改革前相比，参与调查的2043位企业家和企业高管中，超过1/3的调查对象认为当前经营环境明显好转，选择有所好转的比例也接近1/3，两者合计比例达到65.5%；只有16.5%认为有一定程度转差，这说明企业对推进供给侧结构性改革带来的经营环境改善有直接体会和肯定评价，切实感受到对企业带来的积极影响。这在另一个问题的调查结果中也得到进一步印证：32%的企业认为当前经营环境很好，31%认为比较好，而仅有8.8%的企业认为当前经营环境转差或很差。

普遍认为核心是改革并对供给侧结构性改革充满期待

关于供给侧结构性改革，存在不同的看法。有的强调改革，有的强调调控，有的侧重结构调整，而有的强调供给侧，还有的认为是新的计划规划。本次调研对象对此的看法比较一致地认为其核心内涵是改革，选择"核心是改革，尤其是体制机制改革"的比例最高，占29.4%；选择"特定行业结构性改革＋三去一降一补"的比例也高达28.2%，强调改革选项的合计超过57%。而认为"核心是调控，尤其是宏观调控"的选择仅占12.6%，认为是"新的计划经济"的比例更低仅11%。

另外，在调查问卷的开放性问题中，很多填写内容都反馈了对深入推进供给侧结构性改革的期待，出现频率最高的关键词也是"改革"，例如"关键是改革""切实推进市场对资源配置的决定性作用""财税改革""政府职能改革"等。在企业家研讨会、专家座谈会上的情况也基本相同。可见，社会各界对供给侧结构性改革十分关注和充满期待，热切希望深入推进。

对重点任务"三去一降一补"的看法

推进供给侧结构性改革，重点任务是"三去一降一补"，五大任务相互关联、互为补充、交互影响。为此，我们也调查了企业家（企业高管）、专家学者等对这五大任务的进展情况、落实中还存在的主要问题与障碍的有关看法。

（一）去产能：进展中存在三个问题、人员安置是最大难点

统计分析发现关于去产能工作存在的主要问题是："未把握好需求扩张的度（如房地产和基建的短期巨大需求释放）"占39.2%，"过度依赖行政化手段（行政性分指标）"占35.6%，"关于产能的基本情况掌握不准"占23.2%。这反映出在2016年去产能工作中遇到了市场短期需求扩张与中长期去产能部署之间的矛盾问题、以市场化法治化为主要手段的去产能力量仍较弱和仍较多依赖行政手段的力量推进的矛盾问题、产能产量价格库存等数据信息存在不全不准不真问题。

去产能工作面临的主要障碍排在前列的分别是:"人员安置问题""环保执法不严,市场监管能力不足""所有制问题""债务处置问题"。其中,人员安置问题与所有制问题是关联的,凸显了"人员安置"是去产能的最大难点。据统计,2016年全国因去产能涉及人员约200万人,人员安置难点和主要障碍需要妥善解决。

(二) 去库存:进展有限、矛盾突出、一二线城市影响广泛

去库存主要是解决部分城市尤其是三、四线城市房地产库存高企问题。对于房地产去库存工作的进展和成效,认为"基本停滞、效果不明显(如商业用房、三四线城市库存仍高企)"的占33.4%、"出现反弹,该去的没去掉,矛盾突出的一、二线城市房价快速上涨"的占20%,即53.4%的调查对象给予了消极评价,高于积极评价近7个百分点。针对为什么三、四线城市去库存效果不佳的原因,调查显示排前三位的是:一是实质性改革不到位(如农民工市民化、户籍制度改革等);二是三、四线城市的吸引力不足;三是因为一、二线城市房市大涨的挤出效应。而关于"如何抑制一线城市和部分二线城市房价过快上涨?""将房地产健康发展纳入地方政府考核体系""约束金融杠杆""切实增加土地供给"成为排名前三位的选择。

(三) 去杠杆:有进展、重点约束地方政府和银行

非金融类企业部门,尤其是国有企业杠杆率偏高问题,一直倍受关注,也一直被列入防范系统性区域性金融风险的重点。积极稳妥去企业杠杆,既可减少实体经济债务和利息负担,又可防范系统性区域性金融风险。对于去杠杆工作,调查统计显示,接近六成调查对象(57.1%,其中"已取得显著进展、卓有成效"占18.9%,"取得一定进展、有一定成效"占38.2%)认为取得了进展和成效。但目前我国遏制住杠杆率上升的趋势仍不明显,化解降低债务存量、控制债务增量的工作挑战还较多较大,仍有超过40%的调查对象认为去杠杆工作"基本停滞"及"出现倒退,杠杆率仍继续上升,杠杆结构仍在恶化"。

对地方政府和银行风险管理约束过少是造成去杠杆工作遇到的挑战和面临的主要障碍。统计显示:去杠杆工作的主要障碍排名前四位的分别是

"地方政府举债约束机制不健全，地方融资平台债务过快膨胀""经济增速下滑可能杠杆被动增加""银行风险管理体制的约束，借新还旧盛行""去杠杆与稳增长及防风险存在一定冲突"。而关于积极稳妥推进降低企业部门杠杆率的主要方向问题选择上，排名前列的分别是"杠杆转换，即居民部门加杠杆，企业部门去杠杆""加强金融监管（如对影子银行、表外业务的监管），以资本约束、风险约束等机制控制金融体系过度膨胀""大力发展资本市场""约束地方政府及其融资平台举债"。

（四）降成本：进展显著，难点在经营、税费和能源成本

近年来，国家在推进"营改增"、扩大小微企业税收优惠、降低"五险一金"缴存比例、缓解融资难融资贵、降低电价和物流费用等方面出台了一系列政策举措，国务院还印发了降低实体经济企业成本工作方案。降成本工作进展和成效得到肯定评价，合计59.9%的调查对象认为降成本工作"已取得显著成效"（占22.2%）和"取得一定成效"（占37.7%），认为"成本有所上升"的比例仅19%，不足1/5。问卷调查中感受降成本较显著的方面有"人工成本""制度性交易成本""融资成本"。但由于房地产价格快速上涨、政策执行力度不够等，"房价地价快速上涨，租金成本和用地成本上升难以控制""由于财政刚性支出多，顺周期性强，税费成本难以有效降低""能源成本难以下降"成为当前最难以有效降成本的方面。

（五）补短板：获积极进展，向扶贫、公共服务和生态环境倾斜

对于"您如何评价补短板的工作进展和成效？"的调查结果统计显示："已取得显著成效"（占20.8%）和"取得一定成效"（占42.6%），合计达到63.4%的调查对象给予了积极肯定评价。对农村贫困这个最大短板的重点补足问题，普遍认为我国充分发挥政治优势和制度优势，通过精准扶贫、脱贫基本方略，取得了明显成效。而认为"短板领域恶化"的比例仅占11%。统计表明：最迫切需要补的短板是"公共服务有效供给（医疗、卫生、教育、体育等）"（28%）、"生态环境"（20.4%）、"科技创新"（16.3%）、"交通基础设施"（13.7%）、"低收入农户增收"（11.4%）。

深入推进供给侧结构性改革的建议

（一）顺应呼声与期待，推进体制机制改革创新

体制机制改革不到位是当前供给侧结构严重失衡的根源。当前一些突出矛盾和关键问题来自传统增长方式的长期积累，来自生产要素（土地、能源、资源、劳动力等）的改革没有深入深化，结构严重失衡背后的根本原因还是体制机制性的。目前供给侧结构性失衡无法单纯地靠宏观政策的调控调整解决，必须要靠体制机制的改革创新，尤其要靠一些重大改革创新来破题、破局。

（二）对"三去一降一补"推进工作的建议

根据调查调研情况，针对供给侧结构性改革重点任务"三去一降一补"推进工作的建议是：

1. 去产能工作方面，在加大市场力量淘汰落后产能、退出低效产能力度的同时，加大环保、能耗、质量、安全等方面的标准制度建设和执法力度。同时，针对去产能工作中的最大难点"人员安置"问题，中央、地方政府重点解决政策"兜底"或"托底"，企业重点解决人员内部挖潜、培训转岗等，共同努力妥善解决好这一核心难题。

2. 去库存工作方面的分类指导、因城施策，不仅需要从居民需求端着手，也需要从土地供应侧调节，一、二线城市增加土地供给，三、四线城市根据供需状态调节土地供给节奏，缓解供需矛盾恶化，推动供需向均衡平衡发展；另外，要根据供需情况调节金融杠杆，尤其是对过热城市约束金融杠杆。

3. 去杠杆工作方面，推进稳中"去"而不是简单地"转"。国际经验表明：快速去杠杆，触发金融危机的概率非常高，因此要在防范风险的基础上先稳后"去"杠杆。另外，去杠杆不是单纯地"转"，还是要在"稳"和"去"上扎实推进和下功夫。

4. 降成本方面，企业反映最多的问题还是税收负担重、行政收费多、租金等经营性成本上升快、能源成本居高等，这些方面的降成本措施要进一步落实好。

5. 补短板方面，坚持补硬短板和补软短板并重，重点要放在精准扶贫与脱贫、公共服务、生态环境和科技创新上。

（三）立足长期长远推进治本之策的建议

针对一些影响长期、长远的问题，也应早日研究筹划，早做部署进行改革。这些与供给侧突出矛盾和问题的形成直接相关，有的甚至是因果关系，是治本之策。

进一步放松生产要素市场管制。当前我国产品市场基本上放开了，但是生产要素（土地、资本、劳动力、能源等）市场至今还处于非常严格的管制状态。这种计划体制和市场体制双重并存往往带来供给侧结构性严重失衡。

进一步深化垄断性行业改革。根据调研和访谈，在垄断行业中，应当优先推动石油天然气、电力和铁路的改革，而推动垄断行业改革的关键是引入竞争。

进一步深化对自主研发和创新的激励。自主研发和创新能力强才能提高供给体系的质量和效率。健全创新激励机制，大力加强研发工作，实现关键装备、核心技术、高端产品的创新突破，增强创新能力特别是原始创新能力，提高供给体系的质量和效率。减少科研管理中的繁文缛节，为科研人员放手研究、研发、创造营造氛围和环境，这也是供给侧结构性改革的治本之策。

健全质量提升长效机制，
建设质量强国[*]

我国是制造业大国，但还不是制造业强国。促进制造业由数量扩张向质量提升转变，是当前我国建设质量强国的必然要求，也是党中央、国务院的重大发展战略。为研究如何促进质量提升，北京大学国家发展研究院课题组在国际比较的基础上，进行了深入的分析并对江苏、山东、湖北、江西等地进行了实地调研。课题组认为，近年来，国家在推进质量提升方面取得了一定的效果，但要真正实现质量升级的目标，还要加快推进质量监督政策与监管政策分开，建立准确、全面和及时的企业质量信息披露系统，从而建立起有利于市场发挥引导和倒逼机制作用的长效机制。

实现质量提升是当前我国制造业转型升级的主攻方向

1. 从国际比较看，近年来中国出口产品质量提高明显

出口产品质量是反映一国制造业整体质量水平的最重要指标。根据国际货币基金组织（IMF）的研究结果，我国出口产品质量近年来不断提高，在全球的排名也不断提升。从20世纪80年代的100多名，上升到了2010年的50名左右，虽然和发达国家仍有较大差距，但是已经超越了巴西、墨西哥和俄罗斯等国，接近澳大利亚等中等发达国家水平。

2. 从国内市场看，制造业总体质量水平仍然有待提高

2011年，我国国家监督抽查产品的抽样合格率基本在87.5%左右，2013年提高到88.9%，2016年达到91.6%。由于国家质检总局抽查的都

---

[*] 本文刊于国务院参事室《国是咨询》2017年第9期，与许召元合作。

是关系到国民健康和安全的重点产品,而且依据的是质量水平相对较低的全国强制性标准,因此,8.4%的不合格率仍非常高,仍然需要着力提高。

当前我国质量监管体制不能适应质量提升的迫切需要

当前我国产品质量监管体制主要有三个支柱,一是产品生产许可证制度,包括发证和证后监管;二是产品质量认证制度,包括强制性产品认证和自愿性产品认证;三是质量监督制度,包括质监部门对生产环节的质量监督和工商部门对流通环节的质量监督。

1. 质量管理体制重审批、轻监管

生产许可证制度是典型的审批制管理模式。生产许可证只能说明企业具备生产条件,并不能保证产品质量,更不能起到提升产品质量的作用。相反,生产许可证有时成了国家为企业背书,成为企业宣传产品质量的依据。影响产品质量的因素有很多,生产过程中人、机、料、法、环各种因素的波动都会影响产品质量,生产许可证只能说明企业具备了生产合格产品的能力。这就如同企业安装了环保设备,也通过了环评,但不一定表示生产过程一定能达到环保标准。

2. 除了直接的生产许可证外,还有一些类似生产许可的证,同样给企业生产设置了障碍

除了生产许可证外,还有一些类似的行政许可,其性质与作用和生产许可证差不多。例如,汽车企业对每种不同的汽车型号都需要申报《道路机动车辆生产企业及产品公告》,一个大的型号只要有部分变化,都需要申请一个新的公告,只有进入了公告目录才能生产。调研中,东风乘用车公司目前共有存量汽车公告1000多个,每年还要新申请70—80个公告,另一家东风特汽专用车公司,2016年新申请了39个公告,而每个公告申请平均需要50万—70万元的申报费,申请费用成为企业很大的成本支出。

3. 政监不分导致监督效果薄弱

相关部门既是政策制定者,又是政策执行者,而实际上管理能力不足,另外以罚代管现象大量存在,不能形成有效的质量监管。国家强制性质量标准是产品质量的底线,对于这类产品质量监管的目的是产品都要达到质量要求。但目前的制度设计中,在检查发现质量问题后往往有多种处

罚方案，监督检查的自由裁量权较大，而且容易产生以罚代管现象。在最近曝光的西安奥凯电缆事件中，当地质监部门就已数次抽查发现了不合格问题，但仅仅罚款了事。由于被抽检的次数有限，在罚款数额较小、市场环境还不成熟的情况下，企业质量不达标的收益有可能远大于达标成本，这时企业就会选择接受处罚而不去提升质量，也即产生道德风险，使质量监管达不到制度设计的效果。

有利于企业主动提升质量的机制尚未建成

1. 有利于市场倒逼机制的质量安全诚信体系没有建立起来

用户和消费者方便、全面和准确地获知产品质量信息，是发挥市场倒逼机制的首要条件。但目前，我国产品和服务质量等信息收集和传播渠道不畅通，产品的质量信息不能有效归集，大量的质量抽检信息掌握在主管部门和质量抽检单位，没有充分披露，也没有有效地加工整理，用户和消费者既不方便查询到产品的质量信息，也不能方便地比较和了解产品质量信息，直接导致不能充分发挥消费者对于生产者质量提升的约束作用。

2. 低价中标倾向使企业追求成本竞争，不利于质量提升

招标采购中低价中标的倾向使企业经常陷入忽视质量要求、低价恶性竞争的怪圈。很多大型基建工程、重大设备和大宗采购都采用招标采购方式，而价格往往是最重要的竞争手段，不少企业为了竞标成功，首先大幅度压低投标价格，甚至以低于成本价中标，中标后再偷工减料、以次充好，中标后层层转包或通过各种理由寻求增加决算，这也是我国许多工程决算大幅度超过概算的重要原因。在药品招标采购中，这一问题同样明显。调研过程中，不少药企反映药品招投标中问题很大。不少药品生产企业为了中标，不惜将价格压低到成本价之下，往往导致由于中标价过低，企业生产即亏损，"饿死同行、累死自己、坑死甲方""劣币驱逐良币"的情形随处可见。

3. 质量技术服务主体市场化发育不良，导致监管和服务能力不足

质量技术服务机构从本质上说是面向企业和消费者服务的市场主体，只有在市场竞争中才能够提供充分有效的质量信息，进而缓解信息的不对称性，促进市场交易。我国2万多家各类质量技术机构，基本上都是事业单位。虽然国务院早在2014年就出台了质量技术机构的市场化改革措施，

但由于长期以来质量服务市场发展的滞后以及原有技术机构的既得利益，改革进程相当滞后，质量技术机构的市场化程度仍处于起步阶段，难以满足市场对质量技术服务的巨大需求。

检验检测机构规模偏小，能力不足，行为不规范。质量检验检测不同于其他的企业，需要一定的规模以保证检验能力。例如，在湖北省1180家检验检测机构中，微型检验检测机构（从业人数不满10人）占比11.5%，小型检验检测机构（从业人数10—100人）占比高达85%，微小型检验检测机构数合计占比近97%。规模过小的检验检测机构，导致低水平竞争，甚至不惜违反基本的技术规范，向外提供不准确、不真实的评价结果，不仅没有起到提供真实质量信息的作用，反而引起了质量信息传递的混乱。

建　议

在质量保障和提升过程中，应按照"国家保基本、市场促提升"的原则，改变目前主要依靠国家、依靠加强监督检查的传统方法，着力进行监管方式改革，发挥政府的保障作用和市场倒逼的根本作用，建立有利于质量提升的体制机制环境。

1. 加快建立全国统一的企业信用系统，便利消费者和用户获知产品质量信息

目前我国正在推进企业信用体系建设，建议在此过程中，首先要归集各种企业质量检验信息，把各地的企业质量抽检结果数据纳入企业信用体系中，包括在生产地的检验信息和在全国各地抽查中获得的质量信息；其次要对质量信息进行简化处理，便于用户和消费者理解与比较。应建立统一的简化程序，以便向用户简明展示质量信息，并使消费者和用户便于比较企业之间的质量信息；最后还要充分利用互联网、大数据等新兴技术手段，便于用户查询质量信息。建议要求企业在产品上印制二维码，用户只需扫一扫就可进入企业信用体系数据库，查询产品质量信息。

2. 推进政监分离，以政府购买服务的方式对确需国家监管的产品进行质量抽查

以罚代管和质量技术服务机构发育不足的重要原因是国家政监不分，大包大揽。因此，必须推进国家监管标准、政策制定职能和具体监管业务

相分离。建议国家相关部门和标准化主管部门主要负责强制性标准的提出、组织起草、征求意见、技术审查、统一立项和编号、发布等工作，通过政府购买服务的方式由市场化的质量检验机构按照"双随机"方式进行质量抽查，对质量检验机构本身的能力和水平可通过相互结果比较，以及认证等措施进行监管，保证足够的抽查频次和品种，扩大覆盖面。

3. 在政府采购和国有企业招标采购中倡导优质优价原则，发挥政策导向作用

建议有关部门发布指导意见，在政府招标采购和国有企业采购中，倡导优质优价，切实扭转多年来超低报价中标的沉疴宿疾和由来已久的乱象，形成有利于企业追求质量提升的社会氛围。严格审查目前广泛存在的决算超预算或中标价的情况，促进企业理性竞争，着重提升产品质量。让中国制造企业的竞争回归到质量、技术、服务等方面上来，最终实现由制造大国向质量强国转变。

健全市场功能、防控重大风险，应尽快建立国家级 PPP 存量资产流转交易平台[*]

要有效盘活甚至升级 PPP（Public-Private Partnership，即政府和社会资本合作项目）存量资产，以推动 PPP 市场规范发展，健全市场功能、防控重大风险，急需尽快设立一个运转高效的国家级存量 PPP 资产流转交易平台（以下简称"国家级 PPP 流转平台"）。本文重点研究设立这一国家级 PPP 流转平台的原因、重大意义、基本思路、建设目标，集中回答与国家级 PPP 流转平台建设相关的两个基本问题，即为什么急需建（原因和必要性）、建成什么（目标与功能定位）。

现有流转平台难以有效盘活 PPP 存量资产

自 2014 年实施 PPP 改革以来，PPP 存量资产规模快速增加，流转需求与日俱增，潜在市场规模巨大。与此同时，促进 PPP 流转和社会资本退出的政策支持体系也在不断完善。在政策大力推动和市场需求牵引两股力量综合作用下，我国 PPP 资产流转市场已经形成了四类流转平台，分别是证券交易所、银行间市场、产权交易所和区域性股权市场（见附表1）。

现有流转平台虽在一定程度上促进了 PPP 存量资产流转，但要么流转门槛高、可及性低、覆盖面很有限（例如，证券交易所），要么流转效率低，并不能承担起有效盘活存量 PPP 资产的职能。从公开信息看，天金所 PPP 平台和上海联交所 PPP 中心尚无一笔 PPP 存量资产交易。粗略估算，现有流转平台的 PPP 资产流转规模不足 100 亿元，不足投资总规模

---

[*] 本文与朱鸿鸣、王勋、郑世林合作。

的 0.3%。

前述缺陷却难以通过改造现有平台得到实质性改善，因此需要考虑新建。关于证券交易所 IPO 渠道，目前很难专门针对 PPP 项目显著降低 IPO 门槛、量身定制一套专门的上市规则，国际上也无此惯例。关于证券交易所和银行间市场的资产证券化，即便社会资本认可度较目前有所提升，也仅局限于债权的间接流转。产权交易所和区域性股权交易所方面，只要依托于现有的、分散的多个平台，就很难赋予其公信力和形成规模效应；此外，从目前证券市场的实践看，只要被切分为多个交易场所或交易所，就很容易出现市场分割和信息隔离，不利于风险防范和监管有效性提升。

新建国家级 PPP 流转交易平台意义重大

国家级 PPP 流转平台在提高 PPP 存量资产流转效率、防范流转风险、规范 PPP 市场发展、防范化解地方政府性债务风险等方面均具有独特优势，对于推动 PPP 市场由高速度增长转向高质量发展，实现 PPP 的质量变革、效率变革、动力变革，提供更高质量、更有效率、更加公平、更可持续的公共服务供给，打好防范化解重大风险攻坚战具有重要意义。

（一）有助于构建高效而健康的流转市场且大幅提升流转效率和控制流转风险

除极少数 IPO 和资产证券化的资产外，绝大多数 PPP 存量资产均为非标准化、非证券化资产，在可流转性方面存在诸多缺陷。产权交易所和区域股权交易市场所内的 PPP 资产流转，其流转效率之所以低、流转交易规模之所以小，主要原因就在于"先天不足"。它们不是一个全国集中统一的 PPP 资产流转市场，缺乏强制力和认可度，不具备规模效应和网络效应。要提高流转效率，就必须首先要发挥政府的协调作用，建立一个集中统一、专业公开的流转市场，赋予其规模效应和网络效应，在此基础上再通过市场机制配置资源从而发挥市场的决定性作用。正因为如此，十八届三中全会以来金融管理部门在构建非标资产流转市场时，如银行业信贷资产登记流转中心（以下简称银登中心）、上海票据交易所（以下简称票交所）、中国信托登记公司（以下简称中国信登）、上海保险交易所（以下简称保交所），无一例外均采用了全国统一流转平台模式（见表1），并取得了较好成效。国家级 PPP 流转平台模式下，规则统一、集中交易、信息完全，可以更好地规避、监测和控制流转风险。

表 1　　　　　　十八届三中全会以来国家级非标资产流转平台

名称	流转资产	主管部门/指导部门	成立时间
上海票据交易所	票据资产	中国人民银行	2016 年
中国信托登记公司	信托产品及其收益权	银监会	2016 年
银行业信贷资产登记流转中心	信贷资产及其收益权，资管产品及其收益权	银监会	2014 年
上海保险交易所	保险资管产品	保监会	2016 年

（二）有助于推动 PPP 项目的质量变革、效率变革、动力变革，改善 PPP 的治理机制

存量 PPP 资产流转不仅可以为社会资本提供退出渠道，还可以在提升 PPP 项目的治理和运营绩效方面发挥作用。一个基于国家级 PPP 流转平台的高效流转市场，能通过重构特殊目的公司（简称 SPV）并优化 SPV 治理结构，引入强有力市场约束等机制，显著提升现有存量 PPP 项目治理和运营的专业化水平与绩效，推动存量 PPP 项目转型升级，从而推动 PPP 公共服务供给的质量变革、效率变革、动力变革。国家级 PPP 流转平台可以定期披露 PPP 项目的财务信息和不定期披露 PPP 运营中的重大事件信息，便利政府部门、投资者、潜在投资者和社会公众动态地适时了解 PPP 项目运营状况。基于这些信息，可以对流转市场上同类 PPP 项目进行比较并对 PPP 资产定价产生实质影响，从而推动相关主体更有效地参与 PPP 项目的治理，并倒逼 PPP 项目提升运营绩效，提高公共服务供给的质量和效率。

（三）有助于发挥市场约束和辅助监管职能来防范重大风险

基于国家级 PPP 流转平台的集中统一、公开透明的高效二级市场，可以通过 PPP 资产的价格信号反映 PPP 项目运营绩效和地方政府债务风险，对一级市场形成正向激励机制并提供定价基准，推动 PPP 市场的规范发展。与此同时，通过信息披露，还可以将物有所值评估和财政可承受力评估纳入社会监督，约束地方政府隐性债务；可以提高地方政府的违约成本，缓解 PPP 领域中政府失信或"新官不理旧账"的问题。国家级 PPP 流

转平台还可以作为信息监测和监管辅助平台，通过信息的统计、监测，交易规则的设计，向主管部门动态提供 PPP 市场发展状况、存在的问题及风险，落实主管部门的政策意图，发挥辅助监管职能。

其他一些国家级资产流转平台的共同特征

近年来，金融管理部门设立了一批全国性非标资产流转平台。比如，银登中心（银行业信贷资产流转平台）、票交所（票据资产流转平台）、保交所（保险资产流转平台）和中国信登（信托资产流转平台）。根据我们的调研发现，其功能定位具有以下五个共同特征（见附录表2）。

（一）基础设施定位

四大平台均定位为所在行业或金融市场的基础设施，致力于促进行业及市场的规范健康发展。其中，银登中心定位为金融基础设施服务机构；票交所定位为金融市场的重要基础设施；保交所定位为（保险）行业基础设施；中国信登定位为提供信托业基础服务的非银行金融机构。

（二）功能的多样性和层次性

四大平台的功能定位均不仅限于交易流转功能，还包括登记、托管、清算、结算、信息服务、统计监测等功能。比如，银登中心具有登记、托管、流转、结算、交易管理和市场监测等功能。多样化的功能具有多层次性：基础性功能、核心功能和延伸性功能。其中，交易流转功能为流转平台的核心功能；登记、托管、清算、结算、信息服务等交易流转功能赖以实现的功能为基础性功能；市场监测、监管辅助等在高效流转功能得以发挥的基础上才能实现的功能是延伸性功能。

（三）辅助监管职能

四大流转平台均具有服务监管、辅助监管的职能。银登中心提出助力金融监管，中国信登在定位中明确其信托业监管信息服务平台职能，保交所提出为监管机构测量和防范风险提供重要的辅助和支持，票交所则为货币当局承担货币政策再贴现操作等政策职能。

(四) 鲜明的问题导向

四大平台的设立都是为了解决所在行业或市场存在的突出问题，其定位体现了鲜明的问题导向特征。银登中心成立的目的是规范银行业信贷资产转让及完善非现场监管，因此其定位强调标准化、规范化、阳光化和助力金融监管。票交所成立的背景是票据领域乱象丛生、票据大案要案频发，因此其定位强调风险防控中心职能。

(五) 均采用公司制组织形式

四大平台均无一例外地采用了公司制模式。主要原因可能包括两方面：一方面，新设事业单位难度较大；另一方面，公司制在机制、体制上更灵活，有助于平台更好地发挥行业或市场基础设施作用。

建立国家级 PPP 流转平台的基本思路、建设目标、功能定位

(一) 基本思路

治乱象、重监管。问题导向和切实解决问题是建立国家级 PPP 流转平台的出发点。PPP 市场快速发展的同时也存在不少乱象。乱象产生的根源，在于缺乏有效监管手段和监管能力。国家级 PPP 流转平台建设，就是要通过构建全国性流转市场，创设市场化、实时性的辅助监管工具、手段和平台，引入市场机制并更好地发挥政府作用，着力解决 PPP 领域存在的市场乱象和突出问题。

抓规范、补短板。补齐制度短板是国家级 PPP 流转平台建设的基本着力点。PPP 市场尚存两大制度短板：缺乏统一登记托管制度和强有力的市场约束机制。国家级 PPP 流转平台建设，就是要以建立 PPP 资产全国统一登记托管制度和平台为基础，构建一个具有较强市场约束机制的全国性 PPP 流转市场，推动 PPP 市场规范发展和高质量发展。

强基础、防风险。防风险是当前推进国家级 PPP 流转平台建设的首要目标。PPP 领域市场乱象的持续存在，已导致地方政府隐性债务风险和 PPP 项目运营风险的大量累积。国家级 PPP 流转平台建设就是要坚持行业基础设施定位，增强识别、监测、评估、预警、处置 PPP 领域风险能力，

助力决胜期坚决打好防范化解重大风险的攻坚战。

促升级、畅流转。退出渠道不畅和存量PPP运营能力不足是制约PPP高质量发展的两大关键因素。国家级PPP流转平台建设就是要通过建立高效流转市场，顺畅PPP市场各参与主体的退出渠道和投资渠道，就是要借助流转重构、优化SPV结构，引入市场约束机制，提升PPP的治理绩效和运营绩效，切实提高公共服务和基础设施供给效率，推动PPP的质量变革、效率变革和动力变革。

（二）建设目标

我们认为宜将国家级PPP流转平台的建设目标确定为：公司化、市场化、专业化的PPP市场基础设施机构，其目标是推动PPP资产流转业务规范化、阳光化、标准化，以此盘活并改造PPP存量，扩容并提升PPP增量，推动PPP市场长期规范健康发展。

1. 市场基础设施

PPP市场基础设施机构是国家级PPP资产流转平台的基本属性。所谓市场基础设施，就是市场健康运行所依赖的基础，这要求其具备市场基础设施所具备的功能，如PPP资产的登记、托管、交易、清结算和信息服务等。

2. 公司化、市场化、专业化

公司化、市场化和专业化是国家级PPP流转平台的基本运作模式。公司化是指该平台采用的组织形式为公司制。目前，公司制也是国内国家级非标资产流转平台采用的主流模式。市场化是指该平台是市场化运作平台，而非单纯是相关职能部门的延伸，强调创设、培育市场并发挥市场的决定性作用以推动PPP市场健康发展。专业化是指该平台聚焦PPP资产的流转交易，遵循PPP资产流转市场运行规律。

3. 规范化、阳光化、标准化

规范化、阳光化、标准化是基于国家级PPP流转平台的全国性PPP流转市场的基本特征。规范化是指流转市场运作规范，市场秩序良好，投资者合法利益得到有效保护。阳光化强调信息披露，要求动态、真实地披露市场中流转的PPP存量资产的相关信息。标准化是指通过集中统一登记托管进行确权、标准合同提供、发布交易规则等推动PPP资产标准化，提高其可流转性。

4. 盘活、改造PPP存量，扩容、提升PPP增量

盘活PPP存量是指为PPP社会资本提供退出渠道和投资渠道，释放社

会资本投资能力。改造PPP存量是指借助全国性PPP流转市场改造PPP项目的SPV治理结构，并强化市场约束机制，提高存量PPP项目的治理绩效和经营绩效。扩容提升PPP增量是指按照流转交易平台的统一标准统一规范来新增PPP项目，使新增PPP项目从一开始就具有质量高、价值明确、资产清晰、易流转的特征。

（三）功能定位

为实现上述建设目标，国家级PPP流转平台应当具备以下三大功能定位。

第一，高效安全的流转交易平台。流转交易是国家级PPP资产流转平台的核心功能，既要做到高效，也要做到安全。在推动PPP健康发展的目标下，高效就是市场具有一定深度和活跃度，要能真正盘活PPP资产存量，有效顺畅PPP退出渠道。要达到高效安全的目标，需要将国家级PPP资产流转平台建成一个集中、公开、标准化交易市场。

第二，集中统一的登记托管平台。登记托管是基础性功能，是核心功能（流转交易功能）和监测管理功能（延伸性功能）发挥的基本前提。通过登记托管，可以厘清PPP资产的权属，推动PPP资产的标准化。此外，对PPP资产进行集中统一的登记托管，还有利于规范PPP资产流转市场，防范流转风险。

第三，市场化的辅助监管平台。所谓市场化的辅助监管平台，是指区别于政府监管部门的监管体系，是指平台发挥资本市场的机制，对PPP项目起到约束和正向激励作用，对政府监管部门的监管提供辅助信息和配合。信息监测功能方面，可以推动PPP信息披露，进行行业信息统计，发布信息监测研究报告。

附　录

附表1　　　　　　　　现有PPP资产流转平台情况

平台类别	代表性平台	流转品种	性质	监管部门	优势	劣势
证券交易所	上交所、深交所	首次公开发行（IPO）、资产支持证券（ABS）	标准化、证券化流转平台	证监会	流转效率高	覆盖率低

续表

平台类别	代表性平台	流转品种	性质	监管部门	优势	劣势
银行间市场	银行间市场交易商协会	资产支持票据（ABN）	标准化、证券化流转平台	人民银行	流转效率高	仅限于债权流转，间接性流转
产权交易所	天金所、上海联交所	股权、债权及其收益权	非标准化流转平台	地方政府	门槛低	流转效率低、覆盖面窄
区域性股权市场	宁波股交中心、海峡股交中心	股权、债权	非标准化流转平台	地方政府	门槛低	流转效率低、覆盖面窄

资料来源：笔者根据对应机构的官方网站和有关资料整理。

附表2　我国一些典型国家级资产流转平台的定位和主要功能

流转平台	机构性质	定位及目标	主要功能或业务范围
银登中心	公司制	金融基础设施服务机构；建设亿万级信贷资产流转市场，促进信贷资产流转业务统一标准、规范流转、高效运作、有序发展，持续推动信贷资产流转业务的规范化、阳光化、标准化发展	为信贷资产及银行业其他金融资产提供登记、托管、流转和结算服务；承担部分交易管理和市场监测服务等职能；为交易各方提供优质便捷的信息披露、交易对手发现、交易记录查询等服务，促进银行的资产风险定价能力；持续服务于银行业金融机构，助力金融监管，推动金融创新，为维护金融稳定提供重要保障
票交所	公司制	金融市场的重要基础设施；票据领域的登记托管中心、交易中心、创新发展中心、风险防控中心、数据信息研究中心	票据报价交易、登记托管、清算结算、信息服务等功能；中央银行货币政策再贴现操作等政策职能
保交所	公司制	综合服务平台、行业基础设施；集中、公开、标准化的保险市场	保险、再保险、保险资产以及保险延伸性产品的交易平台；账户、登记、结算、征信等配套服务功能；为监管机构测量和防范风险提供重要的辅助和支持
中国信登	公司制	提供信托业基础服务的会管非银行金融机构；信托业的信托产品登记与信息统计平台、信托产品发行与交易平台及信托业监管信息服务平台	集合信托计划发行公示；信托产品及其信托受益权登记；信托产品发行、交易、转让、结算等服务；信托受益权账户的设立和管理；信托产品及其权益的估值、评价、查询、咨询等相关服务；信托产品权属纠纷的查询和举证；提供其他不需要办理法定权属登记的信托财产的登记服务

资料来源：根据各流转平台官网资料整理。

发展中国特色的社会主义经济，要继续发挥好政府的协调作用[*]

2018年我国迎来改革开放四十周年。回顾我国四十年来创造的经济奇迹，绝非因为偶然选对了一些政策，而是因为我国的基本政治经济制度，即有中国特色的社会主义。我国没有简单照搬西方主流自由市场理念，而是坚持和发展中国特色社会主义，践行"集中力量办大事"的制度优势，积极发挥政府的协调作用。各级政府强大的协调能力不仅提高了经济发展质量与效率，而且使我国在危机处理上具有独特的优势。继续发挥好政府的协调作用并不断提升协调能力和水平，对于我国未来的经济发展和实现新时代中国特色社会主义总目标总任务，具有极为重要的现实意义；对于广大发展中国家，中国政府的成功实践提供了一种"非西方式"的现代化道路，拓展了发展中国家走向现代化的途径，亦具有极为深远的世界意义。

促进经济发展，政府发挥协调作用不仅重要而且必要

（一）市场原旨主义观点是极端的和片面的，较好的经济发展不仅需要市场机制，而且需要政府积极发挥作用

市场原旨主义认为"自由竞争是效率的源泉"，这个观点虽不无道理，但过于极端、片面。现实世界经济主体之间除了竞争关系还有数不胜数的合作关系。市场原旨主义者教条地认为只有依靠私有制和分散决策的自由市场机制，才能实现较好的经济发展。实践上这更得不到检验——许多将

---

[*] 本文与汪浩合作。

自由市场制度奉为圭臬的发展中国家有的陷入"中等收入陷阱",有的长期保持贫困,而西方普遍认为政府干预较多的中国、日本和"亚洲四小龙"却实现了较长时期的经济快速增长,中国更是创造了史无前例的经济发展奇迹。近几年一些非洲国家(如埃塞俄比亚、毛里求斯等)借鉴中国的经验,积极发挥政府的作用和践行类似于中国的举措(建设"经济开发区""科技产业园区"等),也实现了经济的快速发展。这些成功实践雄辩地说明政府通过积极的发挥作用可以有效及高效地促进经济发展、也辩证地说明贫穷与落后在很多时候很多地方也是因为政府没有发挥应有的协调作用。

(二)经济发展中竞争很重要,分工协作的重要性同样不容忽视,现代经济分工协作程度日益提高,需要更多协调

西方理论高度强调自由竞争和分散决策,而忽视经济主体间合作的重要性。事实上,竞争在有利于形成合理价格体系的同时,也容易导致生产分散,从而不利于发挥规模效应;竞争提供的金钱激励在有利于调动人们积极性的同时,也是"双刃剑",过强的激励导致各种"道德风险"问题或策略性行为(例如制造假冒伪劣产品或"敲竹杠")。随着信息技术进步和经济主体间协调水平的提高,协作越来越成为现代经济的基本关系,重要性日益提升。但由于信息不对称和策略性博弈等原因,合作往往具有很高的成本,使得合作效率低下,甚至合作关系破裂(国与国间的核威慑就是典型的例子)。协作各方往往难以自行解决他们之间的利益分配问题,需要借助第三方来进行协调,这也是为什么在现实世界存在许多第三方危机协调机制(如官方或半官方的调解、仲裁、司法等机制,"德高望重"人士调解,第三国或国际组织的斡旋等)。通过适当的第三方协调,可以显著降低协作成本。

(三)传统对市场失效的理解忽略了经济主体间的协调失败,为避免市场主体间协调失败,政府往往需要介入

政府是否应积极介入经济活动,取决于市场失效。传统理论认为典型的市场失效主要是由于外部性、自然垄断和信息不对称。但这并不全面,在市场经济中还存在更为一般性的市场失效,即经济主体间的协调失败。当协作方达到一定数量时,相互之间的猜疑甚至可能使得协作变得完全不可能，甚至经济主体间恶性博弈、"多输"。为避免经济主体间协调失败，往往需要政府介入并促成"多赢"。

（四）我国政府的协调显著降低企业的运营成本、加速生产力布局和产业链形成，提高发展速度和提升发展质量

在招商引资过程中，政府的协调支持使企业可以少走弯路，提高方方面面的效率。政府通过协调来促成产业布局和产业链的形成，对企业、产业的帮助尤其巨大。例如，虽然计划经济被普遍认为不成功，但是我国在中华人民共和国成立初期百废待兴、重工业基础尤其非常薄弱之际，实施的"一五计划"事实上非常成功。这些建设项目主要配置在东北地区、中部和西部地区，在很大程度上改变了工业偏重沿海的状态，迅速展开较为合理的工业布局，建立起较完整的基础工业和国防工业体系骨架，起到奠定社会主义工业化初步基础的重大作用。"一五计划"取得成功的原因就在于政府统一协调了产业的发展和关键项目的建设，从而迅速进行了生产力全国布局和建立起完整适配的产业链条。政府发挥协调作用来促进产业链形成的类似经验后来不断在地方实践中得到反复应用和检验。

（五）在社会和经济生活中，政府是最重要的协调者

虽然政府不是唯一的协调者，但政府是最重要的协调者。首先，政府代表公众利益，在协调过程中可以基本保持公平立场。在任何社会，政府都是一个天然的、中立的、基本公平的协调者。其次，政府具有一定的资源配置能力，因而可以成为比较有力的协调者。政府可以决定财政支出、税收优惠、土地规划、公共服务、行业监管、大项目审批等事项，这些行政权力能够影响资源配置，有助于政府作为长期协调者的可信度、有助于社会协作关系的形成和总体利益的提升。最后，政府协调也可能具有一定的强制性。正如在土地规划、机场调度等场合，来自协调者的指令是不容挑战的。在经济活动中，也经常必须通过一定的强制性手段，以确保重要项目（如重大基础设施建设）的完成。

综上所述，在现代经济活动中，除了市场主导资源配置之外，为促进发展，政府发挥协调作用不仅重要而且必要。政府虽然不是唯一的协调者，但肯定是最重要的协调者。政府的协调介入貌似限制了经济主体的自由，但目的却是排除混乱，避免失效，创造可能，实现更大的自由。

发展中国特色社会主义经济仍要持续地发挥政府的协调作用

（一）我国过去四十年创造的经济奇迹，与党领导下各级政府强大的协调能力密切相关

改革开放以来，我国一直从理论和实践两个方面对中国特色社会主义经济发展进行不懈探索。从邓小平同志打破片面理解姓"资"姓"社"，把计划和市场都作为发展经济的手段与形式，明确"社会主义也可以搞市场经济"，到党的十四大提出建立社会主义市场经济体制，党的十八届三中全会进一步提出"使市场在资源配置中起决定性作用和更好发挥政府作用"，再到党的十九大习近平新时代中国特色社会主义思想，我国对发展中国特色社会主义经济的认识不断深化、不断升华。我国与西方主流国家发展经济的最大不同是：在强调市场经济体制重要作用的同时，我党和政府并没有像西方那样固守"守夜人"角色，而是积极发挥协调作用和做好整体统筹规划，强调以整体性思维、制度性优势更好地发挥党和政府的作用。

当前，我国经济增长在世界主要国家中名列前茅，GDP 达 80 万亿元，稳居世界第二，对世界经济增长贡献率超过 30%。数字经济等新兴产业蓬勃发展，高铁、公路、桥梁、港口、机场等基础设施建设快速推进，城镇化率不断提高，区域发展协调性增强，天宫、蛟龙、天眼、悟空、墨子等重大科技成果相继问世，对外贸易、对外投资、外汇储备稳居世界前列……如此短的时间内，取得如此辉煌的成就，没有党坚强领导下的中央政府和各级地方政府的积极协调是不可能的。仅以高铁为例，我国高速铁路产业从技术引进到技术领先，仅用了 12 年时间，震惊世界。没有政府部门在土地、技术引进、需求引导、技术攻关等方面的大量协调工作，高铁成就是不可想象的。

累累发展硕果雄辩地证明了中国特色社会主义"集中力量办大事"的制度优越性。在坚持市场制度的基础上，党和政府整合资源和组织动员方面的协调优势突出，既适应了利益主体多元化和诉求多样化的时代特征，又有效协调了各方利益、凝聚共识；既能够把握国家发展大方向，又能够迅速集中和运用有限的宝贵资源，用于国家最迫切的发展议程。

(二) 需要继续持续发挥政府的协调作用

组织理论表明，对于使命重大目标宏远的组织需要权威的领导人和强有力的内外部协调。一个组织，包括国家、政党、政府、军队、企业等，本质上是一个合作体——组织内部成员通过合作完成特定功能，然后分享成果。古今中外，几乎所有的组织都有一个共同特点，即都有一个最高领导人，并且基本上都是由自然人担任。这种普遍性的组织结构之所以形成，正是因为组织内外的合作需要强有力的协调。最高领导人一方面引领组织对外策略的制定来协调外部关系，另一方面协调内部各部门或各自然人之间的关系。不同组织需要不同类型的领导人和协调力，越是有重大使命、宏伟蓝图、远大目标且对执行效率要求较高的组织，越是需要权威的领导人和强大的协调力，而不能单纯依靠组织内部的自愿谈判。而一些松散型的组织，领导人接近于"召集人"，协调能力弱。

党的十九大报告做出了一个历史性的重大判断——经过长期努力，中国特色社会主义进入新时代。这是我国发展新的历史方位，是承前启后、继往开来的新时代，是决胜全面建成小康社会、进而全面建设社会主义现代化强国的时代，是全国各族人民团结奋斗、不断创造美好生活、逐步实现全体人民共同富裕的时代，是全体中华儿女戮力同心、奋力实现中华民族伟大复兴中国梦的时代，是我国日益走近世界舞台中央、不断为人类作出更大贡献的时代。

党的十九大报告确定了我国新的奋斗目标跨度"从现在到本世纪中叶"，分为三个目标、两个阶段、两步走。既要决胜全面建成小康社会，又要开启全面建设社会主义现代化国家新征程。而且报告提出的"到2035年目标"是根据我国发展实际情况，将过去提出的第二个百年奋斗目标、到本世纪中叶要达到的发展水平，提前到2035年来实现，进程整整缩短了15年。从中可见，我国在新时代所承担的使命之重大、蓝图之宏伟、目标之深远、时间之紧迫，这种跨越关口式的战略安排迫切要求我国必须进一步持续发挥政府的协调作用，统筹规划、总体布局；迫切要求我国在依靠市场经济体制，通过市场交易或谈判来配置资源的同时，还应充分发挥有利于提高整体效率的政府协调作用。

继续更好地发挥政府协调作用的建议

政府协调的目的是让合作和交易更加容易或更有效率，是让市场机制可以更顺畅地发挥作用。以下七点是更好发挥政府协调作用的重要方面。

（一）坚持改革开放，适时修订各类法律法规和办法

党的十一届三中全会以来的经济发展史可以说就是改革开放的历史，只有不断地修订过时的各类法律法规办法，加强与世界各国的贸易和信息交流，才能不断为经济注入新的活力。不断地推动改革和开放，降低协作成本，与时俱进地释放生产力，是政府最不可替代的公共服务之一。

（二）提供充足的公共产品和基础设施

提供公共产品和服务，是政府的天然职能。基础设施建设涉及大范围的人员和较大的地理区域之间的合作，依靠民间力量很难完成且协作成本非常高昂。完全依靠民间的交易和谈判，要么需要很长的时间才能形成供应，要么根本无法完成，最终导致基础设施供应不足。虽然基础设施建设未必需要政府包揽，但是政府的规划和协调必不可少。

（三）通过行政协调支持大型重点项目

大型项目是经济建设中的"主要矛盾"，但往往容易受到各种策略性的掣肘。政府亲自出面协调可确保项目的进行不会受到局部细节问题（如供水、供电、土地占用等）的阻碍。在很多不发达地区和国家，许多外来投资都是因为在当地遇到各种"小问题"而被迫铩羽而归的。再如我国成规模引进苏联技术专家参与"一五计划"重点项目方面，由政府出面规划供外国专家使用的生活环境起到了巨大的作用，而这些服务很难依靠企业提供。

（四）鼓励行业通用性技术的联合研发

在纯市场机制下，通用性技术经常必须由企业自行研发，导致重复研发，形成巨额浪费。尤其是当通用性技术使用面很广，或民间经济主体高度分散时，通过政府协调，实行联合研发，甚至政府买断技术直接提供，

可以大幅节省企业的研发或学习的开支。基础农业（农林渔牧）科技是通用性技术的一个典型例子——政府经常为农户提供免费的农业科技指导，成本不高，又能免去农户各自学习和研究农业科技的高昂成本。这种非市场的安排非常有利于农业发展，经验应设法推广到工业领域。

（五）鼓励产业集聚，慎用大范围的产业倾斜政策

国内外经验都表明，产业集聚是提高产业效率的有效手段。例如美国的硅谷科创产业集群、好莱坞电影产业集群，德国的汉堡制造业集群，我国深圳电子制造业集群、浙江小商品产业集群、湖南工程机械和轨道交通车辆集群、重庆笔记本电脑产业集群等。适当的集聚有助于降低交通运输成本、信息沟通成本以及人才交流成本，实现规模效应和品牌效应，从而带动地方经济发展。虽然产业聚集也可以自发形成，但是通过地方政府出面进行产业链协调，能够显著加快产业集聚的速度和进程。相比之下，普适性的大范围产业倾斜政策难以照顾各地特殊的资源禀赋和企业家才能，未必能促成产业集聚。对产业发展前景的判断不是政府官员的比较优势，应交给企业家完成。比较适合产业倾斜政策的领域除了国防安全和经济安全外，还有信息技术产业，因为信息技术产业具有较大的外溢性，社会效益远大于经济效益，政府应该适当进行扶持。不能一刀切地否定产业倾斜政策，但是要"慎用"，尽量以产业集聚政策代替产业倾斜政策。

（六）以市场为主配置资源，减少直接行政管控

我国经济发展也有一些教训，其中最重要的教训之一或许就是政府过多地行政干预市场和企业的正常运行，政府直接干预价格和产量的形成。采用行政手段控制市场价格、生产计划或产能建设会扭曲市场信号，进而导致企业行为和预期的扭曲，降低资源配置效率，不利于经济的长期健康发展。政府应积极为企业提供生产性公共服务，而不是行政管控。

（七）提高政府透明度，改善公共服务质量

发挥政府协调作用的最大风险是形成官员腐败和不当行政作为。只有让政府行政行为透明化，广泛接受外部监督，才能从根本上遏制腐败或行政不作为。除了个体腐败，"部门利益"现象也应该引起高度重视，如果仅从本部门的利益出发行使权力，那么必然会导致政府各部门之间的协调失败，无法实现社会整体利益最大化。

结　语

　　协调创造价值，政府协调是促进经济更好发展的润滑剂和催化剂。

　　作为一个保持了四十年经济高速增长的 13 亿人口大国，我国在发展经济方面取得了史无前例的成就，其根源绝非因为偶然选对了几项政策，而是由于我国独特的政治经济体制，具有历史的必然性。中国不是市场化程度最高的国家，却是经济发展最好的国家。面向未来，我们切忌全盘接受西方市场原旨主义教条化观点，而应总结自己的发展经验，扬长避短，继续前进。政府不仅要在事后裁决，更要在事前协调。

　　我国仍是发展中国家，许多地区仍贫困落后，发展潜力巨大。通过政府发挥更好的协调作用，我国经济在相当长的时期内继续保持快速增长是完全可能的。我们在坚持中国特色的社会主义思想道路、在尊重市场在资源配置中起决定性作用的同时，仍要继续更好地发挥政府的协调作用和不断提升政府的协调能力，通过积极提供公共服务，提高经济主体之间的协作效率，降低经济运行成本，实现更高质量、更有效率、更加公平、更可持续的发展。

进一步修订外商投资准入负面清单
有助于我国经济质量提升[*]

党的十九大对我国经济发展阶段做出了由高速增长阶段向高质量发展阶段转换的科学论断，我国经济正处在转变发展方式、优化经济结构、转换增长动力的关键期。对外开放是过去四十年我国取得瞩目成绩的重要原因，其中不断扩大对外资开放市场和积极吸引使用外资发挥了重要引导作用，为我国的物质资本积累、人力资本积累、技术进步、管理提升、效率改善和市场化改革等都做出了重要贡献。

2018年、2019年连续修订外商投资准入负面清单，充分展示了我国扩大对外开放、坚持开放发展的立场，也有利于促进产业结构优化、吸引高端人才、构建国际一流营商环境。

第一，负面清单修订有利于促进我国产业齐全和产业结构升级。我国过去四十年关键的增长动力之一是工业化，第二产业对GDP的贡献度长期维持在50%左右，直到2014年才被第三产业超过。1998年国家确定东部沿海开放发展战略后，外资在工业部门特别是制造业的投资大幅增加，主要集中于通信、计算机和其他电子设备、化工、通用机械、专用设备等领域。2001年后我国逐步进入工业化和城市化双动力推动时期，服务业快速发展，城市建设加速，外资主要集中于房地产、通信、计算机和其他电子设备、化工等领域。由此可见，外资的投入及在产业间的变化是我国产业结构转变的重要因素。此外，外资带来的不仅仅是资金，还包含了先进的设备、工艺、技术、人才、管理、国际销售渠道等的生产要素包，我国通过对生产要素包的"干中学"，既提升了技术水平和人力资本质量，也弥补了很多产业和技术空白，成为拥有联合国产业分类目录中所有工业门类

---

[*] 本文与孙金山合作。

的国家和全球第二大经济体。

随着未来我国产业结构升级和城市化的推进，高端制造业和服务业将得到快速发展。2018年负面清单修订是全面的，涉及金融、交通运输、商贸流通、专业服务、制造、基础设施、能源、资源、农业等领域扩大开放，促进外资进一步投向高端制造业和服务业。2019年负面清单修订进一步深化了服务业、制造业、采矿业、农业等领域的对外开放，将继续引导外资投资方向，助推我国产业结构的升级。

第二，负面清单修订有利于促进稳就业和提升劳动力质量。在我国，就业是民生之基，稳就业是我国宏观经济调控的重要目标和着力点。稳就业的关键是稳企业，既要稳民营企业、国有企业，也要稳外资企业。1990年外资企业吸纳66万人就业，到2017年外资企业共吸纳城镇就业人口2581万，是1990年的39倍，占全国城镇就业人口的6.1%。外资企业过去一直是我国吸纳劳动力的重要载体和缓解就业压力的重要渠道。未来伴随着我国效率提升、分工深化，我国劳动力就业将进入以先进制造业和服务业为主导的阶段，稳定就业和缓解就业压力也切实需要进一步提高开放水平、积极吸引外资。

负面清单的修订有利于吸引更多行业的外商来华投资。负面清单的修订，一方面会增加外资企业数量进而增加雇用员工的数量，另一方面以高水平开放促进高质量发展，高质量发展靠创新，创新靠人才尤其是靠高端人才。而高端人才的积累要坚持两条腿走路：需要自己培养，例如加快国内高等教育改革，鼓励数学、物理等基础学科的发展，鼓励企业人力资本投资和"干中学"；也需要外部引进，例如通过提升市场开放度，引进更多国际高端人才，提高行业创新能力和人力资本外溢效应。

第三，负面清单修订也是我国构建国际一流营商环境的必然要求。在世界银行新一期《营商环境报告》中，2018年我国整体排名46名，较2017年上升了32名。这一方面说明我国整体营商环境大幅提高，另一方面说明与国际一流营商环境仍有差距，需要继续持续努力和改善。进一步缩减负面清单、放宽市场准入，代表了我国努力构建国际一流营商环境的决心；负面清单的修订，允许更多领域实行外资独资经营的同时，也加快了与国际通行经贸规则的对接，提高了政策透明度和执行一致性，更有助于营造内外资企业一视同仁、公平竞争的公正市场环境。营商环境没有最好，只有更好，负面清单修订践行了我国为构建更加公平、公开、透明的市场环境的郑重承诺。

综上所述，外资准入负面清单的缩小和准入范围的不断扩大，既是方向问题，也是理念问题。我国没有被一时的逆全球化、保护主义和单边主义等所左右，而是尊重客观规律、顺应发展趋势，以负面清单修订为契机，进一步扩大对外开放和推动更高水平的开放。

尽快复工是最直接的纾困，
分业施策是最有效的扶持*

随着湖北省外新冠肺炎疫情新增确诊病例持续 14 天下降，人们在防疫情的同时，开始更多地把目光转向几乎停滞的经济和危在旦夕的中小微企业。中央各部委、各地政府也开始纷纷针对中小企业推出纾困措施。为准确估计疫情对经济和企业运行的影响，了解疫情下企业复工，尤其是中小企业的实际困难和需求，北京大学中国企业创新创业调查①（ESIEC）课题组于 2020 年 2 月通过电话和网络访问了北京、上海、广东、浙江、河南、辽宁和甘肃五省两（直辖）市的 2100 多家样本企业，专项调查了新冠肺炎疫情下中小微企业的生存状态、复工情况和所需的政策。

本次中小微企业之"困"，溯源在疫情下的延迟复工

在强力防控疫情阶段，延迟复工无疑是必要的。但延迟复工在短期内会造成中小微企业现金流进一步恶化、履约困难，造成客户流失；这一点在我们的调研中得到直接印证：66% 的受访企业表示存在现金流问题，尤其在上海和广东，这一比例超过了 70%；而 63% 的受访企业表示现金流无法维持三个月。同时，有 50% 以上的受访企业表示存在合同履约问题，

---

* 本文与张晓波合作。
① 北京大学企业大数据研究中心于 2017 年、2018 年、2019 年连续 3 年开展的对于中国私营企业的田野调查，基于对企业工商注册数据的随机抽样，在 7 个省共成功完访了 2010—2017 年新建的近万家私营企业，收集了其创业史、经营情况等信息。本次调研收集样本的行业分布与总量数据的行业分布大体一致，在行业层面上对于中国中小微企业具有一定的代表性。

49%的受访企业担心订单减少。从中长期看，延迟复工极易诱发连锁反应并从企业界传导至金融界和社会，引发系统性风险及社会动荡。只有尽早复工才能从根本上解决中小微企业当前之难，才能最直接纾解中小微企业之困。

当前复工率低、复工难，原因是综合性的

大多数省份自2020年2月10日之后开始允许有序复工，但根据我们调研的2000余家企业情况，已经能复工的只有22%，不足1/4。未能复工的企业中，预计在2月底前能够复工的也不足15%。在调研的7个省市中，北京、辽宁和上海的复工率较高，为50%、42%和30%，疫情较重的广东、河南和浙江，复工率则低至20%、13%和5%。受疫情影响较小的甘肃，复工率也只有17%。基于百度迁徙大数据[①]，我们估计了各省截至2020年2月10日的移民人口返工比例（春节前出省返乡人口中，春节后返回的比例），发现对于高度依赖移民的广东省和浙江省，其返工比例仅为26%和11%，这也从侧面印证了企业所面临的复工率低的现状。

当前尽快有序复工实际执行上困难重重，但复工与防控疫情之间并不是非此即彼，造成复工难的原因并非只有疫情原因、人员因素，还有物流阻断、供应链不畅和行业特性等综合性原因。

除普遍遇到的人员无法到岗原因外，物流受阻也成为阻碍复工的瓶颈之一，且在全国范围内相当普遍。比如河南，相对严重的疫情自然使地方政府在复工问题上颇为谨慎，但实际上，其低至13%的复工率不仅仅由于疫情管控，还因为阻断的物流。25%的河南受访企业认为物流受阻是最主要的问题之一，显著高于多数省份。受此影响，40%的河南受访企业表示原材料存在短缺问题。更加地处内陆的甘肃也是，25%的受访企业认为物流受阻是最主要的问题，47%的受访企业表示原材料存在短缺问题，河南、甘肃都远高于沿海省市。地处内陆或更偏远地区原材料供应的可能是横跨多省的漫长交通线，当前更容易面临物流困难。而其他一些省市区虽然交通上比河南、甘肃便利些，但也同样都存在从防疫情出发而形成的区域上隔断。这些不仅需要部门间紧密协作，也需要地区间的共识和有效

---

① 详见 http://qianxi.baidu.com/。

协调。

经济活动是一条连贯的产业链，处于产业链下游的企业直接为居民提供消费物品，而处于产业链上游的企业则为下游企业提供生产所需的中间品。一般来讲，上游企业往往有规模经济的优势，可以依靠资本而形成大企业；下游企业则更多的是劳动密集型的中小微企业。行业特点差异，也造成了轻工业、重工业、商务服务业与居民服务业的企业面临的复工难的差异。截至2020年2月10日，重工业和居民服务业复工率最低，也对复工最悲观。调研中，所有未复工的人群中甚至有40%的人当前无法判断自己的复工时间。在能够判断复工时间的人群中，有超过50%以上的企业认为自己不能在两周之内复工（即2月底前），可见复工形势十分严峻。而商务服务业的复工率明显要高一些，达到30%，可能的原因是该行业部分可以进行线上办公，并且IT、物流、科学研究等行业也成为疫情下社会运转的基本支撑。

影响工业复工率低的重要原因是员工无法到岗。其中，重工业比例最高。在轻工业和重工业的企业中，表示正在面临用工短缺问题的比例最高，分别达到55%和60%。轻工业往往是劳动密集型企业，高度依赖劳动力，特别是外来务工人员，面临用工短缺的问题也非常严重。

两点建议

（一）切实落实尽快复工就是最直接的纾困，建议具体复工决策交给地方政府和企业

即使对于受疫情影响较大，且流动人口较多的省份（如广东、浙江），虽然延迟复工是管控疫情的必要手段，但仍可以根据实际情况采取有力措施，既做到防控疫情，又能够有序复工。最近浙江的做法又引起了广泛关注，浙江省、市各级政府与企业想出各种方案和方法接外地员工安全返岗复工，组织包车、包机、包高铁，指导企业接新老员工返岗补贴路费等措施层出不穷。与浙江类似，也有许多地方政府已经开始根据当地情况，利用企业的具体信息，实施"一企一策"，帮助企业尽早复工。但由于中小微企业数量巨大，情况复杂，基于层层申报、层层审批的信息收集和决策机制，在实践中难免低效、迟缓。因此，还是要避免"一刀切"，建议把"是否复工"和"如何复工"的决策权交给地方政府、交给企业，发挥地方政府和企业的积极性及创造性，去充分考虑地方和企业的具体情况，针对具体问题，寻求合理、可行的复工方案，真正落实复工，从而最直接地纾解中小企业当前之困。

（二）分业施策是最有效的扶持，建议政府能够根据行业特性实施针对性的扶持政策

根据我们的调研和分析，不同行业受疫情的影响不同。轻工业（特别是从事出口的轻工业企业）面临的问题最大，既面临着产业链断裂、原材料的短缺与价格上涨，又需要处理用工短缺的问题，需求端的订单也直接受消费者的消费断崖式下降的冲击。重工业面临的问题则主要是用工短缺，只要疫情过后员工能够及时复工，所受影响就较小。商务服务业往往具有更加现代的经营方式，"互联网+"在疫情下的重要性也增加了对于商务服务业的需求，只要能够保证商务服务业的现金流，减免社保等工资支出，恢复起来就相对较快。居民服务业则直接受到消费者需求疲软的影响，绝大部分的问题来自需求断崖式减少。由于居民服务业大多为个体户和小微企业，用工短缺问题不突出，租金是其最主要的成本压力。我们对不同类型企业所需政策的调查也印证了这些看法：居民服务业受访企业中的70%以上提出最需要的政策是"房租的减免"；重工业受访企业中的近半数认为最需要的是"融资支持和增值税的减免"；而轻工业和商务服务业的受访企业最需要的政策是"社保的减免或缓交"以缓解工资带来的现金流压力。

在公共资源有限的情况下，建议政府能够根据行业特点进行扶持政策资源的针对性配置，尽快推动企业进行复工复产。需要大力扶持的是轻工业（特别是外贸出口型轻工业企业），可以从产业链的完善、社保的减免上鼓励企业尽快复工。对于重工业，则可以出台针对性的融资支持和减免税政策，尽快组织重工业企业在自身企业厂区内进行隔离生产，保证生产尽快恢复。对于商务服务业，因疫情的长期影响较小，可以在保证现金流不断裂的情况下，有条件地提供中长期贷款。对于居民服务业，受到需求疲软带来的直接冲击，减免租金是最重要的扶持政策。目前各部委已经出台了十余项围绕疫情的企业扶持政策，可在此基础上分行业细化，使扶持政策更有针对性和更透明地直接补贴给企业，帮助企业共渡难关，早日恢复到正常生产经营轨道上来。

二 行业研究

中国手机产业的发展经验与展望[*]

1998—2003 年是中国移动通信业高速增长的时期,中国的手机制造业也抓住了历史性的发展机遇,取得了巨大进步。中国不仅成为全球手机产业制造基地,本土品牌也在快速崛起。中国手机产业的兴起有多方面背景,包括产品的特性、产业结构的特点、国内潜在的巨大市场、政府的政策等。

中国手机产业发展取得巨大成绩

(一) 中国快速发展为全球手机生产大国

据信息产业部统计,1998 年中国的手机产量为 830 万部。2003 年中国手机产量达到 1.86 亿部,占全球产量的比重约为 35%,成为全球最大的手机生产国。据海关统计,2003 年中国手机出口 9523 万部,进口 2207 万部,中国也是全球最大的手机出口国。外商投资企业是出口的主体,占出口金额的 98.7%。

表1　　　　　1998—2003 年中国的手机产量及增长率　　　(单位:万部,%)

	1998 年	1999 年	2000 年	2001 年	2002 年	2003 年
生产数量	830	2300	3851.7	8397.5	12000	18644
增长率	119.6	177.1	67.5	118.0	42.9	55.4

资料来源:信息产业部。

---

[*] 本文刊于国务院发展研究中心《调查研究报告》2004 年第 76 号,2004 年 5 月 29 日,与马骏合作。

（二）本土品牌异军突起

1998年，本土品牌手机开始起步。1999年，本土品牌手机产量只有113万部，占全部产量的5%。2003年，本土品牌的GSM手机产量达到4800万部，占全国手机产量的26%，占国内市场的52%。加上CDMA手机，本土品牌的份额更高。波导、TCL、康佳、夏新、迪比特、南方高科等本土品牌跻身国内市场排名前列。

手机产业兴起的产业背景

（一）手机产品的两重特性

手机产品同时具有功能特性和时尚特性。功能特性指手机作为手持通信终端所表现出的功能特点。各类手机功能包括：语音电话、视频电话、文字和多媒体短信、个人资料管理、办公工具、游戏、照相与录像、音乐播放、信息存储等。时尚特性指手机作为个人随身消费品所表现出的外部审美特性，包括形状、颜色、质地等。

手机产品的两重特性决定了手机产品的多样性。厂商针对每一个细分市场的产品都必须进行功能和时尚的二维设计，每维设计又具有丰富的选择和组合。手机产品的多样性决定了产业的组织结构特点：理论上，手机产业有可能存在众多的相互竞争的品牌，即手机产业不太可能出现类似"电视机"和"个人电脑"产品的"同质化"竞争，甚至出现"过度竞争"的局面。

（二）手机产业的结构特点

1. 手机产业的价值链

核心芯片与基础软件，包括手机核心芯片以及与核心芯片密切相关的软件，如操作系统等。对于2G手机，厂商采购该部分的成本占手机生产成本的30%—40%。

主板，指手机中的主要电路设计部分，包括相关的硬件、协议栈和应用软件等。该部分决定手机的功能特性。对于2G手机，该部分的成本占手机生产成本的10%左右。

结构件，指手机的工艺结构设计制造。该部分决定手机的时尚特性。

对于 2G 手机，该部分的成本占手机生产成本的 15% 左右。

整机，指 LCD、电池、充电器、耳机等附件的采购与整机的组装、测试。对于 2G 手机，该部分的成本占手机生产成本的 40% 左右。

营销，指手机的推广与销售。单部手机的销售费用一般是相对固定的，但是手机的推广费用特别是广告费用则存在较大差别。

维修与服务，指手机厂商为用户提供的维修与支持服务。手机厂商一般在保修期内为用户提供免费服务。

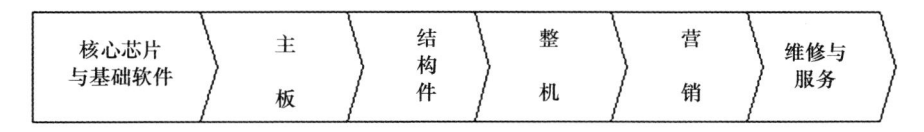

核心芯片与基础软件 〉 主板 〉 结构件 〉 整机 〉 营销 〉 维修与服务

图 1　手机产业价值链

2. 手机产业的竞争特点

核心芯片与基础软件具有全球竞争与全球采购的特点。核心芯片与基础软件的厂商集中度较高，全球只有少量企业竞争。GSM 手机的核心芯片和基础软件竞争比较充分，有 TI、ADI、Motorola、EMP、ST、Infineon、PHILIPS 等约 10 家半导体企业相互竞争。CDMA 手机的核心芯片和基础软件只有高通、EONEX 和 VIA 等少数几家企业竞争，而且高通公司占据了约 80% 的市场。供应商主要是半导体厂商，手机厂商可以全球采购。

主板环节竞争充分。主要手机厂商和 ODM 厂商一般具有主板设计制造能力，部分国内本土品牌厂商还没有主板开发能力。

结构件环节竞争充分。主要手机厂商和 ODM 厂商一般具有结构件设计制造能力，韩国和中国台湾地区还涌现了一批专业化的手机设计公司。

整机制造环节竞争充分。大部分手机厂商都能够自己采购配件并组装、测试整机。

3. 手机产业的商业模式

纵向一体化模式，指企业参与从芯片设计到品牌运营的整个手机产业链经营。目前只有几家跨国公司有此实力，如摩托罗拉、诺基亚等公司。这些公司也可能外包部分中间环节，如制造加工。它们也可能将 ODM 部分产品外包给其他品牌运营企业。

制造加工模式（OEM/ODM）指企业专注于手机的设计和制造，本身不经营品牌。主要是中国台湾地区和韩国部分企业利用制造和劳动力优势为跨国公司加工手机，并逐步发展起完整的设计和制造能力。

品牌运营模式指企业以品牌运营为核心，其自身拥有的制造环节不完整或自身产量较少。产业分工特别是手机 ODM 的发展为品牌运营企业的发展创造了条件。品牌运营模式有的来自企业根据比较优势进行的主动选择，有的是新进入企业不得已的选择。

部件制造模式专注于手机部件的设计和制造，如液晶显示器、电池的制造等。

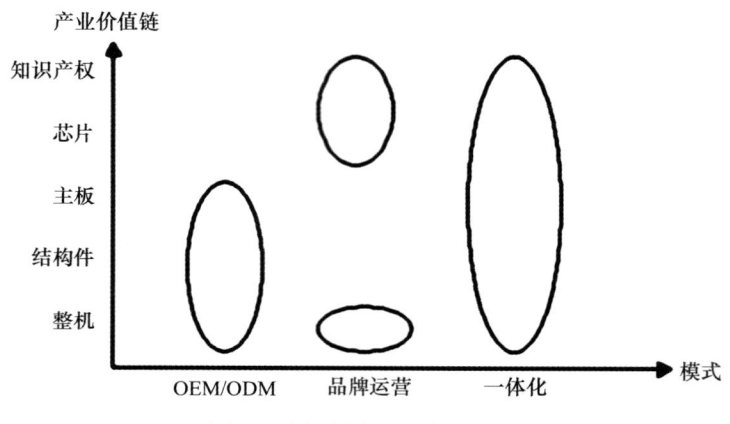

图 2　手机制造业的商业模式

（三）运营业与手机制造业的关系

运营业与手机制造业的纵向关系有两种模式：一是纵向捆绑模式，即运营企业从制造商处集中采购手机，根据业务内容和市场定位为用户提供不同类型的手机。运营商可能会为部分手机提供补贴，还可能在手机上使用自己的品牌。国外许多市场都采用了该模式。国内的 CDMA 业务和小灵通业务也采用了该模式。二是水平化模式，即运营业与手机制造业是相对分离的，运营企业只经营业务，不参与手机的购销和品牌运营。国内的绝大多数业务都采用了该模式。

不同的模式对手机市场结构会产生不同的影响。在纵向捆绑模式下，制造企业与消费者被运营企业隔开，运营商为控制成本会限制手机的种类，手机品牌和种类也会较少。在水平化模式下，制造商会直接满足消费者的需求，可以为消费者提供丰富多彩的选择，手机品牌和种类也多得多。另外，手机制造企业间的竞争会延伸到销售渠道，国内企业对国内销售渠道的管理能力相对较强。

（四）产业特点是本土品牌发展的基础

本土品牌的发展基本采用了相似的模式：从品牌运营起步，逐步向制造环节延伸。在国内市场被强大的跨国公司控制的背景下，中国企业的进入和发展是难以想象的事情。正是手机产业的特点为本土品牌的进入提供了机会。

手机产品的多样性为本土品牌的进入和发展提供了机会。国内市场潜力巨大，各细分市场都存在巨大的需求潜力。国际巨头采用全球化的研发体系，无法提供完全满足国内丰富多彩需求的产品。本土品牌凭借对国内市场的深刻理解，直接进入细分的市场，并获得了巨大成功。

产业分工的深入是本土品牌成功的基础。全球手机品牌虽然集中度很高，但是手机的上中游的竞争是比较充分的。全球半导体厂商可以提供核心芯片，大量的中小企业可以提供手机的设计、OEM 和 ODM。本土品牌可以从境外采购合适的设计或产品，在国内市场经营自己的品牌。

运营业和手机制造业纵向分离的水平化市场模式为本土品牌的发展创造了条件。本土品牌进入市场时，全球主要品牌在国内市场已经充分竞争。水平化的市场结构为本土品牌进入细分市场创造了条件。实际上，本土品牌的竞争优势相当一部分来自销售渠道的竞争优势。

随着本土品牌的成长，本土品牌企业加快了学习和投资的步伐，逐步向制造环节延伸。部分企业，如波导、TCL、海尔等，已经具备了主板和结构件的设计制造能力，这两项能力足以保证企业从技术上控制手机产品的两重特性：功能特性和时尚特性。目前大部分本土品牌企业采取了两手抓的策略，一方面，积极提高在设计制造上的竞争力；另一方面，由于国内市场竞争激烈，本土品牌还是倾向于从外部广泛采购设计和产品，以提高品牌的竞争力。

手机产业兴起的政策背景

政府相关部门在国内移动产业快速发展的早期阶段制定了一系列的政策：严格控制移动通信产品的立项、审批，外资按乙类目录管理；加强宏观调控和管理力度，移动电话的生产纳入国家计划，信息产业部提计划，计委列计划，外经贸部根据计划批准配套件及零部件进口；对外资和独资企业在技术转让、生产规模、内外销比例、本地化配套率等方面提出了要求，并对执行情况进行检查；打击走私，特别是移动电话走私；扶持研发，从固话初装费中提取5%作为研发和产业化基金，政府相关部门另外还给予资金支持。

移动通信制造业的发展政策对手机产业的发展发挥了重要作用。

一是促进了跨国公司在中国的投资。政府政策虽然对跨国公司的投资作出了限制性的规定，但是国内庞大的潜在市场成为跨国公司无法放弃的目标。对外商在研发、出口等方面的限制性政策成为促进跨国公司对中国进行大量投资的重要因素之一。国内良好的投资环境，包括地方政府的鼓励性政策、廉价的劳动力和人力资本、出口退税政策等也是吸引跨国公司将中国作为其全球制造和研发基地的重要原因。跨国公司在中国进行投资的同时，也带动了配套企业在中国的投资，如诺基亚公司在北京的星网工业园项目。

二是促进了本土品牌的发展。跨国公司在中国的竞争促进了中国移动通信的普及，用户群体快速增长。政府对市场进入的限制阻碍了境外二线品牌的进入。在跨国公司难以完全满足国内市场多样化需求的背景下，本土品牌借助境外OEM/ODM厂商的资源，在政府政策的扶持下，在国内市场寻找到了生存和发展的空间。中国的手机政策是比较成功的"有限保护下的市场竞争"政策。一定的市场保护为后起的国内厂商提供了发展机会。同时，37家定点企业也保证了必要的市场竞争。

随着中国政府职能的改革和加入WTO，政府政策也在不断调整。政府逐步弱化了生产计划的管理，取消了对外资的投资限制。目前政府政策主要体现在两方面：一是仍然起作用的"定点"政策，即授予37家企业生产手机的资格，未获"定点"的企业不能经营手机品牌；二是本土品牌的产业扶持政策通过支持本土品牌的研发，提高本土品牌的竞争力。

中国手机产业发展展望

（一）技术升级带来新的机会与挑战

手机向智能化方向发展。手机将来会成为多功能手持终端，应用会越越来越丰富。手机操作系统可能会重演计算机操作系统的故事，出现寡头竞争甚至独家垄断的局面。

3G手机不久会成为新的市场热点。跨国公司已经开始大规模提供产品，本土厂商研发相对滞后，只有华为、中兴等少数国内公司能制造3G手机。3G时代本土厂商可能会面临较大的竞争压力。

手机定制会越来越广泛。2G手机业务简单，手机定制较少。3G技术的应用和手机的智能化使得移动通信业务越来越丰富，对手机与业务相配合的要求越来越高，3G手机的定制会越来越广泛。定制模式会改变市场竞争格局。

（二）手机企业的战略

跨国公司正在积极调整战略。跨国公司实力雄厚，在战略上往往会先走一步，以应对技术发展的新变化。如诺基亚公司最近将业务战略调整为三个重点：扩展移动语音通信、推动消费者移动多媒体业务、发展企业移动业务。诺基亚公司于2004年1月将公司重组为四大业务部门和三大支持平台，并增强了区域市场的能力。跨国公司的战略调整对国内手机产业的发展产生两方面的影响。一方面，会促进国内手机制造业和移动通信业的发展。跨国公司推动了新技术的应用，促进了产业规模的发展。作为跨国公司的重要生产基地，中国也是直接受益者。另一方面，跨国品牌会努力维护和提高其在中国市场的份额，对国内品牌形成新的压力。一些跨国公司正在利用新的手段，如技术标准与知识产权策略，增强其竞争优势。

强势本土企业要制定国际化战略。本土品牌已经从初创阶段进入发展壮大阶段，企业战略需要进行相应的调整。强势本土品牌的战略目标是向国际品牌发展。本土品牌虽然在国内市场还有一定的发展空间，但是国内的市场已经难以满足企业快速成长的需求，中长期看本土企业的发展空间取决于其国际化竞争力，强势本土企业必须尽早制定国际化战略。要实现该战略目标，要做到以下几点。其一，要进一步巩固在国内市场的地位。本土企业虽然占据了国内一半的市场份额，但是竞争力主要来自"本土优势"，即在本土经营品牌的能力。本土企业在本土市场的地位还不稳固。强势本土企业虽然具有除芯片之外的设计制造能力，从技术上已经具备了掌握手机功能特性和时尚特性的能力，但是实际竞争实力还不够强。巩固市场地位的关键是提升设计制造能力。技术的进步和市场的变化以及未来定点政策的取消，都将会对企业的设计制造能力提出更高的要求。其二，要充分利用国际资源来实施国际化战略。中国本土企业不可能完全依靠重建来完成国际化战略。要充分利用产业分工发展特别是ODM快速发展的有利条件，通过兼并收购、投资、战略联盟等手段积极整合境内外的资源，包括设计、生产、渠道、品牌等资源，在较短的时间内获得国际竞争力。

（三）中国手机产业的政策需要调整

中国手机产业的发展已经进入了一个新的阶段：跨国公司已经将中国作为重要的制造加工基地甚至研发基地，本土品牌也从初创阶段进入发展壮大阶段。手机产业政策应该进行调整，调整思路是：促进市场公平竞争，促进本土品牌做大做强。公平竞争的环境有利于吸引外资，有利于强势本土企业的成长，有利于移动通信业的发展和提高消费者的利益。促进本土品牌做大做强的关键也是要创造有利的环境，让强势企业能够充分整合资源，快速壮大。

放松"定点"限制，明确取消"定点"政策的时间表。"定点"政策的初衷是在产业发展初期促进本土品牌的成长。本土品牌进入发展壮大阶段后，"定点"政策存在一定的弊端。第一，"定点"政策的市场保护作用不大。本土品牌可以从跨国公司手中夺取一半的市场份额，说明在国内市场已经具有较强竞争力。第二，"定点"政策不利于产业重组。"定点"导致了进入牌照的稀缺，抬高了弱势企业的身价，阻碍了企业的兼并重组。第三，"定点"政策阻碍了技术融合。手机产品的发展趋势是智能化、业务和功能多样化，"定点"政策在一定程度上限制了大量有科技创新能力的企业的进入。第四，"定点"政策弱化了企业研发动力，不利于企业的长远发展。第五，"定点"政策不能控制过度投资。37家手机企业也会产生过度投资，进入牌照的稀缺性更加刺激了市场进入的积极性。实际上，许多企业通过"借牌"已经进入，"定点"只是提高了新进入企业的成本。总之，"进入限制"减少了产业的活力，落后企业难以退出。为减少政策变动对企业的冲击，可以逐步放松"定点"限制，增加"定点"数量特别是允许有能力的企业进入，并制定取消"定点"的时间表。

调整产业扶持政策。在本土品牌成长初期，技术政策是产业扶持的重点。在本土企业进入发展壮大阶段后，产业扶持政策需要增加新的内容，特别是要帮助本土企业整合境内外资源，加强国际竞争力。中国本土手机企业的成长环境与跨国公司的成长环境不同。当前的手机产业发展比较成熟，产业分工深入，技术创新特别是跨国公司之外的中小企业技术创新层出不穷，中国企业可以通过收购外部资源或通过战略联盟获取竞争优势。另外，要帮助本土企业克服在技术标准和知识产权上的障碍。技术标准的国际游戏规则是跨国公司领导制定的规则，中国政府要支持和引导本土企业组建产业联盟，参与国际游戏规则的制定。

东亚地区 IT 终端产业发展模式的比较研究与启示[*]

东亚地区[①]个人电脑、手机终端产业的两大特点

20 世纪 80 年代以来,随着互联网、移动通信、信息技术的普及,价格低廉、使用方便及高性能的个人电脑和手机终端两大产业获得了高速发展。1985—2000 年,世界个人电脑生产台数一直以年均超过 15% 这一极高的幅度不断增长,2000 年以来也以接近 10% 的幅度持续增长。手机终端的生产及增长更为明显,1995—2000 年,世界手机终端生产台数、手机持有者数增长速度年均分别超过 50% 和接近 40%(见表 1)。

表 1   个人电脑、手机终端的世界生产情况

	个人电脑生产台数 (1000 台)	手机终端生产台数 (1000 台)	手机持有者数 (100 万人)
1985 年	10655[①]	—	—
1990 年 增长率[②](1985—1990 年)(%)	25784 19.3	—	16[③]
1995 年 增长率(1991—1995 年)(%)	60171 15.6	81280[④]	91 41.6
2000 年 增长率(1996—2000 年)(%)	134738 13.7	423150 51.1	740 38.5

---

[*] 本文刊于国务院发展研究中心《调查研究报告》2005 年第 215 号,2005 年 12 月 17 日。
[①] 东亚地区指中国大陆、中国香港、中国台湾、印度、印度尼西亚、马来西亚、菲律宾、新加坡、韩国、泰国、越南。

续表

	个人电脑生产台数 （1000 台）	手机终端生产台数 （1000 台）	手机持有者数 （100 万人）
2003 年	169058	519989	1329
增长率（2001—2003 年）（%）	9.5	17.2	10.0

注：①含工作站；②为年平均增长率，下同；③为 1991 年数据；④为 1996 年数据。

资料来源：个人电脑数据来自各年版《JICC 电脑记录》，原资料为 IDC 以及 Gartner Dataquest。手机终端生产台数是根据以下资料制作：（1）电子信息技术产业协会《主要电子设备的世界生产情况》（1996—2001 年）；（2）Gartner Dataquest Press Release（2003 年）。手机持有者数来自 International Telecommunication Union 网页。

在世界范围内，与其他产业不同，东亚地区个人电脑、手机终端两大产业存在两个引人注目且独特的特点。

特点一：东亚地区在上述两大产业世界布局中的地位极其突出。

基于 Reed Electronics Research 的数据（见表 2），2002 年东亚地区个人电脑、手机终端两类产业共计占世界电子产业生产额的 44%，东亚地区成为个人电脑和手机终端世界最大生产地。东亚地区个人电脑、手机终端生产远远超过发达工业区日本、北美和欧洲地区的增长。并且，个人电脑、手机终端的生产区域由 20 世纪 90 年代散布于各国（地区），变为近些年个人电脑明显向中国集中，手机终端明显向中国、韩国集中。

表 2　　　　　　　　世界电子设备、零件生产　　　　（单位：10 亿美元）

		电子设备、零件总计	个人电脑及外设	手机终端
东亚 （不含日本）	1990 年	88.2 [12.5%]	19.8 [11.0%]	3.3 [3.8%]
	2002 年	336.0 [31.3%]	128.8 [42.6%]	32.2 [19.2%]
	增长率（%）	15.8	20.7	26.0
日本	1990 年	184.5 [26.2%]	53.2 [29.5%]	9.3 [10.5%]
	2002 年	162.3 [15.1%]	38.0 [12.6%]	20.6 [12.3%]
	增长率（%）	-1.2	-2.7	7.3
北美	1990 年	219.9 [31.3%]	52.3 [29.0%]	52.1 [58.9%]
	2002 年	317.9 [29.6%]	75.2 [24.9%]	69.0 [41.2%]
	增长率（%）	3.8	3.4	3.3

续表

		电子设备、零件总计	个人电脑及外设	手机终端
欧洲	1990 年	177.2 [25.2%]	47.3 [26.3%]	20.5 [23.2%]
	2002 年	190.0 [17.7%]	43.9 [14.5%]	38.3 [22.9%]
	增长率（%）	2.3	1.0	6.6
其他	1990 年	33.6 [4.8%]	7.5 [4.2%]	3.2 [3.7%]
	2002 年	68.2 [6.3%]	16.2 [5.4%]	7.5 [4.5%]
	增长率（%）	9.1	11.3	7.5
世界总量	1990 年	703.3 [100%]	180.2 [100%]	88.4 [100%]
	2002 年	1074.4 [100%]	302.2 [100%]	167.6 [100%]
	增长率（%）	4.7	5.4	6.5

注：①括号内是世界份额；②增长率为年平均值。
资料来源：Reed Electronics Research, *Yearbook of World Electronics Data*, various years。

特点二：东亚地区本土企业的竞争力存在很大差异。

虽然东亚地区在世界个人电脑、手机终端产业拥有独特的地位，但各国（地区）企业的竞争力却存在巨大差异。韩国和中国台湾本地企业竞争力非常强，已经可以与跨国公司直接竞争，成为国际分工中不可缺少的角色，在国家和区域市场竞争中处于主导地位。新加坡和马来西亚的本地企业的竞争力非常弱，跨国公司和外资公司直接左右其国家这两大产业的竞争格局和发展趋势。中国的本土企业在个人电脑产业上能与跨国公司竞争，手机终端产业也处于直接与跨国公司竞争阶段。

东亚地区个人电脑、手机终端产业独特地位成因与发展模式差异

为什么东亚地区在个人电脑、手机终端产业能够取得世界范围的独特地位？东亚地区个人电脑、手机终端产业发展存在哪几种模式？造成东亚地区本土企业竞争作用差异的主要原因是什么？这些问题需要从电子产业以及个人电脑、手机终端产业的产业特性方式中寻求解释。

（一）电子产品的结构特点、价值创造模式差异

电子产品一般由多零件构成，每个零件有各自特定功能。按零件与功

能的对应关系,电子产品可分为两大类。(1)规格型电子产品。零件与功能之间是一对一关系,通过组装相应的零件,很容易实现产品整体性能。(2)统合型电子产品。零件与功能之间不是一对一关系,零件间的相互性影响整体性能。

作为制造业的电子产业,也分为两大类:第一类是构成要素类,第二类是最终产品类(见图1)。最终产品类的生产过程主要是组装作业。而构成要素类,生产过程往往是多样化的,其技术含量或所需经验含量更高。因此,电子产业制造部分的附加价值,一般是在构成要素类中产生的。

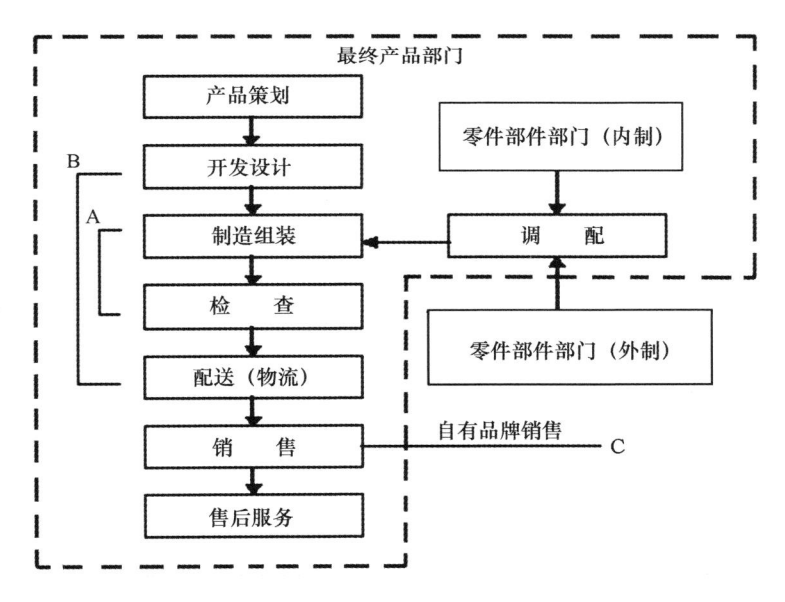

图1 电子产业的构成及价值创造模式分工

注:虚线部分表示企业的界限。

电子产业与其他产业相比,存在两大不同特性。(1)零件规格多数标准化、通用化,只要指定型号,就很容易买到,再通过集中组装,即可以生产最终产品。此特性意味着在市场上开放性、规格化很强。特别是随着集成电路(IC)技术的进步,开放性、规格化的特性将进一步加强,这直接造成电子产业内存在高度细化分工。(2)零件、最终产品一般都体积小、重量轻,运输成本与其价值相比所占比例低。因此为制造过程中各部分生产选择最佳生产地点提供了可能性,这直接决定了电子产业生产网络的国际化[①]。

以组装为主的最终产品制造过程很难产生差距,并且越来越不能左右产品的价值。因此,将这部分制造过程整体分离,委托外包,自身则关注策划、开发、设计、销售和售后服务具有较高附加价值的组织形态应运而生。这种分工和组织形态催生出三种价值创造模式。

第一,仅承接最终产品组装制造的价值创造模式,即 OEM(Original Equipment Manufacturing)。

第二,既承接最终产品组装制造,又承接产品开发、设计的价值创造模式,即 ODM(Original Design Manufacturing)。

第三,以自有品牌为核心,进行产品策划、开发、设计到组装、检验、配送、销售和售后服务自制或外包工作,来推动的价值创造模式,即 OBM(Owned Brand Manufacturing)。图 1 中的 A 显示了 OEM,B 显示 ODM,C 显示了 OBM。

(二)个人电脑、手机终端产品结构特点

作为电子产品的个人电脑(细分为台式电脑、笔记本电脑)、手机终端,图 2 把这两大类产品按产品结构和产品差别化程度进行比较。台式电脑是充分体现开放、规格化的商品,其差别化空间很小,而手机终端则差别化空间较大,笔记本电脑介于两者中间。在个人电脑产品中,低端产品比高端产品差别化程度低、商务用比个人用差别化程度低。

差别化高的产品具有较多的专用零件和软件,产品的统合性强(从图 2 中的点 M_1 到点 M_2 趋势)。但由于模仿与降成本活动会随涌而至,统合性会向规格化变动(点 M_2 到点 M_3 的趋势)。这两大变化趋势在图 2 手机终端这一产品范畴上也有典型体现。

个人电脑、手机终端整体上及产品变动趋势上属于开放、规格化的产业结构,使得以组装为重点的最终产品制造过程很简单,加之零件、成品体积小、重量轻,可以选择每道工序的最佳(合适)产地,构成上述两个产业的"容易参与生产"特性。而这一点正好符合了国际化分工及东亚地区低成本劳动力优势,是东亚地区个人电脑、手机终端两大产业在世界格

---

① 制造过程中各部件生产地分散在世界各地的现象被称为"分裂"(fragmentation),受到国际贸易理论和产业基地论等研究领域的广泛关注。

局中独特地位形成的重要产品特性成因。

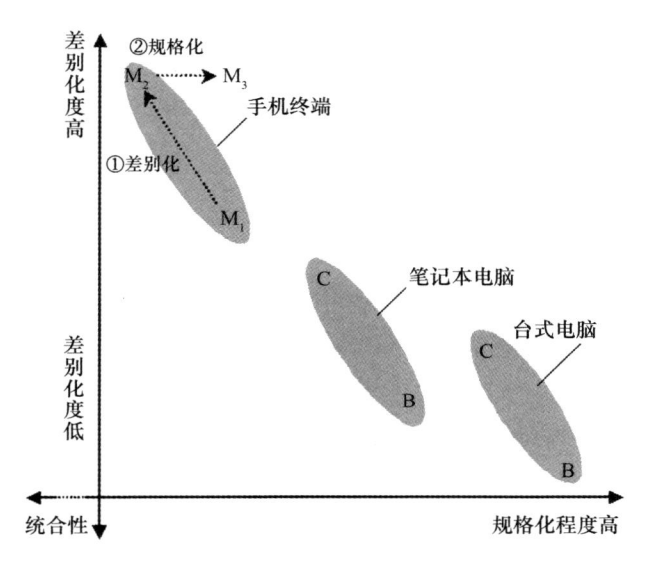

图 2 个人电脑、手机终端规格化、差别化分布

注：C 为个人用，B 为商务用。

"容易参与生产"特性以及个人电脑、手机终端在开放、规格化上存在的细微差异，还与东亚地区两大产业发展时间顺序直接相关。台式电脑作为高度开放、规格化的产品，最终产品的制造（组装）本身非常简单，所以在东亚地区得到最早发展，但随之而来由于其组装简单，意味着不会产生很大的价值（开发、设计、制造可以产生的价值是标准化——特别是能够决定产品性能的 CPU、HDD 等核心标准的部分），相比之下，设计所产生的价值较大。制造由 OEM 向 ODM 趋势发展，而且个人用时差别化余地相对较高，品牌价值凸显。

手机终端与台式电脑相比，统合度较高，因而开发、设计、制造所产生的价值很大。同时又有很大的个性化余地，所以明确消费者需求、拥有市场能力、拥有品牌效应就显得至关重要。并且手机终端是基于通信方式这一制度化的标准之上的，因此，各国手机终端产业在很大程度上受到通信政策发展方向的影响。

(三) 东亚地区个人电脑、手机终端产业发展模式比较

"容易参与生产"催生了东亚电子产业的蓬勃发展，但同时也意味着收益会因新参与者的增加而不可避免地降低。为了逃避收益降低带来的压力，必须发挥开发、设计、销售、物流等环节的价值和寻找发展方向。

东亚地区的个人电脑、手机终端产业的现状、产业特征和发展模式基本可以分为三种类型。

1. 中国台湾、韩国："OEM 订单主导型"成长模式

中国台湾、韩国的个人电脑、手机终端产业在发展初期走过的道路极其相似（中国台湾、韩国发展模式比较研究参考 Levy 和 Kuo[①]、佐藤[②]），20 世纪 60 年代到 70 年代，形成以外资为主体的出口部门和以本地企业、合资企业为主体的内需部门的"双重构造"。内需部门是在国内进口代替政策的市场保护前提下得以生存的。本地企业在进入国际市场的时候，技术和市场两方面与发达国家企业相比都存在压倒性的不利条件，为克服这种制约因素，中国台湾、韩国本地企业，从发达国家企业引进成套技术，通过与客户的对话技巧、市场知识的积累全力改进制造技术。Michael Hobday 把中国台湾、韩国的个人电脑、手机终端产业发展模式定义为 "OEM 主导型成长"（OEM-led growth）[③]。2002 年世界排名前两位的品牌企业戴尔和惠普的笔记本电脑委托中国台湾企业进行生产的比重分别达到 95%、87%。

但是，中国台湾、韩国个人电脑和手机终端产业的三种价值创造模式（OEM/ODM/OBM）走出了完全不同的发展轨迹。

中国台湾个人电脑产业走过了 OEM 业务、OBM 成品业务，再回归 OEM 业务，并进一步向 ODM 升级的发展路线。韩国企业以财阀大企业为中心，一开始就着力于通过 OBM 业务在国际化市场中发展（三星电子在

---

① Brian Levy, Wen-jeng Kuo, "The Strategic Oriantations of Firms and the Performance of Korea and Taiwan in Frontier Industries: Lessons from Comparative Case Studies of Keyboard and Personal Computer Assembly", *World Development*, Vol. 19, No. 4, 1991, pp. 363 – 374.

② [日] 佐藤幸人:《产业の比较分析》，载 [日] 服部民夫、佐藤幸人编《韩国・台湾の发展メカニズム》，アジア经济研究所 1996 年版，第 169—215 页。

③ Michael Hobday, "East versus Southeast Asian Innovation Systems: Comparing OEM-and TNC-led Growth in Electronics", in Linsu Kim and Richard R. Nelson, eds., *Technology, Learning, and Innovation: Experiences of Newly Industrializing Economies*, Cambridge: Cambridge University Press, 2000.

20世纪70年代末、LG电子在20世纪80年代中期开始在发达国家市场销售本公司品牌产品①），走过通过OEM方式进入国际市场（三星电子1985年个人电脑出口的95%是OEM销售②），然后重点发展OBM业务的发展路线。但效果并不理想，除三星电子（Samsung Electronics）和LG电子（LG Electronics）在笔记本电脑占有一定市场份额以外，并没有取得成功。

表3　　　　中国台湾个人电脑产业占世界生产量的份额、
　　　　　　OEM 和 ODM 的比例、生产地的构成　　　　（单位:%）

		笔记本	主板	监视器	台式电脑
占世界生产量的份额	1995年	27	65	57	—
	2000年	53	70	54	25
	2003年	67	79	65	27
OEM 和 ODM 的比例	1995年	79	—	66	37
	2000年	89	36	—	82
	2003年	96	48	81	—
在中国台湾的生产比例	1995年	100	63	51	91
	2000年	94	52	12	16
	2003年	26	23	13	2
在中国大陆的生产比例	2000年	6	46	56	45
	2003年	72	77	80	50

然而，手机终端产业，韩国企业从OEM业务到OBM业务的发展路线却取得了举世瞩目的成功。特别是三星电子在包括发达国家在内的海外市场中成功地确立了品牌形象。该公司手机终端在世界市场份额中，在2003年、2004年超过了摩托罗拉（Motorola），取得了仅次于诺基亚（Nokia）世界第二的位置。

---

① ［日］安倍诚:《韩国の携带电话端末产业における中坚・中小企业の成长》，载［日］小池洋一・川上桃子编《产业リンケージと中小企业—东アジア电子产业の视点》，アジア经济研究所2003年版，第13—39页。

② Michael Hobday, "East versus Southeast Asian Innovation Systems: Comparing OEM-and TNC-led Growth in Electronics", in Linsu Kim and Richard R. Nelson, eds., *Technology, Learning, and Innovation: Experiences of Newly Industrializing Economies*, Cambridge: Cambridge University Press, 2000.

中国台湾和韩国之所以走出迥异的发展道路，与其企业组织结构差异有关。在中国台湾，主要承担产业发展的是投机性的中小企业。而在韩国则是财阀控制的大企业[①]。众多中小企业构成的灵活的分工网络，使中国台湾企业组织极为适合高度开放、规格化的个人电脑产业[②]。以日本企业为模板构筑起来的韩国大企业的垂直结构，不能适应个人电脑市场。但在个性化较高、品牌重要性高的手机终端产业中，韩国大企业的大规模组织和垂直管理的长处得以充分发挥。

2. 新加坡、马来西亚："生产出口型"参与模式

新加坡和马来西亚一直作为芯片和硬盘等重要个人电脑零件及外设的生产、出口国，占有很高的市场份额。两国的个人电脑产业，作为英特尔、希捷等众多大型跨国公司的生产基地，占有极高的比重。

在发展为日本、北美和欧洲地区企业生产基地方面，新加坡、马来西亚的历程与中国台湾、韩国相似。但是在新加坡和马来西亚，跨国企业始终主导着这两大产业的发展，本土企业停滞在很弱小的水平，影响效果也极其有限。具有很强初级产品制造能力的马来西亚和新加坡，本可以承载有大量 OEM 业务的本土企业成长，但是，从 OEM 发展到 ODM 或是 OBM 阶段，却没有孕育出成为主角的本土企业。

3. 中国大陆："OEM 产品主导型+掌控销售"成长模式

20 世纪 90 年代中期后，日美欧和东亚工业化地区开始了向中国大陆进行生产转移。目前台式电脑、笔记本电脑、手机终端，在所有的产品范畴，中国大陆都已经成为世界最大的生产地。但是，在出口上，外资占据着压倒性的主导地位。在这一点上，中国与新加坡和马来西亚有着共同的特点。但中国与这两个国家不同的是，国内市场规模极其广阔，围绕着正在成长的国内市场，本土企业和外资企业竞相参与，展开了激烈的竞争。无论是个人电脑还是手机终端，产业发展初期都是由进口产品和外资厂家本地化产品支配，但是随着内需的扩大，本地企业急速成长，在相对较短

---

① Brian Levy, Wen-jeng Kuo, "The Strategic Oriantations of Firms and the Performance of Korea and Taiwan in Frontier Industries: Lessons from Comparative Case Studies of Keyboard and Personal Computer Assembly", *World Development*, Vol. 19, No. 4, 1991, pp. 363－374. ［日］佐藤幸人:《产业の比较分析》，载［日］服部民夫、佐藤幸人编《韩国・台湾の発展メカニズム》，アジア経济研究所 1996 年版，第 169—215 页。

② 川上桃子:《企业间分业と企业成长・产业发展—台湾パーソナル・コンピュータ产业の事例》，《アジア经济》2002 年第 39 卷第 12 号，第 2—28 页。

的时间内占据了与外资相抗衡的份额。

(1) 个人电脑

20世纪80年代后期,中国个人电脑市场年销量只有20万台左右,十分狭小,但IBM等美国个人电脑厂家注意到了市场的潜在能量,开始进入中国市场。本地个人电脑厂家真正意义上的发展,是由联想集团（Lenovo Group）开始参与个人电脑产业开始的。1996年联想超过了IBM成为国内市场首位的品牌。1999年,本土企业已经占领了国内市场的3/4。以联想、方正为核心的本土企业市场占有率上升态势一直持续至2001年（见表4）。

表4　中国个人电脑市场的主要企业市场占有率（台式电脑合计）　（单位:%）

	1997年	1998年	1999年	2000年	2001年	2002年	2003年
联想	11.8	14.4	19.4	27.5	26.9	26.5	21.3
方正	3.3	3.7	5.6	5.3	8.8	8.4	6.2
清华同方	—	—	—	0	8.1	6.4	5.1
长城	3.4	1.9	5.0	5.6	4.2	3.3	—
实达	1.2	0	3.7	3.7	4.8	3.0	—
TCL	—	—	—	0	4.6	2.5	—
主要中国企业小计	19.7	20.0	33.7	42.1	57.4	50.1	—
Dell	2.0	0.8	1.6	3.2	4.4	6.0	6.8
IBM	9.6	6.5	6.7	5.6	4.7	5.5	4.6
HP	6.7	5.7	5.7	4.6	3.1	3.9	—
Acer	—	—	1.8	3.1	2.9	3.4	—
Compaq	6.7	4.3	4.8	3.4	1.2	—	—
主要国外企业小计	25.0	17.3	20.6	19.9	16.3	18.8	—
其他	55.3	62.7	45.7	38.0	26.3	31.1	—

资料来源:①1997—1998年:IDC（香港贸易发展局）;②1999—2003年:Gartner Dataquest。

本地个人电脑企业发展的主要原因在于:第一,中国在政府机关和大学长期以来一直进行着计算机研究,储备了可以迅速掌握个人电脑这一新兴产业新技术的人才。第二,中国个人电脑市场主流是台式电脑,具有高度开放、规格化特性,所以易于参与制造。在参与个人电脑生产以前,除了联想拥有自己的主板部门以外，中国的个人电脑厂家基本上没有自己的零件、装置生产部门，只是单纯地组装。第三，最初与占压倒性优势的外资品牌能够对抗，成功地适应了国内市场的运行方式具有极其重要的意义。作为研究机构的联想和方正最初都不具备销售知识，但是通过做外资个人电脑以及相关产品代理业务积累了经验。进一步以联想为例，为了向不熟悉个人电脑产品的中国用户销售商品，特别配备了连锁店网络，加强对顾客的服务。因此，才可能逐渐渗透到被外资企业忽视的地方中小型城市。

从个人电脑市场整体来看，2002年以后本地主要厂家市场占有率有所下降。这与戴尔（Dell）发起的强大销售攻势有很大关系。在所谓网络直销（SCM）的高效性这一点上，戴尔与本地厂家有着很大的差别[①]。

（2）手机终端

手机终端产业的走向与个人电脑产业有着共同之处。但是，手机终端在中国的兴起比起个人电脑产业更加具有戏剧性（在中国，手机终端销售，通信运营商介入较少，各厂家主要采取向直接流通业者销售的形式。但今后有可能升级为通过通信运营商进行手机终端销售）。

表5　　　　　　　　中国手机市场渠道的三个发展阶段

导入期	成长期	成熟期
1987—1994年	1995—1999年	2000—2005年
大型国有邮电设备经销商和少数几家非国有性质的各大品牌一级代理商控制市场，构成代理商控制市场、代理分销体系的主体；终端零售由中国电信独家垄断经营，但1996年厂商开始看到渠道市场中终端零售商的作用，积极推进专卖店、制订经销店计划	中国电信逐渐淡出移动电话零售市场，进入1999年，各品牌均面临经销渠道的重组和调整；零售渠道多元化发展，西门子、飞利浦等后来品牌进入新的分销渠道，区域分销崛起	国外品牌建立更密集广泛的分销网络，向三、四线城市扩张，分型号颜色包销成为主流模式，逐步突出本地分销和零售终端，尝试各种渠道扁平化的方式；国产品牌形成以自建渠道、区域包销为主的渠道模式；品牌、规模和服务成为渠道升级转型的轴心，零售终端面临融合；直销直供（如国美、苏宁等）、运营商捆绑等多种销售形式出现，并且重要性不断提高

资料来源：李东平：《手机总代转型的市场氛围及实施路径》，《商界导刊》2004年第4期。

手机普及始于20世纪90年代，市场一直由以摩托罗拉和诺基亚两大

---

① 2004年，个人电脑库存戴尔仅有4天存量，联想有23天存量。

巨头为代表的外资企业支配。中国政府1999年开始实施手机终端生产销售许可证政策，优先给本土企业许可证，鼓励本土企业积极参与。在1999年市场占有率不超过5%左右的本地品牌，在2003年超过了50%。

设计需要较高的技术能力、制造难度也比个人电脑产业高的手机终端产业，缺乏技术积累的本土企业之所以能够迅速参与生产并扩大市场占有率的主要原因有以下两个方面。第一，在参与方式选择上，本土企业通过OEM、ODM等手段，以开发、制造外部化的形式参与，缩短产品上市周期，有利于快速占领市场。例如韩国企业从本土企业中获得大量OEM订单，辅之以手机终端产业在世界范围内扩大的背景，OEM、ODM方式使本土企业参与更加容易。第二，成功适应国内市场的销售模式。以波导为例，与外资企业不同，波导没有经历全国代理的过程，而是通过在各地区建立销售子公司直接向市级以下的中小代理店销售，同时雇用数千名销售员"直接接触"顾客，通过提成制度促进销售。

若干启示

个人电脑、手机终端产品的开放、规格化结构，使这两类产业具有"容易参与生产"特性。"容易参与生产"特性与东亚地区低成本劳动力优势、国际化分工转移交互作用，是东亚地区这两类产业在世界上具有独特地位的主要成因。产品和产业的特性往往是能否形成经济圈或区域的主要内因。因此，根据自身的优势和国际产业转移趋势，深入分析符合产品特征的产业特性，是选择产业和发展定位的一个重要参考依据。

但"容易参与生产"不等于国家（或地区）参与的模式相同。东亚地区存在三种参与发展模式，即以中国台湾、韩国为代表的"OEM订单主导型"成长模式，以新加坡、马来西亚为代表的"生产出口型"参与模式，以及以中国为代表的"OEM产品主导型+掌控销售"成长模式。

"容易参与生产"不等于本土企业能够成长为能与跨国企业竞争的地位。本土企业能否建立起与跨国公司竞争的能力，取决于两大关键因素：一是国内市场规模，二是政府产业政策。应重视国内市场规模和政府产业政策的双重影响效应，从本土市场规模、产业政策两方面去培育本土企业自主创新能力和竞争力。

高度重视传统行业转型升级[*]

我们在调研中发现，不少地方政府在经济结构调整和转变发展方式的问题上有一些认识上的偏颇甚至错误，如将产业升级片面地理解为只是发展高新技术产业和战略性新兴产业等。我们认为，产业升级的实质是由从事低附加值的经济活动转向高附加值的经济活动。发展新兴产业应该是这个转变的组成部分，但远不是全部内容。占经济活动比重更大的传统产业如果能够更多地依靠技术进步、商业模式创新或产业链的重组整合提高生产率，也会带来很大甚至更大的经济效益。因此，传统行业是产业转型升级的主战场。

传统行业转型升级有很大空间

传统行业转型升级空间巨大。航空工业和汽车工业在美国都存在百年以上，但仍然保持为依靠创新增长的工业。在国家大的转型背景下，传统产业面临巨大的转型压力，在下决心淘汰一些落后生产力的同时，必须推动传统产业向产业链的高附加值部分升级，即由加工制造环节向上游的研发、产品设计、技术专利、技术集成、融资、投资延伸，向下游的品牌构建、商业模式创新、流通体系、系统服务、物流、产业链管理等延伸，这应是我国产业转型升级的基本路径。

传统产业转型升级的成效已经初显。从宏观层面讲，我国经济在2012年前9个月基本处于减速通道的情况下，企业经营情况虽同样呈减速趋势，但亏损面、破产比例和裁员情况并没有大大超出近十年来的平均水平，在很大程度上是由于各类企业特别是传统制造业的转型。从微观层面

---

[*] 本文与张永伟、赵昌文、王怀宇、马淑萍合作。

看，一些传统行业的企业已经成功地实现了企业转型。如纺织行业的山东如意公司通过创新低绒纺织技术，可将原来不能纺或不好纺的5—9毫米的短纤维材料，如羽绒、木棉纤维，甚至杨花、蒲公英等充分利用，且比以前纺得更精、更细，产品更加高端化。

传统制造行业转型升级有助于推动服务业和战略性新兴产业的发展。服务业及一些高新技术产业的发展要以传统制造业为基础，因而传统行业的转型升级不局限于自身。传统行业决定现代服务业及新兴产业的发展基础。服务业提供的服务要以制造业产品为基本载体，高端制造亦要依赖传统制造的工艺、元器件制造水平。没有好的传统行业，很难全面发展现代服务业及新兴产业。比如纺织业与文化业、服务业、航空业、医疗业等领域的融合可以带来更多的创新点。

当前我国传统行业转型升级未得到充分重视，一些认识和做法亟须调整

1. 产业分割、贴标签的做法造成政策歧视

一是"产业分割"，即将产业简单划分为"高新技术产业""新兴产业""传统产业""服务业"，在资源分配上将传统产业的发展和新兴产业及服务业的发展对立起来。一些产业如果被贴上新兴产业或高新技术产业的标签，在一些地方就会得到土地、融资、税收、采购等多方面的政策支持；一旦被划入要淘汰或转移的产业，则可能被"灭掉"。如广东某公司开发的"玻璃纤维布"是电子行业需要的一种关键材料，但由于它在大类上被划入"建材行业"，就不能享受出口退税政策。

二是认为传统行业技术落后、人员密集、转型升级空间小，强制传统产业向外地转移。一些有传统产业优势的城市放弃自身优势转而不切实际地规划出一些新兴产业，实际上在一个区域内新兴产业包括服务业脱离传统制造业很难凭空生出来，"弃旧逐新"的结果是一个个雄心勃勃的新兴产业规划逐步落空。一些新引进的所谓"高新技术产业"或"新兴产业"虽然圈占了大量土地，但其由于缺乏核心技术，仍处在组装、加工、制造的低附加值环节，与传统制造业面临的问题并无本质区别，失去了产业升级的真正意义。一些地方试图通过行政手段挤出传统行业。如广州一家纺纱企业漂染技术达到世界领先水平，污水处理及回收可做到100%，已远

不是传统意义上的污染企业，但由于被划入污染行业，随时面临被"转移"的可能。

2. 政策重视不够

我国"九五"期间提出利用高新技术改造传统产业的方针和政策，但"十一五"后战略重点转向培育高新技术企业和科技园区，特别是近年来各级政府大力推动战略性新兴产业的发展，对传统产业转型升级的重视程度开始下降。尽管"十二五"期间提出进一步加快应用新技术、新材料、新工艺、新装备改造提升传统产业，但并没有反映出传统行业自身技术创新的需求及一些发展新特点，比如产业融合。此外，科技、产业及创新政策对新兴产业或者高新技术产业有各种优惠和扶持政策，传统行业难以享受到。

3. 对传统行业转型升级所需资源及配套环境认识不足

我国传统产业面临的突出问题是产业活动长期被压在价值链的低端环节上。传统产业升级不仅要利用区域差异进行产业转移，更要通过创新和提高生产率实现高端化发展，立足于本地实现升级。这种升级的过程是"内生性"的，要更多地依靠现有企业的创新活动，依赖现有产业的配套环境。一些地方通过行政手段试图把低端产业挤出去，再把高端产业引进来，这种"外生式"改变地区产业结构的做法，容易中断原有产业的经济活动，造成严重的就业和税收问题，更无助于提升本地已有企业的竞争力。近年来在广东、上海等地一些之前曾被"转移"出去的纺织、家具、陶瓷等企业开始回流。

推进传统产业转型升级的建议

促进传统行业转型升级可以两手抓。一手抓传统行业的技术创新，一手抓"产业融合"。

1. 坚持营造支持传统产业及实体经济发展的良好政策环境

在经济下行压力增大的情况下，政府需要释放更加明确的政策信号，促进传统产业转型升级发展。一是坚定不移地继续实施房地产调控政策，二是通过放宽市场准入和财政、税收、金融手段引导民间资本加大对实体经济特别是制造业的投资力度。

2. 支持传统行业的技术改造与升级

科技与产业政策应改变偏重于支持高新技术产业和新兴产业的做法，

在项目立项、资金资助等方面增加对传统产业技术改造、产品创新等的支持。有的地方支持新兴产业与传统产业的经费安排比例甚至达到20∶1，传统产业发展长期被忽视甚至歧视。土地、税收、融资等方面应保证公平公正，尽可能减少按企业类别如是不是高新技术企业等实施税收优惠的做法，坚持落实研发费用抵扣政策。

3. 帮助传统产业解决发展中有别于新兴产业的共性问题

一是人才问题。除了政府提供多层次、稳定的培训之外，还需要在城市发展水平与制造业规模相匹配方面多下功夫。

二是共性技术难题的攻克。比如装备行业的基础工艺、基础元器件以及原材料，纺织行业的印染排污技术，等等。政府应充分重视，通过共性技术平台、加大资金扶持以及企业间合作机制等方式给予帮助。

三是传统行业减负。传统行业劳动相对密集，人员保障等各种负担较重。政府应当考虑对传统行业的差别化措施，减轻企业各种负担，为传统行业创造良好发展环境。

4. 促进传统行业与服务、信息及文化产业融合

信息化和服务化可以重构传统行业的产业价值链，创新产品交付形态，提高产品交易效率。发达国家在技术领先的前提下，已经开始大力实行传统制造业与信息业、服务业的融合。美国、芬兰制造与服务融合的企业占制造企业总数的50%以上，荷兰占40%，比利时占37%，中国只有2.2%。

我国可从三方面入手促进融合。一是对产业分类和统计体系重新认识，不能就制造谈制造，就服务谈服务；二是产业融合需要复合型人才，不限于纯粹的制造人才，政府培训体系应注重对这类人才的培育；三是需要完善网络监管等法律体系，为信息化、服务化提供良好制度环境。

当前石化、钢铁行业企业经营中的突出问题和政策建议[*]

2011年下半年特别是2012年第一季度以来,石化、钢铁行业企业普遍出现经营困难,引起了广泛关注。为此,我们对北京、河北、江苏、浙江等省市部分石化、钢铁行业有代表性的企业的经营情况进行了实地调研和深入访谈,并与有关协会进行了座谈。

石化、钢铁企业2012年第一季度效益下滑超预期,预计全年增速将明显放缓、经济效益不容乐观

调研的石化企业普遍反映:2011年下半年以来,经营效益下滑程度大大超出预期。从2011年9月起,全行业持续了近三年的利润增长态势发生转变,企业盈利能力大幅下降。2012年第一季度更是逐月恶化,亏损已成为行业中企业的普遍现象。

调研的钢铁企业普遍反映:当前困难程度超过20世纪90年代末的全国经济调整期。2012年第一季度钢铁行业企业亏损面超过40%,主业更是全行业亏损。企业规模越大,经营越困难。重点大中型钢铁企业中,国有钢铁企业面临的困难尤为突出。

财政部资料显示:全国国有石化和钢铁企业2012年第一季度利润同比分别下降36.5%和122.51%。中国钢铁工业协会数据显示:重点大中型钢铁企业2012年第一季度累计亏损15.63亿元。上市公司的季报显示:2012年第一季度,中石油、中石化的石化企业几乎全线亏损,其中,中石

---

[*] 本文与周健奇合作。

油的石化业务亏损4.13亿元，中石化的石化业务利润同比下降85.94%。

对于2012年后三个季度，调研的石化和钢铁行业有关企业的共识性判断是：企业效益会好于第一季度，但实现盈利仍有难度。基于对房地产、汽车、纺织和服装、造船、铁路、装备制造业等主要下游行业的经济形势分析，我们认为：石化和钢铁行业的产量2012年全年仍会有小幅增长，但总体经济效益不容乐观。

石化和钢铁企业经营中的突出问题

以重资产经营为主要特征的石化、钢铁行业企业，融资渠道主要以银行贷款为主。自2011年以来，在相对收紧的货币政策背景下，产业链上游原材料价格维持高位，而产能结构性过剩、产品价格下降，直接导致石化和钢铁企业经营异常困难。企业经营中的突出问题表现为以下三个方面。

第一，财务费用超常增长，挤压企业利润空间。2011年以来，石化、钢铁行业企业财务费用增长过快，涨幅过高。据财政部数据，2012年3月，国有石化企业资产负债率为59.10%，销售利润率为3.21%，销售费用同比上涨14.9%，管理费用同比降低6.11%，但财务费用同比却大幅上涨34.69%。国有钢铁企业资产负债率为64.3%，销售利润率为-0.59%，销售费用同比上涨6.49%，管理费用同比下降1.98%，但财务费用却同比大幅上涨22.89%。财务费用超常增长主要源于两方面。

一是融资成本大幅上升。对此，石化、钢铁行业企业普遍反应非常强烈。以某大型国有钢铁企业为例，目前的融资成本高达20%—30%，银行贷款中的现汇只有30%—40%，其余都以承兑汇票支付，贴现利息达到10%以上。民营钢铁企业融资更贵、更难，融资成本已超过30%，贴现利息甚至高达30%。石化行业企业的下游企业主要以中小型企业为主，银行贷款的支付方式多为承兑汇票。这些中小企业再以承兑汇票支付采购货款。承兑汇票层层上传，大大增加了石化企业资金周转压力。

二是基金等费用负担较重。除了多年延续下来的一些基金费用外，在过去一年多的时间里，企业需要交纳的费用又多了几项，例如港口建设费、可再生能源基金、水利建设基金等。除了反映税费负担较重外，企业对这些基金设立的合理性、资金去向和使用情况也提出了疑问。

第二,下游需求不旺,但上游原材料需求仍在增长,导致石油、对二甲苯、铁矿石、炼焦煤等原材料成本维持高位。石油、对二甲苯、铁矿石、炼焦煤等是石化和钢铁行业的主要原材料。2011年以来,下游需求下降,从而带来产品价格下降,本应带来上游原材料需求的下降和价格下降,但是由于石化和钢铁产业规模大、市场容量大、产业集中度低,实际上并没有对上游的原材料生产企业产生根本性影响,主要原材料供应仍然偏紧。石油、对二甲苯、铁矿石和炼焦煤等价格目前仍然维持在高位运行。

第三,产能结构性过剩、产品价格下滑是石化和钢铁企业目前存在的共性问题。"十一五"期间,石化和钢铁企业依靠规模扩张实现发展,产能增长十分迅速。其中,石化行业工业总产值年均增长高达21.3%,钢铁行业粗钢产量由2006年的3.5亿吨提高至2010年的6.3亿吨,年均增长12.2%。在经济增速放缓的宏观环境下,石化和钢铁行业企业规模增长型模式已难以为继,产能结构性过剩成为共性问题。

石化行业是高端产能短缺、低端产能过剩。一方面,精细化工、新材料化工产品市场难有突破,高附加值新产品比例偏低;另一方面,传统石化产品相互替代性强,市场同质化竞争激烈。

钢铁行业则是高端产能过剩、低端产能扩张。一方面,在钢铁产业政策和立项审批的限制下,国有钢铁企业近些年新增项目和产能主要分布在以板材生产为主的高端领域,并且加快淘汰了低端长材产品产能。板材产品专用性强,技术附加值高,需求主要是汽车、造船、铁路等行业。2011年以来,这些行业需求大幅下降,形成高端产能过剩。另一方面,在地方政府投资导向政策驱动下,民营钢铁企业大量进入以长材为主的中、低端领域,这些产品通用性强,需求量大。因此,出现了国有钢铁企业主业亏损严重、盈利能力弱,民营钢铁企业产能仍在扩张的局面。

政策建议

第一,多措并举,减少企业承担的不合理成本。一是规范银行贷款秩序和监管银行资金体外套利。目前银行贷款过程中存在的汇票过量、贴现期延长、存贷挂钩、银行资金通过理财信托等形式流向民间开展套利等问题,需要规范银行业的企业贷款秩序,完善《票据法》等相关法律,增强企业资金流动性，避免出现类似"三角债"的危机。同时，应加强监管银行资金流向，防范银行资金体外套利产生金融风险。二是对已经开始向企业征收的各项费用进行认真清理，取消不必要、不合理收费。

第二，探索反映石油、铁矿石和煤炭市场真实供需关系的价格形成机制，规范铁矿石进口市场，提高国内铁矿石资源利用效率。发挥市场发现价格的基本功能，建立石油产品市场化定价机制，对铁矿石和煤炭等能源和资源性商品以现代化交易方式为研发方向、以现货交易平台建设（例如中国铁矿石现货交易平台和煤炭现货交易平台）为突破口，降低交易费用。规范国际铁矿石进口市场，增加实体企业铁矿石进口权比重，减小纯贸易企业对短缺铁矿石资源的影响力；增加国内铁矿山开发、升级的资金投入，坚持长期推动铁矿山企业的健康发展，提高国内资源利用效率，间接提升铁矿石国际价格谈判中的话语权。

第三，严控落后产能和同质化产能，抑制产能结构性过剩，引导地方政府有序投资。纠正地方政府为追求政绩的盲目扩产、盲目投资行为，严控落后产能和同质化产能，提高产业集中度，扶持对技术进步、企业转型、产业升级发挥示范作用的重点项目，引导地方政府出台税费、土地、人才等优惠政策有序投资先进生产力，打破企业性质界限和地区界限，既要促进企业向高端领域升级，也要支持企业以市场需求为导向适度发展中低端产品产能。

中国电子信息行业企业工业 4.0 及智能制造调研情况与建议[*]

引 言

中国电子信息产业是国民经济的重要组成部分，电子信息行业在中国经济增长与产业升级中具有极其重要的地位和作用。一方面，中国电子信息行业是中国经济增长的"倍增器"和经济发展方式的"转换器"。20 世纪 90 年代开始电子信息产业的增速就超前于 GDP 增速，拉动国民经济的发展，成为国民经济基础性、先导性、战略性、支柱性产业，并一直是我国经济增长的极其重要的引擎。同时，中国电子信息行业又是技术进步与市场机制发挥决定性作用的典型代表，电子信息产业受世界范围内技术的发展影响最直接。电子信息技术具有两大典型特征：一是技术创新的主导性强，知识和技术是价格形成的核心要素，一旦技术和工艺突破且形成规模化生产后，产品价格就会快速下降，极易陷入价格竞争；二是产品的个性化需求强，拥有大量的定制化用户群体，市场热点形成的时间极为短暂，产品更新换代频率高，对生产资源的配置效率和方式有着较高要求。电子信息技术发展受全球技术发展浪潮的影响非常明显，中国电子信息技术依靠科技不断进步走出了一条市场主导，引进、消化、吸收、不断创新之路，获得了一个又一个跨越式发展，成为经济发展方式的"转换器"。

另一方面，电子信息行业又是其他产业转型升级的工具和"助推器"。电子信息产业发展促进了新兴产业及部门的形成，加速了产业结构的转型。2015 年我国电子信息产业的产业规模稳步扩大，规模以上电子信息产业企业 6.08 万家，其中电子信息制造企业 1.99 万家，软件和信息技术服

---

[*] 本文与蔺雷合作。

务业企业 4.09 万家。全年完成销售收入总规模达到 15.4 万亿元，同比增长 10.4%。产业增速领先，规模以上电子信息制造业增加值增长 10.5%，高于同期工业平均水平 4.4 个百分点（见图 1）。就目前发展现状而言，我国已经成为全球最大的电子信息产品制造基地。在通信、高性能计算机、数字电视等领域也取得一系列重大技术突破，形成一批国际知名的信息技术企业，如联想、中兴、华为、阿里巴巴、百度、腾讯等，成为推动我国经济转型、结构优化的中坚力量。

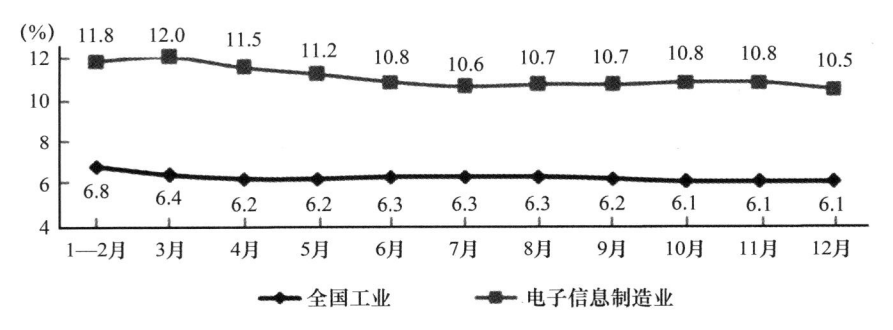

图 1　2015 年电子信息制造业与全国工业增加值累计增速对比

新一轮信息技术和工业技术融合创新的浪潮正扑面而来。世界各国抓紧进行相应的战略布局，德国提出工业 4.0、《高技术战略 2020》，美国提出《重振美国制造业框架》《先进制造伙伴计划》《先进制造业国家战略计划》，日本则发布了《机器人新战略》，我国颁布了《中国制造 2025》战略。在这样的大背景下，中国电子信息行业如何借鉴其他国家工业 4.0 及智能制造经验来发展，成为需要认真思考和研究的课题。中国电子信息行业企业如何看待工业 4.0 和智能制造？中国电子信息行业目前的智能制造现状如何？推动中国电子信息行业企业进行智能制造的需求和驱动力如何？面临的难题有哪些？我们应采取哪些对策才能更加合理有效地推进中国电子信息行业的智能制造？

基于企业实地调研及通过座谈会，我们对中国电子信息行业企业工业 4.0 及智能制造的现状进行总体判断，核心内容集中在中国电子信息行业企业对工业 4.0 及智能制造意义的看法、当前所处发展阶段以及推动企业对工业 4.0 及智能制造的需求、驱动力、能力等方面。我们调研了 17 家电子信息行业企业，涉及的企业及调研方式如表 1 所示。

表 1　　　　　调研、访谈、座谈的电子信息行业企业情况

序号	企业名称	调研方式
1	德国博世公司	实地调研 + 座谈
2	美国 IBM	座谈
3	美国戴尔公司	座谈
4	吉林省通用机械有限责任公司	实地调研
5	海尔集团	实地调研 + 座谈
6	沈阳机床	实地调研 + 座谈
7	三一集团	实地调研
8	深圳雷柏科技股份有限公司	实地调研
9	四川长虹	实地调研 + 座谈
10	联想集团	调查问卷 + 座谈
11	中国电子	座谈
12	富士康	实地调研
13	中兴通讯	实地调研 + 座谈
14	京东方	实地调研 + 座谈
15	浙江中控	座谈
16	中芯国际	座谈
17	时代集团公司	实地调研 + 座谈

资料来源：笔者整理。

对智能制造带给电子信息行业影响的看法

在访谈调研中，企业都认为工业4.0及智能制造是全球范围内一个大的发展潮流。而对于电子信息行业企业而言，由于自身业务直接涉及的互联网、物联网、大数据等新一代电子信息技术发展，也直接和智能制造密切相关，因此，对于工业4.0及智能制造带给电子信息行业的重大意义的认识和体会更深。

受访企业基本上都认同：智能制造是新一轮科技和产业发展的制高点，与电子信息行业技术进步正相关。智能制造的本质是新信息技术、通信技术、计算机技术等智能技术和手段与制造业的结合融合，直接与电子

信息行业的发展水平正相关。访谈中多数电子信息企业强调了智能制造发展和电子信息行业龙头企业关系紧密，普遍强调当前进行智能制造的几个代表性国家，无论是美国、德国还是日本，尽管倡导的技术路线和方式模式不同，但都强调借助电子信息技术手段来实现智能化制造，也都以一批在电子信息行业的世界级企业（例如美国以 GE 及硅谷高科技公司为代表、德国以西门子和博世等为代表）为龙头，提供技术和服务解决方案，倡导智能制造发展方向和模式与标准。

受访企业普遍看好智能制造将直接催生电子信息行业需求大幅增加。作为制造业规模全球占比达 20%、工业制成品出口占全球制成品贸易 1/7 的世界第一制造大国——中国拥有全球最大的智能制造市场需求规模。智能制造是系统工程，包括智能产品和服务、智能工厂、智能供应链等一整套系统，通过一系列系统来实现人、设备、产品和服务等制造要素与资源的连接，实时交互和信息集成，这与电子信息技术产业链的非常多的环节直接相关，会对电子信息行业产生大量直接需求。访谈中有企业认为新的直接需求主要来源于三个方面：一是对智能制造整体解决方案的需求，包括工业传感、物理仿真、人机交互、系统架构、敏捷网络等领域；二是对智能制造关键元器件、终端及设备的需求，包括液晶面板、核心芯片、关键元器件、智能化移动通信终端、专用电子设备等领域；三是对新兴技术应用的需求，包括云计算、大数据、物联网、移动计算等领域。

超过 3/4 的受访企业认为智能制造将必然推动电子信息产业自身转型升级加速。中国已形成了涵盖整机、基础电子、软件和信息服务、信息技术应用等领域较为完善的电子信息产业体系，产业规模长期位居全球第一，但中国电子信息产业发展的深层次问题和结构性矛盾仍然突出，主要表现在关键核心技术受制于人、产业总体仍处在价值链中低端、部分领域和环节对劳动力成本优势依赖过高等方面，电子信息行业内企业都认为行业转型升级的潜力和空间仍非常巨大，如何把这种潜力和空间发挥出来一直是企业思考的重点。新一轮智能制造浪潮的兴起，给中国电子信息行业带来了外部的压力与挑战，但也恰恰带来了难得的契机，这将有利于中国电子信息产业明确创新突破方向及从产品、设备、生产、管理、服务等维度实现转型升级加速。

中国电子信息行业企业总体上处于向智能化过渡阶段，但不同产业链环节的企业对所处阶段的认识不一

基于搜集到的资料，表2描述了工业革命四个阶段的时间、特征和表现。根据德国政府工业4.0战略指导委员会对570个德国公司的调查：即使在提出工业4.0及强力推广该概念与体系的德国，也仅有不到一半的德国公司（46%）在广泛使用智能工具和数据化工具，数字化阶段的普及任务仍非常艰巨。另外还有一个调查数据更加悲观，认为超过3/4的德国公司都还没有开始工业4.0工作。

表2　　　　　　　　工业革命的四个阶段：从工业1.0到工业4.0

	第一次工业革命（1.0）	第二次工业革命（2.0）	第三次工业革命（3.0）	第四次工业革命（4.0）
时间	18世纪末	20世纪初	20世纪70年代	现在
特征	蒸汽驱动的机械制造设备的出现，推动工业进入"蒸汽时代"	劳动分工和电力驱动的大规模生产出现，进入大规模生产流水线及"电气时代"	电子技术、工业机器人和IT技术的大规模使用，大幅提升生产效率和生产自动化	互联网、大数据和物联网融合的系统在生产中的大规模使用
表现	机械化	电气化—自动化	自动化—数字化	数字化—智能化

中国电子信息行业的情况如何？所处阶段如何？经过访谈、座谈和调研，受访企业比较达成共识的是：中国电子信息行业企业智能制造当前总体处于"从信息化向智能化过渡阶段"。

尽管电子信息行业企业对信息技术前沿较为了解和已经进行了大量工作，但几乎所有企业都认为其仍处于信息化、自动化和工业化的深度融合推进中。中国在21世纪初开始推动信息化与工业化的"两化融合"工作，经过十多年的发展已开始进入深度融合阶段，结合与融合是当前工作的重点，也需要很长时间去努力，自动化程度、智能化程度不断提高也被一直确定为电子信息行业企业进行转型升级的重点和关键。例如，调研中多个

企业表达了其智能制造的目标是实现"生产从被动指挥向实时调度转变；资源从被动供应向主动供应转变；管理从粗放型向质量型转变；质量从事后抽检向在线控制转变；成本从事后核算向过程控制转变"，都希望借助于智能化程度的提升，向数字化企业、智能化企业过渡，从而实现产品制造和服务的高质量、高效率、低成本、个性化。

电子信息企业应用信息技术对工业生产、制造及其他环节进行改进。一般存在两种模式：一是按顺序逐步推进，即完成第一步再推进下一步。例如，先完成 ERP、OA、CRM 等基础信息化，实现数据的自动化（以制造执行系统 MES 为主要标志），再实现工序流程的物流和信息流关联自动化，不断提升智能化水平。二是信息化、自动化和智能化同步推进，在有条件的一个或几个工序、工厂中采用自动化和智能化。

中国电子信息制造企业本身也存在发展水平差异较大的现实，有的企业还处于工业 2.0 阶段，有的企业正在向工业 3.0 阶段过渡，现在面对工业 4.0 及智能制造新概念和新趋势，学习成为这些中国企业的显著特征。调研中，几乎所有企业都提及正在通过不同方式的学习来了解工业 4.0 和智能制造的新进展、新做法和新实践。调研中基本所有的中国信息技术企业都参加过工业 4.0 展览和远赴德国、美国、日本等进行过实地考察。总体来看，中国电子信息制造企业正处于智能化学习和实践并举阶段，包括概念认知、实施做法、软硬件等的学习，而且以"边干边学"为主，企业在特定工序、车间、分厂或整个工厂中探索智能制造，但距离全部体系或全系统都实施工业 4.0 或智能化体系还较远。

1. 注重对智能制造概念的学习和实践

调研发现，中国电子信息行业企业对工业 4.0 和智能制造普遍有较全面的认识，不仅认识到流程型制造业和离散型制造业工业 4.0 过程有差异，而且认识到信息化、数字化、自动化和智能化相互之间既有关联也有区别。另外，企业家们对于工业 4.0 和智能化热潮没有盲目跟从，而是保持了相对理性，都试图从企业实际出发来寻求适合自身的发展路径和方式。调研中，企业的普遍观点是"我们认为企业肯定需要智能制造，但如何结合企业实际和市场需求、如何推进企业的智能制造，需要因企制宜、有的放矢"。

2. 注重具体做法的学习和实践

关于工业 4.0 和智能制造，不同国家的路径有所不同。例如美国强调工业互联网在未来智能制造体系中的核心作用；德国则强调以工业4.0为核心的全体系、全环节智能化；日本更关注人与机器智能协同发展。面对不同的路径和不同的侧重点，中国企业家都在观察这些代表性路径的发展情况和效果，也都在思考结合自身企业实际如何进行智能制造道路改造与选择。因此，绝大多数企业都选择了局部试验方式，只有少数企业采取全系统或全环节智能化变革。

3. 注重对软硬件的学习和实践

智能制造的重要基础是装备设备的智能化。因此，中国电子信息制造业企业有通过改造现有设备或引入新设备来适应工业4.0和智能制造的要求。有的企业通过核心设备的自主研发来达到智能化功能要求，有的企业通过购买专业设备来升级至智能化要求。电子信息制造业企业在实施中也越来越重视软件系统的重要作用。有的通过购买国外软件系统进行本土化改造来适应企业的需求，有的企业在无法获得软件系统的情况下，采取了自主创新研发软件系统。

4. 注重增量智能化改造

虽然当前处于存量智能化和增量智能化并举的阶段，但由于存量智能化改造转换成本较高，而且改造量大，因此企业在做大规模改造时都趋于谨慎。而增量智能化由于转换成本较低、转换风险相对较小，是当前大多数企业推进和决策的重点。例如，海尔集团把新增产量的工厂一步到位部署为互联网智能工厂，2016年已经部署完成了5家，每家智能互联工厂使用搜集数据的传感器都在1万个左右（见专栏1），每秒钟采集1.5万条信息，每天产生3.2G的数据，目前海尔智能制造产能占其全部产品产能的比例为10%左右。与海尔集团类似，当前许多中国电子信息企业把工业4.0及智能制造的重点普遍放在增量的智能化方面。

专栏1　海尔智能互联工厂

海尔集团的沈阳冰箱工厂将用户需求与工厂进行无缝连接。特点包括：一是定制化，将用户的个性化需求信息直接发送到内部生产线的相应工位上；二是可视化，生产线上的上万个传感器可实现产品、设备、用户之间的对话与沟通，用户可随时查到自己冰箱在生产线上的位置。2016年一条生产线可支持500多个型号的柔性大规模定制，生产节拍缩短到10秒一台，是全球冰箱行业生产节拍最快、承接型号最广的工厂。

但是调研中还发现，由于电子信息产业链较长，从芯片及器件供应商

到终端设备，涉及产业链分工较多、环节较长。处于不同产业链的不同企业对智能制造所处阶段的认识也不一样。例如，调研座谈中处于价值链上端的芯片及器件供应商中芯国际就认为，当前芯片制造与生产过程早就已经实现了全自动化，与国际厂商所处的智能化制造阶段差不多，基本上可以说是同步阶段，都正在努力实现智能化。而工业4.0及智能制造对中芯国际来说，是个难得的机遇，可以与国外企业处于相同起点上竞争，存在赶超的可能与潜力。对于产业链中较下游的企业，主要是终端设备或自控设备厂商，则认为与国外（尤其是与德国）差距很大，国外处在工业3.0向4.0过渡阶段，而我们还处于2.0阶段，差距有进一步拉大的风险。

中国电子信息企业工业4.0及智能制造需求情况和驱动力

基于企业调研发现，中国电子信息企业对智能制造的潜在需求已经出现，但全方位、大规模的有效显性智能化需求还要较长时间才能形成。在这些企业智能化转型的动机中，降低企业内部成本、提高生产效率和产品质量、满足个性化定制需求是主要的驱动力。

1. 企业对智能制造的潜在需求已经出现，但全方位、大规模的显性智能化需求还需要较长时间才能形成

工业4.0和智能制造代表了未来产业的发展方向和趋势，无论是制造业还是服务业都需要转型升级到智能化功能来提高产品或服务的高品质、个性化和小批量定制化。因此，各类企业对智能化的潜在需求很大，企业在总体上对智能化表现出欢迎和期待的态度。

尽管如此，由于企业自身能力有限，以及传统制造业的存量巨大，加之智能化改造与转换成本高，企业对智能制造的潜在需求短时间内无法转化为有效需求。尤其是涉及全系统和全环节更是如此，因此，潜在需求转换为有效需求的多是单个工序或车间的智能化建设或改造。如何去存量、促增量，真正将制造业企业智能制造的潜在需求转化为全面、有效的需求，仍需要一个长期的过程。

2. 降低成本、提高效率和质量、适应个性化是主要动机

正如德国工业4.0战略委员会对德国制造业企业的调研数据所显示的那样——75%的德国公司都没有开始工业4.0，主要原因是太昂贵。这和

我们在德国的企业实地调研的观察是一致的。对于中国的企业而言，推动企业进行智能化制造的主要动机也是与成本、效率等直接相关联。

通过智能化降低成本、解决综合成本快速升高的问题，是一个重要动机。例如，三一重工的18号厂房是亚洲最大的智能化制造车间，包括智能加工中心（智能设备、智能刀具管理、DNC）、智能化立体仓库和物流运输系统（智能化立体仓库、AGV智能小车、公共资源定位系统）、智能化生产执行过程控制（高级计划排程、执行过程调度、数字化物流管控、数字化质量检测）、智能生产控制中心（中央控制室、现场监视装置、现场Andon）。通过智能化改造，三一重工18号厂房在制品减少8%，物料齐套性提高14%，单台套能耗平均降低8%，人均产值提高24%，现场质量信息匹配率100%，原材料库存降低30%，预计同比节约制造成本1亿元，年增加产量超过2000台，每年同比产值新增60亿元以上。

再如，富士康的工作岗位原来大部分是人工操作和组装，占到企业员工总数的60%以上。近年来，随着人员工资快速上升，中国富士康公司的工资成本上升很快，与东南亚相比工资成本已经明显处于劣势。富士康通过使用工业机器人、提高自动化程度和智能化程度来减少用工、降低用工成本。

通过智能化提高效率是另一个重要动机。调研中一个典型的例子是吉林通用。该公司依托"八大工艺"优势，实现了模具、夹具、量具、刀具、工位器具、检具、非标设备七大部类产品的全部内制，不仅极大降低了企业生产成本，还通过引进数控设备，使小批量单件生产转型为大批量生产，提高了自动化、智能化水平，生产效率提升约30%，项目开发时间缩短50%，较大程度地提升了产品整体竞争力。

以智能化提供高品质产品和高附加值服务也是重要目标。传统以人工为主的生产模式无法保证高的、稳定的产品品质。国内计算机无线外设产品领域最大的提供商之一——深圳雷柏科技股份有限公司进行了两方面工作。一方面，投资30万元研发了一条生产线，解决了键盘生产线对人工的依赖，改进了键盘生产线上工人一百零几个插键帽的动作，把线上工人由60人减少到24人。另一方面，通过引进70台ABB的小型六轴工业机器人，生产效率比人工提高60%，这些机器人的柔性特点还帮助客户将开发时间缩短了近50%。与此同时，雷柏公司把人工应用于生产的关键环节，这种通过"智能化+关键人工"方式有效改进了核心产品品质（见专栏2）。

> **专栏2　雷柏科技"智能化＋关键人工"改进品质**
>
> 雷柏针对键盘产品种类多、批量少的特点，自主研发了"一人屋台式机器人辅助制造系统"。该系统运用一个作业员搭配一台或数台机器人，用机器人去辅助作业员完成某些鼠标的组装动作，实现人机最佳配合的高柔性产品组装系统。之前8个人生产一只鼠标的cell线，现在只需要2个人结合1台机器人即可达到相同的产能。雷柏生产线的各个环节已经实现了"人和机器人"的高效协同作业，工厂的布局及物流都是根据自动化模式设计打造的。雷柏科技对工厂的大胆的变革已经取得了一定成果：整个工厂由3000多人减少到现在的不足千人。

少数有能力的领先企业能较为全面地响应消费者个性化需求，当然也只能满足有限个性化需求。以海尔为例，它能够根据客户的个性化需求，将订单管理、个性化制造结合在一起，实现了空调的个性化定制生产。全球首台定制空调在海尔郑州互联工厂下线，这款空调的用户先登录海尔商城空调定制页面，根据个人喜好自由选择空调的颜色、款式、性能和结构等定制专属空调，智能制造系统在接受用户订单信息后就自动排产。海尔互联工厂通过用户交互可视、订单可视等10个可视化关键节点，满足了用户的全流程体验。再如，长虹以物联网信息系统为核心，研究并构建了一种新型的多阶段生产模式。该模式以传感器、企业服务总线、制造执行系统等为支撑，实现对生产系统、产品、设备工作状态的实时监测，在满足大批量生产的同时，也可满足多种小批量混线生产。该模式已经成功运用于长虹的电视、冰箱、空调等领域，其中，电视产品实现了场地利用率提升30%以上、库存周转效率提升25%以上、单品成本下降10%、人均产值提升20%以上。长虹位于绵阳的生产基地采用该模式之后，工厂占地面积由4万平方米降至2.3万平方米，场地利用率提升了42.5%，在多品种混线生产的情况下，人效提升40%以上，累计实现经济效益20.8亿元。

3. 创造更大价值是主要目的

智能制造实质上是一种"价值战略"，一定要创造比传统制造更大的价值，才能体现出智能制造的优势并实现可持续发展，否则必然是"中看不中用"。当前，全球制造业企业和产业都面临着转型升级，工业4.0和智能制造的兴起可能使企业和产业迅速转向智能化，但如果没有通过智能化过程来提升全球竞争力，也没有创造比传统制造业更大的价值，甚至不如传统制造模式创造的价值，就会让大量投入浪费和造成企业产业转型的失败。访谈调研中一位企业的高管旗帜鲜明地表达了创造更大价值是其主要目的——"我们考虑最多的是如何给消费者带来价值，带来更大价值，最终使得企业盈利更多，这才是我们实施智能制造的目的，而不是单纯地全部上机器人。其实，无人工厂只是其中的一个方面，是为'以人为中心'服务的。我们最重要的是要满足消费者未来的一种个性化的需求，要高效、柔性、快速地响应消费者需求"。

目前遇到的一些主要困惑或问题

工业4.0及智能制造是近几年才开始兴起的新事物，越来越多的制造业产品通过内置传感器、处理器、存储器、通信部件和相关软件来实现更多智能化功能，从而使传统制造业向信息产业融合。这种智能化给企业带来非常多的变化，例如使企业产品从过去以硬件为主转变为软硬件集成发展甚至向以软件为主演进，企业与客户之间的关系从过去的一次性交易关系转变为定制服务或长期服务关系，等等。工业4.0及智能制造涉及的体系较多，带来的冲击和表现多元多样，造成中国企业在如何推进智能制造上存在很多困惑和问题。通过对这些调研企业的访谈，我们把中国电子信息行业企业在智能化转型过程中遇到的一些主要困惑或问题归纳如下。

1. 顶层设计问题，没有统一的标准，选择从哪儿结合也是难题

调研中虽然有近80%的样本企业都在2015年或2016年就把智能制造作为重点发展方向，纳入或写入集团的战略规划与战略发展目标之中，甚至有的集团还以此来指导所属企业制定了不同业务智能化转型的子规划和将智能化目标完成情况纳入考核体系之中。但是，几乎所有企业都面临着顶层设计方面的困惑，由于世界范围内存在多种方式和技术路径，不同的方式采取的标准也不相同，选择哪个方案作为企业智能化工作的指引，并以此来引领企业方方面面的转变成为难题。选择问题成为这些企业绕不过去的第一道坎。即使选择了某一个方式或技术路径，面临的技术问题也很多，智能制造涉及控制器、算法、软件、信息系统、物联网等一系列技术，许多技术不仅企业自身没有掌握，甚至国内都没有企业掌握，还必须依赖国外供给，在哪些方向突破？如何结合企业自身选择好重点突破方向？这些又成为企业的困惑和难题。访谈中我们印象很深的是一个企业负

责人称：工业4.0、工业互联网、《中国制造2025》都挺好，但我们企业不可能面面俱到，也没有实力做到面面俱到。我们必须做出选择！可是当前缺乏顶层设计和可供借鉴的不同方式路径的样板。

2. 合作对象选择难、技术合作难、跟随模仿与自主创新平衡难

智能制造是一个系统工程，需要形成从芯片到整机、从基础软件到大型系统的体系化能力，同时又需要延伸至制造领域，迫切需要总体解决方案。调研中企业反映，在智能制造上无论是选择跟随模仿还是自主创新都有道理，关键在于不能简单跟随模仿，也不能完全自主创新。多个企业反馈了对跟随模仿的担忧，担心企业陷入"技术锁定"或"发展模式锁定"。另外，企业反映更不敢轻率选择通过完全自主创新方式来实现智能制造，这样不仅可能大大增加企业的转换成本，而且很可能得不偿失。例如，访谈中有几个电子信息企业都提出，现在传统制造业企业较倾向于智能化技术改造，结果发现几乎个个环节都涉及要从国外引进大量的智能制造设备、软件和系统。这些设备、软件和系统同时涉及多家供应商，这些供应商之间的协同至关重要，而调研企业衡量选择中，与这种国际化大公司的技术合作和能力整合将是关键，但也是难点。调研企业中多数企业认为自己很可能成为发达国家智能设备的用户和拉动国外合作伙伴的重要动力，但合作对象选择以及企业根据自身特点与这些合作对象的磨合与整合将非常困难，最终极可能不仅没有达到智能制造的目标，还造成了大量人、财、物的浪费。

3. 智能制造核心技术缺失，管理能力和产业配套能力差距也较大

调研中，企业反馈很多的问题是智能制造的核心技术仍然缺失，不仅产品技术和关键基础部件仍然主要依赖进口，如高档和特种传感器、智能仪器仪表、自动控制系统等，智能制造的控制和管理软件更是严重受制于国外。一个基本的事实是中国电子信息行业企业在开展智能制造时从硬件技术到软件技术都还有很大的差距。目前的差距主要是：自主创新能力不足；信息化水平不高；基础实施不足，应用水平不够；企业利用信息技术改造生产方式和流程的意愿不足；工业存在四个"基础薄弱"——基础零部件薄弱、基础制造工艺薄弱、基础材料薄弱和产业共性技术薄弱。我国工业核心技术和关键工业严重受制于人，经济和国防建设所需的关键材料、核心零部件、基础软件等主要依赖进口，工业基础研究和公共服务能力不足，产业自主性和控制力较弱。

调研访谈中，电子信息产业企业还反馈了管理能力和产业配套能力存在的差距问题。一是战略层面，很多企业的高层管理者对智能制造的作用和定位仍认识不清楚，也不到位，导致企业在中长期布局和投入上存在巨大偏差。二是在运营管理层面，企业的瓶颈是不同生产环节和车间的协同管理，以及将个性化需求转化为小批量定制化生产的管理能力。这一方面是由于不熟悉智能制造的软硬件，另一方面是由于传统的工业思维和管理惯性较重，尚未形成适应智能化环境下的管理能力。三是智能制造不是某个企业的问题，而是产业的系统化问题，涉及产业系统化产业链的配套能力首当其冲，我国的产业配套能力也存在许多明显不足，尤其是软件配套能力是弱中之弱。

中国电子信息企业对进行工业4.0及智能化制造的建议

1. 行业内普遍认为要从自身实际出发，不能完全照搬照抄

电子信息行业企业对工业 4.0 及智能制造与国外同行企业相比较，多数被调研企业表现出了信心和认为中国与国外的差距不大。电子信息行业企业往往把工业 4.0 也理解为一种转型升级，并认为欧洲电子信息企业与中国面临的挑战基本上差不多，国外也基本上处于多种标准向工业 4.0 及智能化制造的过渡过程中，全体系、全系统的工业 4.0 实践也非常少见。与欧洲、日本相比较，我国电子信息行业企业的基础要稍弱一些。从企业主体的角度来看，欧洲、日本的基础产业非常强，美国的高端产业非常强，中国在基础和高端产业上都要依赖欧洲、美国、日本。但就大企业的成长性来说，中国电子信息技术行业一点也不落后并处于非常难得的上升阶段。工业 4.0 本质是用智能化的手段来改造、升级传统工业，智能化的手段及技术突破还没有完成，仍处于政府在大力倡导、行业企业在努力奋斗实现的过程中。

因此，针对中国电子信息技术行业企业工业 2.0、3.0、4.0 并存的局面，我国既要补工业 2.0 的课，又要普及工业 3.0，还要进行工业 4.0 的示范和探索，这要求我国要根据企业现实情况分阶段逐步推进。要避免完全照搬照抄国外智能制造的内涵和标准，而把大量处于机械化、自动化、信息化发展阶段的企业排除在外，失去了最需要转型升级的主要企业群体。

2. 政策的顶层设计和统筹规划

建议一定要做好各类政策的顶层设计和统筹规划。推进电子信息领域的智能制造转型升级，里面涉及的政策门类很多、面很宽，有产业、制造、商业、应用，而且归口不同的部委管，如何把政策做到统筹规划，有一个清晰的顶层设计非常关键。

3. 落实和执行好的政策与消除关键障碍

其一，要落实现在已经存在的很多非常好的政策。现在政策非常多，许多政策也非常好，但是出台之后，落实情况不到位、执行得非常慢的情况比比皆是。影响政策执行及效果的一个重要约束是目前许多好政策的执行程序非常复杂，执行起来非常困难，很容易错过机会窗口。既然政策要支持，就要及时，程序可以简化，认准方向可以往前走得更快一些。其二，要努力消除企业面临的关键障碍。其中核心关键技术、关键元器件是最关键短板，需要努力突破。可以通过建设若干智能制造领域的制造业创新中心来开展关键共性技术的研发与攻关。整合现有各类创新资源，加大研发投入，确保新型传感技术、模块化/嵌入式控制系统设计技术、先进控制与优化技术、系统协同技术、故障诊断与健康维护技术、高可靠实时通信网络技术、功能安全技术、特种工艺与精密制造技术、识别技术、建模与仿真技术、工业互联网技术、人工智能等关键共性技术能够在3—5年实现突破，建成较为完善的智能制造技术创新体系。

4. 增强智能制造关键共性技术的供给

一是加强智能制造关键共性技术的统筹规划。针对电子信息行业制定关键共性技术的规划和战略布局。明确关键共性技术研发的方向和重点领域，组织编制发布智能制造技术路线图和智能制造关键共性技术目录，引导社会力量参与智能制造关键共性技术攻关。

二是推广关键共性技术研发模式。针对产品全生产周期中的设计、生产、管理和服务等重要环节，突破关键共性、基础智能技术。支持智能制造企业围绕相关领域建立智能制造技术创新中心，加快研制适用的智能制造装备，提升传统产业关键智能技术（如数字化、智能化、网络化制造技术，增材制造技术等）水平。通过核心领域实现突破，建立并完善智能制造技术体系。

5. 行业企业要注重技术、管理的"双轮"驱动

不能只重技术而忽视需求端，"技术硬实力+管理软实力"双轮驱动

整个工业运作模式的"代际转换",要求企业不仅要应用先进的技术、软件和系统,更要对企业整个运作体系、管理模式进行深刻变革。在产品维度,强化传感、计算、存储、通信等功能,打造可识别、可交互、可扩展的万物互联的智能终端。在设备维度,不断增强生产设备的自动化、网络化、智能化水平,并有效提升依托于设备的生产数据和信息利用水平。在生产维度,全面提升生产管控一体化和产业链协同协作水平,面向研发设计、加工制造、物流配送等环节,以个性化定制、网络众包、服务型制造为导向进行创新。在管理维度,推进信息在企业内部的纵向集成和企业间的横向集成,实现流程再造和组织优化。

6. 政府、企业和需求"三大主体"共同努力

政府在推进新技术、新应用方面具有重要的引导、推动作用,调研中,许多企业更希望政府起到"裁判"和"守夜人"作用,更加注重解决单个企业无法解决的技术、标准、接口等共性问题,而不是代替企业确定具体的智能制造改造方向和重点。企业是智能制造实施的主体,绝大多数企业都将智能制造纳入企业发展战略,但在智能制造内涵、具体的战略路径选择、改造方向和重点、实施策略等方面还要更为清晰和准确。需求端在智能制造中起到了前所未有的牵引和驱动作用,是这一轮工业革命的源泉。目前,许多企业并没有意识到这一点,是当前中国企业实施智能制造的思维短板。

7. 培育龙头企业,重视制造业标准体系建设

我国与国外的差距除前述提及的基础产业和高端产业外,另一个短板就是电子信息技术行业中龙头企业数量太少。围绕着工业4.0及智能化的发展,通过政策能够在国内布局一批统领智能化发展的核心企业,培育一批具有较强竞争力的系统解决方案供应商和龙头企业。另外,在政策上要积极重视制造业评价与标准体系建设,特别是电子信息制造业的智能化能力评价。目前欧美在自动化、数字化、网络化等领域已经形成了比较好的标准体系,智能化是一个新兴的领域,在智能化的标准方面还没有特别成熟,特别是体系化的标准,中国可以围绕智能化领域加强标准的统领和牵引,从而掌握更好的发展权。

支持以技术和资本为纽带,组建产学研用联合体或产业创新联盟,鼓励其发展成为智能制造系统解决方案供应商。支持装备制造企业以装备智能化升级为突破口,加速向系统解决方案供应商转变。支持规划设计院以

车间/工厂的规划设计为基础，延伸业务链条，开展数字化车间/智能工厂总承包业务。支持自动化、信息化技术企业通过业务升级，逐步发展成为智能制造系统解决方案供应商。研究制定智能制造系统解决方案供应商标准或规范，发布智能制造系统解决方案供应商推荐目录。

通信制造企业的国际化战略[*]

通信制造业的技术经济特点

（一）技术进步快，产业发展阶段性特征显著

现代通信技术是微电子技术、光通信技术和软件技术的综合体。半导体每 18 个月单位容量提高一倍，光通信每 9 个月能力提高一倍，软件技术则提高了产品设计、使用和升级的弹性。

技术进步的重大突破带来了产业发展的阶段性特征。如移动通信技术经历了六个阶段（见表 1），产品换代的周期呈现出不断缩短的趋势，从 20 世纪初的 20 年缩短到当前不足 10 年。

表 1　　　　　　　　现代移动通信技术的发展阶段

阶段	大致时期	主要系统
第一阶段	1920—1940 年	短波，专用系统（如警察车载无线电系统）
第二阶段	1940—1960 年	公用移动通信业务服务开始
第三阶段	1960—1970 年	改进型移动通信系统（IMTS）
第四阶段	1970—1980 年	蜂窝模拟移动通信系统
第五阶段	1980—2000 年	窄带数字移动通信系统 GSM、CDMA
第六阶段	2000 年至今	宽带数字移动通信系统（3G、4G、5G）

（二）技术标准化，网络特性强

产业的全球化和规模经济特点要求产品标准化。全球制造商和运营商都在积极推动技术的标准化，对产业发展和用户的使用产生重要积极作用。

---

[*] 本文收录于《中国企业国际化战略》，人民出版社 2006 年版，第 192—220 页，与马骏合作。

通信产品的网络外部性导致了技术标准的全球化，即全球市场一般只能存在极少数主流技术标准，表现出"赢者通吃"的特点，非主流标准很快就会边缘化。

（三）运营商对制造商提出严格要求

由于运营商对技术设备投资巨大，而且一旦投入就变成沉没成本，因此运营商对设备制造商会提出非常严格的要求。运营商不仅对入选产品进行严格筛选，而且对提供产品的企业也要进行充分考察，以保证产品和服务的持续性。

制造商入围一般必须经过两道大的程序：经过综合评估进入运营商的候选名单（短名单）、在产品采购招标中胜出。

通信制造业的全球化特点

（一）全球市场开放程度高

由于WTO等国际组织和主要发达国家的推动，以及多数国家不具备制造能力等原因，通信设备市场的开放程度很高。发达国家和发展中国家一般都希望通过开放市场来加强通信基础设施的建设。

部分发达国家也设法保护本地制造商的利益，主要是采用隐性的非关税措施，促进本地产品在本地市场的应用。

（二）产品研发、制造和销售服务全球化

主要设备制造商基本都在产品研发、制造和销售服务等各个环节进行全球布局：研发根据全球的技术和人力资源分布特点布局，制造基地主要放在中国、印度等劳动力成本低且市场潜力大的地区，销售和服务在建立多层次网络的同时前端要贴近用户。同时，主要制造商之间存在广泛的合作关系，专业性的制造商为全球制造商提供技术和设备。

（三）产业集中度较高，少数厂商主导产业发展

行业市场研究公司的数据显示，爱立信、朗讯、西门子、诺基亚、北电等八家跨国巨头占据了全球市场总销售额的80%以上，并且这些厂商主导了全球技术标准的发展方向。以第三代移动通信技术标准为例，欧洲的

爱立信和诺基亚两家公司领导了 WCDMA 技术标准的制定和发展，并占据了全球 80% 以上的市场份额；美国高通公司领导了 CDMA2000 技术标准的制定和发展，并且在上游的芯片制造和产品开发平台等关键环节占据绝对市场份额。

通信制造企业国际化的背景

（一）国际化是通信制造企业发展的必由之路

国内市场已经难以满足国内制造商的发展要求。第一，中国电信运营业在经过十多年高速增长后，传统业务的设备投资开始进入平稳增长期。如运营商的固定资产投资的年平均增长率从 1996—2000 年的 24.9%，快速下降到 2000 年以后的 2.1%。第二，由于管制的原因，国内新技术应用难以大规模启动。例如当前全球市场采购规模最大的第三代移动通信迟迟不能启动，而国内主要制造商如中兴、华为已经投入了数十亿元的研发费用，如果不尽快走出去，公司将面临巨大的经营风险。第三，中国制造商要做大做强，必须向跨国公司学习，充分利用国内和国际两种资源，全力开拓国内和国外两个市场。

（二）国内市场竞争国际化，国内通信制造商逐步建立了与国外企业竞争的能力

改革开放初期，我国通信事业极度落后的状况是制约经济社会发展的重要瓶颈，因此国家开放了通信制造市场。全球跨国公司在中国的发展也不断升级，从纯粹的销售产品，逐步发展到大规模进行投资，现在中国已经成为全球所有电信制造业巨头的重要制造和研发基地（见图 1）。

20 世纪 90 年代后，以"巨大中华"为代表的国内厂商在万门交换机上实现了群体突破。国内企业依靠强大的成本优势迅速占领了国内市场。产品和服务成本的降低也极大降低了国内运营商的成本，为运营业的发展做出了巨大贡献。在此基础上，国内制造商开始在无线通信、光通信等主要技术上追赶全球主要制造商，并取得了重要进展。国内制造企业已经开始掌握国内市场的主导权，特别是在程控交换机、传输产品等领域（见表 2），并拥有了一批有自主知识产权、达到或接近世界国际先进水平的产品和技术。

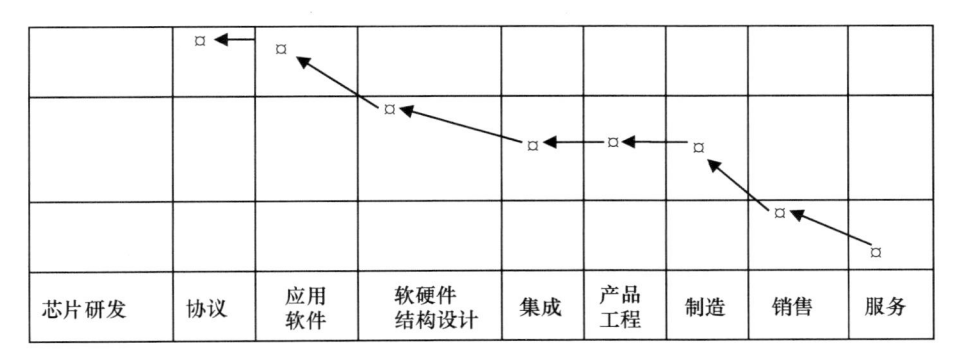

图 1　国际通信制造商在国内发展路径示意

表 2　　　交换机和传输产品国内外厂商市场占有率结构变化　　（单位：%）

		交换机		
1993 年	国外厂商	96	国内厂商	4
1996 年	国外厂商	83	国内厂商	17
2004 年	国外厂商	40.4	国内厂商	59.6
		传输产品		
2001 年	国外厂商	52	国内厂商	48
2004 年	国外厂商	26	国内厂商	74

资料来源：笔者整理。

国内制造商从 20 世纪 90 年代中后期开始启动国际化战略。国内制造商在研发、制造和销售服务等各个环节开始向国外领先企业看齐（见表 3）：建立全球性的研发、销售和服务网络，建立国际化的管理体系，大幅提高研发经费投入，等等。国内企业的竞争能力得到大幅提升。

表 3　　　2004 年国内外通信制造商研发投入比较　　（单位：百万美元,%）

	诺基亚	摩托罗拉	爱立信	北电	中兴	华为
研发投入	5099	3060	2594	1959	420	600
研发投入占销售额比例	12.8	9.8	15.4	20.0	10.0	10.8

注：诺基亚、摩托罗拉、爱立信、北电数据来自 Gartner 报告，中兴数据来源于其年报，华为数据来源于其网站 www.huawei.com。

参加国际标准。华为、中兴已加入 70 多个各类国际标准组织和论坛，成为 ITU-T（国际电联电信部门）、ITU-R（国际电联无线部门）、ITU-D（国际电联发展部门）三个部门的部门成员，还是 ETSI（欧洲电信标准协会）等国际电信组织成员。在国内通信行业标准研究数百个项目中，中兴、华为参与了其中 90% 以上项目的研究，正逐步从行业标准的跟随者向行业标准的制定者与参与者转变。

（三）国际市场提供了难得的机遇

全球电信投资表现出分区域波浪式增长的特征。如程控交换技术在发达国家最先得到应用；接着，中国市场出现爆炸式增长，程控交换技术也不断得到发展和完善，并且制造成本下降到难以置信的水平；其后，大量的第三世界国家则开始启动应用程控交换机。中国的低成本、高可靠性产品和发展中市场的经验正好满足了第三世界国家的需求。

1999 年起世界范围网络经济泡沫破灭，朗讯、爱立信、北电、诺基亚、摩托罗拉等几乎所有国际通信巨头的增长速度都开始放慢，甚至多数出现巨额亏损，纷纷通过收缩海外市场战线和大面积裁员来降低成本，同时把竞争重点投入重点市场如中国。这一方面给中国通信设备制造企业在国内市场的竞争带来前所未有的压力，另一方面也为中国通信设备制造领先企业走向国际市场提供了难得的时机。印度、东南亚、拉美、东欧等发展中国家或地区电信投资增长率近些年出现了超过 20% 的增长趋势。中国通信制造企业在交换机、接入网、光传输等成熟技术领域提供低价格的高性能产品和高质量服务，很快赢得了发展中国家的青睐。

通信制造企业国际化的演进路径

通信制造企业国际化从 1995—1997 年开始起步，表现出逐步演进的特点，即采取了由易到难的发展路径。

从国际研发合作起步。中兴和华为两家企业从 1997 年开始国际研发合作。华为从 1997 年起与德州仪器（Texas Instruments）、摩托罗拉（Motorola）、IBM、Intel、太阳微系统（Sun Microsystems）、Altera、高通（Qualcomm）、英飞凌（Infineon）和 Microsoft 成立了联合研发实验室。截至 2005 年 6 月，华为共有 10 所联合研发实验室。中兴也陆续与美国、韩国、欧洲等建立合作研发机构或联合实验室，同时也与思科、阿尔卡特、北电、NEC、HP、Intel 等建立战略合作关系，加强前沿技术跟踪。

沿着"空白市场—新兴战略市场—高端市场"的路径分阶段、分步骤地开拓境外市场。国内通信制造企业先选择开拓国外跨国公司不愿进入的第三世界国家市场，依靠其低成本优势迅速填补了市场空白，跨出了"走出去"的第一步。其后，中国制造企业开始进军其他发展中国家市场，在部分产品上与跨国公司展开竞争。在发展中国家取得重要进展后，才开始部署进入发达国家市场。表4反映了华为渐进国际化的特点。

表4　　　　华为国际化的渐进过程与进入形式选择

国际区域市场	进入年份	进入形式	2004年销售额	其他
独联体	1996	在10个国家设代表处，1997年成立合资企业"贝托—华为"	不详	本地员工比例为80%
中东北非地区		设立20个代表处	4.46亿美元	本地员工比例超过50%
拉美市场	1997	在10个国家设有分支机构	1.83亿美元	本地员工比例为73%，光网络市场份额排名第二，固定智能网络市场份额排名第一
南部非洲	1998	设立南非、西非、东非三个片区	不详	本地员工比例达50%
亚太地区	2001	设立12个代表处	4.86亿美元	本地员工比例达到70%
东太平洋地区		设立代表处	近1亿美元	本地员工比例达到70%
欧洲	2001	在26个国家设立分支机构	2亿美元	瑞典建立研发中心，英国建立技术培训中心
北美	2001	成立子公司 Future-Wei	不详	负责美国、加拿大业务

资料来源：笔者整理。

在产业链上采取了研发和市场同步推进、逐步向其他环节延伸的策略。在国内市场，国内通信制造企业从产业链下游环节不断向上游环节演进（见图2中的实线）。但在国际化过程中，国内制造企业已经具备了一定的实力，因此选择了研发和市场同步推进的方式（见图2中的虚线），然后逐步向其他环节延伸。总体上仍然是渐进发展的过程。

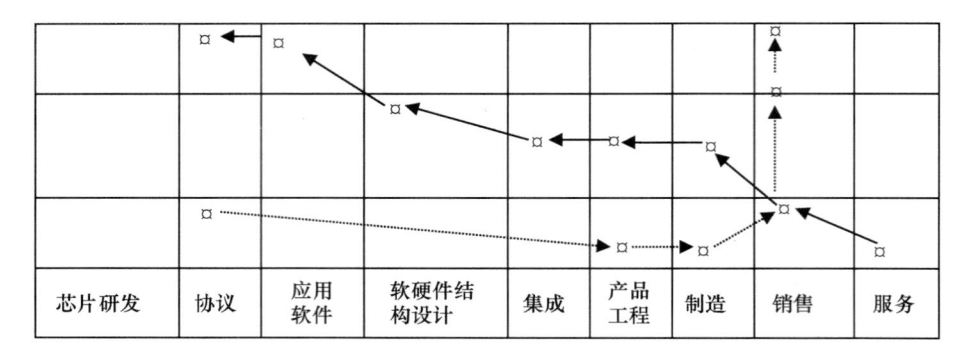

| 芯片研发 | 协议 | 应用软件 | 软硬件结构设计 | 集成 | 产品工程 | 制造 | 销售 | 服务 |

图2 中国通信制造企业在国内、海外市场不同发展路径示意

注：实线为国内市场发展路径，虚线为国际市场发展路径。

通信制造企业国际化的五种模式

中国通信制造企业的国际化战略主要有5种模式。

（一）模式一：建立全球销售与服务网络

电信设备是国家基础设施，因此通信制造企业必须在海外长期耕耘并提供长期承诺才能获得运营商的认同。国内通信设备制造企业分阶段、分步骤地在目标市场建立了销售和服务网络。中兴、华为都把建立全球销售与服务网络作为国际化战略的重中之重来实施。例如，中兴2002年在成立专门的国际化营销事业部后，做的第一件大事就是规范海外机构建制，要求在各海外市场必须建立起包含客户关系、市场和技术支持的人员队伍，并把全球市场划分为8个大区，在大区中设立若干国家代表处。第二件大事就是把售后服务平台前移到国际市场。华为也非常注重全球销售与服务网络构建，在全球建立了8个地区部，每个地区部设立区域总部，在全球100多个国家和地区，建立起由9个地区总部、85个代表处及技术服务中心组成的销售和服务网络。

（二）模式二：建立全球研发网络提高企业国际竞争力

通过设立海外研发中心可以充分利用海外的人力资源进行技术创新，并利用最新技术成果。开始时，中兴、华为在技术上主要是模仿，在技术上与跨国公司存在比较大的差距。在这样的背景下，中兴、华为采取了在国内建立研发网络，积累人才优势，提高学习和掌握现有技术，缩短与跨国公司之间的技术差距，同时在海外主要技术来源地设立研发机构，成为跟踪新技术动向与信息的窗口。通过这种方式一边学习、一边跟踪，逐步提升技术研发水平和自主知识产权比重，实现研发的全球布局。中兴、华为在世界范围内的研发合作及主要专业研发方向等详见表5。国内领先企业通过这种渗透方式在通信技术发达、通信高技术人才密集的国家和地区设立研发机构，不仅是跟踪世界前沿技术，而且是一种"本土化"触角，有效地提升了自身的国际竞争力。

表5　　华为、中兴世界范围内的研发合作及主要专业研发方向

华为研发中心及主要从事的专业研发方向	中兴研发体系及主要专业研发方向	主要原因与目标
瑞典斯德哥尔摩——基站架构和系统设计、射频和核心算法 美国达拉斯——ASIC技术及CDMA算法 印度班加罗尔——软交换技术、平台 俄罗斯莫斯科——算法及射频 中国深圳——核心网、业务平台 中国上海——基站系统、终端、ASIC芯片 中国北京——核心网分组域、网关、终端 中国南京——运营支撑系统、3G业务	TI-ZTE DSP联合实验室——DSP技术 美国分公司——软交换、CDMA 1X高层协议 韩国控股公司 ZTE-FUTURETEL——手机南京研究所——数据网络、有线网络、智能网络 中国上海第一研究所——ISDN（综合业务数字网）路由器、IP（Internet Phone）接入服务器、ADSL 中国上海第二研究所——移动通信系统 中国重庆研究所——智能业务、网络管理 中国深圳研究所——传输、会议电视、电源、监控 中国北京研究所——密集波分复用系统、新型光传输系统 中国西安研究所——无线通信技术 中国成都研究所——基础软件、协议软件	北欧在移动通信制造领域居全球领先地位，目标是利用当地人力资源和获取信息 美国在芯片设计和CDMA技术上居全球领先，目标是利用当地人力资源和获取信息 印度为全球软件外包生产基地，目标是利用当地的人力资源和制度优势 俄罗斯在数字与航天科技方面具有人才与技术优势 中国北京、上海、广州、南京、西安等地是国内人才与通信行业技术人才密集地

（三）模式三：与国外企业建立战略联盟提高竞争能力

中国通信制造企业由于上游关键技术能力不足且品牌力量很弱，因此，在国际市场上与跨国厂商建立广泛的战略联盟非常必要且互补。例如，华为、中兴与高通公司在CDMA上建立战略合作关系，由高通公司提

供芯片、研发平台和技术服务，华为、中兴进行研发和产品制造，共同推动 CDMA 系统的商用及商用规模化。华为、中兴还积极参与 3GPP 联盟，参与标准制定与技术研发，以减少进入的成本。

建立战略联盟的另一种方式是成立子公司，专注于某一市场或某一技术领域。例如，2003 年华为以拥有 51% 股权的方式，与 3Com 成立了华为 3Com 公司。3Com 可以利用华为在中国市场的销售渠道及产品成本方面的竞争优势，华为则可以利用 3Com 在国际市场的品牌和地位，以 3Com 的品牌来销售合资公司生产的数据通信产品。再如，中兴通讯与爱立信签署了战略合作协议，在 3G 市场上联手；与阿尔卡特建立了战略伙伴关系，由阿尔卡特在全球范围内代工生产中兴通讯 CDMA 基站系统设备（包括 CDMA2000 1xRTT、EV-DO、EV-DV 等）。

（四）模式四：制造商通过参股海外运营商推动新产品、新服务的应用或拓展价值链

制造商参股运营商进行国际化拓展，主要在两种情况下运用。

第一种情况是新产品或新服务在国内市场一直无法启动或不成规模，而国际上发展却很快。制造商通过参股运营商来建立新产品、新服务应用的实验局，积累应用经验。例如，2004 年华为投资香港 Sunday 公司。其背景是：国内 3G 市场迟迟不能启动，国际 3G 市场正在被跨国公司快速瓜分，华为公司在 3G 上进行的巨额投资可能无法收回。为此，华为以约 9700 万港币入股香港 3G 运营商 Sunday（0866.HK）1.49 亿股，与其共建香港 WCDMA 网络。目的是建立新产品服务的实验区，证明产品的可靠性，并积累应用经验，为竞争国外 3G 市场做准备。

第二种情况是通信设备制造企业参股运营商，达到销售产品和延伸产业链的目标。例如，2001 年 11 月中兴通讯与刚果（金）政府合资成立刚中电信有限责任公司，中兴通讯占 51% 股份。该合资公司负责刚果（金）国内 GSM1800 网络的建设和经营，在刚果（金）境内经营移动通信、国内长途电话、国际汇接等通信业务。通过这种方式，中兴通讯开展电信服务与运营业务，获取服务与运营收益。

（五）模式五：国内运营商和国内制造商携手开拓海外市场

国内运营商也在进行国际化探索，国内运营商与国内设备制造商联合，共同开拓海外市场，有助于国内运营商降低成本、降低风险，而且通过这种组合方式能够创造竞争优势，弥补各自的劣势。中国联通公司联合中兴通讯开拓罗马尼亚市场就是此模式的典型代表。2002年，罗马尼亚邮政总局选择中国联通全球最大的"ATM+IP"数据网络平台进行本国电信网建设。2003年6月，中国联通联合中兴通讯向罗马尼亚邮政电信公司提供总值约为1.94亿美元的电信设备及营运资金，共同为罗马尼亚邮政电信公司建设全国骨干数据和语音网。

通信制造企业国际化的基本判断

领先通信制造企业国际化战略起步早、看得准。中兴、华为早在1995年自身还不是很强的时候就已经制定了国际化战略。事后看，两家公司的国际化战略思路清晰、实施顺利。国际化战略的实施为两家公司的进一步发展和可持续成长提供了基础保障。

国内通信制造企业国际化战略的力度加大、步伐加快，初步形成了跨国经营的框架。2005年是中兴的"国际化年"，实现国际市场销售额160亿元，占公司整体销售额的比例由2004年的40%上升至50%。2005年华为在海外市场的销售额占总销售额的比重也上升到58%。两家企业都把发达国家的"跨国运营商"列为国际化工作的重点。2006年中兴通讯定位为"拓展年"，提出三个拓展目标，尤其提出"从新兴市场、地方运营商市场向发达国家、跨国运营商拓展"。

国内通信制造企业的国际化主要采用低成本战略。国内制造企业在研发、制造和运营各个环节都具有显著的成本优势。从发展趋势看，国内企业的成本优势正在缩小：跨国公司正在不断推行研发和制造的本土化，国内企业的技术跟随战略也将发生调整。

国内通信制造企业谨慎采用国际并购。通信制造业目前还处于快速发展期，发达国家拥有较强竞争优势，跨国并购的机会少，即使偶尔出现也面临跨国公司的高价竞争。另外，国外公司规模较大，并购后很难消化，经营的不确定性也非常大，再加上通信制造产业本身较高的资本运营风险，综合考虑后，国内通信制造企业对国际并购方式都采取了谨慎态度。

国内通信制造企业向产业链上游突破是未来发展趋势。总体上看，国内通信制造企业在上游关键技术上还比较弱，比如在第三代移动通信的主流标准中占有的基本专利微乎其微。同时，品牌影响力在国外也相对较弱。国内企业还需要不断积累技术，逐步向高技术和强品牌方向发展。

三 产能过剩研究

现有产能退出政策仍待完善[*]

产能退出政策、法律是社会主义市场经济体制的重要组成部分。经过几十年的发展，我国已经出台了不少有关企业退出的政策和法律。

这些政策措施对控制产能过剩起到了积极作用，但也存在一些问题。仍需要将不同类型的产能过剩细化治理，以形成防范和化解产能过剩的长效机制。

旨在淘汰落后产能及兼并重组

1994年至2013年，我国经济主要经历了两次较大幅度的周期性波动，一次是1997年的亚洲金融危机，一次是2008年的国际金融危机。相对应，我国工业领域也出现了四次较明显的"产能过剩"。

第一次产能过剩出现在1998年，纺织、家电等轻工业领域出现了较明显的产能过剩状况。针对这次产能过剩，中央政府要求纺织业大规模"压锭"，开启了淘汰落后产能政策之"先河"。1998—1999年，我国纺织业共压缩淘汰906万锭，占全国棉纺总生产能力的1/4。在此基础上，原国家经济贸易委员会进一步提出了淘汰落后生产能力、工艺和产品，制止低水平重复建设、加快结构调整步伐，促进生产能力、工艺和产品升级换代的政策方向，发布了《淘汰落后生产能力、工艺和产品的目录》《工商投资领域制止重复建设目录》，涉及17个行业201项内容，要求严禁对目录中行业低水平重复建设严重及生产能力过剩的项目投资。

第二次和第三次产能过剩分别发生在2003—2004年和2006年，主要表现为在经济处于繁荣和过热的条件下，工业品出厂价格大幅下滑和企业

---

[*] 本文刊于《中国经济时报》2013年10月10日。

效益大幅回落。针对部分领域（主要是高耗能的钢铁、水泥、电解铝等）快速发展出现的产能过剩，国家在政策上把淘汰落后产能作为推进结构调整的重要措施之一。代表性政策有国发〔2006〕11号文《国务院关于加快落实淘汰落后产能工作的通知》和相应的产业政策。例如，2006年国家发展改革委等八部门发布的《关于钢铁工业控制总量、淘汰落后、加快结构调整的通知》要求：2007年前重点淘汰200立方米及以下高炉、20吨及以下转炉和电炉的落后能力，2010年前淘汰300立方米及以下高炉等其他落后能力。

第四次产能过剩发生在2008年国际金融危机之后。这一时期的产能过剩，既属于"周期性过剩"，又属于"结构性过剩"和"体制性过剩"。这一阶段，钢铁、水泥、石化、家电等传统产业，以及部分战略性新兴产业（如光伏）都存在较为严重的产能过剩。对此，政府高密度出台了一系列进一步淘汰落后产能的行政法规和部门规章。代表性政策有国发〔2009〕38号文《关于抑制部分行业产能过剩和重复建设引导产业健康发展的若干意见》，要求对钢铁、水泥等高耗能、高污染产业"坚决控制总量"，对多晶硅、风电设备等新兴产业"集中有效资源，防止投资过热和重复建设"，要严控新项目，将优化存量和抑制增量相结合，控制投资过热行业的产能过剩。此外，围绕着国发〔2009〕38号文，还形成了一系列部门和地方规章，如工信部联〔2009〕591号文、工信部联原〔2009〕575号文、工信部联原〔2011〕177号文、财建〔2011〕180号文、银发〔2009〕386号文、国土资发〔2009〕139号文等。

此外，也有一些行政法规和部门规章致力于鼓励企业兼并重组和解决企业关闭破产涉及的人员安置等问题。例如，2013年工业和信息化部、国家发展改革委等部委联合发布了《关于加快推进重点行业企业兼并重组的指导意见》，要求"以汽车、钢铁、水泥、船舶、电解铝、稀土、电子信息、医药等行业为重点，推进企业兼并重组"，从而"提高资源配置效率，调整优化产业结构"，对钢铁、水泥、电解铝等产能过剩行业，鼓励跨地区、跨所有制的兼并重组，从而提高产业集中度，淘汰落后产能，实现产能合理布局。再如，围绕着国经贸企改〔2002〕859号文《关于国有大中型企业主辅分离辅业改制分流安置富余人员的实施办法》，形成了一批政策，着力于中央企业分离社会职能、国有大中型企业主辅分离、厂办大集体改革等。

财政部也通过专项资金对经济欠发达地区淘汰落后产能工作、尾矿库闭库治理、关闭小企业等给予引导支持。2001—2010年，中央财政累计拨付地方关闭小企业专项资金共计32亿元，完成关闭纺织、煤炭、化工、冶金、建材、制糖、火电等小企业累计34万户，安置职工536万余人。

需建立长效机制

我国现有的产能退出政策在控制新增产能、淘汰落后产能、鼓励企业兼并重组等方面发挥了积极作用，但仍存在过多偏重于行政手段、政策短期效果明显而中长期效果较差、淘汰落后产能政策执行较好而控制新增产能政策执行较差、政策还有待完善等问题。

首先，有关淘汰落后产能、防止低水平重复建设、抑制新增产能的政策不少，而且规定具体，但地方政府"保护"仍较普遍，总体手段上也仍偏重于行政方式。

在我国市场经济体制尚不健全时期，在一些方面、一定阶段政府发挥较多的作用是可以理解的。但是，产能过剩背后存在地方政府"保护"较普遍的现象，地方政府往往通过差别化方式（土地、税收、优惠电价等）维持或延缓"落后产能"淘汰，通过维持一定程度的落后生产能力稳定GDP总额和财税收入。而且，地方政策中也往往把技术标准、设备规格、企业规模等方面的指标，作为直接控制、干预投资和淘汰落后产能的依据。地方政府"保护"和较强的行政干预行为容易扭曲市场机制传导与调节的功能，使市场机制不能及时有效地引导产能过剩向供需平衡回归，出现"越治理越过剩""低端高端都过剩""许多行业严重过剩""有些行业绝对过剩"的趋势和现象。

建议进一步规范地方政府的"保护"行为，特别是规范地方政府通过土地、税收、优惠电价等方式违规保护企业维持落后产能的行为，加大执法和清理清查力度。通过避免地方政府"保护"行为，来加强市场在企业退出中发挥的"倒逼"机制作用，实现经济的自我优化调整。

其次，治理产能过剩的政策应考虑长期性、长效性。需要对"周期性产能过剩"、"结构性产能过剩"和"体制性产能过剩"采取不同的政策手段，需要分级、分业、分类治理，加强产业进入和退出机制与政策实施监管，建立防范和化解产能过剩的长效机制。

针对"周期性产能过剩",应主要依靠宏观调控政策和市场机制的有效配合,通过调控总供求关系进行调节;而对于"结构性产能过剩",需要通过引导产业结构与需求结构协调升级进行调节;对于"体制性产能过剩",需要通过深化体制机制改革,积极完善政策环境,实现资源的有效配置和利用。同时,不同行业产能过剩的形成原因虽然有共性,但也会有具体不同的原因,行业的战略重要性也不同,所以,一定要分业施策,治理产能过剩。

最后,产业进入和退出机制仍然存在诸多有待完善之处。引导企业"退出"的政策,还主要集中于国有企业分离社会职能和关闭小企业等方面,覆盖面较窄。

产业进入和退出机制不完善主要表现在两方面。一方面,有关行业安全标准、排放污染控制、资源能源消耗等方面的管制要求还存在缺失、简单、陈旧等问题。例如,淘汰一些行业落后产能仍只能"一刀切"地使用规模指标。并且,产业准入标准执行力度不统一,择机执法,忽高忽低(过剩严重时,刻意拔高标准;产能不足时,放松监管标准)。另一方面,缺乏产业退出机制,造成当市场条件发生不利变动后,虽然价格和利润已下降到无利可图,落后企业及产能仍难以退出而不得不继续经营。

建议在产业准入标准政策执行上主要通过法律手段实现环保排放安全等功能性监管要求。在产业退出上通过分级分类政策建立和完善"产能过剩"产业、企业的退出援助制度,整合"关小基金""淘汰落后产能基金"等相关财政支出,设立统一的企业退出扶助基金;对于部分绝对"产能过剩"行业需要淘汰的产能建立鼓励性退出机制,通过在退出扶助基金中适当安排专项资金等手段加速淘汰。对于高耗能、高污染的落后产能,采取刚性淘汰原则,严格、坚决执法。对于政策目标需要鼓励退出的企业(如确需国家调控的严重过剩产业,或者因其他经济社会原因需要政策性关停的企业),通过退出扶助基金对退出企业的特殊遗留问题(如工资拖欠、就业困难人员的培训再就业和社保等)给予政策兜底和政策性补偿。

化解平板玻璃产能过剩
重在建立长效机制[*]

平板玻璃制造业是产值规模较小但产能过剩矛盾表现非常突出的行业[①]。2013年9月，国务院发展研究中心课题组对江苏省、河北省、山东省多家平板玻璃制造企业和中国建筑玻璃与工业玻璃协会进行了深入调研访谈，发现平板玻璃行业存在引发产能过剩的许多典型特征，化解该行业产能过剩不能简单理解为控制投资和削减产能，而应注重根据行业特点建立市场化调节的长效机制。

目前平板玻璃行业产能过剩矛盾突出

（一）平板玻璃行业产能利用率较低，而且有进一步降低的趋势

根据中国建材联合会的统计[②]，截至2012年年底，我国共有平板玻璃生产企业86家，生产线总数274条，平板玻璃生产能力约10.1亿重量箱，当年实际产量7.6亿重量箱，产能利用率75.2%，多年来持续低于90%的正常水平。更为严重的是，尽管目前产能已经过剩，但仍有32条生产线正在建设，若这些生产线全部建成，新增产能将达1.2亿重量箱，产能利用率将进一步下降至67%左右。

（二）近年来平板玻璃行业销售利润率大幅下降，亏损面持续攀升

2008年平板玻璃行业全行业濒临亏损，2009年上半年全行业亏损4

---

[*] 本文刊于国务院发展研究中心《调查研究报告》2014年第29号，2014年2月28日，与许召元合作。

[①] 平板玻璃制造业全行业年度销售收入约700亿—800亿元人民币。

[②] 《关于印发〈建材行业遏制新建产能化解产能过剩工作实施方案〉的通知》，2013年8月7日，中国建筑材料联合会网站，http://www.cbmf.org/cbmf/lhhdt/wjtz/b389246/index.html。

亿元[①]。2011年情况有所好转，全行业实现销售收入757亿元，利润23亿元。2012年全行业实现利润9.84亿元，销售利润率仅为1.40%（见表1）。

表1 平板玻璃行业销售利润率、亏损面变化（2007—2012年）（单位：%）

	2007年	2008年	2009年	2010年	2011年	2012年
销售利润率	6.35	0.32	4.96	10.59	3.05	1.40
亏损面	18.28	30.63	21.36	15.29	24.80	31.90

资料来源：中国建筑玻璃与工业玻璃协会。

中国建筑玻璃与工业玻璃协会数据显示：2011年平板玻璃综合成本在76—80元/重量箱，平均价格一直在78元，约1/4的企业处于亏损状态。2012年行业亏损面为31.90%，2013年全年亏损面也在20%以上。

（三）调研中行业协会和不少企业认为存在严重产能过剩问题

调研中，我们与平板玻璃行业的龙头企业江苏华尔润集团和山东金晶集团，以及河北省沙河市玻璃产业集群基地中的多家企业进行了座谈。两家平板玻璃行业的龙头企业均认为存在严重的过剩产能，一些中小企业近两年来盈利水平出现大幅度下降，但他们认为该行业不存在产能过剩。进一步了解后发现，不少企业之所以不愿意承认行业存在产能过剩，主要是担心一旦被贴上"产能过剩"的标签，政府就会采取进一步限制政策，特别是会使企业贷款等受到严重影响。综合调研情况，从企业微观角度看，该行业确实存在严重的产能过剩。

平板玻璃行业产能过剩矛盾突出有独特的产业特征因素

（一）生产工艺的高度连续性导致产品供给价格弹性小，市场行情好时价格上扬带动利润率高企，高利润率进一步吸引大量投资

目前我国平板玻璃的主要生产技术是浮法生产方式，也就是将主原料

[①] 工业和信息化部〔2009〕591号文《工业和信息化部关于抑制产能过剩和重复建设，引导平板玻璃行业健康发展的意见》。

矽砂放到窑炉中，在约1550℃的高温下熔化成玻璃熔浆，再流入锡床上经过成型、冷却、裁切等工艺制成玻璃。浮法玻璃生产工艺的特点导致一旦点火即无法轻易停产。如果生产线停下来，则窑炉中的玻璃熔浆会与窑炉的保温层凝结，导致窑炉毁损，造成较高的停产成本。调研中，企业称一条生产线停工成本高达5000万元人民币，而且停工后再恢复生产的烤窑期长达3个多月。因此，一般生产线都是一旦开始生产就会持续运行6—7年甚至10年以后才会停炉维修。

平板玻璃生产的高度连续性导致其产量短期内难以调节。在市场需求弱时不能减产，而在需求旺盛时又难以增产，很低的供给弹性也直接导致当市场需求形势好时，玻璃的价格往往直线上升。在市场环境好时，玻璃行业的平均销售利润率可达30%以上（见图1）。在市场尚不成熟的情况下，高利润率特别容易形成盲目投资效应，短期内吸引大量投资参与建设。

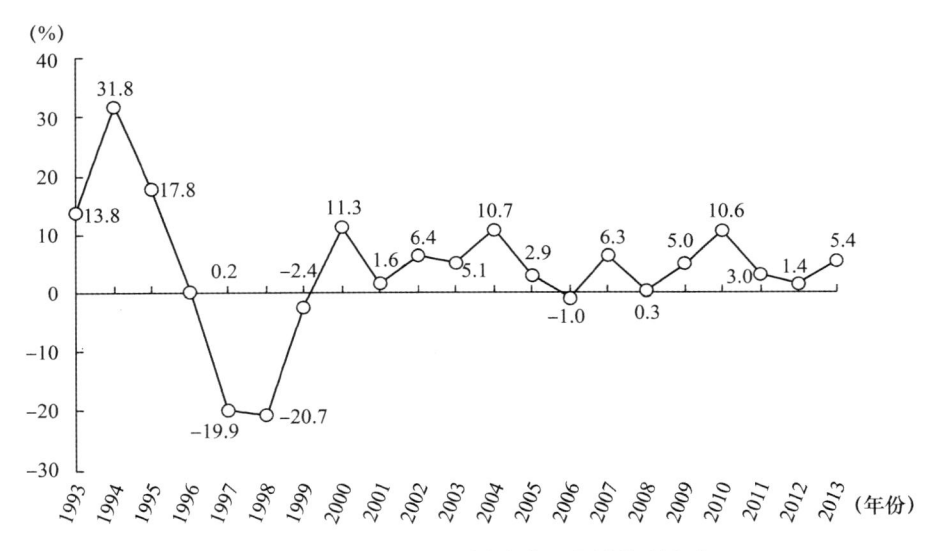

图1　1933—2013年平板玻璃行业销售利润率

资料来源：中国建筑玻璃与工业玻璃协会。

（二）市场需求波动大，加上价格弹性小，导致市场需求放缓时容易引发价格战，产能过剩矛盾凸显

平板玻璃主要用于各种建筑物，少量用于汽车、家电等，对房屋建设的依赖度高达75%。在经济上升期,特别是房地产增长快时,平板玻璃的需求也直线上升;而房地产行业增长放缓时,平板玻璃的需求增长也明显减缓。房地产的市场形势波动大,直接导致平板玻璃的需求变化明显。

平板玻璃的应用领域稳定,难以通过降价扩大需求,在需求不景气时容易引发价格战。对于多数商品,在出现市场需求下降时,企业可以通过降价方式来刺激消费,从而使市场出清。但玻璃应用领域稳定,需求的价格弹性小,无论怎样降价也很难在建筑上更多地应用玻璃,而玻璃深加工的市场潜力又相对有限。因此,平板玻璃行业一旦出现产能过剩,就很容易出现大幅度降价竞争的现象,从而使产能过剩矛盾更加突出。例如,2008年10月浮法玻璃平均销售价格为76.7元/重量箱,受国际金融危机冲击的影响,到2009年1月就降到了55.1元/重量箱,下降了28.2%,而到2010年1月又回升到92.9元/重量箱,在一年的时间里提高了68.6%,价格波动幅度高达96.7%(见图2)。

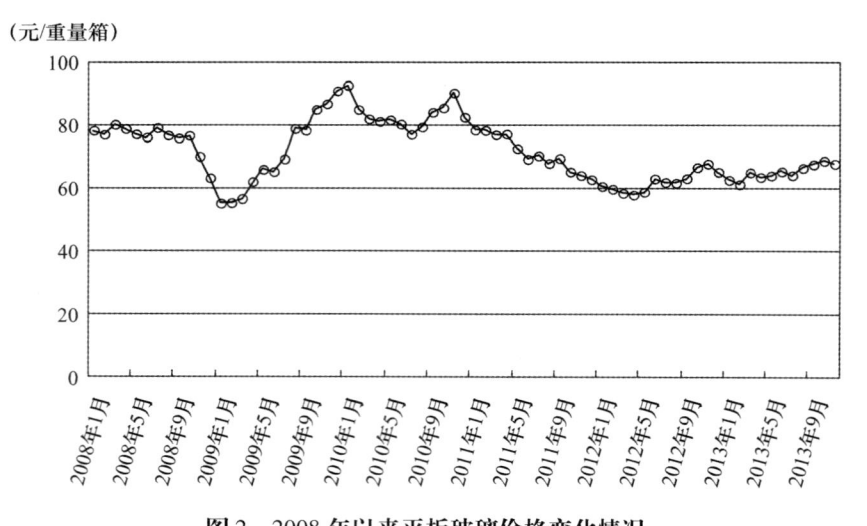

图2 2008年以来平板玻璃价格变化情况

资料来源:Wind资讯。

总体而言,平板玻璃属于供给和需求价格弹性都小的特殊行业,这种行业特征导致价格波动特别大。调研中,行业内企业把销售利润率的波动比喻为"好三年坏两年"。在市场需求好的时候价格快速上涨,销售利润率特别高，甚至被形象地称为"印钞机"，从而吸引大量投资"涌"入；而在市场需求不好时价格大幅度下滑，甚至陷入全行业亏损，产能过剩矛盾突出。

（三）工艺成熟、技术稳定，产品同质化程度高，行业进入门槛较低，短期内产能易于扩张

我国平板玻璃产量占全球 50% 以上，已经建成 300 多条生产线，属全球最大生产基地。平板玻璃生产线的设计及建设过程已经十分成熟，投资建厂在技术上不存在困难。另外，建设新厂的速度也较快，目前一般在一年以内，甚至大半年的时间就可以新建一条生产线。

平板玻璃的产品同质化程度较高。作为主要用于建筑物的材料，一般消费者对玻璃质量难以鉴别，也不太在意。这就使玻璃企业的竞争力主要体现在成本和价格上，因此，新进入企业往往不太关注品牌、质量，只需要尽可能降低成本即可获得竞争力和短期竞争优势。

平板玻璃的投资规模不是特别大，而且地方政府也较为支持。目前一条平板玻璃生产线的投资额约 5 亿元人民币，有些小厂甚至只要 2 亿—3 亿元即可建成，不少企业或个人都有能力投资建厂。由于玻璃厂建成以后，作为重资产工业项目，对地方的税收、就业拉动作用较为显著，因此，不少地方政府对玻璃项目也非常重视，给予很多优惠扶持政策。调研中，不少企业反映在国发〔2009〕38 号文下发后，虽然国家发展改革委严格控制平板玻璃的投资，但地方政府往往想方设法变相核准平板玻璃项目，其原因正是平板玻璃项目对地方 GDP、财政收入和就业的带动作用。

进入门槛低、建设速度快和受地方政府重视这三个特点，使得在市场形势好时，企业可以迅速投资建厂扩大规模，很容易引致下一轮的产能过剩。

近年来调控政策的总结及下一步的政策建议

自 2009 年以来，相关部门多次出台针对平板玻璃行业产能过剩问题的政策，上收了新建项目的审批权，进行了多次项目清理和淘汰产能工作，但四年来产能过剩问题并没有控制住，政策经验值得总结。

过去平板玻璃行业的产能调控政策过多重视短期的产能平衡，较少强

调发挥市场自身的长期主导调节作用，这是调控政策没有效果的主要原因。国发〔2009〕38号文的政策中，多数强调控制产能增长，通过严格审批、上收项目核准权、提高准入条件、淘汰落后产能、清理违规项目之类的方法化解产能过剩。但是，一旦市场需求好转，这些被严格审批的行业出现利润率快速提升后，这些审批和控制政策就与市场需求相违背，也与企业和地方政府的利益不一致，直接导致这些政策无法执行或者没有意愿执行。

从经济理论上看，应对这类价格弹性小而需求波动大的行业，最根本的方法就是提高市场集中度，从而在产能过剩的情况下，让企业自己进行产量调节，将外部调整成本内部化。目前我国平板玻璃行业共有86家企业，274条生产线，平均每家企业3—4条生产线。由于单个企业的规模小加上市场集中度低，任何企业都难以停产削减产量，一是巨大的停产成本使企业很难负担，二是在本企业削减产量而其他企业不减产的情况下，停产企业市场占有率和利润的损失就更为严重。如果只有几家企业集团，平均每家集团20多条生产线，则企业通过停产部分生产线来适应市场变化就会容易得多。目前国际上前4位的跨国玻璃集团就拥有全世界（不包括中国）65%以上的产能，集中度居各产业前列，这正是由其产业特性决定的。

因此，建立化解平板玻璃行业产能过剩的长效机制，根本上在于大幅度提高行业集中度。据此，提出三条政策建议。

（一）严格执行平板玻璃准入条件，放宽政府审批

放宽审批表面上可能引致新的投资，扩大产能过剩，但实际上只有放宽审批后，让企业在符合准入条件的前提下自主决定投资，才能让行业内的优秀企业有更多发展的选择，让低效率企业承受更大的被兼并重组的压力。也只有如此，才不会出现限制产能导致产品供不应求引发新一轮投资的现象，才能防止市场集中度提高后，大企业集团控制市场价格损害社会整体利益的不利后果。

（二）严格执行环保标准，清理不公平的优惠政策，加强玻璃质量检查，增加低效率企业接受兼并重组的压力和意愿

目前平板玻璃企业之间成本上的差别，小部分来自企业技术水平和管

理效率的差别（这是正常的差别），大部分是来自各地区之间各种优惠政策的差别（这是不正常的差别，例如地区环保要求和企业环保投入的差别、玻璃质量标准的差别①、员工缴纳社会保障水平的差别），应该开展专项检查，消除企业之间的不公平竞争环境，让优秀企业脱颖而出，让市场机制充分发挥作用，实现优胜劣汰。

（三）加大对企业间兼并重组的支持力度

依靠市场机制虽然也可以促进企业间的兼并重组，最终形成较合理的市场结构，但这将是一个比较漫长的过程。政府应该通过市场化的方式引导企业间的兼并重组，从而更快地化解产能过剩问题。特别是可以通过重点落实国发〔2013〕41号文要求的有保有控的金融政策和财税政策，支持平板玻璃企业间的兼并重组，以市场化内生方式建立化解平板玻璃行业产能过剩的长效机制。

---

① 例如本来应该是5mm的玻璃，实际按4.5mm生产。

多策并举化解水泥行业产能严重过剩*

水泥行业的产业特性与产业经济特征

（一）水泥行业产业特性

1. 行业发展的周期性

水泥作为基础原材料，与国民经济运行周期直接相关。根据统计数据，发达国家在工业化过程中，都经历了水泥产量和人均消费量超前于经济增长，达到峰值之后，回落至相对稳定水平的历程。在完成工业化和基础建设后，发达国家年人均水泥消费水平基本维持在500千克。例如，日本水泥产业产能峰值1991年达到1亿吨，年人均消费750千克，之后的20多年时间，国内市场需求量下降至4000多万吨，水泥生产线从98条减少到54条，企业数量从20多家缩减为10多家。

2. 生产工艺技术成熟

水泥生产经历了立窑、干法中空窑、立波尔窑、湿法窑工艺，20世纪50年代发展为新型干法水泥窑（悬浮预热器窑和预分解窑的统称）工艺。新型干法工艺在热效率、耐火部件、能源消耗、大型化、熟料质量等方面都很优越，成为主流技术，目前已占发达国家水泥生产的95%以上。2000年后，新型干法工艺在我国得到快速应用①，目前已占国内产能的90%以上。

3. 产品储存难、产业链短

普通水泥一般按强度等级分为32.5、42.5和52.5，储存期一般不超

---

* 本文刊于《发展研究》2014年第6期，与许召元合作。

① 新型干法工艺单位产品煤耗比立窑低20%以上，电耗低10%以上，劳动生产率是其3.6倍。在低能源价格和低人工成本年代，两种工艺生产成本相差不大，立窑还略有优势。但进入21世纪后，立窑劣势凸显，新型干法工艺的高能源利用效率和高劳动生产率优势凸显，迅速在市场上淘汰立窑工艺。

过6个月①。水泥产业链非常短，基本上以水泥熟料和水泥为原料，制成水泥制品（如建筑用砖、水泥构件等），缺乏中间环节和中间产品。

（二）水泥行业产业经济特征

1. 有限运输经济半径

水泥生产技术成熟，主要原材料分布广泛，又是质量大、附加值低的标准化产品，有效期短，长途运输成本高，直接决定了水泥产品具有有限的运输经济半径。公路运输经济半径一般为150—200千米，铁路运输经济半径一般在300—500千米，水路运输经济半径一般在600千米。当超过此距离，将会大幅度增加销售成本。

2. 规模经济

产品同质化使得规模扩张带来的经济效应明显，而产业链短造成资金投资多体现在量能扩张上。例如新型干法工艺已经从2000年日产2000吨规模发展为近几年的日产12000吨水泥熟料生产线。目前日产4000吨规模及以上成为规模主流，已经占到水泥总产量的60%以上。

我国水泥行业产能严重过剩

（一）从总量和产能利用率标准看，水泥行业产能过剩明显

截至2012年年底，全国水泥生产能力达到30.7亿吨，水泥产量22.1亿吨，水泥产能利用率72.0%。再考虑到目前正在建设的新型干法水泥生产线约90条，全部建成投产后，产能将达36.3亿吨，整体产能利用率会进一步下降至60%左右。可见，当前我国水泥行业产能过剩明显。

（二）在能源成本下降、行业管理效率不断提高的有利条件下，行业企业亏损面仍不断扩大，产能过剩的负面效应已经开始显现

水泥行业近几年面临较有利的经营条件。其一，煤炭价格不断降低，而水泥价格基本稳定，能源成本的较大幅度下降直接转化为水泥企业的利润，为水泥企业创造了较好的赢利基础。其二，水泥行业技术进步、管理效率提升带来了劳动生产率的大幅提升。不少水泥业界人士认为中国的水

---

① 水泥储存超过6个月，强度等级就会降低，按降号处理。

泥行业在技术工艺、技术水平、技术装备、工程施工、管理效率、劳动生产率等多方面已达到世界先进水平或领先水平。例如，2000年日产4000—5000吨水泥生产线的人数在3000人左右，而目前相同规模的生产线仅需280—300人，管理效率提升9倍以上，每吨水泥综合能耗也下降了20%以上。

然而，在总体有利的经营条件下，水泥行业企业亏损面却在不断扩大。2010年行业企业亏损率为20.17%，2012年上升为24%，2013年上半年进一步上升为30%，行业亏损企业多达1167家。2013年上半年应收账款净额716亿元，占总货款比例达1/4；应收账款周转率12.6次，是2008年以来同期的最低水平；流动资金周转率1.86次，是2007年以来同期的最低水平；资产负债率61.1%，是2008年以来的最高水平。水泥行业产能过剩间接带来的行业企业亏损面不断扩大、应收账款比例提升、资产负债率提高的多重负面效应已经开始显现。

（三）从年人均水泥消费标准看，我国水泥行业产能过剩严重

发达国家年人均水泥消费水平基本为500千克，历史消费峰值没有超过1400千克。我国由于水泥被广泛应用于基础建设和建筑，表现为年人均水泥消费标准远高于发达国家平均水平。例如，2012年我国年人均水泥消费为1570千克，远高于发达国家500千克的平均水平和历史上的消费峰值。目前全国年人均水泥消费居首位的是浙江省，为2070千克，已经连续多年稳定在此峰值，可以初步认为浙江省水泥产量已经临近峰值，可以作为全国峰值的参照。我国即将达到水泥产能36.3亿吨，年人均水泥消费将达到2600千克，届时将超出浙江省峰值530千克，由此可见行业产能过剩的程度。

（四）产能（供给）增速、投资增速远超需求增速，产能严重过剩不仅表现为当前，而且必然持续一段时间

从2001—2012年水泥生产能力增速和产量增速的比较中（见表1）可以发现：水泥生产能力（供给能力）基本一直以远超产量（需求能力）的速度增长，"十五"期间产能增速与产量增速的比率平均值为3.84，"十一五"期间比率的平均值为3.04，2001—2012年年均比率为3.16。水泥行业的固定资产投资增速亦远超产量增速，"十五"期间投资增速与产量

增速的比率为 3.68,"十一五"期间上升为 5.53,2001—2012 年年均比率为 3.6。2001—2012 年,水泥建设总投资额高达 10172 亿元人民币,年平均投资增速达 31.6%。正是这种连续超需求增量的过度投资和过度产能扩张,带来目前水泥行业的产能严重过剩。

表 1　　水泥产能增速、产量增速与投资增速（2001—2012 年）

	累计生产线条数	新增生产线条数	产能增速（%）	水泥产量（万吨）	产量增速（%）	水泥投资（亿元）	投资增速（%）
2001 年	145	—	25.4	66104	11.4	113.97	39.5
2002 年	200	55	41.1	72535	9.7	159.58	40.0
2003 年	330	130	76.4	86200	18.9	321.07	101.2
2004 年	473	143	64.6	97000	12.5	562.25	75.1
2005 年	594	121	33.7	106000	9.3	534.60	-4.9
2006 年	692	98	20.5	124000	17.0	501.17	-6.3
2007 年	788	96	17.7	136000	9.7	654.07	30.5
2008 年	931	143	25.6	140000	2.9	1051.46	60.8
2009 年	1114	183	26.0	165000	17.9	1700.72	61.8
2010 年	1339	225	27.4	188000	13.9	1754.91	3.2
2011 年	1513	174	16.9	209000	10.9	1439.26	-18.0
2012 年	1638	125	11.2	221000	5.7	1379.31	-4.2

资料来源：中国水泥协会、数字水泥网。

基于水泥行业与经济周期的关联特性,水泥需求（产量）与固定资产投资、经济增长有直接关系,可以较科学地进行需求的估算。表 2 比较了水泥需求（产量）增速与固定资产投资增速、GDP 增长率,分别得出两个比率（B/A,B/C）。粗略地发现,这两个比率放到较长时期中,数值仍稳定,水泥需求增速与全社会固定资产投资增速比约为 0.6 : 1,水泥需求增速与 GDP 增长率比约为 0.9 : 1。按照"十二五"规划和党的十八大提出的中国预期经济增长速度估算,即使假设今后一段时间我国 GDP 增长率为 7.5%—8%,在不再增加任何产能的理想情况下,我国水泥行业的过剩产能需要约 7 年时间消化才能达到供需平衡。可见,水泥产能严重过剩不仅表现在当前,而且必然持续较长一段时间。

表2　　　水泥产量与GDP增长率、固定资产投资增长率的比率

	全社会固定资产投资额剔除价格因素实际增长率（A）	水泥产量增速（B）	中国GDP增长率（C）	B/A比率	B/C比率
2001年	12.60	11.44	8.30	0.91	1.38
2002年	16.66	9.73	9.10	0.58	1.07
2003年	24.99	18.90	10.00	0.76	1.89
2004年	20.11	12.53	10.10	0.62	1.24
2005年	23.98	9.28	11.30	0.39	0.82
2006年	22.08	16.98	12.70	0.77	1.34
2007年	20.16	9.68	14.20	0.48	0.68
2008年	15.57	2.94	9.60	0.19	0.31
2009年	33.15	17.86	9.10	0.54	1.96
2010年	19.53	13.94	10.40	0.71	1.34
2011年	—	10.90	9.20	—	1.18
2012年		5.74	7.80	—	0.74
"八五"时期	18.85	19.01	12.28	1.01	1.49
"九五"时期	9.42	4.07	8.62	0.43	0.54
"十五"时期	17.76	12.57	9.76	0.71	1.28
"十一五"时期	22.29	11.73	11.20	0.52	1.13

资料来源：根据对应年份的《中国统计年鉴》《中国水泥年鉴》整理。

水泥行业产能严重过剩的原因分析

水泥行业出现产能严重过剩受发展阶段、发展理念和体制机制等多种因素的影响。政策因素和技术经济因素是造成水泥行业产能过剩的主要原因。

（一）政策因素：国发〔2009〕38 号文形成的"末班车"效应和地方政府变相核准水泥项目

国发〔2009〕38 号文件《国务院批转发展改革委等部门关于抑制部分行业产能过剩和重复建设 引导产业健康发展若干意见的通知》发布后，地方政府为了赶上政策"末班车"，纷纷"突击批"水泥建设项目。自国发〔2009〕38 号文生效后，截至 2012 年年底，全国新建生产线 629 条，在 3 年左右的时间里，新建生产线数量占到过去存量的 63%，占全部生产线数量的 38.4%（见表 1）。

尽管国家发展改革委有严控水泥投资的政策，但地方政府存在变相核准水泥项目的对策。有的地方政府通过"造假批"方式修改水泥项目批准日期至国发〔2009〕38 号文生效执行日期前；有的地方政府的做法是不落实、不执行国发〔2009〕38 号文要求的一系列政策，相反，继续通过各种非市场化因素的优惠条件（包括能源优惠价、土地等）招商引资，鼓励水泥行业的投资行为，以提高地方 GDP，增加财政收入，增加就业。

（二）经济因素：行业利润率仍较高以及行业进入门槛不断降低，形成"大家办水泥"效应，加剧水泥行业产能扩张

有限运输经济半径直接决定了水泥竞争的区域性特征。区域竞争表现为区域间主导企业的竞争以及区域内价格相对稳定，从而避免了区域内的恶性竞争和价格战，保证了区域内企业的利润。如表 3 所示，水泥行业整体销售利润率一直处于较稳定水平。另外，水泥行业的进入门槛已经大幅降低。2000 年，2000 吨水泥生产线需要投资 8 亿元人民币，项目建设周期需要 3 年，项目调试半年；到 2013 年，相同规模的生产线仅需要投资 2 亿—3 亿元人民币，项目建设周期也缩短为 1 年，项目调试 2—3 个月。

行业整体利润率较高、行业进入门槛不断降低，再加上行业中优秀企业利润率较高的示范作用，以及水泥行业的资源属性隐含的投资风险相对较小，导致其他行业跟进投资水泥项目，形成"大家办水泥"效应。

表 3　　　　　水泥行业销售利润率（2002—2012 年）　　　（单位：亿元,%）

	销售收入	利润总额	销售利润率
2002 年	1440.10	46.48	3.23

续表

	销售收入	利润总额	销售利润率
2003 年	1795.51	110.39	6.15
2004 年	2289.88	136.23	5.95
2005 年	2608.35	80.50	3.09
2006 年	3216.92	150.38	4.67
2007 年	3859.25	251.16	6.51
2008 年	4977.26	356.32	7.16
2009 年	5683.56	478.28	8.42
2010 年	7019.44	712.20	10.15
2011 年	9136.99	1068.70	11.70
2012 年	8833.12	657.41	7.44

资料来源：中国水泥协会、数字水泥网。

（三）技术因素：水泥行业普遍存在的设计富余能力也是造成产能过剩的重要原因之一

水泥企业普遍提及水泥项目生产线设计富余对产能扩张的影响。水泥项目生产线设计在额定规模和额定运转率的基础上，往往进行富余度扩容设计，以应对市场急需时的生产供应要求。因此，水泥生产线1吨的额定设计能力，往往可生产1.15—1.2吨实际产能，实际富余度15%—20%；设计运转率额定为85%的，实际运转率往往超过90%。

多策并举化解水泥行业产能严重过剩的政策建议

（一）中央要管住地方政府的"冲动之手"

水泥行业中地方政府招商引资冲动和利用中央政策的效应是造成产能加速扩张的主要原因之一。尽管水泥行业是消耗能源和不可再生资源（矿山）且属于有明显负外部性的行业，存在生态破坏、环境污染等问题，但地方政府过分追求短期利益，而且环境监管机构易受地方政府干预，进而产生新的环境污染和生态资源浪费或破坏。建议在现行体制下，中央政府不能通过简单地下放审批权（核准权）到地方政府，而必须多措并举、强化监管，"管住地方政府冲动之手"，让地方政府之"手"回归为企业营造公平的竞争环境、提供公共服务、创造优胜劣汰的市场环境，减少对经济活动的微观介入。

（二）坚持市场手段，发挥企业市场主体作用

水泥行业已经具备了通过市场手段、市场机制来发挥企业主体作用的条件。第一，水泥行业投资增速已经连续两年多出现下降，企业投资和市场扩张趋于理性（见表4）。第二，有限经济运输半径导致水泥行业具有区域寡头垄断特征，国内水泥区域市场格局越来越明朗化，目前领军企业（龙头企业）区域布局已经基本完成，市场集中度明显提高。前20家水泥企业熟料产能占全国新型干法水泥总产能的52%，前10家占到40%。并出现区域内企业联合抵制地方政府盲目招商引资的现象。第三，水泥行业国内企业已初具国际竞争力。中国建材集团已经进入世界500强。在技术成熟、市场布局形成的背景下，中国水泥行业的世界级企业会在现有企业或现有企业之间的整合中更多产生。因此，完全可能通过市场化手段鼓励水泥行业企业间整合重组，对企业兼并重组给予更多的政策支持，尤其是兼并重组的财税、金融、土地方面的支持，通过发挥企业市场主体作用和市场的优胜劣汰来推动行业健康发展。

表4　　　　　　　　2001—2013年水泥投资增速变化　　　　（单位：亿元，%）

	水泥投资	增速
2001年	113.97	39.5
2002年	159.58	40.0
2003年	321.07	101.2
2004年	562.25	75.1
2005年	534.60	-4.9
2006年	501.17	-6.3
2007年	654.07	30.5
2008年	1051.46	60.8
2009年	1700.72	61.7
2010年	1754.91	3.2
2011年	1439.26	-18.0
2012年	1379.31	-4.2
2013年6月	560.28	-9.5

资料来源：对应年份的《中国统计年鉴》、《中国水泥年鉴》、中国水泥网。

（三）运用环保节能标准严格淘汰不达标产能

对于水泥行业，国际上政府监管通行的做法是严格执行环保节能标准。因此，建议加大力度开展一次集中性的环保和质量标准大检查，对不达标企业，根据环保和质量情况进行整改或关闭停产。同时，建议依据资源环境承载力上限，研究明确水泥行业更为严格的能源、资源单耗指标及主要污染物排放指标，通过合规合法方式倒逼超标产能淘汰和退出。

（四）强制执行准入条件、修订规范和加强粉磨企业管理

第一，2010年工信部颁布了《水泥行业准入条件》，但至今该文件仍为自愿执行，应尽快强制执行。第二，发达国家基本都是42.5水泥、52.5水泥和C50混凝土，而我国现有水泥产品仍以32.5水泥和C30混凝土等级为主。这既保证不了质量，也不利于节能减排。应加快修订水泥产品标准和相关设计规范，推广使用高标号水泥和高性能混凝土。第三，水泥生产企业中，水泥粉磨企业数量多达1800余家，占水泥生产能力的近1/3。但粉磨企业目前存在无证企业占比大、不考虑标准、纳税差异大、用工成本差异大等突出问题，建议从进一步规范水泥粉磨企业管理方面入手来控制或淘汰一部分产能。

（五）进一步发挥行业协会的积极作用

面对水泥产能过剩，无论是中国水泥协会还是各省的水泥协会，都发挥了积极的作用。例如，中国水泥协会通过"中国水泥行业大型企业领导人圆桌会议"、《共识意见书》等建立政府与企业之间的双向服务、行业自律、维护市场公平竞争，与行业内企业一起共同应对产能过剩危机。再如，面对产能过剩带来的产品价格走低、企业盈利水平下降、出现恶性竞争时，地方水泥协会发挥市场协调功能，通过协调地区内企业间轮流减产限产方式，协同区域内行业自律，避免恶性竞争；通过倡导区域内行业集中度提高和区域内公平竞争，消除产能过剩的消极影响。

四　技术创新与战略管理

国内外技术转移研究的现状与前瞻[*]

自 20 世纪 60 年代技术转移概念提出以来,技术转移研究至今方兴未艾。从早期的技术传播理论到今天关于技术转移政策与战略的研究,国内外学者从不同角度揭示了技术转移的丰富内涵,并在技术转移概念、机制、模式与过程的研究方面取得了大量成果。本文拟对这些研究成果进行综述,并分析技术转移研究的发展趋势。

技术转移概念

技术转移概念最初是作为解决南北问题的一个重要战略,于 1964 年在第一届联合国贸易和发展会议上提出并讨论的。会议上把国家之间的技术输入与输出统称为技术转移。《联合国技术转移行动守则》把技术转移定义为关于制造一项产品、应用一项工艺或提供一项服务的系统知识的转让,但不包括只涉及货物出售或只涉及出租的交易。目前国内外关于技术转移概念,按强调的侧重点不同可分为七种观点。

1. 知识诀窍的转移、分配说。这种观点认为,技术转移是技术知识的转移和再分配。有代表性的如国际商会的定义,即技术转移是关于产品的制造方法和技术实施的全部知识诀窍和经验的转移;日本小林达也的定义:"从广义上说,技术转移是人类知识资源的再分配。"

2. 技术知识应用说。它把技术转移看作技术在社会范围内的广泛应用。如弗兰克·普雷斯博士的定义:"技术转移就是研究成果的社会化,包括其在国内和向国外的推广。"

3. 地域、领域转移说。持这种观点的学者认为,技术转移是地域上的

---

[*] 本文刊于《科学管理研究》1996 年第 1 期,与张钢、许庆瑞合作。

转移和技术所属领域的转移，前者使技术从一个国家或地区转移到另一个国家或地区，后者使技术从一个领域转移到另一个领域。例如美国巴－赞凯说："当某一领域中产生的或使用的科学技术信息在一个不同的领域中被重新改进或被应用时，这一过程就叫技术转移。"①

4. 环节转移说。这种观点认为，技术转移是技术信息经过一些阶段、一系列环节的顺序发展过程。如我国学者林慧岳认为技术转移是技术和知识及其载体（人或机器设备等物质形态）在技术活动中的发明、创新和扩散三个环节之间的定向流动。

5. 技术载体转移说。这种观点认为技术转移就是技术载体的转移，其中技术载体指人（具有技术知识的人）、物（生产工具、设备机器等）和文字信息（书刊、文献、图纸、胶片、磁带、磁盘等）。

6. 相异主体合作说。这实际上是从主体角度来定义技术转移，认为技术转移是技术要素在不同主体之间的流动过程，有两个特征：其一，存在不同主体；其二，存在主体之间合作。

7. 技术商品流通说。这又是从技术的商品属性角度来定义技术转移，认为技术转移就是技术成果作为一种商品在不同所有者之间的流通过程。

上述七种观点在技术转移概念的界定上虽各有侧重，但都包含三个基本要素：（1）过程，即技术转移首先是一个过程；（2）技术的供、需双方；（3）供、需双方的"相互作用"。因此，从最一般意义上说，技术转移就是技术通过技术供需双方相互作用而实现的一个过程。

技术转移的机制

"机制"一词来源于拉丁文，原意指机器的构造原理和运行原理。后被引用到生物学，指有机体组织、器官在实现其功能时的相互联系方式。又被应用于社会系统，指社会系统形成、运行中各要素功能及其相互作用。因而，技术转移的机制一般包括以下几个方面：（1）技术转移的形成机制；（2）技术转移的微观运行机制；（3）技术转移的宏观调控机制；（4）技术转移的环境支撑机制。

---

① 徐耀宗：《谈技术转移》，《科学学研究》1991年第2期。

1. 形成机制

技术转移选择论的基本观点可表述为，技术转移之所以能够发生是企业在某个周期对内外条件加以权衡的结果，进行技术转移是企业的一种权宜选择。这种观点的主要代表人物有英国经济学家邓宁、美国学者曼斯菲尔德和美国经济学家凯夫。他们认为企业之所以选择技术转移，是因为：(1) 该企业的内部市场还没有达到一定规模，在国外的区位优势不十分明显；(2) 市场容量较小，又不存在规模经济；(3) 缺乏直接投资的基本条件；(4) 技术创新周期短；(5) 政治风险较大的国家或地区；(6) 有互惠条件等。在这些条件下，企业进行单一的产品贸易不利，而进行直接投资又不宜，只能选择技术转移，以谋取最大利润。

技术转移周期论认为拥有新技术的企业的对外战略有三类：(1) 运用新技术生产新产品对外出口，即输出商品；(2) 对外直接投资，就地产销运用该项新技术的商品；(3) 直接把该技术转让给对方，即输出技术。这三者是相互联系的，并按一定周期循环。该理论由日本斋滕优教授提出，斋腾优认为企业战略发展的序列如下。

$$\text{企业} \xrightarrow[\text{(优先选择)}]{①} \text{出口产品} \xrightarrow[\text{时间} t_1]{②} \text{直接投资} \xrightarrow[\text{时间} t_2]{③} \text{输出技术}$$

技术转移均衡论以克鲁格曼为代表，该理论把技术转移、资源配置与世界收入分配三者统一起来考察，认为技术是由不断创新的发达国家（中心）转移到发展中国家（边缘），发达国家为了维持其福利水平不下降，保持同发展中国家的差距和有利竞争地位，必然不断创新并且努力提高创新速度以推动技术转移。这样，技术转移就处于一种均衡结构，在该均衡结构中，中心和边缘的相对工资不变，贸易形式不变，二者福利均有提高，经济稳定，且有利于全球性生产要素的合理配置。

技术转移（N·R）论是由日本斋滕优教授提出来的。他认为，一个国家发展经济及对外经济活动，受该国的国民需求（N）与该国的资源（R）关系的制约。因此，在技术转移形成过程中，为满足需求，需要何种程度的资源即手段、技术、劳动力、原材料等与之相适应是一个重要问题。如果能筹集足够的 R 来满足 N，NR 关系就不成问题。倘若 R 不足以满足 N，形成所谓"瓶颈"，NR 关系就成了关键问题，正是这种 NR 关系的不相适应，是国际技术转移的原因。NR 关系不相适应，促进技术革新，推动技术转移。而后又产生新的 NR 关系不相适应，促进新一轮技术革新和技术转移。也就是说，需求（N）与满足需求所必需的储备和资源（R）

之间的相互作用促进技术革新、转移。而国际技术转移必须满足两国的 NR 关系相耦合才能进行技术转移。耦合条件如下：（1）结合条件：两国的 NR 关系能够相互协调地结合起来；（2）同意条件：能够同时满足 Na（技术引进收益）和 Nb（技术提供收益）；（3）资源供给条件：两国的技术转移资源可以结合，并满足技术转移的需要（Ra + Rb ≥ R）；（4）无对立条件：相互间在技术转移手段（R）与对方的需求（N）的关系上不矛盾；（5）技术扎根条件：要求接受方在技术吸收上投入相应的力量。

技术转移差距与双重差距论实际上源于波斯纳与哈夫鲍威尔的理论，认为形成技术转移的原因在于存在技术差距，由于技术差距和技术的二元结构（迈依耶），技术从中心向边缘转移。许多学者认为该理论较片面，是"平面的"而非"立体的"，只能解释国际间的技术垂直转移，无法说明水平转移。后来韩国学者金泳镐提出双重差距理论，认为由中心向边缘转移技术，存在两种差距：其一，中心与边缘部分在技术发展阶段或技术体系上存在的差距，主要表现在技术供方转让的技术与技术受方需要的技术之间的不相适应，也就是技术供方造成的差距，称为技术转移差距；其二，技术受方由于技术人员、技术工人在质与量两方面的严重不足，因而很难与中心部分转移过来的技术结合，是技术受方造成的差距，称为技术积累上的差距。

2. 微观运行机制

从技术转移微观主体来看，技术转移是技术输出方与接受方之间，在互有需要、互有利益的基础上进行的活动。微观主体——供受双方的动力来源如下：（1）市场需求、商品竞争和技术竞争，是一种"拉力"和"压力"；（2）科技发展产生的"内推力"；（3）国家经济与科技计划、税收、法规政策等对主体产生的"外推力"；（4）技术价值升高，技术对经济发展的重要性形成的"活力"。

关于微观运行机制的必备条件有：（1）技术差。只有微观主体之间存在一定的技术差，才能发生技术转移。一般来说，技术差越小，技术转移速度越快，且越容易实现，否则速度较慢且很难实现。这种技术差是指微观技术差距，即参与转移的双方在技术水平上的差距，而非所在国家或地区等的总体技术水平差距。（2）经济引力。经济利益是推动技术转移的动力，拥有方通过转让技术获得 R&D 的价值补偿和发明创造成果的收益，而受方则通过实施技术获取技术进步或超额利润。（3）中介条件。技术转移过程中不可缺少的条件。中介有两种方式：无形中介，作用是促进供受方结合，如政府的政策法规等；有形中介，作用是联系供受方，有三种形式：专职的技术转移代办、兼职的技术转移代办和科技情报机构。

3. 宏观调控机制和环境支撑机制

宏观调控机制是指政府对技术转移工作所采取的措施。一般包括：（1）科技规划、计划；（2）有重要意义的国家技术项目的调控；（3）制度调控，如通过税收、贷款、专利、标准、基金等制度；（4）法规、政策调控。经济发达国家近些年则采取了以间接经济调控手段为主、政府直接干预为辅的方式，且对技术转移中的中小企业有政策倾斜趋势，积极为中小企业提供优惠措施。

环境支撑机制是技术转移所必需的条件，也是影响技术转移的重要因素。环境支撑主要包括：（1）信息沟通环境，如大众传播媒介、交通与通信设施等；（2）组织支撑环境，如教育与研究机构、科技情报机构、专利组织、标准化组织、金融机构等；（3）政治环境；（4）科技环境；（5）社会文化环境等。

技术转移的模式

目前关于技术转移模式的研究，归结起来可分为三大类。

1. 从技术转移的主导因素考察技术转移，这类模式主要包括：（1）技术推进模式（基础研究→应用研究→试验发展→商品化生产），例如拉维茨的技术推进模式；（2）市场拉动模式（市场需求—产品研究—产品制造—产品销售）；（3）"推—拉"相互作用的综合模式。

2. 按照参与技术转移的供方或需方的参与程度来区分技术转移模式有：被动模式、半主动模式和主动模式。被动模式指供方和需方之间不用其他的联系渠道就能实现的技术知识转移方式，且供方仅仅是把技术介绍给受方，并不协助受方加以应用，受方一般是通过"自学"来实施技术。典型的技术转移形式是专利许可证转让。半主动模式则指促成技术转让的基本因素已经由自我教育、自我吸收，变为某技术转让机构的参与。而主动模式中，供方已经贯穿到技术转移过程的始终，积极地帮助受方实现自己的技术。

3. 供方/受方模式。该模式由戈尔德霍和龙德在研究了美国麻省理工学院向遥感系统有限公司转移盲人阅读机技术的案例后提出，其模式见

图 1。

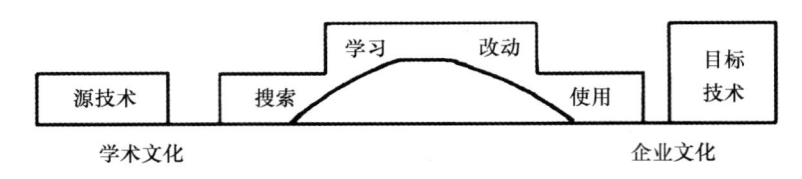

图 1 盲人阅读机技术转移模式

技术转移要素与过程

技术转移的要素分析是探究技术转移过程及一般规律的重要方法。目前关于技术转移要素主要有三种代表性的观点：第一种观点认为人、机械设备和情报信息三种技术要素的组织形式即为技术转移要素；第二种观点以罗杰斯、布朗为代表把供需双方和中间环节作为技术转移的要素；第三种观点从技术转移主体客体切入，把技术成果、技术成果的提供者和技术成果的接受者作为技术转移要素。

同时，国内外关于技术转移过程的研究也已取得了大批成果。其中有四种代表性的理论：（1）乔治·霍里代的从初期的计划与购买到技术吸收的技术转移两阶段论。第一阶段包括技术选择、挑选机构、商定合同和财政拨款；第二阶段由采用、建设与安装、培训、工厂机器的操作、国内扩散和维持诸步骤组成。（2）戈尔德霍和龙德的技术转移四阶段论，即搜索源技术、学习掌握源技术、改动源技术以适应新环境、实际运用源技术。（3）A.C.沙姆利的"探索—改制—执行—维持"四阶段技术转移过程模型。（4）西尔维利·修纳特的基于 10 个基本操作的技术转移过程模型，这 10 个基本操作包括：原始研究、挑选和培训技术转移项目负责人、建立人机系统和管理系统、建立宏观和微观组织结构、充实人员和设备、培训工人、小组培训、技术系统准备、技术转移评价、技术转移战略和全面计划。

技术转移研究的发展趋势

从 20 世纪 60 年代至 20 世纪末，技术转移研究大致经历了三个发展阶段。早期的研究基于技术传播理论，侧重技术转移概念的界定及技术转移的性质、要素和意义的确认；进入 20 世纪 80 年代，技术转移的机制研究成为热点，如以邓宁为代表的技术转移选择论，以克鲁格曼为代表的技术转移均衡论，以及影响深远的日本斋腾优的技术转移周期论和技术转移"N·R"关系研究等，都是该时期的成果；随着国际间的竞争日益聚焦于科学技术，技术转移则逐步被纳入国家或地区发展战略的框架之中，因而，技术转移研究也就进入了一个更广阔的发展领域，理论背景与研究内容都愈加广泛和丰富。目前，种种迹象表明，关于技术转移的政策、战略及适宜于发展中国家的技术转移模式等的研究正在成为新的热点。

1. 技术转移的政策研究

较成熟的理论有以拉格曼、巴克利、卡森为代表的技术转移内部化理论和以比昂契克、贝托索斯等为代表的技术从属论。前者主张技术转移的非公开化，认为只有技术转移内部化，即在跨国公司母子公司间转让技术，才能获得最大的利润和防止技术信息的"泄涌效应"，反映到政策上即倾向于转移内部化；后者认为，发达国家和发展中国家之间存在支配与从属、掠夺与被掠夺的关系，把技术转移看作发达国家用以维持其对发展中国家支配地位的手段。因此，主张通过政策和措施来改变发展中国家在技术上依附发达国家的从属关系，甚至提出了"废除专利制度"等过于偏激的口号。

2. 技术转移的战略研究

技术转移战略正确与否决定了技术转移的成败，技术转移发展的方向问题，即技术转移战略成为研究的重点。大体上可分下述三种战略：延长技术生命周期战略；扩大技术效用战略；找出路战略。但在各个国家战略实施中，往往是三种战略并存。

3. 发展中国家技术转移的适宜模式探讨

与发达国家相比，发展中国家技术相对落后，如何选择适宜本国的技术转移模式来推进技术转移，成为当前技术转移的一个引人注目的研究方向。我国也展开了一系列研究和争论，其中较具代表性的是围绕英籍德国人舒马赫的"适宜技术"而展开的梯度发展模式与跳跃发展模式的研究。

总之，技术转移仍在迅速地发展之中，技术转移的研究也正在向更深远、更广阔的方向延伸，各国也都密切关注着技术转移发展新动向，努力寻找适宜的发展战略，努力去把握技术转移提供的发展机会。

供需合作与技术转移过程[*]

技术转移作为联系科技与经济的纽带，已成为世界各国发展战略实施的重点；技术转移研究也一直受到各国学者和政策机构的重视。关于技术转移，尽管至今仍未形成一个统一定义，但学者们普遍接受技术转移是一个过程的观点。国内外关于技术转移过程的研究已取得了大量成果。其中有代表性的如乔治·霍里代（George Haliday）的从初期的计划与购买到技术吸收的技术转移两阶段论[①]；戈尔德霍和龙德的技术转移四阶段论，即搜索源技术、学习掌握源技术、改动源技术以适应新环境、实际运用源技术[②]；A. C. 沙姆利（A. C. Samli）的"探索—改制—执行—维持"四阶段技术转移过程模型[③]；西尔维利·修纳特（Silvere Seurat）的基于10个基本操作的技术转移过程模型[④]。这些关于技术转移过程的研究有一个共同特点，即他们都是以技术需求方为中心，将技术转移过程等同于技术需求方对技术的学习、消化和吸收过程。但是，技术转移作为一个过程，实际上是由技术供给方与需求方共同努力才得以实现的。在技术转移过程中，技术的供给方与需求方是相互联系、相互制约的。片面强调某一方的作用，其结论难免失之偏颇。本文试图通过对技术转移过程中供需合作及某模式的分析，探讨技术转移的一般过程，以期对相关技术经济政策的制定有所裨益。

---

* 本文刊于《科研管理》1996年第3期，与张钢合作。

① U. S. Government Printing Office, "Technology Transfer and Scientific Cooperation between the United States and Soviect Union", *A Review Congressional*, Washington, 1977, p. 65.

② 武夷山：《国外的技术转移研究》，《科学学与科学技术管理》1984年第2期。

③ A. C. Samli, *Technology Transfer , Geographic, Economic, Cultural and Technical Dimensions*, Westport, Connectiut：Greenwood Press, 1985, p. 138.

④ Silvere Seurat, *Technology Tranfer, A Realistical Approach*, Houston：Gulf Publishiny Company, 1979, p. 46.

供需合作及其一般模式

合作是技术转移的先决条件①。没有供需合作,就没有技术转移。而对于技术的供需双方来说,合作也是十分必要的。

经济利益是供方转让技术、需方引进技术的原动力。技术供方通过转让其技术取得研究与开发的价值补偿,分享技术成果效益;技术需方则通过引进技术获得技术进步收益或超额利润。但是,由于技术的飞速发展,技术更新速度越来越快。对于供方来说,更新、更先进、更实用的技术出现的可能性很大,因此供方的技术价值"无形损耗"也越来越明显,导致供方的研究与开发投资风险越来越大。对于需方来说,虽然从外部购买技术较之自行研究技术风险要小,但由于需方对供方及其技术的了解程度以及自身技术能力的限制,投资风险依然很大。这样,供需合作就成为供需双方降低技术与投资风险的最佳选择。

另外,供需双方的利益分享是通过需方的支付方式和技术的利用效果表现出来的。需方的支付方式主要有三种:(1)总付;(2)提成费;(3)入门费加提成费。在现代的大多数技术转让中,一般采取(2)或(3)的支付方式。支付方式把供需双方的利益紧紧联系在一起。技术的利用效果则取决于技术的消费过程,它与技术供需双方皆有关。在技术的利用过程中,单凭技术资料的移交是不够的,因为在许多情况下,供方交付的技术资料并不能包括其转让技术的全部内容,特别是无法包括关键性的技术经验和技术诀窍。这些经验和诀窍需要通过技术供方的操作、演示、指导、培训等才能表达出来,而这往往涉及技术的核心内容,直接影响技术的利用效果。同时,利用效果更是与需方的消化、吸收、创新能力密切相关,供方经常要求需方应具有一定的专业知识水平和接受、实施技术的能力。通常认为技术供方一般只关心技术的转让费,而很少关心技术的利用问题,认为技术成果对供方的吸引力不大。这种观点是片面的。供方同样期望技术能够成功地转移。因为供方转让技术的收益取决于两方面:一是技术转让费;二是技术转让次数。因此,对一个技术转移来说,供方期望技术能够成功转移到需方,这样,可吸引更多的需方来引进其技术,从而增

---

① [德] H. 马洛斯:《技术转移问题、方法及改进措施》,黄群译,《国外科技政策与管理》1992年第6期。

加转让次数，获得更多的转让利益。

技术转移中的供需合作，对于每一方来说，有它自己特定的程序，有它本身所关心的问题，但是这些程序、问题又不是只和自己有关，而是通过合作与对方紧密联系在一起。供需合作的一般模式如图1所示。

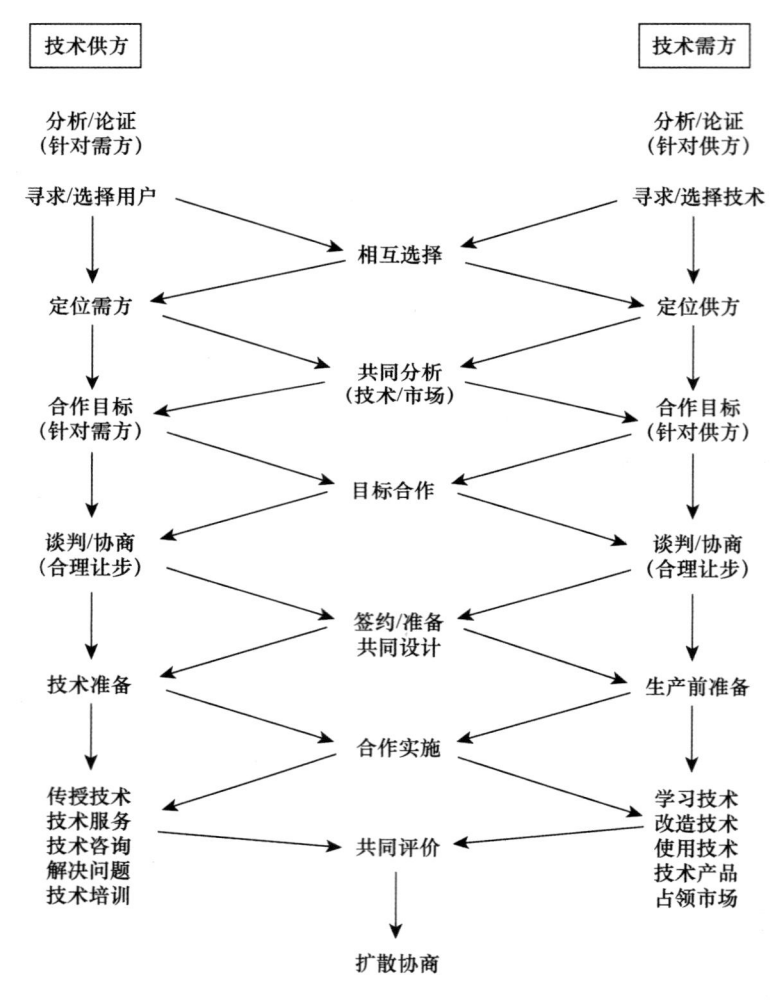

图 1　技术供需合作的一般模式

1. 意愿合作：供需双方针对对方进行分析/论证；相互选择；相互定位。

2. 问题合作：共同发现真正的问题；共同寻找解决的方案；共同选择技术；共同进行市场分析。

3. 谈判/协商：准备工作（针对对方）；目标上相互工作；谈判（彼此做出合理让步）；达成彼此认同的目标。

4. 准备性合作：针对需方的技术准备；需方的生产前准备（原材料/劳动力/资金等）；共同设计。

5. 实施合作：传授技术/学习技术；技术服务/改造技术；技术咨询/使用技术；解决问题/技术产品；技术培训/占领市场。

6. 共同评价。

7. 关于扩散进行协商。

基于供需合作的技术转移过程

供需合作也是有条件的。这个条件就是双方互惠互利，合作不能危及自己的利益。供需合作的条件性约束决定了技术转移过程中合作机会的产生和发展，而正是这些"机会点"把技术转移过程中的一些质的变化阶段反映出来。机会点的出现是供需合作的结果，而从一个机会点发展至另一机会点则更需要供需双方之间的密切合作。因而，技术转移过程实际上就是技术供应方、技术接受方共同把握合作机会的过程（见表1）。

表1　　　　　　基于供需合作的技术转移过程模型

Ⅰ	Ⅱ			Ⅲ	Ⅳ	Ⅴ	Ⅵ
	（Ⅱa）	（Ⅱb）	（Ⅱc）				
双方的准备工作	相互定位双方形成	双方可接受目标耦合	可行目标/签订协议	生产前的准备工作	技术实施/商品化	评价	扩散
形式准备阶段	技术形式转移阶段			实质性准备阶段	技术实质转移阶段	评价/反馈阶段	扩散阶段
OⅠ	OⅡ				OⅢ		
合作机会点	谈判/协商机会点				学习/消化机会点		

1. 形式准备阶段（Ⅰ）

在这一阶段，技术供应方和技术需求方分别独立地进行各自的工作。技术拥有方对技术信息进行整理，明确自己技术的有效范围、界限等，并针对自己的实际情况，决定对技术进行转让，寻找用户，成为技术供方集合中的一员；技术需方则相应地去寻找"感兴趣"的、有能力的技术供方，成为技术需方集合中的一员。

2. 技术形式转移阶段（Ⅱ）

在这一阶段，技术并没有发生真正的转移，但同形式准备阶段相比，已经具有明确的目标，并为技术真正转移做好准备。这一阶段包括三个细分阶段：（Ⅱa）完成相互定位；（Ⅱb）可接受目标域的耦合；（Ⅱc）谈判、协商、签约。

3. 实质性准备阶段（Ⅲ）

在签约之后，技术供方对技术进行实质性准备。例如针对技术需方的要求，制造出原型、原型演示等，充分保证技术上的可行性。技术需方则为技术实施做实质性的准备，如劳动力、资金、资源等。

4. 技术实质转移阶段（Ⅳ）

需方在技术供方的帮助下，开始学习技术，消化、吸收技术，使用技术，把技术转变为技术产品，进行生产，进入市场，等等。这一阶段是技术的商品化阶段。

5. 技术评价/反馈阶段（Ⅴ）

6. 技术的扩散阶段（Ⅵ）

扩散涉及对供方技术的保密性问题，它直接影响供方的转让次数，与供方的利益直接相关。而扩散往往为需方所坚持，因其对提高整体技术水平和整个社会的效益有利，因而，供需双方应就扩散进行协商，决定扩散的地域、方式、对象等关键问题。

在上述技术转移的六个阶段中，供、需双方有三个需要共同把握的机会点。

第一个机会点（OⅠ），在形式准备阶段和技术形式转移阶段交叉处。其好处是双方完成相互定位，这是双方合作能够发生的机会点。供需双方要经历相互选择、分析、论证等第一阶段的准备工作，才能成为合作伙伴，达成合作的共识。这一机会点是技术转移过程得以展开的前提。

第二个机会点（OⅡ），在技术形式转移阶段中的可接受目标与耦合处，它决定了技术双方能否进行谈判，这是谈判、协商的机会点。这一机会点包括了供需双方在问题上的合作、目标上的合作，是继第一机会点之后的供需双方合作的进一步发展。如对这个机会把握得好，双方将签订协议，为技术实质转移做实质性准备；如不顺利，则双方的合作有在此中断的可能，以第一机会点开始的合作意愿也到此结束。

第三个机会点（OⅢ），在技术实质转移阶段开始处，它标志着技术需方的技术学习等活动成为可能，技术供方的技术价值的实现成为可能，这是学习、消化技术的机会点。在这一机会点上，双方为技术实施进行准备，并在实施中进行合作，因而它是供需合作的核心部分，也是整个技术转移过程的关键。供需双方在第三个机会点的合作程度将直接影响技术的利用效果以及转移的成功与否。

结论与政策建议

从上述分析不难看出，技术转移过程基于供需双方的密切合作，正是由于双方对合作机会点的适时把握才使得技术转移得以顺利展开。以往，对技术转移过程中供需合作的认识不足，造成了相关政策的缺位，致使我国技术转移的范围不广、效率不高。要改变这种局面，关键在于强化技术转移过程中的供需合作。为此，我们提出如下政策建议：（1）加快转移信息系统和咨询系统建设，建立起较完善的沟通技术转移供需双方的支撑体系，缩短供需双方在相互定位前的准备时间，提高"选择效率"；（2）制定有关政策，鼓励供需双方人员的"位置互动"，通过优惠措施、利益分配机制来培养供方的参与意识和供需双方的伙伴关系；（3）制订鼓励技术消化、吸收的条件，对需方经费分配有所控制，保证技术消化、吸收经费的比例，同时调动需方增加技术消化、吸收经费投入的积极性，更好地做好技术的消化、吸收工作；（4）建立"合作基金"和适当的利益分配制度，推动供需合作，积极有效地消化、吸收技术，改变落后—引进—再落后—再引进的恶性循环局面。

我国研究与发展投入产出的相关性分析[*]

研究与发展（R&D）活动是科技活动中具有创造性和创新性的部分，对研究与发展活动的支持程度，表明了一个国家支持科学技术创造和创新能力的强度，直接反映一个国家的科技实力。而且，R&D 活动对科学技术由知识形态的生产力向现实的生产力转化起到至关重要的作用。因此，增加 R&D 经费投入已成为国际社会的普遍现象。然而，由于诸多因素的影响，我国对于 R&D 活动的研究，长期停留在定性描述阶段，缺乏对 R&D 活动量化指标体系和投入产出效果的深入探讨，这无疑给科技统计工作、科技发展规划和政策的制定工作带来极大的困难。因此，建立 R&D 活动经费投入产出指标体系，阐明 R&D 投入产出的相关程度，不仅是宏观调控与决策的需要，而且是提高我国科技管理水平的必然要求。

国内外研究与发展（R&D）投入产出指标体系研究现状

从事科技指标研究最早的是经济合作发展组织（OECD）。1964 年 OECD 编撰的《为调查研究与发展（R&D）活动所推荐的标准规范》（即著名的《弗拉斯卡蒂手册》）中，提出了指标的概念，并把其作为研究和评价 R&D 的工具和标准。按照《弗拉斯卡蒂手册》，OECD 成员国从 20 世纪 60 年代开始就系统地开展了有关 R&D 活动的统计调查。此后，非 OECD 国家也逐步按照《弗拉斯卡蒂手册》实施了本国的 R&D 活动调查。

R&D 指标可分为三大类：一是投入指标，包括研究开发活动中所投入

---

[*] 本文刊于《科技管理研究》1997 年第 5 期，与许庆瑞、陈劲合作。

的各种资源：人力、财力和物力；二是产出指标，包括研究开发活动中所产生的直接成果，如论文、专利；三是影响指标，包括研究开发活动中对经济社会等做出的贡献与产生的影响，如高技术产品出口、生产率。为简单起见，通常将影响指标也归于产出指标。

美国的 R&D 投入产出指标体系是世界上最全面的科技指标体系。其 R&D 投入产出指标体系的基本内容框架如表 1 所示[1]。

表 1　　　　　　　　美国 R&D 投入产出指标体系内容

指标类型	指标内容
投入指标	R&D 科学家与工程师人数 R&D 经费
活动指标	国际会议与参加会议人数 国际合作研究者指数 美国在外国的留学生和研究人员数 在美国的外国留学生数
产出指标	论文发表数及其引用率 税收 技术贸易 高技术产品 劳动生产率 教育培训成果

发展中国家的 R&D 投入产出指标研究工作尚处于起步阶段，因此所建立的 R&D 投入产出指标体系的局限性也很明显。以印度为例，其 R&D 投入产出指标体系的基本内容框架如表 2 所示[2]。

表 2　　　　　　　　印度 R&D 投入产出指标体系内容

指标类型	指标内容
投入指标	R&D 研究人员 R&D 经费

---

[1]　华长明：《各国科技实力比较研究》，科学技术文献出版社 1991 年版。
[2]　印度科学技术部编著：《印度研究与发展统计（1986—1987 年度）》，张帆编译，赵玉海校，科学技术文献出版社 1991 年版。

续表

指标类型	指标内容
产出指标	专利数 发表论文及出版书数 新开发的产品、工艺 进口替代品 设计原型，咨询服务

从表2中我们可以看出，对于劳动生产率、技术贸易、高技术产品等较为重要的产出指标均没有包括在印度的R&D指标体系和统计调查之内，可见其局限性。

在国外科技指标研究的基础上，我国经过多年的理论研究与实践探讨，已经建立了较为全面的科技指标体系（见表3）。

表3　　　　　　　　　**我国科技指标体系内容**

指标类型	指标内容
潜力指标	R&D研究人员（科学家、工程师、辅助人员） R&D经费（包括经费的来源、分布） 科研仪器设备 科技信息 研究与开发机构
活动指标	课题数 人才培养 国际科技合作与交流
成果指标	科技成果 技术贸易 专利 科学论文
经济效益指标	制造业增加值 劳动生产率 技术密集型产品进出口比 技术进步对经济增长的贡献

我国的科技指标体系包括四大类内容①。

（一）科学技术的潜力指标，主要反映国内所拥有的科技人力、物力、财力。

（二）科学技术的活动指标，主要反映科学技术活动过程中的劳动量。

（三）科学技术的成果指标，主要反映基础研究、应用研究和开发研究成果，新产品试制、推广、成批生产成果，各项技术引进的吸收、改造成果，等等。

（四）科学技术的经济效益指标，主要反映科技进步所带来的经济效益，表明科学技术进步在国民经济发展中所发挥作用的程度。

尽管很全面，但是我国目前已公布的全国性科技经费指标：一种是文教费、科学费、卫生事业费合在一起的混合性指标，对于趋势分析与评价没有实际意义；另一种是专项指标，如科学事业费、三项费（中间试验费、新产品试制费、重大科研项目补助费）、科研基建费、科学研究费等，往往不能反映R&D经费的总貌。对于R&D来说，都难以与国际上的指标进行比较。

综上所述，目前针对R&D投入指标的研究比较深入，国际上也基本取得了较为一致的看法，建立了易于进行国际对比的指标。对于R&D产出，目前国际组织及各国尚没有提出统一且完善的指标。由于R&D产出的滞后性、多重相关性及不确定性，其定量测度相当困难。国际上常用的R&D产出指标如论文、专利等在应用上都有一定的局限性。

现有的R&D指标主要存在两方面的问题：（1）广度问题，现有R&D指标不能对所有R&D活动均做出有效度量；（2）质量问题，指标能够度量R&D有关活动的数量，却往往很难反映其质量。

R&D投入产出模式与指标体系

为了从某种程度上解决R&D产出测定的两方面问题，本文通过对R&D全过程的考察，构建出如下的R&D投入产出模式（见图1）。

R&D投入包括资金、人才、设备及信息投入的数量和质量。由于这些投入归根结底要靠资金投入来支持与实现，因此，在建立R&D投入指标

---

① 李学军：《科学结构与科技指标》，《自然辩证法通讯》1989年第6期。

体系时，仅考虑 R&D 经费的投入。对于 R&D 投入产出指标，为了从数量和质量两方面来度量，本文尝试建立 R&D 投入产出指标体系（见表4），对图1 中的五类产出，分别选取了数量指标和质量指标（其中的质量指标仅仅是从某种程度上说明了 R&D 的产出质量，在此，姑且把它们称为质量指标）。

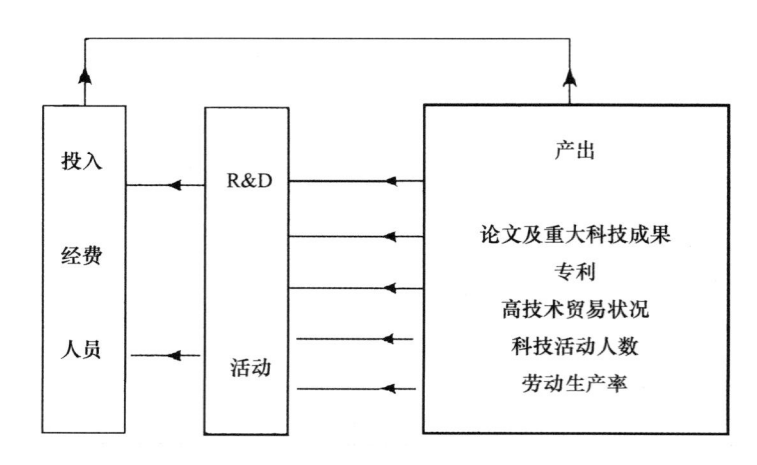

图 1　研究与开发（R&D）的投入产出模式

表 4　R&D 投入产出指标体系

投入指标	R&D 经费	R&D 经费总额（数量指标） R&D/GNP（质量指标）
产出指标	论文及重大科技成果	国际上收录的论文数（数量指标） 科技论文被引用率（质量指标） 国家重大科技成果总数（质量指标） 国家重大科技理论成果数（质量指标）
	专利	专利申请总量（数量指标） 专利授权总量（质量指标）
	高技术贸易状况	高技术产品进出口总额（数量指标） 高技术产品出口额（质量指标）
	科技活动人数	科技活动总人数（数量指标） 科学家工程师人数（质量指标） 专业技术人员总数（质量指标）
	劳动生产率	劳动生产率（质量指标）

我国 1989—1994 年 R&D 投入产出的相关性分析

基于上述指标体系和我国 1989—1994 年 R&D 有关数据（见表5），以 R&D 经费投入为基量，分别对 R&D 产出的指标（由于 R&D/GNP、科技论文被引用率、劳动生产率是一种比率指标，不宜做相关分析，因此没有进行相关分析）进行了相关分析，从而说明本文所选择的 R&D 产出指标与 R&D 经费投入间的内在联系和相互影响，以期为建立我国 R&D 投入产出的合理结构和科技与经济协调等问题提供决策借鉴。

表5　　　　　　　　1989—1994 年我国 R&D 有关数据

指标	1989 年	1990 年	1991 年	1992 年	1993 年	1994 年
R&D 经费（亿元）	112.31	125.43	142.3	169.0	196.0	222.24
国际收录科技论文数（篇）	12232	13352	11783	15700	20178	24584
科技论文被引用率（%）	0.20	0.22	0.272	0.216	0.22	0.25
全国重大科技成果数（项）	20278	26829	32653	33384	32916	30230
国家级重大科技成果数（项）	2936	2914	3891	3138	3005	3084
国家级科学理论成果数（项）	270	197	319	362	241	280
专利申请数（件）	32905	41469	50040	67135	77276	77735
专利授权数（件）	17129	22588	24616	31475	62127	43297
高技术产品进出口总额（百万美元）	8701	9653	12316	14708	20585	26937
高技术产品出口额（百万美元）	1848	2686	2877	3996	4676	6342

续表

指标	1989年	1990年	1991年	1992年	1993年	1994年
科技活动总人数（千人）	2098.5	2098.5	2179.5	2206.5	2426.3	2458.0
科学家工程师人数（千人）	1149.90	1189.9	1214.4	1276.7	1484.3	1353.6
专业技术人员点数（千人）	10351	10809	17168	17597	18123	18459

资料来源：对应年份的《中国科技统计数据》《科技统计报告》《中国科技论文统计与分析》。

对表5的数据进行一元回归分析，得出R&D产出各指标与R&D经费投入的相关系数如表6所示。

表6　1989—1994年我国R&D经费投入与产出指标相关系数

	国际上收录的科技论文数	国家重大科技成果数	国家重大科学理论成果数	专利申请总量	专利授权总量
相关系数	0.94	0.63	0.16	0.96	0.83
	高技术产品进出口总额	高技术产品出口额	科技活动人员总数	科学家工程师人数	专业技术人员总数
相关系数	0.983	0.986	0.960	0.850	0.840

结论与对策

R&D投入与产出的相关性分析说明：R&D投入与专利申请数、高技术进出口总额、高技术产品出口额等产出指标高度显著相关（均≥0.96）；与国际论文产出量、专利的授权数等显著相关。因此，R&D经费投入对于提高我国在国际上的学术地位、高技术产品竞争能力等至关重要，为实现我国跨世纪的战略目标，必须提高R&D投入的总量和R&D投入的强度。

国家重大科技成果数、国家重大科学理论成果数、科学家工程师人数、专业技术人员总数本来应当是R&D经费投入的直接产出，但根据表6的相关性分析，相关程度却不太高。尤其是国家重大科学理论成果产出指标，与 R&D 经费投入的相关系数仅为 0.16。这也从侧面反映了我国 R&D 经费分配的状况，很明显基础研究投入的比例偏低（1989—1994 年我国基础研究投入占 R&D 经费的比例一直在 6.6%—7.2%，而发达国家这一比例基本上在 10%—20%），以至于直接影响了与基础研究密切相关的国家重大科学理论成果的产出。

从相关分析的结果可以看出，我国 R&D 经费投入存在下述两个问题。

其一，我国 R&D 经费投入产出的质量不高，科研效率较低。因为依据本文建立的 R&D 投入产出指标体系，国家重大科技成果数、国家重大科学理论成果数、科学家工程师人数、专业技术人员总数等均为"质量指标"，而这些指标与 R&D 经费投入的相关系数明显偏小，说明我国 R&D 投入产出的质量较低。

其二，我国 R&D 经费在使用上存在问题。一般来说，R&D 经费分配有四方面的用途：工资、材料费、设备仪器购置费和其他费用。而上述分配构成情况直接关系着科研效率问题。在发达国家 R&D 经费支出分布中，都是人员工资所占比例高而物资消耗所占比例低，这样产出的质量较高，即上述 R&D 产出"质量指标"与 R&D 投入直接有关。从我国科研经费资金支出构成情况（见表 7）与日本科研经费支出构成情况（见表 8）的比较中可略见一斑。[①] 日本科研经费平均分布中，工资所占比例是我国的 2.16 倍，而我国花费在原材料上的费用则是日本的 2.26 倍。

表 7　　　　　我国 1968—1981 年科研经费平均分布状况　　　　（单位：%）

工资	材料费	设备仪器购置费	其他费用			
			合计	动力燃料	科研管理费	外协加工费	行政管理费
21.79	35.30	21.47	21.43	4.57	5.36	0.54	10.96

表 8　　　　　日本 1965—1980 年科研经费平均分布状况　　　　（单位：%）

工资	原材料费	固定资产购置费	其他费用
46.98	15.60	20.80	16.60

---

① 李冰霜：《科技投入与使用分析》，《自然辩证法通讯》1994 年第 2 期。

针对我国 R&D 经费投入存在的两个问题，我们提出如下的政策建议：提高 R&D 经费投入总量和强度（即提高 R&D/GNP 比例）。在增加我国 R&D 投入力度和强度的同时，还应重视 R&D 经费投入的质量。建立投入与产出紧密联系的运行机制，确保 R&D 经费的有效投入。建立 R&D 经费使用的监督机制，以便充分发挥 R&D 经费的作用，更好地为经济建设服务。

研究所与企业一体化模式研究*

科技与经济一体化的趋势愈益成为当今时代发展的主流之一。科技与经济能否实现一体化问题成为世界各国关注的焦点。我国由于受传统的计划经济体制的影响，R&D活动形成了高校、科研机构和企业"一分为三"的R&D体制。这种"一分为三"的体制、政策和运行机制造成了科技与经济结合的客观困境。因而，科研机构结构调整问题成为科技体制改革的重要组成部分。在这种国际和国内背景下，研究所与企业实现一体化发展，不仅是科技体制改革中组织结构调整的重要内容，而且是有效促进科技经济一体化的重要途径。

研究所与企业一体化结合的必要性

众所周知，研究所的发展模式是关系到研究所的生存与发展的重大问题。在传统计划经济模式下，研究所的事业费由国家拨给，没有经济压力，独立研究成为研究所科研活动的一大特征。但是在市场经济条件下，传统的独立研究模式能否生存下去？研究所应采取什么样的发展模式更有利于研究所的经济技术实力增长，更有利于科研与生产相结合？从国际上的发展趋势和国内的现实环境来看，研究所与企业结合是研究所增强科技经济实力，在竞争环境中求生存、图发展的必然选择。

第一，从国际上的发展趋势来看，独立的科研机构往往是不能适应现代激烈的技术与市场竞争的。因为现代技术可能性的拓展，使得技术创新成为一个高投入、高风险的过程，独立的研究机构难以承受；现代市场变幻莫测，独立研究机构很难把握。即使它们有先进的实验设备、有智力超

---

* 本文刊于《科技管理研究》1997年第1期，与许庆瑞合作。

群的英才，但由于它们并非产品的直接生产者、销售者，因而对迅速变化的市场不够了解，难以确定和把握商业机会。据 Dosi 统计，自 20 世纪 20 年代起，世界上的独立研究机构数目在不断减少（见表 1）。

表 1   独立实验室中工作的专业人员占所有专业科研人员的比例变化   （单位：%）

年份	1921 年	1927 年	1933 年	1940 年	1946 年
百分比	15.2	12.9	10.9	8.7	6.9

第二，从国内现实的环境来看，研究所所处的环境，特别是经济环境发生了很大变化。科技体制改革以来，国家改变了科技拨款方式。研究所不仅要自负盈亏，还要自筹解决相当部分的科研经费，因此研究所的经济负担越来越重，研究所要实现自身的生存与发展，促进科研与经济相结合，关键还是经济问题。实践证明，研究所仅仅靠独立研究和技术性收入来生存并更好地为经济建设服务是不可能的。在这种情况下，研究所要生存与发展，与企业结合长入经济便成为现实而理想的选择。但是研究所与企业结合长入经济的方式是多种多样的，如通过技术交易、合作开发等。那么，为什么说研究所与企业一体化结合的发展模式是更好的方式呢？这主要有以下几个原因。

其一，从经济学的角度来看，按照科斯（R. Coase）的交易费用理论[①]，市场交易是有费用的。并且技术交易由于其自身的特殊性，如技术商品定价难，交易对象的搜索、谈判、实施和监督成本极高等，往往需要相当高的市场交易费用，这种情况对于技术交易双方来说均是如此。因此，无论从研究所的利益来看，还是从企业的利益来看，研究所进入企业，从经济上说是对双方都有利的。因此，研究所与企业采取一体化发展模式，以内部交易费用代替市场交易费用是有其经济必然性的。

其二，研究机构与企业通过合同或合作开发等方式结合，虽然已经取得了许多成就，但实践证明也是有弊端的。首先，研究机构与企业之间的组织关系松散，利益缔结不明确，存在的不确定性大，实施中的风险也很大，研究所往往不能真正了解企业的需要；其次，创新项目的最后成果很

---

① Ronald Coase, "The Nature of the Firm", *Economica*, Vol. 4, No. 16, 1937, pp. 386–405.

难精确地估计，这种不确定性需要在创新的整个过程中，经常根据生产和销售情况，对目标和过程进行修改，合同是难以适应这一过程的；最后，上述结合方式，往往是短期效应的，企业并不能真正走上自主的创新之路。因而，即使研究所有主动"面向"的意识，企业却往往因种种原因缺乏结合的意愿。

其三，从我国企业的现状来看，在市场经济模式下，需要建立起有利于自主创新的技术和重要途径。而目前我国企业面临最严峻的问题是企业技术创新能力不足，技术创新组织体制不健全，创新效益不佳。很明显，企业研究机构与能力的缺乏，很难保证企业在经济增长中发挥主导地位，也很难使企业走依靠技术进步的道路。而研究所与企业实现一体化发展，自然而然成为企业提高技术创新能力、健全企业创新组织体制的最佳途径。

研究所与企业的一体化模式

自1987年至1997年，已有400多家研究所进入企业，但许多研究所与企业之间的关系仍是"两张皮"，并没有真正实现一体化发展。这些事实说明，研究所与企业一体化是一个极其复杂的过程。研究所和企业原来并不属于一个系统，各有各自的运行机制，各自按照自己的特点运行。因此，研究所与企业一体化是双方在密切合作的基础上，解决冲突和矛盾的过程。冲突与矛盾在一体化过程中是不可避免的，如果解决不好，就会直接影响研究所与企业的利益和结合的效果。

共同的利益、共同的需要，是研究所与企业一体化结合的基本动力。各自的潜力、改革的动力、环境的压力等是基本动力的助推力，它们共同构成了研究所与企业一体化结合的动力机制。在动力机制的作用下，研究所与企业找到有利于双方发展的利益均衡点和共同利益的结合点，达成"共识"，至此，研究所与企业一体化结合成为可能。

由于两者各自的特点，以及期望结合程度的差异，因而，在上述"共识"的基础上，研究所必须选择适应的进入模式，而企业也必须考虑适应的接收方式。没有研究所的进入、企业的接收，一体化发展就失去了其存在的根基。而且只有双方在进入模式与接收方式上再次达成"共识"，研究所与企业一体化结合才有可能深化下去，因为这直接关系到两者今后的合作范围、各自的独立性、利益分配等重大问题。目前研究所进入企业可以采取如下几种进入模式：（1）转制进入型。指研究所由事业单位转变为企业单位，如沈阳轻型汽车研究所进入沈阳汽车工业公司。（2）对口进入型。研究所与企业双方专业方向一致，如长春汽车所进入一汽集团。（3）解体进入型。即研究所进入企业既不保持相对独立，也不保留法人地位，完全融入企业之中，如上海自行车研究所一分为二，进入凤凰、永久集团。（4）联合进入型。研究所以法人地位进入企业，如北京日用化学研究所进入北京丽源日化股份有限公司。（5）多头进入型。研究所以专业研究室为单位，对口进入多个企业，如沈阳化工研究所以感光材料部为主进入化工部第一、第二胶片厂。（6）单头进入型。以一个整体进入企业，如云南烟草科学研究所进入云南省烟草公司。研究所进入企业的各种模式有自己的特征，也说明了企业应采取的接收方式与今后的合作程度。

研究所应根据自身的性质和实际条件选择适合自己的进入模式，与企业一体化结合，在共同的利益驱动和双方利益兼顾的前提下，直接为企业的生产服务，成为以满足特定企业生产经营为主要目标的研究开发部。研究所的科研活动应面向企业的发展及长远目标，建构与企业发展相符合的研究开发对策。企业必须对研究所进行适应性的重组与多方位的整合，使研究所在科研方向、人事制度、分配制度等诸方面与企业经营机制接轨，才能与企业实现一体化。而企业只有通过对研究所进行包括体制、计划、组织、文化等一系列层面的整合，才能真正使研究所成为企业系统的有机组成部分。只有通过有效的重组与整合，企业与研究所才能作为一个整体，有效地配置人力、财力、物力、技术与信息，实现一体化发展，共同受益。

基于上述分析，提出研究所与企业一体化模式（见图1）。

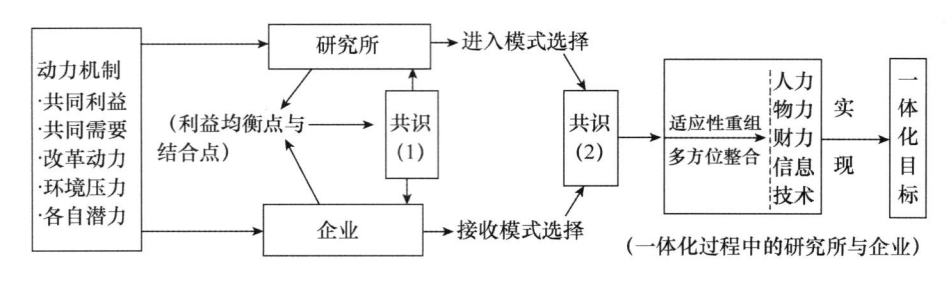

图1 研究所与企业的一体化模式

案例：云南省烟草科学研究所与云南省烟草公司的一体化发展[①]

1990年以前，云南省烟草科学研究所（以下简称"科研所"）隶属省农业科学研究院。云南省烟草科学研究所1990年从省农业科学研究院分离出来，进入中国烟草总公司云南省公司。在共同的需求、共同的利益推动下，云南省烟草科学研究所与省烟草公司在利益、进入模式等问题上达成广泛的共识，经过适应性重组与多方位整合，有效地配置了企业与研究所的各种资源，成功地实现了研究所与企业的一体化发展。

科研所与云南省烟草公司一体化过程大致经历了如下几个阶段。

1. 双方的需求相关成为一体化的动力与共识。省烟草公司在市场竞争中为进一步提高"两烟"的质量和档次，需要组织科技力量从"两烟"生产的每一个环节进一步解决科研与开发的难题和关键技术，包括从抓第一生产车间——种植开始。另外，科研所在科技体制改革中面对市场竞争要获得生存与发展，而进入省烟草公司是发挥科学研究所整体技术优势的很好途径。双方达成了广泛共识，在自愿和积极参与的基础上，研究所进入企业。

2. 进入模式选择：专业对口进入型。科研所长期从事烟草品质、种子资源研究以及栽培等领域的技术开发，因而与省烟草公司所需技术是对口的，所以，科研所采取了专业对口型进入模式。进入省烟草公司后，由事业制转变为企业制，并根据公司需要，在科研方向、任务等方面进行调整。

3. 追立性重组。科研所与省烟草公司一体化的过程就是解决冲突与矛盾的过程。（1）公司与科研所通过组织重组、结构调整、一体化管理等手段来解决人、财、物管理，以实现科研、经费、任务相结合。（2）在科研运行机制上，科研所同企业的研究所建立联系，共同构成企业科研网络。（3）在内部分配制度上，通过企业奖金的形式，对科研所传统的"大锅饭"分配格局进行改造。（4）财务管理上，严格执行企业财务制度，实行科研成本核算，提高科技投入效益。（5）转变科研所人员观念。要求所长

[①] 许惠然、余春祥：《科技院所进入企业，实现科技经济一体化》，《中国软科学》1995年第2期。

和一般的科技人员适应从事业制到企业制的转变。(6) 从内部机制和管理上理顺科研所与企业之间的关系。(7) 对科研方向进行调整，从过去以应用研究为主，有计划地参与重大项目开发，到根据企业发展的需求，调整为以研究为主，科研、开发、推广并重。

4. 多方位整合。具体包括四方面内容：(1) 内部管理体制的整合。把两种不同的管理体制融合为一体。正确处理好企业内部管理的集权与分权问题。(2) 实现企业技术方向与科研所技术方向的整合。科研所由过去的以应用研究为主，应用开发并重，相应开展基础研究，调整为以应用研究为主，科研、开发、推广并重。(3) 企业人事制度与科研所人事制度的整合。以企业制度为核心，对科研所制度进行调整。(4) 企业文化与科研所文化的整合。

采取了这种一体化发展模式之后，无论是科研所，还是企业，均取得了较好的效果。科研和生产结合起来，产生了很好的经济效益，提高了企业的技术能力，推动了企业技术进步。科研推动企业发展，企业确保了科技投入（见表2），两方相得益彰。

表2　　　　　　1990—1994 年企业对科研所的科技投入　　　　（单位：万元）

项目	1990 年	1991 年	1992 年	1993 年	1994 年	合计	备注
事业费	54.8	62.3	122	181	—	—	支出数
专项设备费	42.4	86.3	161	19.62	—	—	支出数
科研项目费	32.1	56.2	70.035	84.2	110.5	355.96	拨款数
基建费	8.1	50	70	103.4	16.72	—	拨款数

可见，科研所与企业一体化结合，强化了科研机构的"面向"意识，使科研活动更加接近经济建设的主战场；同时，增强了企业的"依靠"意识，使企业发展更多地依赖技术进步。通过这种方式，科技与经济紧密结合在一起，逐步走上了良性循环的发展道路。

结　论

基于前述的理论分析与案例探讨，不难发现，研究所与企业一体化结合发展模式是科技与经济结合的较好途径。两系统经过相互适应与重组，往往能达到 1+1>2 的效果，不失为科技与经济结合，市场经济条件下研究所、企业提高竞争力，适应能力和发展的较好途径与组织形式。但正如前述，研究所与企业一体化是一个过程，这个过程存在一系列环节，并且是环环相扣的，任何一个环节出现问题，都往往直接影响一体化的效果。因此，研究所与企业一体化结合过程中应注意如下几个问题。

1. 共同的利益、共同的需要是研究所与企业一体化结合的基本动力，也是双方采取一体化结合方式的根本条件与出发点。

2. 研究所进入模式的选择是一体化过程中不可缺少的环节。恰当的进入模式往往为双方一体化发展奠定坚实的基础，并且为今后的合作指明了努力的方向，明确了各自的权力与责任。

3. 重组、整合是一体化过程的关键。只有通过适当的重组、多方位的整合，才能明确双方的管理权限、职责及其相互关系，才能处理好集权与分权，发挥双方各自的积极性提高效率，才能塑造出更加符合一体化模式的优秀的企业文化与研究所文化，充分发挥研究所与企业的长处，实现优势互补。

4. 共同为经济建设服务是一体化的归宿。研究所与企业一体化结合只是一种手段，而不是目的，共同为经济建设服务才是研究所与企业一体化结合的目标。在一体化过程中，一方面，企业真正提高了技术水平，走依靠技术进步的生存与发展之路；另一方面，研究所增强了经济与技术实力，加快了科技与经济结合，促进了社会技术进步，为社会创造效益。

总之，研究所进入企业，前者在后者中找到了自己应有的位置与归宿，后者从前者中获得了依靠技术进步的保证和后盾。研究所与企业一体化结合，使研究所的科研行为不再是一种外部行为，而是被移植进了企业的经济活动之中；科研活动更接近于市场，进而成为社会经济系统中的一个有机组成部分。同时，企业的生产经营活动也不再仅仅是凭借粗放式的扩大再生产方式，而是逐步走上了依靠技术进步的集约式的"内涵式"发展道路。

美国研究与发展经费结构的演变及其启示[*]

研究与发展（R&D）活动是科技活动中具有创造性和创新性的部分，对科学技术由知识形态的生产力向现实的生产力转化起到至关重要的作用。在 R&D 活动的诸多支撑条件中，R&D 经费是 R&D 活动得以开展与顺利进行的关键，正如 S. Craig Justice 所说："资金是连接开发技术和引进技术的桥梁，并掌握着技术创新的节拍。"然而，世界任何一个国家由于受各种客观条件的影响，其 R&D 经费投入量总是有限的。在 R&D 经费投入有限的条件下，有效地配置资源，建构起合理的 R&D 经费投入与分配结构显得尤其重要。

研究与发展（R&D）经费结构的层次划分

结构是层次性的概念，对于不同的系统而言，其内涵也往往不同。基于结构的层次性和系统的观点来分析 R&D 经费的结构问题，本文认为：一个国家的 R&D 经费结构可以划分为两个层次：（1）宏观结构：R&D 经费投入活动在国民经济收入与分配中的地位；（2）微观结构：R&D 经费在 R&D 系统内部的结构布局（见图1）。

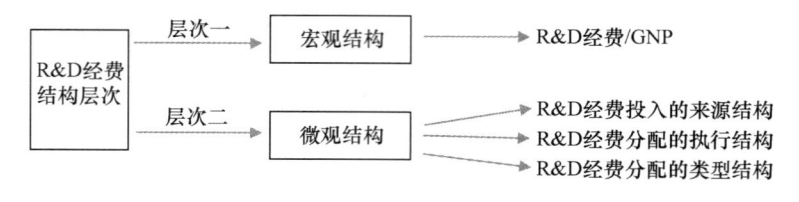

图1　R&D 经费结构层次

[*] 本文刊于《自然辩证法通讯》1998年第2期。

层次一体现了R&D活动在整个国民经济中的地位与作用，反映了一个国家对科学技术的重视程度。按照国际惯例，通常以R&D经费占GNP的比例作为表征R&D经费宏观结构的指标。R&D/GNP从总体上说明一个国家科技创新活动投入在整个经济中所占的份额，其大小直接关系着知识创造和应用的成效。

层次二则揭示了R&D系统内部的协调比例关系，属于微观结构的范畴，主要包括三方面内容：（1）R&D经费投入的来源结构；（2）R&D经费按执行部门的分配结构；（3）R&D经费按研究类型的分配结构。R&D经费微观结构是否合理将直接影响R&D活动的效果。

基于对R&D经费结构层次性的划分和理解，我们来考察美国自1960年以来R&D经费结构的历史演变与发展趋势。

美国R&D经费投入概况与宏观结构的演变

1960年以来，美国R&D经费及R&D/GNP的历史发展如图2和表1所示。

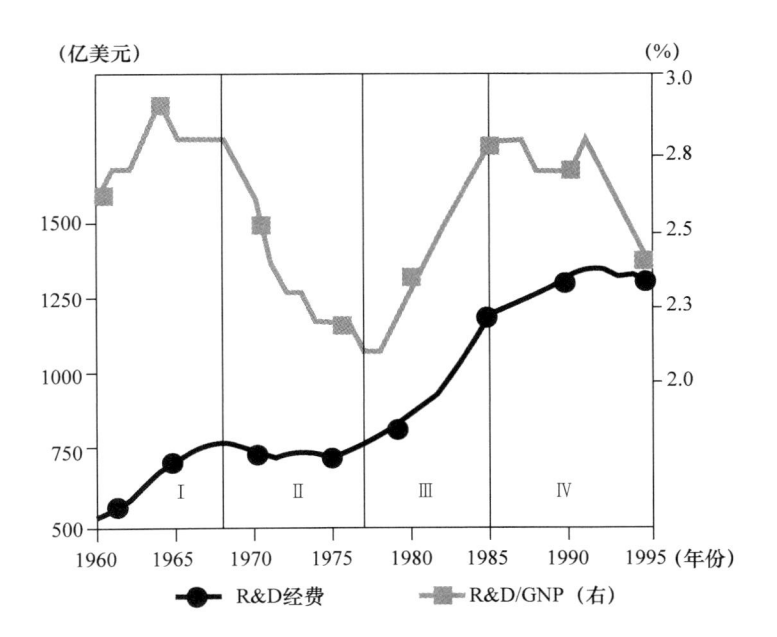

图2 美国R&D经费及R&D/GNP比例变化

表1　　　　1960—1995年美国R&D经费总额与占国民生产总值比例

（单位：亿美元，%）

年份	1960	1968	1977	1985	1990	1995
R&D经费	519.6	777.59	767.20	1205.99	1363.85	1320.78
R&D/GNP	2.6	2.8	2.1	2.8	2.7	2.4
R&D经费年均增长率（%）	1960—1968年 4.95	1968—1977年 -0.13	1977—1985年 6.7	1985—1995年 0.9		

注：①R&D经费以1987年定值美元计算；②其中1990年、1995年的R&D/GNP为R&D/GDP值。

资料来源：National Science Board, *Science & Engineering Indicators*, DC: U.S. Government Printing Office, 1996。

从图2可以看出，美国R&D经费投入大致经历了四个发展阶段。

阶段Ⅰ——快速增长期（1960—1968年）

1957年苏联人造卫星的冲击，对美国研究发展产生了巨大的推动力[①]。1958年美国成立国家航空航天局，接管了国家航空咨询委员会的全部职能和其他军事部门的空间活动，从而拉开了美苏空间竞赛的序幕。美国联邦政府投入巨资支持军事与空间技术的研究与开发，R&D经费投入从1960年的519.6亿美元增加到1968年的777.59亿美元，R&D/GNP由2.6%上升至2.8%，1960—1968年R&D经费年均增长率达到4.95%，其中1963年的年增长率高达9.5%。1957—1968年被称为美国研究开发的黄金时期。

阶段Ⅱ——回落衰退期（1968—1977年）

这段时期，美国政府和企业对研究开发支持不力，研究开发投入未能跟上通货膨胀率与经济增长的步伐，诸多因素导致了R&D经费投入的回落。1969年R&D经费投入为770.87亿美元，是自1960年以来第一次出现负增长，而1969—1977年均低于1968年水平。1968—1977年的年均增长率为-0.13%，R&D/GNP也由1968年的2.8%降至1977年的2.1%。

阶段Ⅲ——高速增长期（1977—1985年）

面对20世纪70年代中后期的能源和经济危机，美国政府和企业加强

---

① 梁战平主编：《各国科技要览——40个国家的科学技术》，科学技术文献出版社1991年版，第874页。

了能源研究强度；80年代以后，国防科技备受重视，美国政府在这一领域的投资大幅度增加（见表2）。1978年美国R&D经费投入800.70亿美元，第一次超过1968年（777.59亿美元），到1985年达到1205.99亿美元，比1978年增加了50.6%，是1960年的2.32倍。1977—1985年年均增长率高达6.7%，R&D/GNP再次上升至2.8%。

表2　　　　　美国政府R&D经费分配重点目标的变化　　　　（单位:%）

	军事研究	空间研究	能源研究	经济发展	医药卫生	社会服务	知识进展
1966—1967年	49.0	32.0	5.0	5.0	6.0	2.0	2.0
1967—1977年	51.0	13.0	9.0	9.0	10.0	5.0	4.0
1988年	65.6	7.4	3.9	2.9	12.8	3.6	3.8

资料来源：美国国家科学基金会、经济合作与发展组织、国际货币基金组织。

阶段Ⅳ——低速增长期（1985—1995年）

自1985年以来，受国内经济疲软、国家预算吃紧、企业销售额及利润增长缓慢的影响，美国R&D经费投入增长速度减慢。1986—1995年十年间的年均增长率仅为0.9%，R&D/GNP比例也有所下降。

美国R&D经费微观结构的演变与趋势

1. 美国R&D经费投入的来源结构演变与趋势

美国R&D经费的来源渠道包括联邦政府、产业、大学和私营非营利机构等。其中联邦政府财政拨款与企业投资是R&D经费的最主要来源，两者之和占R&D经费总额的95%以上，最高时达98%（1960年），其投资结构的变化趋势是政府拨款比重逐步减少，企业投入比重不断上升（见图3）。这种变化趋势体现了美国R&D经费来源结构类型的转变。

R&D经费按主要来源渠道在投入份额中的比例关系可划分为三种类型：政府主体型（占50%以上）、产业主体型（占50%以上）和政府、产业双主型（双方都占45%—50%）[①]。这种划分方法的优点是把握了R&D经费来源的重点，突出了政府和企业在R&D来源上的重要地位，并尝试

---

① 李觉晓等：《研究与发展经费投入模式的研究》，《软科学研究》1990年第12期。

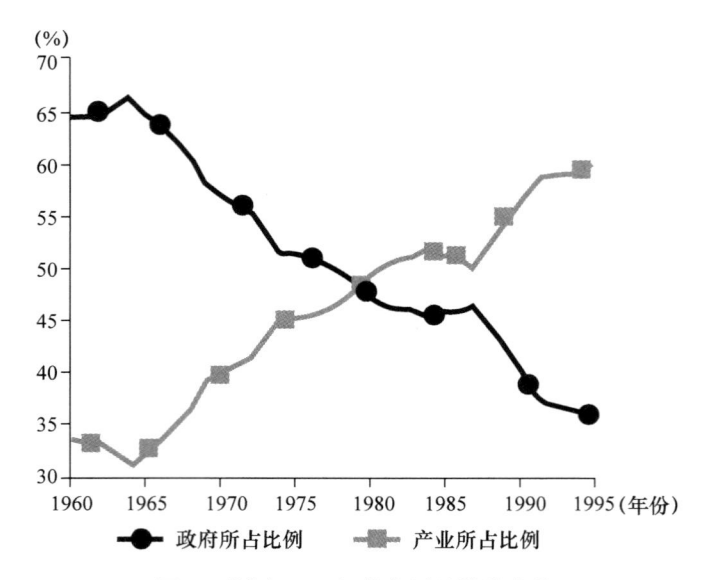

图3 美国R&D经费来源结构的变化

资料来源：National Science Board, *Science & Engineering Indicators*, DC: U. S. Government Printing Office, 1996。

通过政府、企业比例的变化来刻画结构的变迁；缺点是划分的三种基本类型之间缺乏严格的区分标准，范围过于宽泛，不利于说明结构类型之间的转变过程。例如，当政府所占比例为50.5%，产业所占比例为49%时，按上述划分应属于政府主体型，但是两者作为R&D经费投入来源所起的作用并没有多大差异。因而，将其界定为政府、产业双主型更适宜。为了更有利于说明结构类型的转换，本文把R&D经费来源的结构类型从量的角度作进一步界定如下：

政府主体型　　　　　〈……〉PG - PI > 5%
政府、产业双主型　　〈……〉| PG - PI | ≤ 5%
产业主体型　　　　　〈……〉PI - PG > 5%

其中，PG（Percent of Government）代表政府所占比例；PI（Percent of Industry）代表产业所占比例；| PG - PI | 指政府与产业比例之差的绝对值。

按照上述对R&D经费来源结构类型的界定，美国R&D经费来源结构类型的转变过程可以表示如下。

政府主体型 → 政府、产业双主型 → 产业主体型
（1960—1976 年）　　（1977—1983 年）　　（1984—1995 年）

1960—1976 年，R&D 经费来源结构属于政府主体型，政府是 R&D 经费的最主要来源，一直占 51% 以上且与产业所占比例之差均大于 5%；1977—1983 年，属于政府、产业双主型，两者比例相当，比例之差的绝对值小于等于 5%；1984—1995 年，属于产业主体型，在 R&D 经费来源上，产业处于明显优势，成为最主要的 R&D 经费供给者（见图 3 和表 3）。

表 3　　　　1960—1995 年美国 R&D 经费来源结构的变化　　　（单位：%）

年份	1960	1970	1976	1977	1980	1983	1984	1985	1990	1993	1995
政府	64.6	56.9	51.0	50.5	47.1	45.8	45.1	45.8	40.6	36.3	35.5
产业	33.3	40.0	45.4	45.9	49.4	50.8	51.6	50.9	55.0	58.9	59.4
大学	1.1	1.8	2.1	2.1	2.1	2.2	2.1	2.1	2.9	3.1	3.2

资料来源：National Science Board, *Science & Engineering Indicators*, DC: U.S. Government Printing Office, 1996。

2. 美国 R&D 经费分配的执行结构

美国 R&D 经费按执行部门分配的去向：联邦政府研究机构（Federal Govt），产业（Industry），产业研究开发中心（Industry FFRCs），大学（Universities & Colleges），大学研究开发中心（U&C FFRCs），非营利研究机构（Nonprofit Institutions），非营利研究开发中心（Nonprofit FFRCs）。美国 1960—1995 年 R&D 经费按执行部门分配的比例变化如表 4 和图 4 所示。

表 4　　　　　美国 R&D 经费执行部门的分配　　　　（单位：%）

年份	1960	1970	1975	1980	1985	1987	1989	1990	1992	1995
联邦政府	12.7	15.6	15.2	12.2	11.4	10.7	10.7	10.6	9.5	9.8
企业	77.7	69.1	68.7	71.1	74.0	73.5	72.3	72.4	72.4	71.0
大学	4.8	8.9	9.7	9.7	8.5	9.7	10.6	10.7	11.4	12.6

资料来源：National Science Board, *Science & Engineering Indicators*, DC: U.S. Government Printing Office, 1996。

通过图 4 可以看出，产业是美国研究开发工作的主要承担者、R&D 经费分配的重点，1960 年超过全国 R&D 经费分配比例的 70%。尽管在 20 世

纪70—80年代比例有所下降，1970年为69.1%，1980年为71.1%，但是其所占份额基本上在70%以上，这表明产业已经成为美国R&D活动的执行主体。而联邦政府所占比例不断下降，已经由1960年的12.7%下降到1990年的10.6%，大学所占份额则从1960年的4.8%上升为1990年的10.7%，取代联邦政府成为美国第二大研究开发执行部门，1995年达到12.6%。大学R&D经费的增长是联邦政府与私营企业长期以来对大学R&D资助的结果。

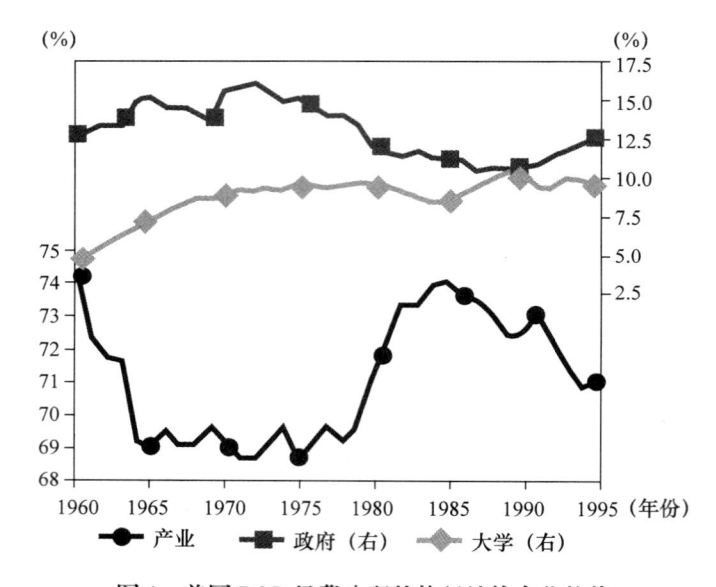

图4　美国R&D经费分配的执行结构变化趋势

可见，美国R&D经费分配的执行结构已经由20世纪60年代的产业、联邦政府"两极"格局逐步发展成为90年代的产业、大学、联邦政府"三维"格局。

3. 美国R&D经费分配的类型结构变化

R&D经费分配按研究类型可以分为基础研究（Fundamental Research）、应用研究（Applied Research）和试验发展（Experimental Development），这也是R&D活动一般要经历的三个阶段。阶段性体现了基础研究成果转换成应用研究成果，再转换为试验发展成果的过程。因此在经费分配上，三者之间应当有一个合理的比例，才能充分发挥基础研究、应用研究、试验发展的内在能力，使三类研究在和谐、相互促进的环境里形成良性循环，不断推动科技成果转化为产品和商品，使科技创新活动保持待续发展的后劲。

美国 R&D 经费分配的类型结构是世界各国中最稳定的。1965—1990 年的近三十年里，基础研究经费比例都在 12.5% 与 14.2% 之间，应用研究经费所占比例在 21.1% 与 23.3% 之间，试验发展经费所占比例在 61.6% 与 66.1% 之间（见表 5）。1965—1970 年比例结构平均值为 1：1.6：5；20 世纪 70 年代和 80 年代也基本保持稳定，分别为 1：1.7：4.9 和 1：1.7：4.8。美国有重视基础研究的传统，政府一直把基础研究看作对未来的投资，是美国技术创新的源泉和科技领先地位的基础。因此，不断加强基础研究是美国的一项重要国策。

表 5　　　　　　美国 R&D 经费按研究类型分配　　　　　（单位：%）

年份	1965	1966	1970	1971	1975	1980	1981	1985	1990	1995
基础研究	12.7	12.9	13.5	13.8	13.1	13.5	13.5	12.5	14.2	17.3
应用研究	21.6	21.1	22.0	21.9	22.0	22.1	22.8	22.7	23.3	23.2
试验发展	65.3	66.1	64.5	64.7	64.6	64.4	63.7	64.8	61.6	59.5
比例结构（平均）	\multicolumn{3}{c}{1965—1970 年 1：1.6：5}			\multicolumn{3}{c}{1971—1980 年 1：1.7：4.9}			\multicolumn{3}{c}{1981—1990 年 1：1.7：4.8}

资料来源：National Science Board, *Science & Engineering Indicators*, DC：U. S. Government Printing Office, 1996。

结论与启示

通过对美国 R&D 经费结构演变的历史回顾，可以把美国 R&D 经费结构变迁的特点与发展趋势概括如下。

1. 美国 R&D 经费宏观结构比较合理与稳定。其 R&D/GNP 的比例为 2.1%—2.9% 波动，绝大多数时期基本稳定在 2.5%—2.8%（见图 2）。美国政府在《国家利益的科学》报告中发表《科技政策声明蓝皮书》，声称"在保持持续增长的情况下，国家对 R&D 投资（包括民用和国际）的长期的、可行的目标是使其（指 R&D/GNP，笔者注）达到约 3.0%，这一适度的增长应来自联邦政府和私营部门"。因此，美国 R&D 经费占 GNP

的比例有进一步上升的可能。

2. 美国 R&D 经费投入的来源结构经历了政府主体型→政府、产业双主型→产业主体型的转变，产业主体型的强化是美国经费来源结构进一步演变的趋势。

3. 美国 R&D 经费分配的执行结构已经由 20 世纪 60 年代的产业、联邦政府两极格局演变为 20 世纪 90 年代的产业、大学、联邦政府三维格局。联邦政府日益成为 R&D 活动的组织者，R&D 经费更多地流向 R&D 活动的主导力量——产业和大学。

4. 美国 R&D 经费分配的类型结构基本稳定，基础研究、应用研究、试验发展之间的比例结构为 1∶1.6—1.7∶4.8—5。30 多年来微小的结构变化是基础研究比例上升较快，而试验发展所占比例有所下降。但在国际竞争日趋激烈的威胁与国内日益要求重视商业化的呼声下，R&D 经费分配的类型结构有日趋"下游"的可能，即基础研究的比例可能有所下降，应用研究、试验发展的比例会小幅上升。

美国 R&D 经费结构的演变对我国的 R&D 经费结构的合理构建及调整有诸多的启示。

1. R&D 经费结构稳定是 R&D 活动持续开展、顺利进行的保证。只有拥有稳定的宏观结构，才能更好地发挥科学技术在经济建设中的重要作用，才能更有利于国民经济的再分配和科技—经济之间相辅相成的良性循环。

纵观美国 30 多年来 R&D 经费结构的发展过程，尽管其间存在严重的能源危机、经济危机，也一度出现经济萧条、预算吃紧等消极因素的影响，但美国 R&D 经费宏观结构并没有出现过大的波动，一直保持在比较稳定的水平，这充分体现了美国政府及全社会对科技事业的重视。

R&D 经费还应该有一个比较合理的宏观结构，只有如此，科学技术在经济乃至整个社会中的推动作用才能有效发挥。可以说，美国已经形成了比较合理的 R&D 经费宏观结构，科技在整个社会中发挥了巨大的作用。据统计计算，技术进步对美国经济增长的贡献率高达 71%，更重要的是美国 R&D 经费宏观结构在稳定的前提下，还在向更合理的方向演化，以实现经济的持续增长和保持国际竞争中的优势。

我国 R&D 经费 1994 年为 222.24 亿元，仅为美国同期的 1/60，约为俄罗斯的 1/4、韩国的 1/2，基本上与印度、巴西的投入水平持平。更令人担忧的是，我国 R&D 经费宏观结构既不合理，又欠稳定，自 1988 年以来，R&D/GNP 一直徘徊在 0.6%—0.7%，投入强度逐年降低，1993 年降到 0.62%，1994 年竟然滑落到 0.5%。[①] 不仅远低于发达国家，而且与韩国等新兴工业发展国家和地区也有较大差距，甚至赶不上印度的水平（见表 6）。这种既不合理，又欠稳定的 R&D 经费宏观结构，将无助于全社会形成尊重知识、尊重人才的风气，严重制约了科技成果的转化，更无法扭转目前社会上对科学技术的淡漠。借鉴美国 R&D 经费宏观结构的发展经验，我国 R&D 经费的宏观结构的发展路径问题，首先应该保持稳定，"稳中求升"，逐步向较高比例的合理化方向发展。

表6　　　　　部分国家 R&D 经费及占 GDP 的比例　　（单位：亿美元，%）

	美国 1994 年	日本 1993 年	德国 1993 年	法国 1993 年	英国 1993 年	韩国 1993 年	印度 1992 年
R&D 经费	1691.0	1233.9	473.5	322.5	241.3	76.6	19.6
R&D/GDP	2.61	2.93	2.48	2.41	2.19	2.33	0.83

资料来源：National Science Board，*Science & Engineering Indicators*，DC：U. S. Government Printing Office，1996；国家统计局、国家科学技术委员会：《中国科技统计年鉴（1995）》，中国统计出版社 1995 年版。

2. R&D 经费来源结构发展的国际趋势是产业主体型。美国、日本等发达国家和韩国等新兴工业国家科技发展的历程充分体现了这一趋势。但是 R&D 经费来源的产业主体型结构不是突变性形成的，而往往有一个渐进的转换过程，美国 R&D 经费来源结构的变迁就充分说明了这一点。

虽然当今世界上 R&D 经费来源结构属于政府、产业双主型的国家（如法国）越来越少了，但是并不是说这种 R&D 经费来源结构类型在一个国家科技发展过程中的某一段时期内没有存在的必要性和可能性，也并不是说现在以产业主体型为特征的国家是在没有经历政府、产业双主型的情况下就直接跃迁为产业主体型的。相反，一般都要经历政府、产业双主型结构的过渡，只不过这段时期有长有短而已，例如美国大约为 8 年，而韩国大约为 2 年。

---

① 国家统计局、国家科学技术委员会：《中国科技统计年鉴（1995）》，中国统计出版社 1995 年版。

再从我国的具体国情看,科技体制改革以来,尽管科研经费来源改变了以往单一的财政拨款制度,科研单位正日益走上多渠道、多方位、多层次吸收社会资金的轨道,但是企业界对 R&D 活动投入仍然重视不够,缺乏应有的积极性。据统计,全国 1.2 万个大中型骨干企业的自筹科技开发经费中,仅有 50%—60% 是从销售额中提取或进入成本的。① 另据清华大学经济管理研究所对 1051 家企业技术创新的调查,R&D 投入少、R&D 能力弱是我国企业 R&D 活动的两大基本特点:"企业 R&D 经费占销售收入的比重平均为 0.5%。大中小企业平均水平分别为 0.78%、0.34% 和 0.37%。这样的投入水平远低于美国、日本和韩国企业的水平。"专利是 R&D 的重要成果之一。企业的专利数多是 R&D 能力强的表现。然而,专利是我国企业的稀有之物,样本企业 1990—1993 年年均专利申请数为 0.12 件,批准数为 0.04 件,相当于每 100 家企业年均拥有专利数 4 件。② 由此可见,缺乏内在活力、科技经费投入低、技术创新能力弱是我国产业界的现状,也是我国的"科技国情"。因而,在我国 R&D 经费来源结构仍属于典型的政府主体型(见表 7)的条件下,短时期内实现 R&D 经费来源结构的产业主体型转变是不可行的。

表 7　　　　　　我国研究与发展(R&D)经费的来源分布　　　　　(单位:%)

	政府	民间	其他
1987 年	60.9	39.1	—
1988 年	56.6	43.4	—
1990 年	54.9	23.4	21.7
1994 年	57.7	32.4	9.9

综上所述,无论是借鉴于国际上的经验,还是根据我国的国情,R&D 经费投入来源结构转变为政府、产业双主型并存在一段时期是我国目前可行与必要的选择,也是培育企业自身技术能力和投入能力以实现向产业主

---

① 李冰霜:《科技投入与使用分析》,《自然辩证法通讯》1994 年第 2 期。
② 高建、傅家骥:《中国企业技术创新的关键问题——1051 家企业技术创新调查分析》,《中外科技政策与管理》1996 年第 1 期。

体型结构转变的必要准备。

3. R&D 经费分配的执行结构直接关系到科研的效率和对经济发展的贡献。R&D 经费分配的执行结构发展的国际趋势是：产业为主要的执行部门，企业＞研究机构和大学。美国 R&D 经费分配的执行结构日趋形成以产业为主，以大学、政府研究机构为辅的格局。以产业为主，科技才能更好地与经济相结合，才能更多地为经济发展做贡献。而产业的发展，只有依靠科学技术，才能使产品具有竞争力，才能实现可持续发展。发达国家在执行结构上，基本上都已形成以产业为主，以大学、研究机构为辅的格局（见表8），而我国执行结构却是政府研究机构43.2%、产业32.4%、大学14.5%、其他9.9%，与国际趋势背道而驰。另外，作为我国当前R&D经费分配主要执行部门的研究机构规模可观，现状却堪忧："44.6%的研究机构，一年竟然没有发表一篇论文；平均一年只获得0.09项发明专利；97.4%的研究机构其科技成果应用每年不超过10项。"[①] 长期以来，产业经费投入能力不足，大学经费分配短缺，研究机构经费利用效率低下是造成我国 R&D 经费执行部门效率低下的主要原因之一。因此，转变我国 R&D 经费的执行结构势在必行。而要实现结构转变，只有研究机构与企业联合是远远不够的，必须不断地鼓励研究机构进入产业和强调产业与大学联合。

表8　　　　　　部分发达国家 R&D 经费按执行部门分配比例　　　　（单位：%）

	美国（1994年）	日本（1993年）	德国（1993年）	英国（1993年）
产业	71.6	66.0	66.9	65.9
大学	14.8	20.1	17.5	16.5
研究机构	10.2	9.3	15.2	13.8

4. 对基础研究、应用研究、试验发展三类研究进行合理的经费配置，有助于从科学发现、技术发明、技术创新到生产应用连贯地进行，既促进科技本身的发展，又促进科技向现实生产力的转化。如果基础研究薄弱，应用研究就会落后，试验发展就缺乏后劲，从而影响技术进步的速度；如果只重视基础研究，又会使科学技术与经济发展脱节，科学研究也就缺乏

[①]　游光荣：《我国研究开发机构综合科技实力的评价与分析——规模可观，现状堪忧》，《中国科技信息》1996年第4期。

经济支柱。这些经验教训已经被日本和英国发展的实践证实。近年来，以注重应用研究而著称于世的日本，鉴于多方面原因，[①] 开始重视基础性科学研究，政府出台了一系列科技政策和计划要求加强基础研究（例如：1992年4月日本政府通过的科技大纲强调"应在基础研究领域多作贡献"，1994年11月日本通产省拟定的一项综合技术政策指出"今后在基础研究上要脱离对欧美的依赖，加强独自技术的研究，以提高日本科技的国际竞争力"）。而一贯以具有基础研究传统自居的英国，自20世纪70年代开始大力加强科技管理，重视应用研究（1972年提出"政府应用研究条例"蓝皮书，成为英国重视应用研究的转折点）。[②] 此外，英国还积极实施合作计划以保证研究成果的开发与转化。从世界范围内来看，合理安排基础研究在R&D经费分配类型结构中的比例，以形成较合理的类型结构成为各国科技结构调整的重要内容。

发达国家中，美国R&D经费分配的类型结构是合理与稳定的典型代表（见表4），大量的基础研究投资产生了丰硕的科学成果，不仅为美国赢得了巨大的科学声誉，而且丰富了国家技术源泉，为美国的经济发展奠定了坚实的科学基础。相比之下，我国R&D经费分配的类型结构中基础研究过于薄弱（1994年仅占R&D总经费的6.6%），直接影响了我国基础研究的水平和应用研究、试验发展赖以依托的科学基础。据报道，我国基础研究水平，"具有国际水平，可以开创性地占一席之地的领域只有5%；可以和国际交流、个别被国际上承认有较好工作的领域大约占20%；其余大多为重复性的、在国内外一般性杂志上发表的工作"。[③] 造成上述状况的一个重要原因就是基础研究经费投入严重不足。没有强大的基础研究作为支撑，科学技术就不可能有持久的竞争力，经济发展也将缺乏后劲，对科技的再投入也必将受损，从而陷入恶性循环。因此，我国R&D经费的类型结构调整应在兼顾应用研究、试验发展保持一定规模的基础上，适当提高基础研究经费分配比例，以保证我国R&D结构"稳定"。

---

① 曲国斌：《日本为何开始重视基础性科学研究》，《世界科技研究与发展》1995年第6期。
② 刘泽芬、刘明扬：《国外科技体制及其变革》，科学技术文献出版社重庆分社1990年版，第96页。
③ 沈新伊：《从"稳住一头"的国家科技政策谈科学基金的资助方针》，《中国科学基金》1995年第4期。

基础研究投入的速度、规模与模式的国际比较

基础研究对于一个国家的长远发展来说至关重要。由于历史的原因和资源投入比重偏低，我国基础研究与发达国家相比差距较大。1994年，发达国家基础研究投入经费占R&D经费的比例已经达到12%—20%的规模，而我国仅为6.6%。为了协调日益增长的科技发展对科研经费的需求与社会难以满足这种需求之间的矛盾，也为了我国科技和经济能长期、稳定地发展，更充分地发挥科技在促进社会经济发展中的巨大作用，有必要对基础研究投入的速度、规模与模式选择等问题进行深入的研究和探讨。我们从以美国、日本为代表的发达国家，以韩国为代表的新兴工业国家和以印度为代表的发展中国家入手，在分析各国基础研究投入历史数据的基础上，概括各国基础研究投入的特点和模式，以便为我国的基础研究投入速度、规模和模式选择提供依据与参考。

美国、日本基础研究投入速度、规模与模式

1. 美国基础研究投入的速度与规模的历史发展

美国科技领先地位的确立在很大程度上依赖于基础研究的发展。美国十分强调基础研究的重要作用，并在政策、措施等方面给予倾斜，美国的优势在于基础研究投资庞大，实力雄厚，人才资源丰富。

自20世纪70年代起，美国的基础研究经费投入大致经历了四个发展阶段。（1）徘徊调整期（1970—1976年）。基础研究经费基本上保持在100亿美元左右，数额较稳定，偶有小的波动。（2）稳步增长期（1977—

---

* 本文刊于《科学学与科学技术管理》1997年第10期，与陈劲、许庆瑞合作。

1982年)。1977年基础研究经费投入为103.29亿美元,第一次恢复并超过1970年(101.61亿美元),到1982年时达到124.79亿美元,比1977年增加了20.8%,是1970年的1.23倍。基础研究经费投入的稳定增长主要源于20世纪70年代中后期的能源和经济危机带来的能源研究升温。(3)高速增长期(1983—1991年)。20世纪80年代后,由于日本在技术和经济领域的全面挑战和美国对国防科技发展的重视,美国基础研究经费投入出现了持续、高速的增长。1983年经费投入为133.77亿美元,到1991年则为225.57亿美元,8年时间增加了90多亿美元。(4)回落振荡期(1991—1997年)。进入20世纪90年代,美国对于基础研究的看法有所改变,认为基础研究与提高工业竞争力的关系并没有过去想象得那么密切,并把一些经验性研究成果递交总统及国会参考,基础研究在国家的发展目标等方面的比重有所下降,基础研究经费投入出现回落振荡。1992年基础研究经费为223.14亿美元,1995年增加到229亿美元,比1994年、1993年均有所下降。

基础研究经费投入的规模一般可以用基础研究投入占R&D经费的比例(FR/R&D)的大小来衡量。美国1970—1995年FR/R&D比例变化情况为:1970—1985年,规模较稳定,波动范围小,为12.4%—13.9%;1986—1993年规模扩大,从1986年的13.8%上升到1993年的17.4%,达到历史上的最大规模;1993—1997年,与20世纪80年代末期相比,规模有所缩小,其发展趋势尚需观察。

总体来说,1970—1995年美国基础研究投入的规模基本稳定,大致占R&D经费投入比例的14.2%。

通过前述对美国基础研究投入的速度、规模的研究,我们把美国基础研究投入的模式概括为"S"形增长模式(马鞍状的"S"形)。其基本特征是:第一阶段的增长与调整呈现"S"形,即起初有一定的稳步增长,然后出现回落调整,但没有出现大的波动;第二阶段的增长是从第一阶段的回落调整后开始的新一轮"S"形增长。因此,从发展的全过程看,其基础研究投入的增长模式是两个"S"形曲线的有机连接,我们称之为"S"形增长模式。

2. 日本基础研究投入的历史发展

日本注重选择引进的技术,并对引进技术进行消化吸收和再创新。这种技术引进型追赶战略的实施,直接影响了日本传统的基础研究发展路径,使日本在相当长的一段时期内,基础研究让位于技术引进以及对实用型科技人员的培训工作。目前日本技术水平的优势主要是在生产阶段，而对于基础研究领域，日本则相对较薄弱，尤其是在生命科学以及地球科学领域，与美国的差距尤为明显。近年来日本已经开始重视基础研究，1986年3月的内阁会议通过了"科学技术政策大纲"，提出了提高国际科学技术竞争和合作能力，强化日本基础研究，为日本21世纪培养技术创新的种子的战略措施。基本方针是，以加强基础研究为中心，振兴富于创造性的科学技术研究。

日本基础研究投入可以分为三个阶段：（1）稳步增长时期（1965—1973年）。这一时期基础研究经费投入基本稳定，增长速度时快时慢，呈小幅度调整，整体呈增长趋势。（2）规模缩减时期（1973—1977年）。尽管基础研究经费总额不断增加，但相对于上一年的增长速度而言，却是下降的，1973—1975年年均比上一年出现负增长，因此，这一时期，日本基础研究投入缩减。（3）小幅增长时期（1977—1997年）。

与美国不同，日本主要是凭借技术引进、消化吸收战略来实现其发展的。其科技体系结构重心在企业的研究与开发，重视引进、消化吸收、渐进创新，科技基础设施好、设备精良且趋于经济化阶段。日本的科技发展道路是"引进—消化吸收—渐进的自主创新"。日本强调的"基础研究"，实际上是能带来实际应用目的的基础性技术研究。在此，我们把日本基础研究投入模式概括为高速减与稳步增相结合的增长模式。这种模式也由两个阶段组成：第一阶段的特点是基础研究所占份额下降很快，研究经费更多地投入与消化吸收密切相关的应用研究和发展研究上去；第二阶段则在渐进创新的基础上，稳步增加基础研究投入来增强基础研究的力量，为实现今后技术自主的目标奠定基础。

新兴工业国家和发展中国家基础研究投入的速度、规模与模式

1. 韩国基础研究投入的速度、规模的历史发展

20世纪50年代末60年代初，韩国经济进入起飞阶段，在普遍缺乏资金、技术、人才的条件下，采取了集中一两个重点产业引进先进技术、消化吸收、奠定工业基础、培养科技力量的发展战略。可见，韩国的经济发展是在消化引进技术和改造现有技术的基础上起步的。进入80年代以后，韩国开始强调自

己的研究与发展实力的提高，提出了"以技术为主导"的发展战略。

韩国的科技发展大致上可以分为两个阶段：（1）20 世纪 60 年代中期至 1980 年。引进和消化国外先进技术，以科研相辅。（2）1980—1997 年。以发展科研实力为主。

韩国基础研究经费投入占 R&D 经费比例近些年变化不大，20 世纪 80 年代基本上稳定在 16%—17%。但与 20 世纪 70 年代相比，80 年代比例已有所下降。1979 年 FR/R&D 为 22.7%，而到 1982 年已下降到 14.0%，1985 年略有上升达 16.9%，而 1990 年又下降到 16.0%，但已与发达国家的模式很接近。韩国计划到 2000 年使基础研究、应用研究、开发研究经费的比例达到 2∶3∶5，1997 年美国和日本的基础研究、应用研究、开发研究经费比例大致为 1∶2∶5。

韩国基础研究投入的模式可以粗略地概括为：先高速增后常数平衡模式。第一阶段（1973—1981 年）以较快的速度增长（但不一定是"S"形），第二阶段（1982—1995 年）则在已经达到的规模上调整保持平衡，稳定已经取得的基础研究规模。

2. 印度基础研究投入的历史发展

印度的科学技术经过 40 多年有计划的发展，取得了较大的成功，一些基础研究领域的工作在国际上也有一定的地位。无论从社会发展、经济实力还是科学技术水平来衡量，印度都已经成为发展中国家的大国。因此，我们把印度作为发展中国家基础研究投入速度、规模与方式研究的案例。另外，印度国家在发展科学技术工作中的领导作用，政府对科学技术进行的规划管理、组织协调及机构设置等方面，均与我国有相似之处。因此，通过对印度基础研究投入速度、规模与投入方式的研究，对我国制定基础研究投入政策与规划有借鉴和启示作用。

印度科学技术的发展始终以两个基本目标为指导：（1）满足印度民众在食品、住宿、健康、受教育、就业等方面不断提高的基本需求；（2）减轻印度在工业与技术方面对发达国家的依赖程度。因此，印度对培育科技自主能力特别重视，这也就导致了其对基础研究的重视。

从表 1 中可以看出，印度对研究与发展经费投入十分重视，也说明了印度大力发展科学技术、走科技自主立国道路的政策与措施的实施。印度 R&D 经费增长很快，从 20 世纪 50 年代末到 80 年代中期，一直不断增长，1986—1987 年达到高峰，R&D/GNP 为 1.03%，成为发展中国家中少数几个 R&D/GNP 比例突破 1% 的国家,但 20 世纪 80 年代末到 90 代初,随着 R&D 经费增长率下降,该比例有所回落,但仍然占较高的比例。

表1　　　　　　　　印度 R&D 经费投入的历史发展　　　（单位:千万卢比,%）

	1975—1976 年	1980—1981 年	1982—1983 年	1984—1985 年	1986—1987 年	1987—1988 年	1989—1990 年	1990—1991 年
R&D 经费	356.71	760.52	1206.03	1781.55	2667.53	3077.80	3725.74	4186.43
R&D/GNP	0.53	0.62	0.76	0.86	1.03	1.00	0.94	0.89

资料来源:国家科委综合计划司主编:《印度研究与发展统计(1986—1987 年度)》,印度科学技术部,张帆编译,赵玉海校,科学技术文献出版社 1991 年版。

印度基础研究投入总量也实现了持续增长,但其所占 R&D 经费的比例自 20 世纪 80 年代起逐年下降趋势明显。在基础研究活动中,中央政府和邦政府是基础研究经费的主要投入者,占总基础研究经费来源的 90% 以上。

印度基础研究经费所占比例大致在 12%—18%,这个比例在发展中国家是较高的,对于发达国家而言也算高的了(见表2)。1990 年所占比例高于美国和日本,更远远高于我国,从中可以看出印度对于科学技术的重视和对基础研究的强调。

表2　　　　　主要国家基础研究投入占 R&D 经费的比例　　　（单位:%）

	中国 1990 年	美国 1990 年	日本 1990 年	印度 1990 年	韩国 1990 年	新加坡 1984 年
FR/R&D	7.3	15.5	12.6	16.4	16.0	3.4

印度基础研究投入模式可以看作倒"V"形。第一阶段(1974—1985 年)基础研究投入以比较恒定的速度增长;第二阶段(1985—1995 年)在很难保持增长趋势的条件下,在较高规模处减速下降,以期为下一步的增长奠定基础。

基础研究投入的国际比较对我国的启示

通过对以美国、日本为代表的发达国家和以韩国、印度为代表的新兴工业国家和发展中国家基础研究投入的速度、规模与模式的历史考察与分析，对于我国基础研究投入模式选择有如下启示。

1. 基础研究投入的速度与规模，不同的国家存在不同的增长模式。因此，要从我国的基本资源与国家发展的战略目标出发，来规划我国基础研究投入的速度、规模。我国在基础研究经费投入上存在比例偏低的现象，而且自1991年以来，逐年下降，到1994年基础研究经费占R&D经费的比例仅为6.6%。基础研究经费的大起大落势必会影响我国基础研究工作的正常进展，进而使整个科技事业受损。为实现2000年R&D/GNP达到1.50%的目标和科技活动内部合理的比例结构，基础研究的比例必须采取有计划的增长模式，考虑到我国的国情，尤其是人口和环境的压力，在近些年，我国科技投入的速度无法增长过快，因此我国基础研究投入的速度和规模宜采取低速的增长方式，类似于美国第一阶段的"S"形缓慢增长。

2. 基础研究投入模式的选择与一个国家科技发展战略密切相关，我国先"消化吸收"后"技术自主"的科技发展战略并不表明要降低基础研究的比例。"消化吸收"战略并不等同于基础研究投入比例要下降，而"技术自主"也不意味着基础研究投入比例一定要上升，韩国和印度基础研究的发展历程就充分说明了这一点。因此，为更好地实施我国的科技发展战略，实现战略重点从"消化吸收"向"技术自主"过渡和转移，基础研究投入的比例不宜过低，而应该保持低速的增长。

3. 基础研究投入的速度、规模受到一个国家资源的限制，要根据一个国家的人力、物力和财力基本状况选择投入模式。鉴于基础研究直接关系到科技发展的质量和速度，以及对科技、经济长远稳定的发展的重要作用，加之我国目前基础研究的比例偏低的现状，我国基础研究投入增长应该越快越好（即采取高增长模式），但是，这与我国科技发展的环境和经济实力等因素不协调，更易引起科技、经济与环境之间的矛盾，甚至直接影响我国经济的持续增长与长远发展。因此，我国基础研究投入的模式选择应以低速的增长模式为宜，这也与我国的人力、物力和财力状况相适应，单纯地按照美国、日本或韩国、印度模式增长，不符合我国现阶段的状况。

综上所述，我国基础研究投入的模式宜选择有侧重的低速增长模式。

新产品开发中的动态平台战略[*]

产品平台方法是理论界和实践界都非常关注的议题。Meyer 和 Utterback 明确提出产品平台是一组产品共享的设计与零部件集合。[①] 共享一个产品平台、具有不同的性能与特征、以满足不同用户需求的一系列产品就是产品族。一个坚实的平台是成功产品族的心脏,是一系列紧密相关的产品的基础。Meyer 指出企业不仅要建立产品平台,更要对产品平台更新进行系统规划与实现,激活公司现有市场,甚至率先进入新兴市场,把新产品开发从单一产品、单一市场推向更高的层次,并详细论述了平台更新的五种策略。[②] Meyer 等提出测评平台方法 R&D 绩效的方法,它适用于技术型公司评价不断发展更新的产品族,应用这种方法可以更好地理解平台更新、衍生产品换代的动态,以及它们对企业长期成功的影响。Meyer 和 Lehnerd 系统总结了他们对于平台方法的理论与实证研究,是集平台方法研究之大成力作。[③] Meyer 和 Seliger 把平台概念从有形的物质产品拓展到计算机软件产品,认为平台方法也适用于软件产品开发,进一步拓宽了平台方法的应用范围。[④] Robertson 和 Urich 认为应用平台方法需要做好长远规划,并以汽车产品为例讲述了平台规划的具体方法。Robertson 等提

---

[*] 本文刊于《科研管理》2004 年第 4 期,与王毅合作。

[①] Marc H. Meyer, James M. Utterback, "The Product Family and the Dynamics of Core Capability", *Sloan Management Review*, Spring 1993, pp. 29 – 47.

[②] Marc H. Meyer, "Revitalizing Your Product Lines through Continuous Platform Renewal", *Research Technology Management*, March-April 1997.

[③] Marc H. Meyer et al., *The Power of Product Platforms: Building Value and Cost Leadership*, New York: The Free Press, 1997.

[④] Marc H. Meyer, Robert Seliger, "Product Platforms in Software Development", *Sloan Management Review*, Fall 1998, pp. 61 – 74.

出基于核心能力的平台方法。[1] Martin 和 Ishii 提出以产品平台为基础、低成本设计差异化产品的方法。[2] Du 等提出运用属性图形文法来寻找产品平台和定义差异化产品的方法[3]。Jiao 等提出基于产品平台的大规模定制实现方法[4]。王毅提出新产品开发中的平台战略[5]。

上述研究已经明确指出,在新产品开发中,平台战略能带来竞争优势。平台战略要能获得持续竞争优势,与平台战略相关的各个要素必须动态变化,就是要实施动态平台战略。本文首先揭示从能力到产品平台、到产品族、到市场,直至企业绩效的内在逻辑过程。其次,本文阐释动态平台战略,即基于产品族、产品平台和企业能力的动态更迭。这些动态更迭是企业获得持续竞争优势的关键。最后,本文以四川长虹为例说明动态平台战略的有效性。

产品平台:连接企业能力与市场需求

产品平台能够连接能力与市场,把企业能力转化成现实的市场绩效。这就是从能力到产品平台、到产品族、到市场,直至企业绩效的内在逻辑过程(如图 1 所示)。对各个层次的具体剖析如下。

1. 企业能力层

企业能力层是基础,是竞争优势之源。企业能力由战略整合能力、组织整合能力、技术整合能力三者有机构成[6]。企业能力的强弱决定了企业竞争优势的强弱和持久性。企业能力是产品平台的直接基础。华东某冰箱制造商为了实施产品平台方法,首先采取措施,提高战略整合能力、组织整合能力和技术整合能力。

---

[1] David Robertson, Karl Urich, "Planning for Product Platforms", *Sloan Management Review*, Summer 1998, pp. 19 – 31.
[2] Mark V. Martin, Kosuke Ishii, "Design for Variety: Developing Standardized and Modularized Product Platform Architectures", *Research in Engineering Design*, Vol. 13, 2002, pp. 213 – 235.
[3] Xuehong Du, Jianxin Jiao, Mitchell M. Tseng, "Modelling Platform-Based Product Configuration Using Programmed Attributed Graph Grammars", *Journal of Engineering Design*, Vol. 14, No. 2, June 2003, pp. 145 – 167.
[4] Jianxin Jiao, Qinhai Ma, Mitchell M. Tseng, "Towards High Value-Added Products and Services: Mass Customization and Beyond", *Technovation*, Vol. 23, No. 10, October 2003, pp. 809 – 821.
[5] 王毅:《新产品开发中的平台战略研究》,《中国软科学》2003 年第 4 期。
[6] 王毅:《以能力为基础的战略管理》,博士学位论文,浙江大学,2000 年。

核心能力的建立和培育是企业实施产品平台战略、获得持续竞争优势的关键。企业核心能力一旦建立，产品平台就有了强大的基础。培育强大的核心能力需要五年、八年甚至十年以上的不懈努力。这要求企业具备长远的战略眼光，实施以能力为基础的战略管理，为动态平台战略的实施培育强大的基础。

2. 产品平台层

产品平台层连接企业能力与产品族层。它自身以企业能力为基础，同时又是产品族的基础。企业能力这一基础越广、越强，企业开发的产品平台数量越多、强度越高。技术整合能力直接为产品平台的建立提供技术支持，例如华东某冰箱制造商高性能保鲜产品平台 BCD-256W 保鲜无氟冰箱，直接是以新引进技术能力为基础开发出来的。战略整合能力可以使企业直接发挥已有技术能力基础，建立一些产品平台。例如华东某冰箱制造商小康产品平台 BC-183、经济型抽屉王产品平台 BCD-238、组合冰箱产品BCD-258 都是基于原来的老产品，进行变形设计和深入开发得到的。这样就形成了新的产品族，满足更细分的市场需求。

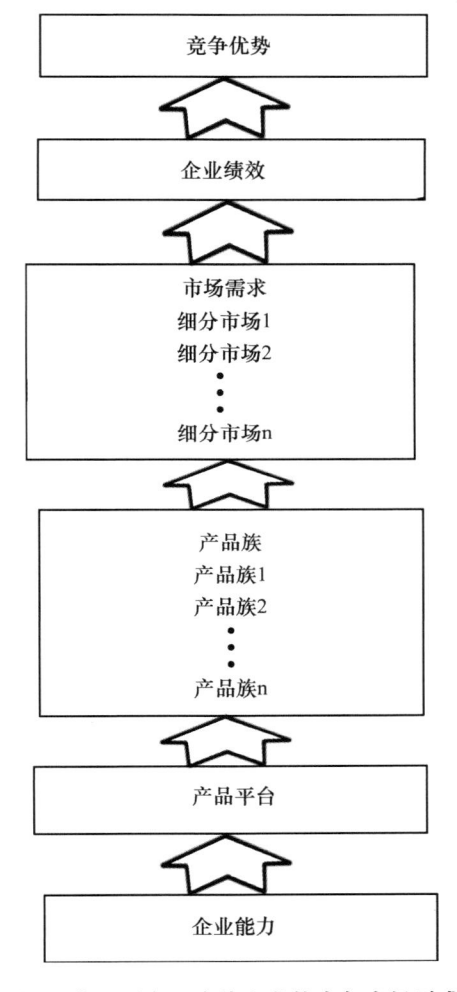

图 1 产品平台：连接企业能力与市场需求

3. 产品族层

产品族层连接产品平台与市场需求层。产品族以产品平台为基础，形成系列产品。产品平台越多，产品族的数量越多。产品平台越适当，产品族越能满足各细分市场的需求。一般来说,一个产品族能满足一个细分市场的某个档次(高档、中档、低档)的需求。华东某冰箱制造商以上述的产品平台为基础,形成六个产品族,即基于 BCD-256W 的高性能保鲜产品族、基于 BCD-260 的高档抽屉王产品族、基于 BCD-238 和 BCD-188 的经济型抽屉王产品族、基于 BCD-258 的组合冰箱产品族、基于 BCD-196 的风采产品族,以及基于 BC-183 的小康产品族。

4. 市场需求层

洞察市场需求,尤其是潜在需求,并据此进行适当市场细分,是发挥企业能力,开发、拓展和更新产品平台与产品族,不断渗透市场的重要环节。适当细分市场,是企业最大限度地发挥自身能力,使企业产品具有广泛的市场适应性,可以使企业不断扩大市场空间,占领市场。华东某冰箱制造商根据城市/农村、经济收入水平、地域等维度,把企业冰箱产品的目标市场划分为六个不同档次的细分市场,每个档次的细分市场用一个产品族来满足。高性能保鲜产品族针对高档冰箱市场,高档抽屉王产品族针对中高档市场,经济型抽屉王产品族针对城市中档市场,组合冰箱产品族针对北方区域市场,尤其是东北和山东市场,基于 BCD-196 的风采产品族针对城市低档市场,小康产品族满足农村市场和城市小型冰箱市场的需要。

5. 企业绩效层

来自平台方法的企业绩效分为三点:第一是市场空间扩大与市场占有率提高;第二是开发成本降低;第三是制造成本降低。第一点企业绩效主要是开源,后两点主要是节流。

企业产品族的增加,可以使企业满足不同的细分市场的需求,甚至是新发现的细分市场的需求,从而扩大对已有市场空间的占领,以及开拓新的市场空间。例如,华东某冰箱制造商开发多系列冰箱,能够满足各细分市场的个性化需求,使其取得良好的市场业绩。1998 年,在全国冰箱市场衰退的情况下,华东某冰箱制造商取得了 40% 以上的增长。

采用以能力为基础的平台方法,企业可以降低开发费用,缩短开发时间。产品平台方法使华东某冰箱制造商推出新产品速度加快,呈现出一定的产品开发规模经济。开发周期大大缩短。一个开发小组 2—3 人在 7 个月内可以开发出一个系列的 3—4 个新产品,产品开发效率提高 200% 以上。平台方法为华东某冰箱制造商带来大量新产品的同时,产品开发成本也随之降低。

采用产品平台方法也可以降低制造成本。当大批量生产通用零件时，可以获得规模经济效益。华东某冰箱制造商就通过零部件的共用、材料的大批量采购等得到制造成本的降低。

企业取得绩效之后，就会在市场上获得竞争优势。

动态平台战略：基于产品族、产品平台和能力的动态更迭

上文阐述了从能力到产品平台、到产品族、到市场，直至企业绩效的内在逻辑过程，这是产品平台战略的静态框架。实际上，企业连续实施产品平台战略的过程是动态发展的，能力、产品平台、产品族都在不断地发展、动态更迭，这就是带来竞争优势的动态平台战略。如图2所示，动态平台战略中的更迭有基于产品族的更迭、基于产品平台的更迭、基于能力的更迭三类。下面分别分析这三类更迭及其与竞争优势的关系。

1. 基于产品族的更迭

基于产品族的更迭是指在产品平台、企业能力基本稳定的基础上，现有产品族集合的发展。基于产品族的更迭主要是在原有产品族中增加新产品，形成新的产品族。这些新产品是原有产品族的变形产品，与

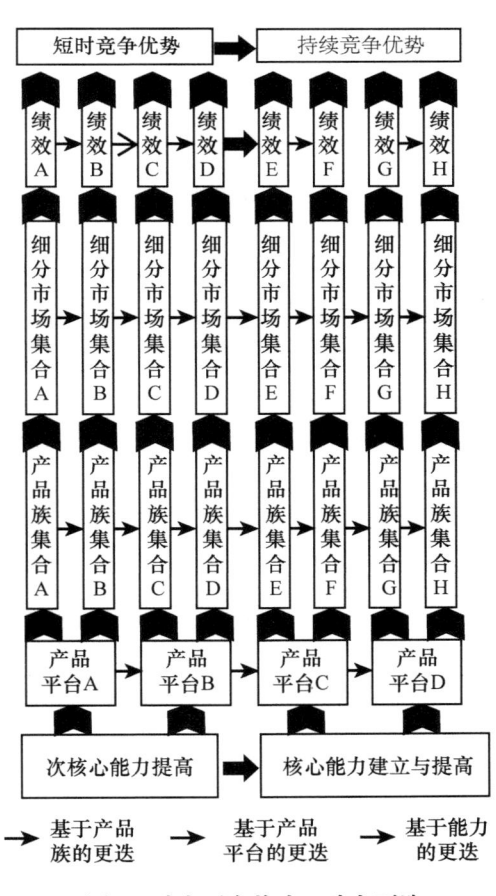

图2　动态平台战略：动态更迭

原有产品具有很大的相似性，能够满足同一顾客群不同的细微偏好差异。如产品颜色、外形、外壳材料等细微变化。随着产品族的变化，基于产品平台的所有产品族组成的集合就会从集合 A 更迭为集合 B（如图 2 所示）。

随着人们生活水平的提高，市场偏好多样化的趋势日益明显，即所谓的个性化需求。产品外观偏好是这种个性化需求的基础组成部分，占的比例也较大。华东某冰箱制造商对手把、门的形状等的改变，就是产品族内部的变化。这种基于产品族的更迭，潜在的细分市场集合和市场空间都是确定的。基于产品族的更迭的意义在于，可以使企业最大限度地争取已有细分市场的市场空间内的市场份额，从而扩大企业现实的细分市场集合，从细分市场集合 A 扩张到细分市场集合 B，使企业销售额增加，使企业绩效从绩效 A 增加到绩效 B。

基于产品族的更迭比较容易实现，需要的时间比较短，一般在 1 年以内可以完成，可以为企业带来短期的竞争优势。所以，进而竞争激烈的市场上，绩优企业常常频繁地进行产品族更迭，进而最大限度地占领已有细分市场。

2. 基于产品平台的更迭

基于产品平台的更迭是在企业能力基本稳定的基础上，产品平台的发展与更迭。基于产品平台的更迭主要是改变或改进原有产品平台，以形成新的产品平台，如图 2 中产品平台 A 向产品平台 B 的跃迁。基于产品平台的更迭会引起产品族的更迭，如图 2 中产品族集合 B 向产品族集合 C 的发展。基于产品平台更迭的产品族集合变化，要比基于产品族更迭的产品族集合变化大。基于产品平台的更迭，产品族集合的变化主要表现为新型产品族的引入。新型产品族与已有产品族相比，在功能、价格等方面具有较大的变化。

基于产品平台更迭的产品族更迭，可以使企业进入以前没有进入的细分市场，甚至创造一个顾客和竞争者都没有感知到的细分市场，从而扩大企业的市场空间。这种细分市场的扩展使企业的细分市场集合从集合 B 发展到集合 C。市场空间的扩大使企业产品销售量增加，从而提高企业绩效，从绩效 B 提高到绩效 C。例如，华东某冰箱制造商基于 BCD-256W 的高性能保鲜产品族、基于 BCD-260 的高档抽屉王产品族的引入，使它能够进入高档冰箱市场。基于 BCD-188 的经济型抽屉王产品族，使其进入城市中档冰箱市场。

基于产品平台的更迭比基于产品族的更迭深入了一步，相对来说，难度也较大，需要的时间比较长。基于产品平台更迭的周期因产品平台的性质而异，一般为 1—3 年。基于产品平台的更迭能为企业带来中短期竞争优势。具有长期竞争优势的企业，产品平台的更迭是连续进行的，更迭的频率以不断延续中短期竞争优势为佳。

3. 基于能力的更迭

基于能力的更迭是次核心能力积累与提高到一定程度时，转化为核心能力，使企业发生从次核心能力到核心能力的更迭。基于能力的更迭的影响是革命性的，产品平台和产品族都发生很大的更迭，这些更迭中的变化比前面任何一种都要大。核心能力的建立是企业形成强大的战略整合能力、组织整合能力和技术整合能力的结果。能力的更迭会使企业建立新的产品平台，发展到产品平台的确立，如图 2 中产品平台 B 向产品平台 C 的跃迁。基于能力的平台跃迁会比产品平台自身的更迭变化大，影响也更为深远。这种产品平台跃迁会引起产品族的更迭，这就是基于能力的产品族更迭，如图 2 中产品族集合 D 向产品族集合 E 的变化。更迭之后的产品族集合 E 中包含的是全新的产品族。

基于能力的产品族更迭，可以使企业进入以前没有进入的市场空间，甚至是开辟一个用户和竞争者都没有感知到的、全新的市场空间，从而进入极为广泛的细分市场，使企业的细分市场集合从集合 D 发展到集合 E，企业的市场空间急剧扩张。市场空间的扩张使企业产品销售量急剧增加，从而使企业绩效发生飞跃，从绩效 D 提升到绩效 E。

基于能力的更迭影响最为深远，从平台战略的根部一直更迭到企业绩效。基于能力的更迭难度最大，需要的时间也最长。因为核心能力建立，往往需要 5—10 年，甚至 10 年以上长期不懈的努力。基于能力的更迭能为企业带来持续竞争优势。企业的核心能力，通过产品平台、产品族的动态更迭，不断拓展市场空间，转化为持续竞争优势。

动态平台战略案例：四川长虹彩电的发展

四川长虹基于能力建立与提高，从 20 世纪 80 年代中期到 90 年代中后期这一段时间内，产品平台不断更迭，产品族不断发展，实际上就是一个动态平台战略的实现过程。[①] 随着产品平台与产品族的更迭，长虹彩电能

---

① 王毅：《以能力为基础的战略管理》，博士学位论文，浙江大学，2000 年。

满足的市场需求逐步扩大，不断取得竞争优势，从而使市场空间不断扩展，主导市场从四川省逐步扩展至全国市场，从与国内企业的竞争走向与国际企业的竞争（见图3），并为四川长虹在全国市场获得持续竞争优势提供了基础。

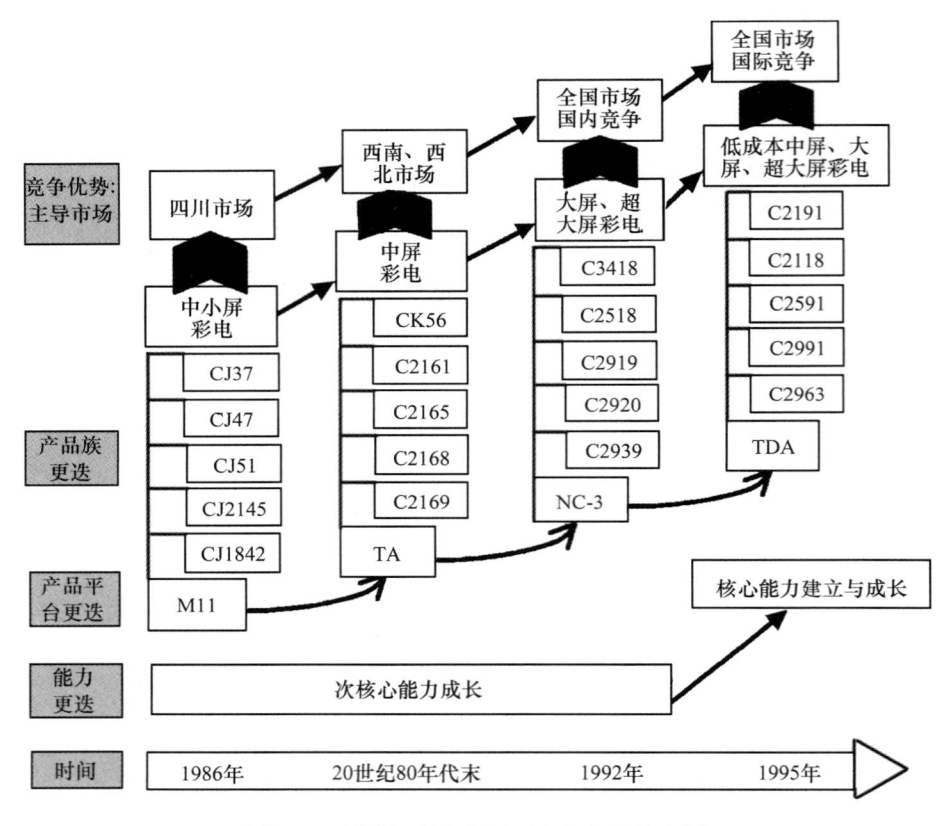

图3　四川长虹彩电产品平台与产品族发展

1. 基于产品族的更迭

1986年8月31日，长虹第二次与松下合作，从松下引进的具有20世纪80年代国际先进水平的彩电生产线建成投产，长虹厂形成年产彩电45万台以上的生产能力。随这条生产线一同引进的是M11机芯，以及基于它的各型中小屏幕彩电，从14英寸到21英寸不等。这一时期的产品平台就是M11机芯，以它为机芯的各型彩电组成中小屏彩电产品族，主要产品为

CJ37、CJ47、CJ51、CJ1842、CJ2145 等。随功能的少量差异、配件的不同，这些不同规格的产品又有不同的型号。例如，CJ37 有 CJ37A、CJ37A1 两种型号，CJ47 有 CJ47A、CJ47A1 两种型号，等等。以 M11 机芯为产品平台的产品共有 11 个。这一引进的产品平台与产品族，为长虹成功实现了占领四川市场，走向西南、西北市场的目标。

在长虹的每一代产品平台上，都存在产品族的更迭。产品族的更迭使长虹更好地占领各个时期的主导市场的细分市场。

2. 基于产品平台的更迭

20 世纪 80 年代末，长虹对 1986 年从松下引进的生产线完成了消化、吸收，直至可以仿制。至 1988 年时，已经使这条生产线滚动发展为四条生产线，形成年产 80 万台彩电的规模。与此同时，对引进的 M11 机芯也进行了消化、吸收，并在它的基础上，设计了 TA 机芯，实现了产品平台的更迭。以 TA 机芯这一产品平台为基础，长虹发展出中屏彩电产品族，主要包括 CK53、CK56、C2165、C2168、C2169 等规格的产品。随功能、外观方面的较小差异，这些不同规格的产品具有更多的变形产品，以满足更广泛的市场需求。例如，基于 C2165 的彩电产品有 C2165C、C2165E、C2165F、C2165K、C2165KV 等不同型号产品。这样，以 TA 机芯为产品平台的产品型号共有 18 个。以 TA 机芯为产品平台的中屏彩电产品族，使长虹满足了不断增长的彩电市场需求，取得了良好的市场绩效，为长虹实现了占领西南、西北市场，走向全国市场的目标，并在全国电子百强企业中名列前茅。1992 年长虹完成销售收入 17.5 亿元，实现利税总额 2.838 亿元。

20 世纪 90 年代之后，世界彩电技术进入大屏幕主导时代，世界各大彩电生产厂家相继推出大屏幕彩电。为了赶上这一发展趋势，1992 年长虹与东芝合作，成功开发 NC-3 机芯，再次实现产品平台更迭。以 NC-3 机芯为产品平台，长虹于 1993 年试制成功 C2518，1994 年年初隆重推出"红太阳一族"C2919P、C2939P 等系列彩电。1994 年 3 月，在上海展览中心举办的"首届股份制试点成果展示会"上，长虹"红太阳一族"以超时代外观、超清晰图像、超重低音成为上海人民争购的抢手货。1995 年 12 月，长虹人在 NC-3 的基础上开发出自己的超大屏幕彩电——长虹"红太阳 1997"C3418PN。至此，以 NC-3 机芯为产品平台发展而来的大屏幕、超大屏幕彩电产品族基本形成，长虹跨入大屏幕、超大屏幕时代。以 NC-3 机芯为产品平台的主要产品规格有 C2518、C2919、C2920、C2939、C3418 等。各产品规格的变形产品增多，例如 C2919 有 C2919P、C2919PS、C2919PV、C2919PK、C2919PN、C2919PI、C2919D、C2919PD 等 8 个型号。各个型号之间的功能稍有差异，以满足不同消费者的需求。大屏幕、超大屏幕产品族的推出，使长虹从主导西南、西北市场，实现了主导全国市场，尤其是农村市场的目标，同时开始向城市市场渗透，长虹"红太阳一族"产品质量过硬、功能齐全、选型新颖，能满足广大消费者的需求，在华东地区和北京城内出现了供不应求的局面。1995 年，长虹生产彩电305 万台，完成销售收入 67.64 亿元，实现利润 13.46 亿元，在全国的市场占有率达到 22%。长虹也因此成为国内彩电企业的"老大"。

3. 基于能力的更迭

经过 20 世纪 80 年代和 90 年代前期的能力积累，90 年代中期，四川长虹建立起核心能力，其包括强大的战略整合能力、组织整合能力、技术整合能力。基于核心能力的建立，长虹产品平台也发生更迭，合作设计的 NC-3 机芯产品平台更迭为自主设计的 TDA 机芯产品平台，这一更迭的影响更为深远。基于 TDA 机芯产品平台的低价中屏、大屏、超大屏幕彩电产品族，拓展出全新的市场空间，挖掘了潜在的市场需求，特别是城市大批中上等收入家庭对大屏、超大屏彩电的需求，这使长虹在全国的市场占有率节节攀升，从 1995 年的 22% 上升到 1997 年的 27%，1998 年上升至 35%。企业销售额从 1995 年的 67.6 亿元，分别上升至 1997 年的 105.8 亿元和 1998 年的 160 亿元，取得突飞猛进的发展。而且，长虹这一核心能力的建立，为下一步的产品平台更迭、产品族更迭提供了良好的能力基础，使它能通过产品平台方法的动态更迭，把核心能力转化为现实的持续竞争优势。

商业生态系统竞争方式及其启示[*]

竞争是永恒的主题，竞争方式是对竞争规律的认识和把握，具有指导实践和应用的作用。随着社会的发展，竞争方式由原来的产品竞争，逐步过渡为流程竞争，而进入 21 世纪之后，世界的动态不确定性进一步加剧，商业生态系统竞争方式正在兴起，并日益成为企业、产业、国家竞争的主导方式。

竞争方式的演变

20 世纪 80 年代以前，企业竞争主要为产品或技术竞争。在产品竞争阶段，企业参与竞争的方式是开发利用不对称性、构筑进入障碍和选择竞争力量相对较弱并具有巨大利润潜力的产业，通过成本领先战略或产品差异化战略来占领市场，并不断增强优势将竞争对手驱除市场。

20 世纪 90 年代以后，竞争逐步演变为产品竞争 + 流程竞争。在此阶段，随着企业流程重组（BPR）的推广，企业注重价值链分析，通过纵向一体化或不同的战略联盟整合竞争过程，提高企业反应速度。竞争能否成功，取决于对市场趋势的预测和对变化中的顾客需求的快速反应的实现能力——流程能力。

进入 21 世纪后，竞争方式进一步向复杂化方向发展，演变为商业生态系统竞争。竞争方式和范围已经超越了产品市场、超越了流程体系，表现为不同商业生态系统之间的竞争。英特尔（Intel）、微软（Microsoft）、思科（Cisco）、沃尔玛（Walmart）等公司很难被模仿或被超越，究其原因，是这些公司采用了商业生态系统竞争方式，以自身为核心成功构建起

---

[*] 本文刊于《商业经济与管理》2005 年第 11 期。

了强大的商业生态系统。

商业生态系统竞争方式的内涵

1993年美国学者穆尔（Moore）在《哈佛商业评论》上发表的《捕食者与被捕食者：竞争的新生态学》论文中首次提出"商业生态系统"（Business Ecosystems）概念，指出"商业生态系统"是以组织和个人（商业世界中的有机体）的相互作用为基础的经济联合体，是由客户、供应商、主要生产厂家以及其他有关人员（他们相互配合以生产商品和服务）组成的群体。同时包括提供资金的人以及有关的行业协会、掌管标准的组织、工会、政府和半政府组织以及其他有关主体等。这些群体在一定程度上是有意识建立的、在很大程度上是自行组织的，甚至是由于某种原因而偶然形成的。但结果却是：其成员做出的贡献能够相互完善、相互补充。

所谓"商业生态系统竞争方式"，就是指竞争主体通过建立网络、系统，吸引多种角色成员加入，各司其职，形成互依、共生的关系来竞争的方法或模式。微软公司在现代商业中的主宰地位与它采取商业生态系统竞争方式直接相关。微软公司已经以自己为核心构建起了巨大的商业生态系统（见表1），由大量相关业务域公司组成，角色既有合作紧密的系统集成商、各类销售商，也有合作不太紧密的会员制仓储超市，合计相关公司总数多达38233个。

表1　　　　　　　　　微软公司及其生态系统

业务域	公司数量	业务域	公司数量
系统集成商	7752	综合大卖场	220
校园经销商	4743	电脑超市	51
培训机构	2717	电子零售商	46
小型专业公司	2252	总聚集商	7
主机服务提供商	1379	缝隙市场专营商店	6
商业咨询机构	938	应用软件集成商	5
信息输出硬件公司	653	微软直属商店	1
非细分市场经销商	290	网络服务供应商	1

续表

业务域	公司数量	业务域	公司数量
开发服务公司	5747	信息输出软件公司	160
独立软件销售商	3817	应用软件服务供应商的聚集商	50
广泛增值经销商	2580	办公用品超市	13
顶级增值经销商	2156	会员制仓储超市	7
互联网服务提供商	1253	次级分销商	6
软件支持公司	675	直接经销商	2
消费电子公司	467	网络设备供应商	1*
媒体商店	238	合计相关公司总数*	38233

注：*为笔者根据原文数据加和计算。

资料来源：Marco Iansiti, Roy Levien, "Strategy as Ecology", *Harvard Business Review*, Vol. 82, No. 3, 2004。

商业生态系统竞争方式在现实世界中是非常典型的。数十个组织跨行业通力合作，才能将电力输送到千家万户。数百家企业同心协力，才能制造和销售一台个人电脑。数千家公司协调配合，才能向我们提供各种丰富的应用软件。

正如哈佛大学教授扬西蒂（Iansiti）在文章中提出的"未来的竞争不再是个体公司之间的技术竞赛，而是发生在生态系统之间或系统内部业务域之间的竞争。竞争的主题将不再是简单的微软对IBM，而是它们各自所培育并赖以生存的生态系统的整体健康状况，这一点将日益成为现实"，商业生态系统竞争方式正逐步成为企业竞争制胜的利器。

商业生态系统竞争方式的影响

（一）对竞争实力的影响：从自身价值链整合，到系统成员资源整合，竞争力获得级数性递增

传统价值链由供应商和分销商组成，它们直接参与产品和服务的创立和提供，而商业生态系统中的许多公司则在传统价值链之外，可包括提供企业职能外包服务的公司、提供融资的机构、提供企业运作必需的技术公司，以及与产品配合使用的互补产品制造商、监管机构和媒体等。这意味着，商业生态系统竞争方式具有远远超越传统竞争方式的资源整合实力。传统的竞争方式在面对商业生态系统竞争方式时，不可避免地处于被动劣势，竞争的结果不言而喻。

例如，传统竞争中，一个本地的小书店在受到跨国公司连锁店围攻时，面临的还只是产品服务的竞争。而现在这些跨国公司连锁店本身却正受到已经形成商业生态系统的"网上书店"的竞争。巴恩斯（Barnes）与诺布尔（Noble）书店拥有约20万册图书，而亚马逊（Amazon）网上书店大约拥有450万册图书！借助分布在全球范围的计算机终端，亚马逊网上书店使人们能够随时随地在网上虚拟书店里漫游且不必承担传统企业消费者同时同地的库存[1]。

这是一种不同的竞争方式，其资源整合的实力极其巨大，在其挑战下，传统的商业模式必须适应和改进，否则只有死路一条。

（二）对竞争主体的影响：由单个主体的强弱之争，到系统群体竞争

传统竞争方式，往往表现为单个企业之间的强弱竞争。商业生态系统竞争方式，则以核心企业为中心和领导地位，注重完善各企业的上下游供应链，扩充整体研发—生产—制造—分销等的实力，使各成员更专注于竞争优势的发展，结果不仅提高了单个企业竞争力，更重要的是形成了系统的整体竞争力。

以中国台湾威盛电子有限公司为例，按照传统竞争方式，由于威盛公司与英特尔公司实力相差悬殊，单点竞争结果只有一个——威盛被淘汰出局。但威盛电子通过提供性价比极高的计算机芯片，把不同功能的组织紧紧地联系在一起，形成了一个威盛负责研发、银行提供金融支持、台积电从事专业生产制造、主板厂商是主要顾客、代理商分销产品、相关政府单位有政策支持的商业生态系统。通过获得系统中上下游厂商对自身的鼎力支持，以商业生态系统的竞争方式，直接应对英特尔公司的强硬诉讼。

（三）商业生态系统竞争方式进一步强化了核心企业的作用和影响力

20世纪60年代，在计算机软件、组件、系统以及服务等行业中，IBM的市值占到全行业的80%左右。而目前，尽管微软公司形成了涉及几万个企业的商业生态系统，但在整个系统中，微软的总收入和员工人数只占0.05%，公司市值不超过0.4%。反过来这也说明了其形成的商业生态系

---

[1] P. Evans, T. Wurster, "Getting Real about Virtual Commerce", *Harvard Business Review*, Vol. 77, No. 6, 1999.

统规模和影响力很大。

而且，这种新的竞争方式可能会极大地提高核心企业的利润水平。以沃尔玛为例，哈佛大学扬西蒂教授的研究表明：沃尔玛在零售杂货业务上的成本优势，大半来自公司对其商业合作伙伴组成的生态系统的有效管理。通过分享信息，沃尔玛能够在整个系统内部更好地平衡供求关系，提高自己和合作伙伴的生产率及反应速度，整体利润优势高达22%（见表2）。

表2　　　　　　　　　沃尔玛公司利润来源　　　　　　　　　（单位：%）

全球采购	0.5	集中购买	2
优化产品组合	2	分销效率	2
信息共享	6	较低的缩水率	0.5
更理想的房产租金率	2	较低的人力成本	5
其他运营效率	2	总体利润优势	22

资料来源：Marco Iansiti, Roy Levien, "Strategy as Ecology", *Harvard Business Review*, Vol. 82, No. 3, 2004。

另外，核心企业形成的商业生态系统的财富和经济实力往往成为影响或针对国家层面政府政策的强有力砝码。自2003年起，我国政府与英特尔公司围绕无线局域网标准之争，深刻地说明了此方面的影响。

我国政府基于国家安全问题考虑，2003年制定了自己的安全标准——无线局域网鉴别和保密基础结构（WAPI），并曾在2003年12月通知所有WiFi供应商必须在2004年6月1日前使用该标准，国外供应商还被要求与24家中国公司合作销售基于WAPI标准的设备。英特尔公司借助其Wi-Fi标准形成的相应商业生态系统和其核心企业的影响力，向我国国家标准WAPI说"不"。最终导致我国宣布将无限期推延该标准的实施。可见，商业生态系统竞争方式不仅直接影响企业及其联盟之间的竞争，甚至直接影响到国家层面。

（四）商业生态系统组织方式直接影响区域经济优势和国家产业竞争优势

商业生态系统组织方式直接影响区域经济和国家产业的发展，美国学者萨克森宁（A. Saxenian）通过对美国硅谷和128公路的比较研究，发现硅谷与128公路形成区域经济的巨大差距根本原因在于：硅谷有一个以地区网络为基础的工业体系,能促进各个专业制造商集体地学习和灵活地调整一系列相关的技术[①]。该地区密集的社会网络和开放的劳工市场弘扬了不断试验探索和开拓进取的创业精神。各公司之间展开激烈的竞争,与此同时,又通过非正式交流和合作,相互学习技术和变化中的市场营销方法;松散联系的班组结构鼓励了公司各部门之间以及各部门与公司外的供应商和消费者之间进行横向的交流。在网络系统中,公司内各部门职能界限相互融合,各公司之间的界限和公司贸易协会与大学等当地机构之间的界限也已打破。相比之下,128 公路地区是以少数几家纵向一体化的公司为主导的。它的工业体系建立在一些独立公司的基础上,而这些公司已把各种生产活动内部化了。

更有意义的是,商业生态系统竞争方式如果运用得当,往往会形成一个国家的产业优势。芬兰国民经济的支柱和国家产业优势是信息通信(ICT)产业,而此优势事实上来源于围绕诺基亚公司形成的商业生态系统(见表3)。

表3　　以诺基亚公司为核心形成的商业生态系统构建了芬兰 ICT 产业优势　　(单位:亿欧元,人)

类别	企业名称	业务范围	销售额	员工数
芬兰企业	NOKIA	电话和网络系统	1166.54	51177
	SONERA	电讯运营商	109.90	9270
	TIETOENATOR	IT 解决方案	72.50	11058
	ELISA COMMUNICATIONS	电讯运营商	63.60	5489
	ELCOTEQ NETWORK	电子制造服务	44.40	4733
	NOVO GROUP	IT 解决方案	18.40	2100
	PERLOS	移动电话附件	16.74	1378
	ASPOCOMP	印刷电路板	11.86	1886
	PKC GROUP	通信电缆	6.70	730
	SCANFIL	机械和电子制造	6.30	756
	JOT AUTOMATION GROUP	工业自动化	5.90	565
	EIMO	移动电话附件	4.60	681
	DATATIE	数据网络服务	4.20	255
	TECNOM EN	网络服务系统升级	3.00	430
	SAMLINK	电子银行系统	2.70	229

①　[美]安纳利·萨克森宁:《地区优势:硅谷和128公路地区的文化与竞争》,曹蓬、杨宇光等译,上海远东出版社1999年版。

续表

类别	企业名称	业务范围	销售额	员工数
外国兼并企业	BENEFON	移动电话	2.33	296
	NOKIA DATA	信息技术	21.00	2000
	MARTIS	网络访问和传输系统	21.00	902
	NK CABLES	通信电缆	16.40	1221
	KYREL EMS	电子制造服务	8.60	532
	SALORA-LUXOR	电视	7.10	700
	NOKIA MAILLEFER	通信电缆	7.00	390
	LK-PRODUCTS	射频滤波器、路由产品和天线	5.00	849
	SOLITRA	集成RF方案	3.80	802
	ENVISET	电子制造服务	3.50	278
参与研发企业	HP	信息技术	22.30	—
	ICL	信息技术	21.00	1902
	SIEMENS	电话和网络系统	17.70	1329
	ERICSSON LM	电话和网络系统	11.40	1056

资料来源：Laura Paija, "ICT Cluster: the Engine of Knowledge-Driven Growth in Finland", Working Paper to be Presented in the OECD Cluster Focus Group Workshop, New York: Harper Collins, 2000。

几点启示与建议

对于中国企业而言，新竞争方式的启示有以下四点。

（一）通过群体竞争获得持续竞争优势

跳出传统的点对点竞争，以发展自身商业生态系统做大做强，通过群体竞争获得持续竞争优势。建议在使用传统竞争方式提高竞争力的同时，应注意正在兴起的商业生态系统竞争方式及其影响，逐步考虑建立商业生态系统竞争方式，把本企业的商业生态系统评估与构建纳入战略思考之中，参与国内国际市场竞争。

（二）做大核心企业的商业生态系统

对于国家一直倡导的"大企业"战略而言，新竞争方式的启示是：发展之路不仅在于做大单个企业，更在于做大某些核心企业的商业生态系统。建议更多地向建立以核心企业为龙头，形成巨大商业生态系统的目标转变。

（三）强调规划国家关键或支柱方向的商业生态系统

对于国家产业规划而言，新竞争方式的启示是：规划不仅要强调国家关键或支柱产业的规划，更要强调从国家关键或支柱方向的商业生态系统进行规划。建议应偏向于以促进或发展某些核心企业已有商业或产业生态系统为导向。

（四）构建基于本土标准的相应生态系统

对于国家技术标准政策（如WAPI标准、TD-CDMA等）而言，新竞争方式的启示是：已经形成的商业生态系统手段比行政政策具有更大的影响力和可实施性。建议：在基于国家安全或经济发展考虑、积极发展本土技术等标准的同时，适度转变过去以政策为杠杆的硬性推广，有准备地通过预先构建基于本土标准的相应生态系统，以商业生态系统方式促进本土标准及政策的实施。

战略管理新趋势：基于商业生态系统的竞争战略[*]

信息技术的进步促使电子商务、网络经济快速发展，以及在经济全球化、竞争全球化背景下，以知识等无形资源为代表的新经济浪潮改变了过去相对稳定的环境，正在创造着崭新的世界和不断变革的未来。对于企业、产业、区域和国家，在越来越复杂的环境中、在越来越动态不确定的竞争条件下，是否还能依靠传统的竞争战略来指导新环境下的发展？新竞争环境下应采取什么样的竞争战略来增强适应和应变能力、增强抗冲击能力，以实现长期、稳定和持续发展？本文拟从商业生态系统角度，对上述两个问题进行探讨，并提出一个分析框架。

竞争环境：从静态到动态，从有限竞争到无限竞争

传统观点认为，实现发展的可持续性意味着在目标环境和可用资源既定的情况下，竞争主体（企业、区域或国家）为维持竞争优势而针对竞争对手的模仿、异化和替代等行动进行决策和实施一系列行动方案。竞争焦点是保持既有的竞争优势。问题是日趋动态与不确定的竞争环境下，既有竞争优势能否被长久保持下去？答案是否定的——激烈的竞争和动荡的环境很快会把所有的既有优势侵蚀殆尽。竞争状态正从静态转变为动态。动态竞争以高强度和高速度为特征，竞争主体围绕以建立自己的竞争优势和削弱对手的竞争优势为焦点，对手间的竞争互动和战略互动成为制定竞争战略的决定性因素，任何单方的竞争优势都不能长期保持，竞争的有效性

---

[*] 本文刊于《商业经济与管理》2006年第3期，与王毅合作。

在于评估竞争对手反应和改变需求或竞争规则的能力。因此从动态竞争的角度看，竞争优势的核心是不断创造新优势。

另外，全球化不确定性环境正在把有限竞争转变为无限竞争[1]。有限竞争有清晰的规则和界限、知道竞争者是谁、有明确的竞争范围，并且主要目标是获胜。无限竞争则没有时间限制、几乎没有规则和界限，活下去比曾经获胜过更重要。敏捷性、联盟和加速发展取代了稳定性、利己主义和缓慢进展。有限竞争与无限竞争的比较见表1。

表1　　　　　　　　有限竞争和无限竞争的比较

有限竞争	无限竞争
固定的规则	灵活的规则
设定边界	边界不清晰
明确的收益	在竞争中生存
竞争	更多合作
以时间为基础	不可预测和持续的

资料来源：Graham Winter, *High Performance Leadership*, John Wiley & Sons (Asia) Pte Ltd., 2003。

传统竞争战略的分析框架：基于静态、有限竞争——选择

传统竞争战略分析框架的研究多数基于 SWOT 模型。例如 Penrose 对公司资产的不同作用进行了说明[2]，Andrews 提出将公司面临机会的竞争力作为竞争优势的基础[3]，Stevenson 研究了战略规划过程的长处和缺点[4]，Porter 在《竞争战略》中提出了战略管理文献中被引用最多的竞争战略五种力量分析模型及价值链模型[5]，这为进行 SWOT 分析来确定进入、离开

---

[1] James P. Carse, *Finite and Infinite Games: A Vision of Life as Play and Possibility*, Ballantine Books, 1987.

[2] E. T. Penrose, *The Theory of the Growth of the Firm*, Oxford: Basil Blackwell, 1959.

[3] Kenneth R. Andrews, *The Concept of Corporate Strategy*, Dow Jones-Irwin, 1971.

[4] Howard H. Stevenson, "Defining Corporate Strengths and Weaknesses", *Sloan Management Review*, Vol. 17, No. 3, Spring 1976, pp. 51 – 68.

[5] M. E. Porter, *Competitive Strategy*, New York: The Free Press, 1980.

和继续哪种产业提供了理论基础,标志着通过分析外部威胁和机遇来发展竞争战略的兴起。SWOT 分析模型的核心思想是:竞争主体将其独特的竞争力和适当的外部机会相匹配的能力给予其竞争优势。

20 世纪 90 年代后,以资源观(BRV)为基础的竞争战略兴起。例如 Barney 为资源观竞争战略奠定了基础[1],Peteraf 主张市场不均衡导致公司开发不同的资源,以获得竞争优势[2],Dierickx 和 Cool 全面地对资源在企业间的异常分布进行了分析[3],Rumelt 等讨论了企业间不同资源分布导致的结果等[4]。资源观竞争战略主张:竞争主体由不同的资源组成,其资源的独特性决定竞争优势。这些独特的资源是耐久的、稀缺的、不易获得的、难模仿的,因而难以替代,难以从市场上购买获得,唯有经过长时间的累积。

Hammer 和 Champy 则提出了流程再造的竞争战略框架[5]。认为满足特定商业模型的内部最优资源和能力(包括组织结构和工作流程)不一定能有效地支持另一个不同的商业模型。因此,累积的内部资源可能会变成累赘。因此,竞争主体需要彻底改变内部基础设施来与新环境中的机会相匹配,这与 SWOT 分析框架一脉相承。

Hamel 和 Prahalad 批评了竞争战略分析的文献过多地聚焦于当前的竞争力而不是将来的竞争力[6]。提出"核心竞争力"的竞争战略分析框架,声称竞争主体必须学会建立核心竞争力,不是为了现在,而是为了将来。建议首先对将来想要达到什么位置确立一个广阔且大胆的前瞻,以此为指导,通过建立核心竞争力来塑造未来。此时,不应被动地试图避免威胁和利用机会,而应主动开发新的核心能力来收获将要创造的机会,这进一步

---

[1] Jay B. Barney, "Firms Resources and Sustained Competitive Advantage", *Journal of Marketing*, Vol. 17, No. 1, 1991, pp. 99 – 120; Jay B. Barney, "Strategic Factor Markets: Expectations, Luck, and Business Strategy", *Management Science*, Vol. 32, No. 10, 1996, pp. 1231 – 1241.

[2] M. A. Peteraf, "The Cornerstones of Competitive Advantage: A Resource-Based View", *Strategic Management Journal*, Vol. 14, No. 3, 1993, pp. 179 – 191.

[3] I. Dierickx, K. Cool, "Asset Stock Accumulation and Sustainability of Competitive Advantage", Management Science, Vol. 35, No. 12, 1989, pp. 1504 – 1514.

[4] R. P. Rumelt, D. E. Schendel, D. J. Teece, *Fundamental Issues in Strategy: A Research Agenda*, Boston, MA: Harvard Press School Press, 1994.

[5] Micheael Hammer, James Champy, *Reengineering the Corporation: A Manifesto for Business Revolution*, Harper Business, 1993.

[6] G. Hamel, C. K. Prahalad, *Competing for the Future*, Boston, MA: Harvard Business School Press, 1994.

发展了企业资源观。

　　SWOT 分析框架与资源观理论的结合，构成了传统竞争战略的主流逻辑方法，即首先根据当前市场结构和对未来变动的预期来估计外部机遇和威胁，然后决定如何开发内部已有资源和能力来应对。并且，需要持续辨认资源缺口并通过投资来填补其资源与能力空白（分析框架见图1）。

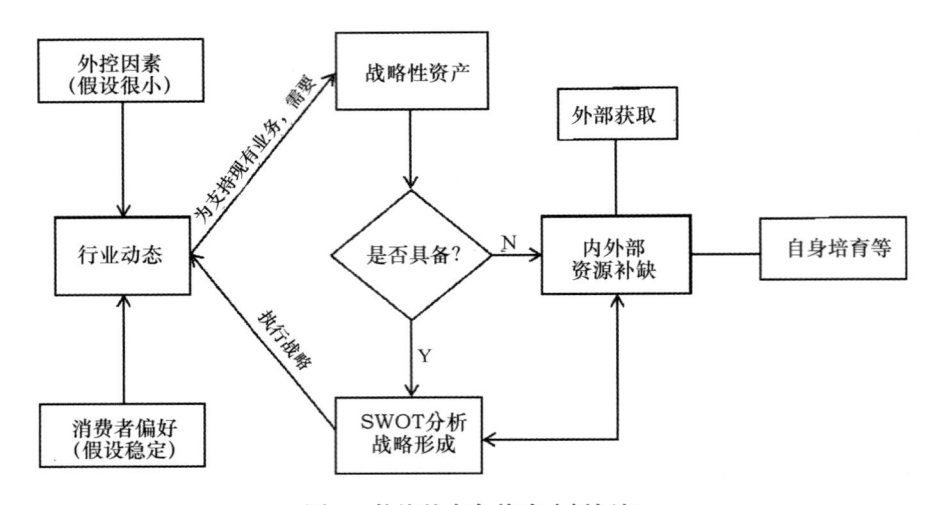

图1　传统的竞争战略分析框架

　　综上所述，传统竞争战略分析方法的共同基本假设前提：公司的内部规划和有意识控制是竞争优势的来源，公司能够通过内部关键驱动力来获得成功。因此，需要在公司内部建立战略性资产来支持能保持竞争优势的业务，如果不具备这样的战略性资产，则通过内外部资源补缺来建立。在外部效应较小的相对静态、有限的竞争环境下，企业能够进行"内部选择"，并且能估计不同选择的后果，通过选择来找到竞争中的最佳方案。但这些分析方法在以动态和无限竞争为特征的环境里，由于信息的传输比以前更容易，成本也更低，市场中参与竞争的成员数量急剧增多，消费者的选择倾向由于信息的快速流动也动态地发生改变，外部效应越来越超过内部效应，竞争的焦点在强调加强内部竞争力的同时，我们必须关注外部效应及其形成机制，建立新的竞争战略分析框架来把握这种外部效应，才能应对动态、无限竞争的现实。

商业生态系统竞争战略：以生态"群落"应对动态、无限竞争

Moore 从生物生态学的角度出发，首次提出"商业生态系统"（Business Ecosystems）概念[1]。所谓的"商业生态系统"是指以组织和个人（商业世界中的有机体）的相互作用为基础的经济联合体，是由客户、供应商、主要生产厂家以及其他有关人员（他们相互配合以生产商品和服务）组成的群体，那些提供资金的人以及有关的行业协会、掌管标准的组织、工会、政府和半政府组织以及其他有关主体也包括在商业生态系统中。这些群体在一定程度上是有意识建立的，在很大程度上是自行组织的，甚至是由于某种原因偶然形成的。但结果却是：其成员做出的贡献能够相互完善、相互补充。

Moore 进一步阐释运用生态学理论解释商业运作，用系统观点反思竞争的含义，力求"共同进化"[2]。主张跳出"把自己看作是单个的主体"的竞争思维定式，通过构建顾客、市场、产品或服务、经营过程、组织、利益相关者、社会价值和政府政策等维度的系统成员，以合作演化为主要机制建立成功的商业生态系统。Moore 强调，企业要成功，仅仅完善自身还不够，还要塑造整个商业生态系统的发展，因为其所处生态系统的前景制约着企业的发展。

Moore 还通过比较夏威夷岛屿上的生物种群和哥斯达黎加的生物种群之间的区别，来描述相对静态、封闭的生态系统和动态、开放的生态系统的差别。被太平洋隔绝的夏威夷岛屿形成生物种群封闭生态系统，在人类定居后，本土的鸟类大约灭绝了 40% 以上。而位于南、北美洲之间的桥梁地带的哥斯达黎加形成生物种群开放生态系统，尽管不断遭遇各种物种入侵，但生态系统比夏威夷的更加强健且富有弹性，不仅能抵御外来物种的入侵，在经历浩劫之后还具有较强的恢复能力。通过对两种生态系统的比喻分析，Moore 认为企业必须同相关企业共同进化，塑造一个开放、抵抗

---

[1] J. F. Moore, "Predators and Prey: A New Ecology of Competition", *Harvard Business Review*, Vol. 71, No. 3, 1993, pp. 75–83.

[2] J. F. Moore, *The Death of Competition: Leadership and Strategy in the Age of Business Ecosystems*, New York: Harper Collins, 1996.

力强的商业生态系统[1]。

Tse 第一次提出了"网络经济的竞争框架",以网络经济的外部效应占主导为基本前提,在此基础上考虑了外部效应引发动态的必然性、企业不同发展阶段进行竞争的侧重点和策略。提出"攫掠和握持两个较极端的形式之间的协同相互作用将会创造网络作用,并引发正的螺旋形成长动态",深入地揭示了商业生态系统如何形成,以及如何进一步巩固和动态发展[2],为动态不确定环境下如何竞争,以及商业生态系统中关键作用机制研究奠定了基础。

笔者根据已有文献,整理了组织与环境的几种演变关系和趋势(见表2)。

表2　　　　　组织与环境的几种演变关系和趋势

内外部效应对比	内部效应大于或等于外部效应		外部效应大于内部效应	
组织形式	竞争	合作	合作竞争	共同进化
核心思想	企业之间凭实力直接较量	企业之间寻求双赢关系	企业有不同角色,相互之间关系复杂,有时合作,有时竞争	企业与环境互动,企业之间以互利的方式在商业生态系统中共同进化
看问题的视野	行业分析	供应链上垂直集成	用价值网来分析问题	用商业生态系统来分析问题
代表理论	波特的竞争理论	组织生态学、博弈论	合作竞争理论	商业生态系统理论
出现的背景	供大于求,买方市场形成	竞争日趋激烈,企业专业化分工成为不可抗拒的趋势	全球经济一体化,竞争白热化,企业在增强竞争力时,注意力由内向外转移,意在开阔企业分析组织间关系的视野	
适用的环境	静态、有限竞争	市场变化较快	市场变化很快	动态不确定环境

资料来源:笔者根据陈国权《组织与环境的关系及组织学习》,《管理科学学报》2001年第5期和本文有关观点综合整理。

Iansiti 和 Levien 进一步把商业生态系统的观点深化,并倡导以此种方

---

[1] 陈国权:《组织与环境的关系及组织学习》,《管理科学学报》2001 年第 5 期。
[2] Edison Tse, "Grabber-Holder Dynamics and Network Effects in Technology Innovation", *Journal of Economics and Control*, Vol. 26, No. 2, 2002, pp. 1721 – 1738.

式考虑竞争战略[①]。"人们通常把沃尔玛和微软在现代商业中的主宰地位归因于多种因素——从公司创始人的远见和魄力到公司大肆竞争的做法。然而，这两家迥然不同的企业能够取得今天的业绩，根本原因在于某种远远大于公司本身的东西——它们各自的商业生态系统的成功。"

例如，微软公司的生态系统由大量相关业务域公司组成，角色既有合作紧密的系统集成商、各类销售商，也有合作不太紧密的会员制仓储超市，合计相关公司总数多达 38233 个。"与自然生态系统中的单个物种一样，商业生态系统中的每一个成员，不管其表面上有多强大，最终都将与整个网络共命运""与那些主要关注内部能力的公司不同，沃尔玛和微软从一开始就认识到这一点，它们采取的战略不仅大大增进了自身利益，而且改善了所处生态系统的整体状况"。Iansiti 和 Levien 倡导以商业生态系统"群落"应对日益动态、无限竞争的环境。认为商业领域中的相互依存关系越来越重要——"一家企业的业绩越来越依赖于能够对自己不直接控制的资产施加影响的另外一家公司""未来的竞争不再是个体公司之间的技术竞赛，而是发生在生态系统之间或系统内部业务域之间的竞争。竞争的主题将不再是简单的微软对 IBM，而是它们各自所培育并赖以生存的生态系统的整体健康状况，这一点将日益成为现实"。

基于商业生态系统的竞争战略：分析框架

从商业生态系统的角度来应对动态不确定的环境，为制定和执行竞争战略提供了一个新思路。那么，我们将如何用商业生态系统的有关内容应对竞争呢？基于商业生态系统的竞争分析框架是什么？由什么组成？如何相互作用、相互影响？

本文认为，新的竞争分析框架必须能够很好地解决下述问题，才是有效和可行的。

第一个问题（Q1），该竞争分析框架，首先有助于商业生态系统的形成。其次解决了商业生态系统从无到有的问题，从另一方面体现了新竞争分析的基础。

第二个问题（Q2），形成商业生态系统后，该竞争分析框架必须能够

[①] Marco Iansiti, Roy Levien, "Strategy as Ecology", *Harvard Business Review*, Vol. 82, No. 3, 2004.

回答该商业生态系统能否维持或如何维持的问题？

第三个问题（Q3），该竞争分析框架还必须说明已经形成的商业生态系统能否发展问题以及如何发展的问题？

第四个问题（Q4），该竞争分析框架还必须能够说明持续发展的机制或如何应对动态不确定环境？

基于对这些问题的考虑和关注，本文提出下述基于商业生态系统的竞争分析模型（见图2）。此分析框架由下述相互支撑的四大方面组成：（1）围绕价值理念，识别关键驱动因素，形成商业生态系统；（2）在商业生态系统中，建立价值创造、价值分享机制；（3）吸引支持、辅助驱动因素加入商业生态系统；（4）不断根据环境变化，审视价值理念是否改变和关键驱动因素是否改变，根据变动情况，重组或重构商业生态系统。

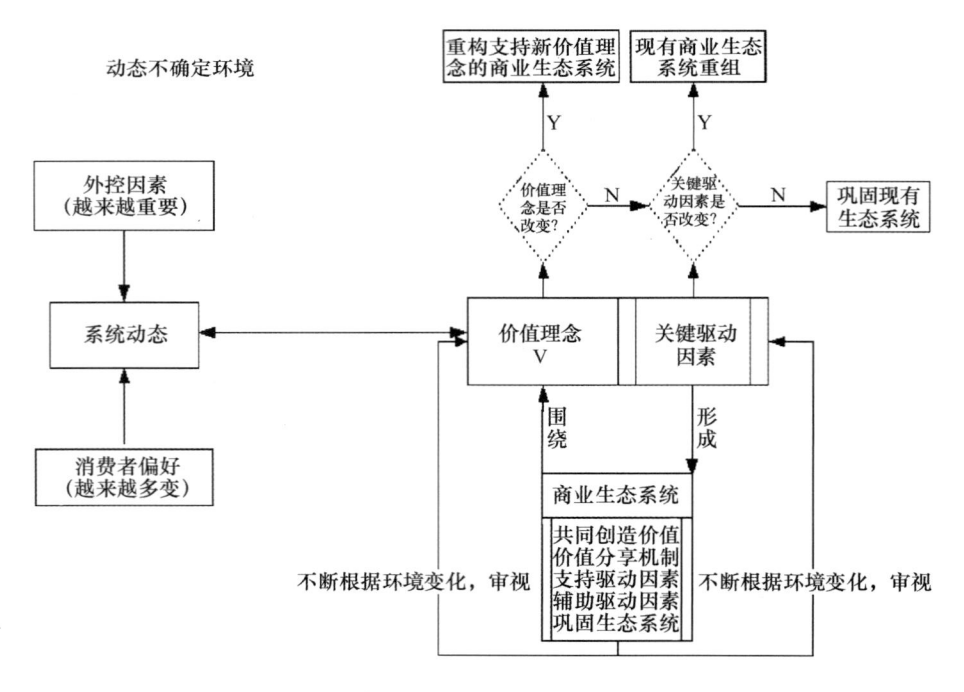

图2　基于商业生态系统的竞争战略分析框架

（一）围绕价值理念，识别关键驱动因素，形成商业生态系统

所谓价值理念，就是简单的、概括的、令人震撼的、使人充满想象

的，并憧憬其使用价值的诉求口号。例如 SONY 公司提出的"选择在任何时候看喜爱的电视节目"的价值理念和 Hollywood 提出的"在家中观看预先录制好的喜爱的电影"。再如微软公司提出的"人人都拥有一台电脑"、沃尔玛公司提出的"天天低价"。

所谓关键驱动因素，就是指对于价值理念的实现而言，能够促使这种价值理念得以实现的关键影响力量，包括关键驱动主体和关键驱动手段（技术、组织、管理等）。例如，为实现 SONY 公司"选择在任何时候看喜爱的电视节目"的关键驱动因素是"自动定时录制"技术及功能设置的容易性。为实现 Hollywood "在家中观看预先录制好的喜爱的电影"的关键驱动因素是"有喜爱的电影录像带""录像带的录制时间长度和质量"。

本文认为，价值理念和关键驱动因素是理解商业生态系统的核心，也是回答能否形成商业生态系统的关键。图 2 中围绕价值理念和关键驱动因素形成商业生态系统，回答了第一个问题（Q1）。

与强调竞争个体抓住机会和开发内部能力相比，图 2 分析框架强调共同的价值理念和实现此理念的关键驱动因素。这比传统的竞争模型更容易形成企业之间的系统联结。首先，当令人震撼的、使人充满想象的，并憧憬其使用价值的诉求口号提出时，会吸引众多成员参与，来实现此价值理念。多角色的参与和对价值理念的共同兴趣，极其自然地构成了商业生态系统赖以形成的基础条件。其次，由于各成员中没有某一个企业能够独自实现此价值理念，因而成员之间必须相互关联和合作，这自然而然地形成了商业生态系统中各成员（子系统、子系统中成员）之间的内在相互作用。整体性、相互作用成为商业生态系统形成的基本特征。

（二）在商业生态系统中，建立价值创造、价值分享机制

通过价值理念和关键驱动因素，吸引了许多成员，形成了一个群体。能否"留住"这些成员，并建立紧密关系，是商业生态系统维持必须解决的问题（Q2）。图 2 分析模型则更容易解决维持问题，因为成员之间有共同的价值理念，为了实现它，各成员必然进行分工和通过相互作用进行价值联结。这其中既有核心价值创造成员，又有辅助价值推动成员；既有骨干成员，又有附属成员。能够建立价值创造、价值分享机制的商业生态系统将得以维持，没有此机制的将瓦解衰退。

例如，全球最大的拍卖网站 eBay，在倡导"电子商务"价值理念中其

角色为骨干企业,形成了一个商业生态系统。该公司以多种方式在系统中创造价值,它开发了最先进的工具 Seller's Assistant 软件和 Turbo Lister 服务,前者帮助新加入的卖家制作很专业的在线商品目录,后者跟踪和管理用户电脑上成千上万的货品列表,通过这种方式提高系统成员的生产率,并鼓励更多的潜在成员加入该系统。该公司还建立并维护了一套绩效评估标准——买卖双方相互打分,并根据打分产生等级评定,连续获得好评的卖家可以获得 PowerSeller 级别,那些被评为糟糕的卖家则禁止再次交易,这提升了整个系统的稳定性。eBay 还与生态系统中其他成员分享自己所创造的价值。它对用户的交易活动进行协调,但只向用户收取适当费用。对每一笔交易,eBay 只收取 7% 的手续费,远低于大部分零售商通常收取的 30%—70% 的毛利。通过与其他成员分享价值,不断地维持和扩大已经形成的生态系统——目前,买家和卖家总数已超过 7000 万[①]。

(三) 吸引支持、辅助驱动因素加入商业生态系统

系统要获得发展,必须具备开放环境,不断接纳系统成员和与外界进行交换。具备领导力的主体(往往也是关键驱动因素)把利益各方结合为网络,一个或多个这样的主体形成系统"关键种"(骨干企业)。如果没有支持驱动因素、辅助驱动因素的进入,实现价值理念往往费时长、见效慢,而且系统难以形成规模扩张。

例如,录像带租借店这一支持驱动因素的加入,迅速壮大了 JVC 公司和 Hollywood 形成的 VHS 制式商业生态系统,解决了商业生态系统能否发展和如何发展的问题(Q3)。中国电信运营商推广短信业务,吸引门户网站新浪、搜狐等加入,从而形成了目前每年几千亿条规模的巨大商业生态系统也是一个典型例证。

(四) 不断根据环境变化,审视价值理念是否改变和关键驱动因素是否改变,根据变动情况,重组或重构商业生态系统

为应对动态不确定的环境变化,商业生态系统中形成"共同进化"机制,每个成员在自我改善与改造的同时,都必须对系统中其他成员加以注意并积极配合,同时其他成员也应该进行自我投资并努力实现改造的目

---

① Marco Iansiti, Roy Levien, "Strategy as Ecology", *Harvard Business Review*, Vol. 82, No. 3, 2004.

标。其中骨干或核心成员的作用更加关键。尤其是关注价值理念是否改变和关键驱动因素是否改变，并以自己在商业生态系统中的号召作用，来重组甚至重构系统。

例如，个人计算机的系统发展就形象地说明了这点。1975 年个人计算机 Altair 刚推出时，其吸引人的价值理念是"每个人的计算机"，而程序语言是关键的驱动因素。微软公司成立，为市场上每台个人计算机开发和销售 BASIC 程序语言软件。随后关键驱动因素发生了变化，要进一步实现"每个人的计算机"，磁盘驱动器成为关键影响因素，苹果公司（Apple）则利用了此驱动力，为苹果 I 型计算机加装磁盘驱动器，进一步扩大了个人计算机商业生态系统。苹果公司还敏锐地认识到字词处理软件（如 Wordstar）和计算列表程序（如 Visical）是支持驱动因素，并把这两项功能加入苹果 II 型计算机之中。至此"每个人的计算机"价值理念才开始启动，并被每个人理解和接受。这样一来，计算机制造商的品牌、分销网络和常用软件应用开始成为关键驱动力，IBM 凭借此方面的优势迅速进入该市场，成为市场龙头。微软和 Intel 公司通过操作系统和逻辑芯片形成的 Wintel 联盟合作为 IBM 公司提供了支持驱动力。类似的变化不断发生在 IBM 公司、苹果公司、康柏公司等骨干企业身上，这些骨干公司都未能够根据价值理念和关键驱动力的变化来及时重构商业生态系统，而一直作为支持驱动力的微软、Intel 公司却敏锐地发现了这种变化并进行了调整，形成目前极具竞争力的巨大商业生态系统。

基于商业生态系统的竞争战略：案例分析
——SONY 与 JVC 在美国市场关于录像机制式竞争分析

当 SONY 首次向美国家用市场介绍 Beta 制式录像机时，它推出了"时间转移"的价值理念——选择在任何时候看喜爱的电视节目，即"不用在电视台播放你喜爱的电视节目时留在家中，你可以录制它并在你选择的时候观看"。对工作繁忙和社交广泛人士而言，这个价值理念非常有吸引力。但必须设置录像机做定时自动录制才能实现该价值理念。这项操作对技术型消费者而言相对简单，但对大多数普通消费者来说则有些复杂，不易于掌握。

一旦确定了此价值理念，SONY 公司 Beta 制式录像机的两大属性就会凸显：自动录制的方便性和录制图像质量。尽管录像机有许多属性，但在"时间转移"价值理念背景下，所有其他属性与"自动录制容易性"和"录制质量"相比较则不太重要。因此SONY公司推广"时间转移"价值理念，消费者将主要根据这两个属性来做出他们的购买决定。

借助于"时间转移"价值理念，SONY公司的Beta制式录像机占领了美国80%的市场份额。但由于"自动录制容易性"需要新技术来实现，事实上直到今天，录像机在设置自动录制上对用户仍然不是那么友好。所以说SONY公司建立起来的市场竞争优势更多地在于"录制质量"，而非定时"自动录制容易性"，但后者却是支撑其"时间转移"价值理念的关键驱动因素。从这种意义上说，SONY公司Beta制式录像机部分地实现了其宣扬的价值理念。

当SONY推出Beta制式录像机时，好莱坞电影制片商起诉SONY违反了知识产权。SONY的Beta制式录像机在录制和播放时有两种速度：高速（HS）和低速（LS）。低速录制时播放质量较低但可以录制两个小时的节目，高速录制时播放质量较高但只能录制一个小时的节目。因此消费者可以使用低速来录制电视台播放的老电影。电影制片商抱怨并要求SONY为卖出的每台机器付版税。但SONY最终赢得了这场诉讼。

电影制片商为此推出了"在家观看预先录制好的喜爱的电影"价值理念。此价值理念的实现根本不要求消费者来录制，因此"自动录制容易性"的疑难问题在此价值理念上成为毫不相关的因素，即关键驱动因素发生了变化。另外，由于多数电影长度是在一个半小时到两个小时之间，因此推动新价值理念实现的关键驱动因素转变为"录影带的时间长度"。

为了保证高播放质量，电影必须是被高速预先录制的。而SONY的Beta制式只能完成一小时的高速录制，不支持电影制片商的价值理念。此时，JVC公司进入了录像机市场并推出两小时VHS制式的高速磁带，来支持电影制片商的价值理念。接着提供出售和租赁预先录制好影片的录影带店在美国各地大量涌现。在JVC公司VHS制式高速磁带、录像带店的共同推动下，更多人能够切身感受"在家观看预先录制好的喜爱的电影"价值理念，消费者大量转向了使用VHS制式录像机。不到一年时间，JVC公司的VHS制式录像机在美国夺取了超过80%的市场份额。SONY最终退出了Beta制式市场并通过生产VHS制式录像机再进入录像机市场，但JVC公司已经牢牢控制了美国乃至全球市场。

在 SONY 公司 Beta 制式录像机与 JVC 公司 VHS 制式录像机竞争的案例中，已经不是传统产品之间的竞争，而是围绕"价值理念""关键驱动因素"而形成的"商业生态系统"之间的竞争。其主要内容比较如表 3 所示。

表 3　SONY 公司 Beta 制式和 JVC 公司 VHS 制式竞争战略比较

商业生态系统	SONY 公司 Beta 制式	JVC 公司 VHS 制式
要实现的价值理念	自动定时录制，选择在任何时候看喜爱的电视节目	在家观看预先录制好的喜爱的电影
价值理念提出者	SONY 公司	好莱坞（Hollywood）影视界
实现价值理念的关键驱动因素	容易操作的定时自动录像设置录像质量	录像带长度（2 小时及以上）录像质量
生态系统成员	SONY 公司、电器销售店、消费者（尤其是技术型消费者）	JVC 公司、好莱坞（Hollywood）影视界（众多制片厂）、录像带租赁店、电器销售店、大型超市、电脑游戏制作商、技术型消费者及普通消费者等
实际实现的价值理念	实现录制功能，部分实现自动定时录制	完全实现"在家观看预先录制好的喜爱的电影"，兼顾可实现录制功能、自动定时录制功能
价值链特点	传统价值链	形成价值集成网络
竞争战略	产品、技术战略	商业生态系统战略

利用本文提出的基于商业生态系统的竞争分析框架可以解释本案例的结局。

（1）JVC 公司围绕价值理念和关键驱动因素，形成商业生态系统。尽管"在家观看预先录制好的喜爱电影"的价值理念是由好莱坞影视业提出来的，但其要实现除了电影的内容来源，必须借助于相关产品。JVC 公司围绕此价值理念展开战略和产品设计，在确认了实现此价值理念的关键驱动因素是"录像带长度"后，推出 VHS 制式，从而与价值理念的倡导者共同形成了初级生态系统。

（2）形成价值创造、价值分享机制。JVC 公司在商业生态系统中不仅建立了围绕 VHS 制式录像机产品的价值创造机制，还通过录像带产品及新的赢利方式（租借），建立了新的价值创造和分享机制。

（3）吸引支持、辅助驱动因素加入商业生态系统。录像带租借店的加入，更多大型超市、电影制片厂，甚至电脑游戏制作商等支持和辅助驱动因素的加入，增强了以 JVC 公司和 Hollywood 为核心的生态系统的规模和竞争力。

（4）不断根据环境变化，审视价值理念是否改变和关键驱动因素是否改变，根据变动情况，重组或重构商业生态系统。SONY 公司竞争的失利和 JVC 公司占领美国市场从正反两方面印证了适机重组或重构的重要性。

结　语

以"理性选择"为基础的传统竞争战略分析框架，在当今世界日益动态不确定环境的严峻挑战下需要有所拓展。主流竞争战略中强调内部资源特点与能力积累及 SWOT 分析方式也正在随着外部市场的变化加剧、竞争的互动频度提高、竞争范围的全球化和竞争手段的多样化，而日益显现发展的必要性。

动态、无限竞争已经成为必须面对的现实。为应对动态、无限竞争，基于商业生态系统的竞争观和分析框架正在兴起。本文对此提出一个分析框架，旨在解决如何形成商业生态系统、如何维持商业生态系统、能否发展商业生态系统、如何持续发展商业生态系统这四大问题。基于商业生态系统的竞争分析框架的核心是：（1）从系统整体上考察和考虑竞争（围绕价值理念和关键驱动因素形成商业生态系统）；（2）从系统各成员之间的相互关系方面建立合作，以合作来应对竞争（对商业生态系统中各角色有明确的界定，并且识别和分类哪些角色担当了支持驱动因素，哪些角色担当了辅助驱动因素，建立价值创造和分享机制）；（3）通过开放环境吸引成员，以扩大系统的共同"做大饼"方式来避免共同"分小饼"式竞争（通过吸引更多的支持驱动因素和辅助驱动因素成员加入，共同创造和分享更大的价值）；（4）商业生态系统中核心企业或骨干企业必须不断关注价值理念和关键驱动因素的变化，并建立起审视机制和重组与重构商业生态系统的应对策略。以此来"进化"，不断创造新的优势，实现持续发展。

在战略高科技产业 建议加快建立同行业企业"竞争前研发"联盟[*]

战略高科技产业的独特特点

战略产业是在国民经济发展中具有领导或重大影响作用的产业群体,一般包括支柱产业(Main Industry)、先导产业(Leading Industry)、基础产业(Basic Industry)、瓶颈产业(Bottle Neck Industry)和创汇产业(Foreign Currency Making Industry)。战略产业对产业链上下游产业群体带动作用明显,对社会总供给和总需求具有重要影响,并直接决定产业结构层级,因而成为一国经济整体发展方向、经济运行结构、产业升级空间的直接衡量标准,也往往决定一个国家在全球范围内的竞争优势和国际竞争力。因此,各国政府都对战略产业的发展非常关注并制定相关政策。

在推进一国战略产业发展中,政府在关注和支持战略高科技产业发展方面往往角色更加重要。主要有以下两方面原因:

(一)战略高科技产业往往是先导产业,对国民经济未来发展起方向性的引导作用,又代表着技术发展和产业结构演进方向,具有全局性和长远性作用

经常体现为:(1)行业增长速度超过GDP,并且保持持续增长。例如通信业就是中国的战略高科技产业,一直以超过中国GDP增长速度2倍的速度增长。(2)财富积聚速度最快的行业。(3)市场潜力大,处于规模快速扩张的成长期。(4)产业关联系数大、技术联带功能强。例如,1999年以来,电子信息产业取代石油、钢铁等传统产业,成为全球第一大产业。发达国家经济增长的65%与集成电路相关。一般认为,每1—2元的

---

[*] 本文刊于国务院发展研究中心《调查研究报告》2006年第234号。

集成电路产值，将带动 10 元左右电子工业和 100 元 GDP 的增长[①]。

（二）战略高科技产业的特点，往往决定单个企业无法承担，仅靠市场机制很难见效，非常有必要通过政府来扶持和引导

1. 短生命周期，成本下降快

战略高科技产业往往是资本密集和研究密集紧密结合的行业，行业的产品生命周期很短，技术变革速度很快。以半导体行业为例，根据美国集成电路工程公司（ICE）的统计，美国领先的半导体公司资本投入占销售额的比例超过 25%，同时 R&D 支出超过销售额的 12%，这两个数字远远高于美国化学（道尔化学公司）、制药（默克）、航空（波音）和汽车（福特）行业领先公司。投资非常巨大，新厂房的成本至少 10 亿美元，但生命周期不超过 5 年。成本下降也呈加速趋势。过去 30 年半导体装配成本的下降趋势如图 1 所示，每年成本下降 25%—30%。再以存储器为例，1980 年 1G 字节的 DRAM 价格约为 70 万美元，而到 2005 年 1G 字节的 DRAM 价格仅为 10 美元。在这样的产业，要竞争就必须跟上研发的速度，否则所有投入都会成为沉没成本，难有利润可言。

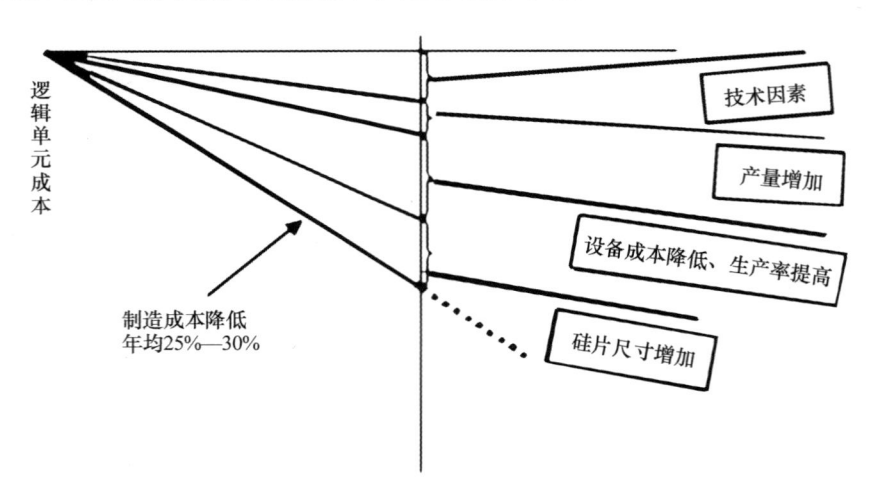

图 1　半导体行业在过去 30 年成本降低

资料来源：Dariush Rafinejad, *Innoration Development and Commercialization of New Products for Market Leadership and profitability*, Unmina Press, 2005, p. 417。

---

① 高梁：《中国集成电路产业发展与技术跨越》，《学习时报》2006 年 1 月 2 日。

2. 极高的研发投入成本，单个企业无法承受的风险

以 2000 年为例，全球半导体行业收入为 1960 亿美元，当年半导体资本投入为 550 亿美元，占全行业收入的 28%；工艺设备投入 300 亿美元，占全行业收入的 15%，两者之和占全行业收入超过 43%。图 2 是超大规模集成电路研究公司 2004 年对半导体行业收入与研发投入的预测，认为这种趋势将越来越明显，半导体行业的收入将绝大部分投入再研发和工艺。专家以此估计，技术创新所需要的成本和技术挑战往往是行业内单个企业难以承担的。

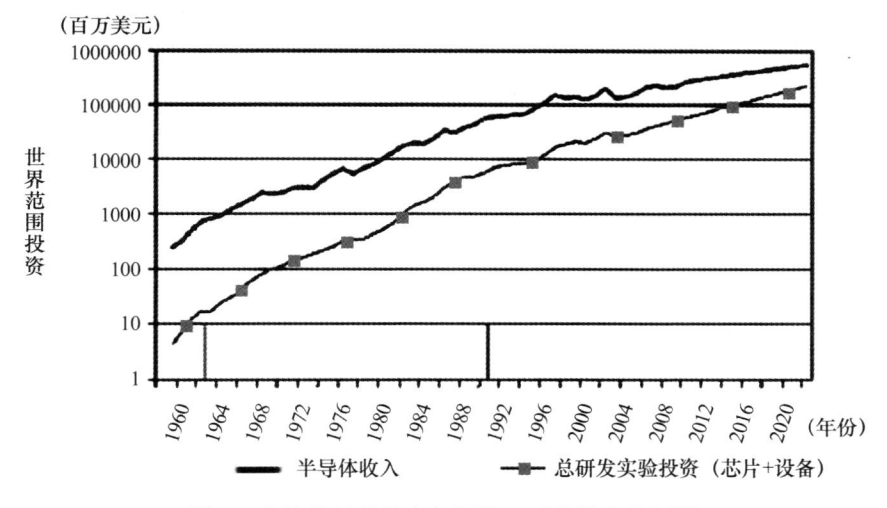

图 2　半导体行业收入与研发、工艺投入的预测

资料来源：VLSI 研究公司。

3. 商业化过程复杂性

战略高科技行业技术突破的难度很大，而技术突破后进行商业化的难度更大，涉及的商业化过程复杂性非常高。以半导体制造过程为例，半导体技术获得突破后，要获得商业化应用，芯片装配需要通过一系列专用工具组的 100 多道工序，涉及价格从 10 万美元至 700 万美元不等的 40 多种不同的设备，而且单个制造工序常常是根据经验而不是科学标准主导，非常难复制于不同工具和不同工厂（曾经在英特尔就发生过这样的例子。当时英特尔的一个工厂由于芯片安装位置出现了小的偏移，结果该厂的成品率反而提高了，英特尔公司派驻了许多公司高级技术专家进行研究，希望

查明原因,但都无法给出合理的解释。最后,英特尔公司采取的方式是,不管其为什么,让公司其他地点的芯片制造厂都模仿该工厂的偏移,来获得更高的成品率,这个事例后来成为英特尔强调"执行"文化的一个素材)。图3举例说明了集成电路商业化过程的复杂性,当集成电路设计水平达到90纳米级,需要的工艺步骤多达470多道,涉及的设备数量也达到250种之多。

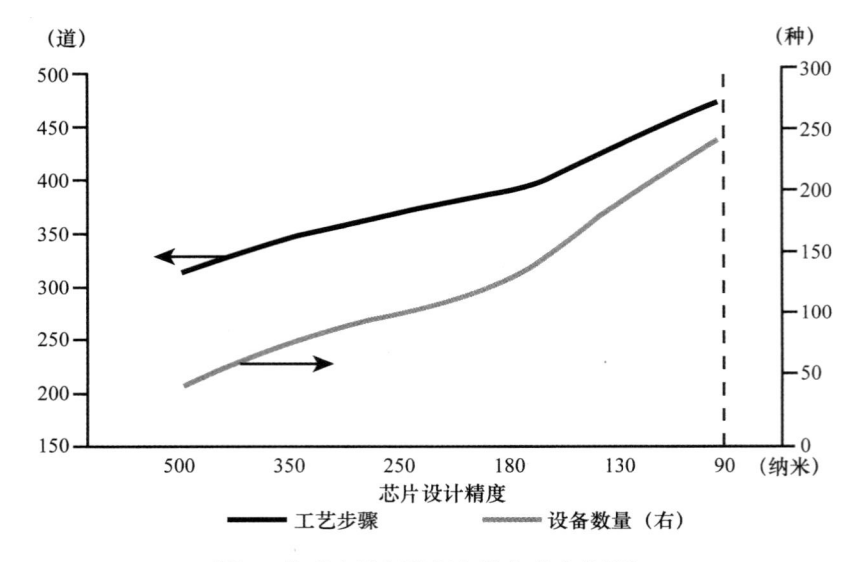

图3 集成电路制造复杂性和成本的增加

资料来源:Dariush Rafinejad, *Development and Commercialization of New Products for Market Leadership and profitability*, Unmina Press, 2005, p. 418。

美国战略高科技行业企业"竞争前研发"联盟调研情况
——以 SEMATECH 为例

(一) SEMATECH 建立的背景与发展阶段

20世纪70—80年代,日本在微电子、半导体、存储器等电子领域超越美国的主要原因之一,是日本采取了一种新的组织形式来进行关键战略技术研发。日本为在计算机制造领域赶超美国,在1976—1979年,富士通、日立、三菱机电、日本电气和东芝5家公司组成超大规模集成电路技术研究联合体，共同研究开发超大规模集成电路技术。在 4 年内，研究经费总额达 737 亿日元，政府预算内补助 291 亿日元，约占总金额的 40%。结果，1980 年日本比美国提早半年公布研制成功 64K 集成电路，1981 年占领了 70% 的世界市场。1980 年日本比美国早两年公布研制成功 256K 动态存储器。1986 年，日本半导体产品占世界市场的 45.5%，成为世界上最大的半导体生产国。

而这种同行业企业通过联合研发的组织方式在美国则受制于反托拉斯法案，一旦被判定为违反反托拉斯法，将受到严厉制裁。直到 1984 年，美国国会无异议通过国家合作研究的 NCRA 法案（*National Cooperative Research Act*），放松了对反托拉斯法案的限制，鼓励同行业企业形成研发联合体，但规定竞争前期的共同研发，事先必须向司法部登记，政府保留对共同研发适法性判决权。如经司法部合法登记，而在日后被认定违反反托拉斯法的话，仅依据实际损害金额赔偿，而不须以 3 倍金额赔偿。美国 NCRA 法案为同行业企业从事竞争前研发联合奠定了法理基础。

1986 年，美国国防部委托国防科学委员会组织的一项调查显示，"美国现役及即将部署的武器系统中所用芯片高达 90% 是国外制造的"。该调查报告指出，这将构成对美国国家安全的潜在威胁，建议国防部必须立即采取有效措施，促进美国半导体工业的重振。该报告引起了美国政府的高度重视和肯定，决定将微电子产业定位为美国战略产业，政府部门必须继续保持介入，以国家意志和政府力量推动该战略产业的发展。

在 NCRA 法案和国防科学委员会调查报告的双重影响下，1987 年由美国 IBM，TI，Lucent（AT&T），Digital Semiconductor，Intel，Motorola，AMD，LSI Logic，National Semiconductor，Harris Semiconductor，Rockwell，Micron Technology，HP 共计 13 个主要半导体公司共同实施启动 SEMATECH（半导体制造技术 R&D 联合体）计划，共有 700 名研发人员，耗时 10 年，每年投入 2 亿美元（经费一半由美国国防部高级研究计划署提供，一半由 13 家公司集资，按年销售额的 1% 提交），主攻 IC 制造工艺及其设备。经过两个 4 年计划（1988—1991 年，1992—1995 年）后，美国半导体技术的国际竞争力，重新回到世界第一的竞争地位。1994 年联邦政府停止对 SEMATECH 计划的资金支持，SEMATECH 演变成研究任务和经费完全来源于成员企业。1998 年 SEMATECH 成立 SEMATECH 国际，开始允许外国半导体公司参加到联合开发研究中，韩国现代（Hyuridai），欧洲的

Philips Semicon、Siemens 和 STM Microelectronics，中国台湾的台积电（TSMC）陆续加入其中。SEMATECH 的使命调整为："一起工作来应对行业的'竞争前研发'挑战，通过降低成本和风险来加速下一代技术进步。"

（二）SEMATECH 对"竞争前研发"联盟的管理方式

SEMATECH 采取董事会负责下的项目管理机制，董事会主席、总裁兼CEO 来自 SEMATECH 专职负责人，其他董事、主要的高管人员来自成员企业。所有项目由来自成员企业的代表共同创立、管理和衡量。图 4 是 SEMATECH 现在的组织机构。

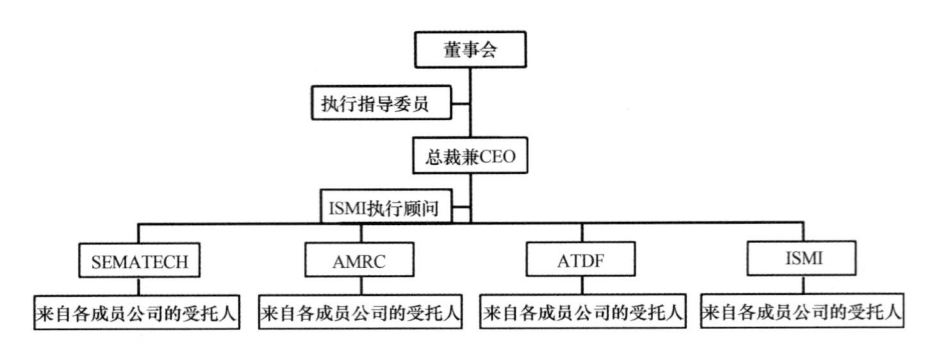

图 4　SEMATECH 组织机构

目前的情况是，由 SEMATECH 负责人 Bilous 担任董事会主席，Michael R. Polcari 担任总裁兼 CEO。SEMATECH 决策层中其他董事分别来自成员公司指定的代表——AMD（2 名）、飞思卡尔半导体（2 名）、IBM（2 名）、英飞凌技术（2 名）、英特尔（2 名）、三星（2 名）、半导体研究公司（1 名）、德州仪器（2 名）。董事会决定 SEMATECH 研究方向、研究任务的确定与调整及其他重要事宜。

董事会下设执行指导委员会和 ISMI 执行顾问委员会（由于制造部分难度非常大，是商业化的关键瓶颈）。执行指导委员会成员分别来自：AMD（2 名）、飞思卡尔半导体（2 名）、HP（2 名）、IBM（2 名）、英飞凌技术（2 名）、英特尔（2 名）、三星（2 名）、SEMATECH（1 名）、半导体研究公司（1 名）、德州仪器（3 名）。ISMI 执行顾问委员会成员分别来自：AMD（1 名）、飞思卡尔半导体（2 名）、HP（1 名）、IBM（2 名）、英飞凌技术（2 名）、英特尔（2 名）、松下（2 名）、飞利浦（2 名）、三星（2名）、SPANSION（2名）、台积电（TSMC，2名）、德州仪器（2名）。

执行指导委员会、执行顾问委员会是SEMATECH最重要的专家库和智囊团，为半导体研发和制造中遇到的难题提供解决建议和专业咨询。

SEMATECH从事的研发和制造项目具体执行工作由来自各成员企业的受托人负责。这些受托人形成研发和制造团队，对立项的竞争前研发项目、制造的工艺项目等进行进度安排、任务分派。目前受托人来源情况是：AMD（5名）、飞思卡尔半导体（11名）、HP（2名）、IBM（15名）、英飞凌技术（11名）、英特尔（13名）、松下（1名）、飞利浦（3名）、三星（3名）、台积电（TSMC，1名）、德州仪器（10名）。

（三）SEMATECH的商业模式及关键成功因素

SEMATECH认为其成功依赖于行业伙伴（成员企业）在领先型技术、制造工艺和迅速商业化三方面的合作。包括以下三个基本阶段。

阶段1：研究合作。参与者同意合作发现未来产品的事实素材。

阶段2：开发合作。参与者开始扩展研究进入共同的应用。

阶段3：生产率合作。联合体扩展他们的共享学习以增强现在的生产，成员前期参与将影响研发的方向。

在这三个阶段中，阶段3是能否商业化和获得收益的核心所在，因此，SEMATECH把需要为成员企业服务的重心向制造工艺平台、制造生产率提升做了延伸和扩展，为成员企业提供可靠、低成本、高生产率的制造工艺平台。

SEMATECH的副总裁David Saathoff在调研访谈中把联合体的成功归结为三点：（1）SEMATECH成为行业领导者。通过材料、工具开发、ITRS路线图、标准开发四方面来引导成员企业共同驱动行业发展方向，创造无形收益。平均每个成员企业投资回报率是5.4倍，过去的5年向成员企业转交了超过20亿美元的研究价值。（2）SEMATECH独特的三大技术战略。第一扩展现有技术发挥至极限，第二为新兴技术构建基础设施，第三评估和缩小纳米级微电子学未来的选择方向。（3）SEMATECH通过制造工艺聚焦于制造成本降低。可制造性是所有SEMATECH技术项目的驱动器，使成员和客户较早地学习什么是可制造的，如何以及为什么可制造，需要什么样的工艺水平和平台才能使制造成本更低，从而搭建起研发与制造之间的桥梁，并且通过专业化的分工，用子公司的组织方式来连接研发与制造。SEMATECH 按照从研发到制造的时间划分，不同的子公司侧重于不同的专业分工（见图 5）。

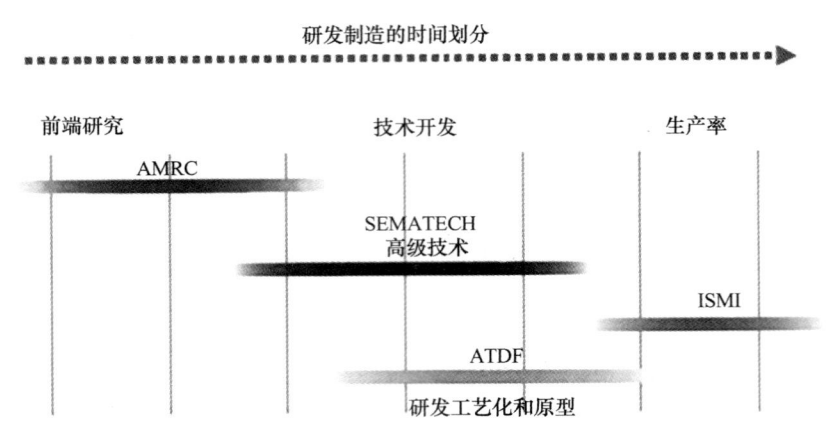

图 5 SEMATECH 从研发到制造的专业化分工

研发阶段：SEMATECH 子公司 AMRC（高级材料研究中心），关注材料和新兴技术；SEMATECH 高级技术，关注平版印刷、互联和前端工艺；SEMATECH 子公司 ATDF，关注客户导向的研发工艺化和原型。

制造阶段：SEMATECH 的子公司 ISMI，关注制造生产率。

（四）SEMATECH 在美国区域经济发展中的作用

据 SEMATECH 外部项目部负责人 Randy Goodall 称，仅在过去的 5 年时间中，SEMATECH 就为成员公司降低了大量的研发成本，使成员公司投资 SEMATECH 的年回报率达到 540%，创造了 20 亿美元的研究价值。他认为 SEMATECH 已经发展了最好的同行业企业间合作模型。分析家 Dan Hutcheson 则认为，SEMATECH 的合作研究模式为整个行业至少已经节省了 2000 亿美元的技术开发支出。

进一步地，SEMATECH 在美国区域经济发展中也起到了非常重要的集群效应。1987 年 SEMATECH 总部设立在奥斯汀，成为聚集得克萨斯州高技术制造商、供应商、下游支持公司和消费业务的黏合剂。仅奥斯汀地区就有接近 12.5 万人工作在大约 2000 家技术公司，主要的高技术业务和研究机构点缀在 Brownsville 镇与 Lubbock 镇之间。得克萨斯州也因此成为美国在计算机、电子行业就业人数、增加值和资本投资排名第二的州。

飞思卡尔半导体公司在全球有 2.2 万名员工，其中在得克萨斯州有 5600 名员工，该公司认为奥斯汀的 SEMATECH 是一个加速器，并决定于 2005 年把总部也搬到奥斯汀。德州仪器（TI）认为 SEMATECH 是其决定把公司最新的 300 纳米级晶片厂设在 Richardson 的最重要原因之一。提供支持性基础设施的还包括 AMD、三星、飞思卡尔、应用材料和许多技术公司都在同一个区域，这些公司也都获得了收益。很明显，奥斯汀和得克萨斯从这个世界著名的微芯片研发联合体上获得了巨大的收益，这甚至被称作"SEMATECH 效应"。

由于 SEMATECH 在北方 Albany 建立了办事机构，"SEMATECH 效应"也扩展到了纽约州，纽约州州长 George Pataki 称，纽约技术谷因此而吸引了数百万美元的新投资，使纽约州也成为高科技的国际领先者，直接为纽约人创造新就业岗位和机会。SEMATECH 的其他分支机构，如高级材料研究中心（AMRC）也把这种效应带到了美国的许多公司和区域。

启示与建议

1. 战略高科技产业的先导、战略产业特性、短生命周期、成本降低速度快、极大的研发投入成本、复杂的商业化过程，决定了发展战略高科技产业需要建立同行业企业"竞争前研发"联盟，通过同行业企业在基础与应用研究阶段紧密合作、共享信息与知识来分担不确定性和财务风险，共享研发收益的必要性。

2. 战略高科技产业仅依靠市场的作用配置资源是不够的，政府在战略高科技产业"竞争前研发"联盟组织形态建立中应发挥重要作用。

战略高科技共性技术具有很强的外部性。一旦突破能加快一个甚至多个产业的技术升级步伐，具有很大的经济和社会效益。但同时也造成市场失灵程度高，市场供给严重不足，所以不能仅依靠市场机制来配置资源，需要政府从资金和政策上予以支持。

美国一方面是倡导自由竞争的国家，另一方面又是重视战略产业"竞争前合作"的国家，自 1976 年起成立了很多合作研发机构。1971 年成立电力合作的研究机构，1976 年成立天然气的 GNI，1980 年成立 MCNC，1982 年成立半导体的 SRC，1982 年在得州奥斯汀成立 MCC，1987 年成立

SEMATECH。以国家意志和政府采购给予战略产业（也包括战略高科技产业）资金和政策上的强力扶持。考察调研团从对 SEMATECH 负责人的访谈中获悉，尽管自 1996 年起联邦政府中止了对 SEMATECH 的公共财政拨款计划，但近期的一个新动议是：鉴于半导体产业在美国国家的战略地位和 SEMATECH 在其中的重要作用，国会正在讨论重新启动对 SEMATECH 的公共财政拨款计划。

3. 战略高科技产业的发展必然需要庞大的投入，这往往是单个企业无法独力承受的。一个国家在某项战略高科技产业形成竞争优势，从一定程度上与政府对这个产业的支持息息相关。战略高科技产业往往需要从基础研发做起，整个产业链从设计、制造到封装、测试，几乎都需要做前所未有的大量基础性研发工作。美国政府在战略高科技产业从国家战略高度全力支持这些基础研发工作，着力于向本国企业转移这些基础研发成果，促进本国企业对这些基础研发成果的共享。

4. 借鉴美国 SEMATECH 发展的历程和经验，支持中国具有多领域应用前景的若干战略高科技产业发展。譬如液晶产业，随着电子、信息、通信技术趋于融合，显示科技已经开始向平板化、液晶化发展，市场的需求也越来越大。目前我国尽管有世界范围内该产业规模最大的应用市场，但在此战略高科技产业与国际的差距却很大，目前基本上是靠单个企业投入研发的方式跟踪和追赶，急需尽快组建该产业及产业链主要企业"竞争前研发"联合体这样的组织，通过政府和各主要企业投入研发资金、从公共政策和市场两方面共同推动研发与创新。推动的方式可以采取政府一贯的介入方式，也可以采取政府前期给予扶持，促进联合体建立起良性自组织机制，逐步演变为行业内企业共同资助的形式。

开放式创新趋势下美国高技术公司创新管理新动向与启示[*]

20世纪后期,美国公司创新呈现出从封闭式创新模式向开放式创新模式转变的新趋势。在这种趋势和背景下,美国一些高技术公司创新管理出现了开放式全球搜索技术来源、多途径多目的进行集成创新、扩大知识产权内外收益等新动向,对我国进行自主创新的模式和主导组织形式选择具有理论与实践两方面的借鉴价值。

创新模式从封闭式模式向开放式模式转变的新趋势

1. 设立内部研发实验室进行创新的发展阶段与封闭式创新模式

20世纪的绝大多数时间,内部研究开发被视为战略资产,是许多行业禁止竞争对手进入的最重要门槛。行业领导型企业控制着技术的垄断权,通过控制主要技术来领导整个行业,并成长为大公司。这些大公司大多建立中央研究实验室(如美国杜邦公司的杜邦实验室、AT&T公司的贝尔实验室、IBM公司的沃森实验室、HP公司的中央实验室和施乐公司的帕洛阿尔托研究中心等)和采取内部研发策略。公司内部研发实验室提高了生产效率,促使公司实现了自然垄断或规模经济,具有新特性和市场应用的新产品也随之而来,又创造了新的商机或规模经济,形成良性循环逻辑(见图1)。著名学者、历史学家钱德勒(Alfred Chandler)研究了美国20世纪中期行业领导型企业的选择,一项最重要研究发现就是公司的内部研究实验室在实现业务规模经济中的作用。

---

[*] 本文刊于《中国制造业信息化》2007年第5期。

这种良性循环机制直接导致企业实验室的规模不断扩张。例如，贝尔实验室从 1925 年的 2000 人发展到 1985 年的 26000 人，分为基础研究部（占人员总数的 8%—10%）和各制造部门开发部，遍布美国各地，并把"通过基础科学和科学训练所能提供的最佳组合，进行通信领域中的基础研究，并且利用这种工作成果与公司已经瞄准的商业导向相融合"作为实验室方针。中心研究实验室发现了大量重大基础研究成果、取得了大量商业性科研成就，如贝尔实验室发明电话、IBM 实验室发现超导现象、杜邦实验室发明合成纤维尼龙、施乐公司发明静电复印技术等。这种创新模式是封闭式、高度集权的内部研发模式，对现代工业企业的飞速发展至关重要，对公司的发展战略也十分重要，并成为公司的关键性业务和策略。

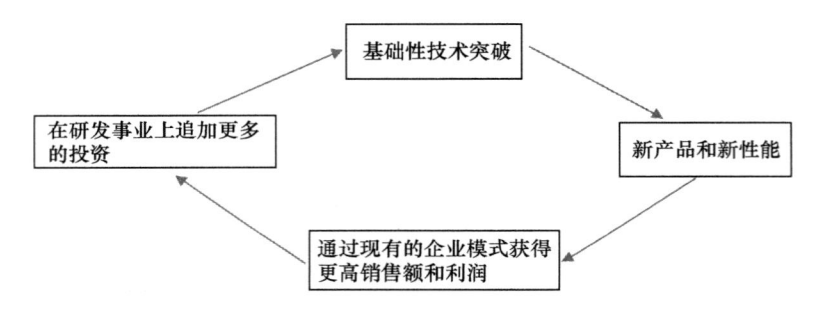

图 1　研发投入良性循环的内在逻辑

2. 20 世纪晚期的开放式创新趋势

20 世纪晚期，封闭式创新模式的良性循环逻辑中的主要因素开始受到挑战。最主要的破坏性因素表现在以下三个方面。

第一，经验丰富、技能高超的知识型员工越来越具有流动性，这种人员的流动性增加带来了研发成果从一个企业到另一个企业的转移与知识的外溢。

第二，越来越多的人接受大学甚至更高的教育，这类人的急剧增加使得各种知识、技术开始从企业的中心实验室向许多不同行业、不同规模企业外溢。

第三，私人风险投资（VC）的发展。风险投资是专门通过将外部研发成果商品化的方式来创立新企业，然后再把这些企业转变为高增长、高价值公司的投资机构。这些发展速度极快的新建企业已经成为老牌大公司的强劲竞争对手。

这三大破坏性因素改变了封闭式创新模式下的良性循环逻辑，使新技术商品化的范围从原来的同一个企业内拓展到新建企业中，使资金的来源也从原来同一个企业的内部研发投入拓展到外部风险投资资本，从而形成了如图 2 所示的新逻辑。

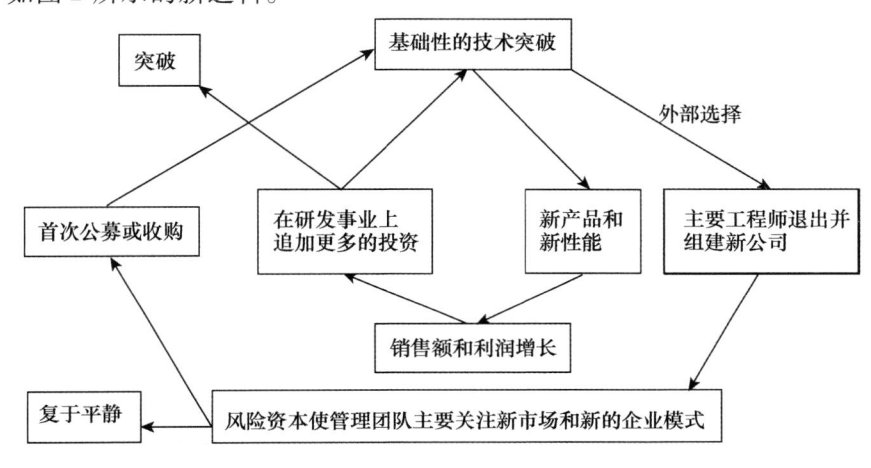

图 2　良性循环被打破后的新逻辑

与图 2 所示的新逻辑相联系的是一种新的创新模式——开放式创新，这种新趋势正开始涌现并逐步取代封闭式创新。开放式创新模式认为企业进行技术创新时，可以并应当同时利用内部和外部的所有有价值的创意，同时使用内部、外部两条市场通道，以提高研发效率和获得超额利润与竞争优势。开放式创新与封闭式创新的比较见表 1。

表 1　　　　　　　　封闭式创新与开放式创新的比较

封闭式创新	开放式创新
行业范例：核反应、大型主机	行业范例：个人电脑、电影制造业
主要依靠内部创意	很多外部创意
劳动力流动性低	劳动力流动性高
风险投资很少	风险投资很积极
新创企业很少，力量微弱	新创企业数量众多
大学等机构的影响力并不重要	大学等机构的影响力很重要

资料来源：[美] 亨利·切萨布鲁夫：《开放式创新——进行技术创新并从中赢利的新规则》，金马译，清华大学出版社 2005 年版，第 11 页。

开放式创新模式管理的新动向

1. 开放式向全球搜寻技术创新来源

创意外部化。向全球寻求创新构想与研发成果，不再将研发视为内部流程活动。例如，宝洁公司（P&G）2000 年只有 10% 的创新来自外部，过去一直依赖内部 8600 多位科学家开发新产品，该公司新研发计划则要求在 5 年内把来源于企业外部创意的指标提高至 50%，并为此设置了外部创新主管职位和 53 个技术侦测小组（Technology Scouts），专门负责搜索外部的可能创新源与新产品技术。再如，半导体行业英特尔公司 1968 年成立，此后几乎主要依靠外部研究，直到 1989 年才开始制定正式的先进研发战略。即使如此，英特尔公司内部在从事技术开发前，还是首先评估一下可以从企业外部获得哪些相关、有价值的知识技术。

注重从大学获得创新"种子"和人才。美国高科技公司非常重视从大学获得基础研究前沿思想和研发专利，与大学实验室合作开发关键技术和前沿设想，并与大学分享研究成果。例如，英特尔公司专门设计了对大学科研项目的援助计划，每年花费 1 亿美元资金支持大学的学术研究。再如，另一家著名的高科技公司——德州仪器（TI），还专门启动了"放眼未来人才储备"的领导大学计划。分三个层次与数字信号处理领域大学进行合作：第一个层次为"领袖大学"，以美国的三所大学 RICE、Georgia Tech、MIT 为核心紧密合作；第二个层次是根据区域选择 100 所一流大学进行数字信号处理领域的科研与合作；第三个层次是在全球范围内进行教育和建立 DSP 实验室。TI 主要的收益有三点：第一，获得关于发展前沿的看法；第二，为自己公司招聘优秀人才；第三，为行业提供充足的熟悉数字处理方面的人才。

2. 多方式、多目的进行集成创新

组合创新。通过引进不同的技术来源，进行相应组合，实现集成创新。太阳微系统公司（缩写为 SUN，原意来源于 Stanford University Network）目前是工作站市场的领先高技术企业，其创业构想来源于将大学实验室的研发成果商品化。SUN 公司工作站微处理器来自斯坦福大学的研究成果，操作系统则来源于加州大学伯克利分校开发的 UNIX 系统，图形界面软件系统来源于麻省理工学院实验室开发的 X-Window。通过这种"拿来主义"的组合创新策略，SUN公司比IBM、HP等公司在工作站的研发资源投入要少得多，却获得了更强的竞争力和市场地位。

通过并购进行技术集成和市场整合。通过技术转移与企业并购等手段，有选择地从外部取得所需的可用技术和战略方向技术，减少自主研发投入风险和提前占领市场优势。这也是网络通信设备公司思科（Cisco）快速崛起的主要原因之一。思科公司认为公司成长主要有两大选择：第一，通过自身的研究与开发。主要目标是增强已经存在的市场，思科约70%的发展来源于此。第二，通过并购。思科约30%的发展来源于通过并购获得技术并进行技术集成和进入新市场，提高效率与反应速度。思科公司本身并没有投入很多的研发人力与资源设备，但在新技术开发与新产品上市的速度和新技术发展方向上，远远领先于主要竞争对手。思科公司主要着眼于从产品、技术、运营模式、网络、客户群等维度进行集成创新，并坚持诸如"不兼并竞争对手""不兼并差异非常大的公司""兼并公司一般都规模较小""兼并公司产品、技术相近"等准则，围绕并购精心策划和设计集成创新的可行性和稳定性。即使像高通公司（Qualcomm）一直以支持"自己创新并形成行业标准"，并以"高端标准"战略为特色的高技术公司，也非常重视通过购并手段来进行技术集成以减少未来技术发展方向的不确定性。

3. 激励内外部发明、创造，扩大公司内外两方面技术收益

充分发挥研发成果的商业价值，主动转让或授权技术成果。1993年郭士纳进入IBM之后，曾进行过一次内部技术盘点，发现大量库存的无用技术与专利成果。因此，他决定将IBM的技术专利尽量推向市场，在2001年IBM仅技术授权收益就达19亿美元。此趋势在美国其他高技术公司也已经有进一步发展态势，并正在成为许多大公司的新赢利模式。HP公司共拥有2.5万个专利，平均每天产生11项专利，是目前世界上拥有专利数最多的公司之一。调研中获悉，HP实验室正在从事此方面工作，积极转移与公司当前商业模式不太相关的消费电子类、数字媒体与娱乐类、私人安全杀毒类软件，半导体与存储类技术领域的软、硬件技术。

建立激励知识产权的制度、流程。美国高技术公司都非常重视专利与知识产权工作，基本上都把知识产权作为战略的重要组成部分，并建立专利申请、实施及战略性专利的奖励制度。

4. 关注商业模式及与成功商业模式配套的创新资源匹配，强化商业化职能

一项新技术的经济价值直到商业化之后才能体现出来，因此，同样一项技术采取不同的市场化方式，则会带来迥然不同的效果。这就是商业模式选择对创新的至关重要性。以高技术公司 Google 为例，Google 是一家新兴公司，公司历史不过十几年，但目前被公认为是全球最大的搜索引擎，股票市值已经超过 1000 亿美元，该公司的发展历史说明了商业模式的至关重要性。

开放式创新模式三大建议

1. 开放、合作是创新模式的新趋势和大趋势，自主创新不等于自己创新

推动美国公司由封闭式创新模式向开放式创新模式转变的三大主要破坏性因素——高技能员工的高流动性、越来越多接受大学以上教育的人和风险投资资本，前两者在中国已经成为事实，而第三个因素风险投资资本也已经开始在中国布局，这意味着开放式创新模式已经不仅仅是美国趋势，也即将成为中国趋势乃至全球趋势，势必影响中国的创新模式选择。

对于中国企业而言，在开放式创新模式下，创新不再完全依靠公司自身力量和依靠自身研发机构，而是建立开放式创新途径来有效利用公司内部和外部的创意。从这种意义上说，自主创新不等于自己创新。如何利用内部研发的杠杆作用撬动和分享外部价值，对于企业自主创新同样重要。

2. 企业创新的主导组织形式针对不同行业与技术特点，应有所不同

不同行业与技术特点，对企业创新的主导组织形式也有很多影响。在调研中，当向德州仪器、朗讯科技贝尔实验室提及"你们如何评价思科等公司通过购并进行集成创新、快速占领市场这种模式"时，德州仪器公司认为这与行业特点有关，思科公司从事的主要为产品类和应用类行业领域，可以通过并购方式来集成创新。德州仪器早期也曾通过这种方式获得技术，但近年来已经不可能了，因为德州仪器从事的是基础类技术行业，他们认为产品类技术是有可能从外部获得的，但基础类技术不太可能从外部获取。贝尔实验室的观点则认为，能否通过并购的方式进行集成创新，关键还是取决于技术难度。对于 2—3 年能够实现的技术创新，风险投资

资本容易参与，能够通过获取风险资金的模式来形成研发的良性循环。但对于需要3年以上时间才能够实现的技术创新，就必须依靠公司自身研发积累来进行。

美国公司建立中央实验室进行内部研发工作的组织形式正在经历挑战，有些行业的这种组织形式已经过时。对于中国企业所处的发展时期而言，一方面要重视开放式创新；另一方面，内部研发组织仍在许多企业自己的创新中发挥着重要乃至主导作用。

3. 商业运营模式的创新是企业自主创新的重要内容，并应成为企业最关注的环节

从本质上说，技术的价值是由将其市场化的运营模式决定的。同样一项技术，采用两种完全不同的市场化运营模式，则会创造完全不同的价值。在Google公司调研时，我们的问题是："Google是一家技术型公司，而且依赖于单一的技术根基搜索。如果出现了比Google公司Page Rank搜索技术更优秀的技术时，Google如何竞争？"Google公司的观点是：出现更优秀的技术不可怕，也未必形成直接竞争，Google创新成功的经验不仅在于Page Rank搜索技术，更在于形成的"向广告客户提供在网络网站上刊登广告服务"的商业模式，Google最担心来自搜索领域中新商业模式的竞争威胁。

鼓励原始创新，加快世界科学中心建设[*]

美国蓄意发动经贸摩擦，瞄准《中国制造2025》，重点打压中国战略新兴及高技术产业。中美经贸摩擦实质上已上升为技术战，将影响中国的产业升级，乃至威胁国家安全。从中长期看，美国为保持全球领导者地位，大概率会从技术封锁演变为进一步遏制中国的科学进步。近期《纽约时报》报道白宫正考虑限制来自中国的理工科学生及研究人员已是端倪，须引起国家决策层的高度重视。战略上美国对中国的遏制有两个阶段——第一阶段是遏制2035年中国跻身全球创新型国家前列，第二阶段是遏制中国替代美国成为世界科学中心。因此，我国应未雨绸缪，立足长远，以发展原始创新为抓手，加快世界科学中心建设。

原始创新是大国之间竞争最重要的变量之一

创新一般分为原始创新、集成创新和引进消化吸收再创新。集成创新、引进消化吸收再创新只能做到量的积累，但如果原始创新没有取得突破，往往是在前人成果上修修补补。而原始创新则是前所未有的重大科学发现、技术发明、原理性主导技术等创新成果，具有首创性、突破性和后向关联性特征，是对传统科学的挑战，通过构建全新的运行规则，形成新常规科学。原始创新真正决定了创新的高度和深度，是最根本的创新，是在基础研究和高技术研究领域取得独有的发现或发明。

原始创新是核心关键技术的主要来源，也是一个大国在国际分工体系中占据高端产业链的"不二法宝"。原始创新能够形成研发、专利和关键

---

[*] 本文与郑世林合作。

技术，从而获得超额利润，带动一个国家占据产业链高端。在超额利润的激励下，占据产业链高端国家会继续通过持续原始创新来开辟新兴产业，并带动一批相关产业的发展。其他国家只能依靠劳动力、资源等比较优势，徘徊在产业链的中低端，成为国际分工的跟随者、附属者。由于原始创新不足，其他国家并未真正掌握关键技术，易陷入无休止的"引进—引进—再引进"，有的甚至陷入了"引进—落伍—再引进—更落伍"的恶性循环，相关产业发展"受制于人"、遭"卡脖子"之痛。因此，原始创新是科技强国的最重要标志。只有从最根本的原始创新出发，才能将关键技术成果掌握在自己手中，才能在大国博弈中牢牢把握战略主动权。

原始创新已经是中国最需要补齐的"短板"

原始创新可分为科学上的原始创新和技术上的原始创新。科学上的原始创新，又称为基础性原始研究，是指立足于研究领域的前沿和交叉学科的新生长点进行探索性研究，其研究具有前瞻性，以产生新观点、新学说、新理论等理论性成果为目标，主要包括基础研究上的重大突破和社会科学领域内的新成就，是科学研究的基本产物；技术上的原始创新，以科学上的原始创新为基础，又称应用性的原始创新，是指结合该领域长远需要，为解决实际需求而进行应用技术基础研究，通过产生新方法、新方案和建立新标准等解决应用中的基本问题，主要包括高技术领域的根本性创新、自主和核心技术。因此，科学上的原始创新是技术上的原始创新的先导和基础。

中国关键领域核心技术"受制于人"根源在于原始创新落后。在中兴通讯事件中，美国的技术制裁对中兴通讯公司可能带来高危影响。据统计，中兴通讯公司有20%—30%的元器件由总部在美国的厂商供应，并且一些常用的零部件大部分都要依赖国外芯片厂商供应，短期内也无法从其他国家或国内获得同等替代品。除了零部件采购之外，中兴通讯在手机芯片以及5G技术研发上，也与美国高通、英特尔等公司密切合作。中兴通讯遭遇关键技术限制的深层次原因在于技术原始创新的落后，关键核心技术和技术研发还是依赖于国外。透过中兴通讯事件可以看到，其他国内高技术企业也可能面临着同样的来自美国的技术打压风险。中国在芯片、计算机操作系统、发动机、高端新材料、精密机床、人工智能、新药研发等诸多领域都存在严重的"受制于人",根源是原始创新落后。因此,需要从中长期鼓励发展原始创新,从源头上实现追赶。

世界科学中心地位转移基本以原始创新地位变化为依据。如果某个国家的重大科学成就超过全世界科学成果总数的25%以上,著名科学家占世界科学家总数的25%以上,那么这个国家就会成为世界科学中心。日本科学史家汤浅光朝发现了世界科学中心转移规律,被称为"汤浅现象"。纵观世界科学中心的转移和世界科技强国的崛起,无不以重大科学上的原始创新为基础。17世纪以牛顿力学三大定律为主要标志,通过数学方法研究自然问题开创了现代科学研究的思想和方法论,使得英国成为当时的世界科学中心。19世纪德国以相对论、量子力学、细胞学说为重要标志,成为世界科学中心。进入20世纪,美国产生了控制论、信息论和系统论等重要现代科学理论,进而出现了计算机、微电子技术、生物技术、互联网技术等原始创新技术,成为新的世界科学中心。随着世界科学中心的转移,大国崛起并成为全球引领者和领导者。因此,大国博弈短期表象是经贸摩擦,但长期本质是技术乃至科学竞赛,尤其表现在原始创新方面。

由于科学上的原始创新落后,中国离世界科学中心地位距离仍非常远。近年来,中国基础科学研究经费投入增长较快,过去5年增长了1倍,从2011年的411.8亿元增长到2016年的822.9亿元。中国科技论文数量多年保持世界第2位,2017年科技论文总引用次数也上升至第2位,发明专利申请量居世界首位,在全球科技版图中的位置不断上升。但与美国相比,中国一定程度上缺乏原创性的重大理论发现,缺乏带有引领性的标志性论文成果。而且,国际领军科学家、拥有杰出成果的青年学者、获得国际学术大奖的科学家更是凤毛麟角。学术话语权、高端国际学术期刊等基本被美国等西方国家垄断。"贝尔纳之问""李约瑟难题""钱学森之问"等艰深命题至今还无法破解。

因此,中国不仅仅是在技术上的原始创新落后和关键技术受制于人,而且科学原始创新更处于落后局面,距离世界科学中心位置更远。中美之间的竞争将是一场长期而艰巨的较量,为应对美国科学和技术竞争,中国除了模仿追赶策略外,还必须谋划原始创新之路,将发展原始创新上升为国家中长期战略。科学盛则技术强,科技强则国家强、民族兴。加快建设世界科学中心和技术强国,是我国发展的迫切要求和必由之路。

建 议

第一，国家科技战略应把世界主要科学中心建设作为重要定位。大国崛起最重要的一个规律是世界科学中心地位的转移。首先，应有针对性地提升基础研究在科学研究中的地位。推动哲学、数学、物理等基础学科发展，提高基础研究国际化水平，优化基础研究的科研环境。其次，学习世界顶尖高校办学规律，结合中国自身优势，打造世界学术的另一个中心。着力吸引外籍领军科学家和杰出外籍青年学术人才，打造一流基础性学科，防止美国在某些基础性学科限制中国留学生，吸引世界优秀生源来中国留学。最后，营造宽松科研环境，将大学和科研机构打造成为科学原始创新的主体。充分尊重教师和科研工作者，形成活跃的思想和学术氛围，营造良好的学术环境、鼓励创新创造、宽容失败，培养有利于原始创新的土壤、环境和生态，倡导科技工作者立志高远、"十年磨一剑"，做出原创性的科研成果。

第二，着手制定和实施中长期鼓励原始创新的战略规划。习近平主席多次强调，中国核心技术受制于人是最大隐患，而核心技术靠化缘是要不来的，只有自力更生。中兴通讯事件再次让我们认识到原始创新对于大国博弈的重要性。为此，中国在坚持改革开放的同时，也要突出强调自力更生，坚定地走出一条鼓励原始创新的新路。在应对经贸摩擦的同时，制定和实施中长期鼓励原始创新的战略规划，加强重大基础性前沿学科布局。

第三，鼓励企业研发原创性的核心技术。一是鼓励企业进行核心技术的攻关和自主研发，使企业真正成为原创性技术研发的主体。在高端芯片、高精尖材料、半导体加工设备、工业机器人等高端技术领域鼓励企业尽早投入、持续积累，增强国家科技实力和底蕴。二是鼓励一些企业从模仿创新、微调创新、本地化创新和集成创新中摆脱出来，提前布局原始性创新，攻克"卡脖子"的核心技术。三是鼓励企业改变短视的企业文化，立足长远和可持续发展。

第四，率先加大原始创新类知识产权保护力度，优化鼓励原始创新的制度环境。通过重点加大原始创新类知识产权保护，首先重点保障原始创新者对成果的一定独占权，排除仿制者对原始创新知识产权的侵犯，让从事原始创新的研发人员最终受益、终身受益，从而调动和激发原创者的创新创造活力、潜力和持续动力。

美国的国际立场正在远离
知识产权制度的本质[*]

以促进创新为目标和本质来尊重知识产权以及相关国际规则,是市场经济的重要构成,是全球经济治理的重要基石。

知识产权是文明社会以促进创新为目的而创设的制度,起源于英国,原属于各国国内制度,即各国有充分主权自主决定本国知识产权事项。后来美国以促进共同创新为由,在发展中国家反对的情况下,仍将知识产权纳入WTO规则,在全球推行并形成具有强制约束力的国际规则。在此后的几十年间,各国均以WTO规则为框架进行知识产权保护和转让,对于促进全球创新、维护全球稳定的经济秩序发挥了积极作用。

特朗普政府重启"301调查"不仅违反国际法,而且损害美国国际形象和重创全球经济治理。

美国在其国内和国际上均承诺过不能通过"301调查"单边认定其他国家的做法违反WTO规则。原属于各国主权范围内事项的知识产权,经WTO项下的TRIPS条约被纳入世贸组织的规则体系。如各国对他国的知识产权事项有异议,需依据世贸规则并经世贸组织的争端解决机制来解决。任何国家不经世贸组织的有关程序,擅自对其他国发起以国内法为依据的单边调查,既违反国际规则,又侵犯践踏他国主权。

自1974年立法以来,"301调查"已进行过123次,日本和欧洲国家都曾是受害者。大多数调查集中在WTO成立前的里根时代,当时美国政府常在相关行业或工会组织未提起诉请时就发起此类调查。最初的"301条款"中,调查理由不包括"知识产权保护"。但1984年、1988年,在美国制药企业推动下国会两度修改"301条款",增加了"知识产权保护"

---

[*] 本文刊于《中国日报》2018年7月10日,与王怀宇合作。

内容，成为"超级 301 条款"。1998 年 11 月，美欧"香蕉贸易大战"期间，欧盟通过 WTO 争端解决机制起诉美国，要求就"301 条款"的合法性进行裁定。裁定虽然驳回了欧盟的起诉，但同时明确强调了美国的义务，即"301 条款"必须服从 WTO 多边争端解决原则。美国也作出了国际承诺，即严格按照 WTO 争端解决的程序来处理相关贸易纠纷，而不是单方面采用"301"的调查及其结论。此后，美国主要通过 WTO 的贸易争端解决机制解决与他国的贸易争端，"301 调查"这一单边措施已基本退出历史舞台。

此次美国政府重拾曾被称为"过时幽灵"的"301 调查"，违背了美国自己作出的国内国际承诺，损害美国自身国际形象，也侵犯与践踏了国际规则和他国主权。美国作为当代全球经济治理机制的创造者和引领者，肆意以单边行为来代替国际社会共同认可的多边争端解决机制，极大地增加了全球经济秩序的不稳定性，是对现有全球经济治理的一记重创。

301 报告对证据的认定违反美国国内法，以倾向性的臆测和捕风捉影充当证据，对中国知识产权保护的诸多成绩视而不见。

301 报告号称其进行了大量的调查（包括访谈、收集多份书面材料等），但丝毫不提及调查对象（包括一些美资公司和协会商会）对中国知识产权保护工作给予的肯定和积极评价，有些调查对象愿意为自己这些观点进行公开质证。301 报告刻意忽略了这些基本事实，统称美国企业认为中国强制技术转让，却没有一个美国企业愿意站出来接受公开质证。按照美国法律，这种意见根本不符合美国国内法对于证据的要求。美国政府却依据这些黑箱臆测来批评中国的知识产权保护。

301 报告还扭曲解释"强制技术转让"，将完全符合 WTO 规则的合资要求视为强制性技术转让。中国没有任何一个法律文件要求外国企业必须转让它的技术给中国合作伙伴，外资公司完全基于自身的商业利益考虑做出是否接受合资以及是否进行技术转让的决定。实际上，美国企业通过合资的方式，在中国实现了巨大收益。例如美国一知名汽车公司在中国合资企业获取的利润超过其在美国本土的利润，也超过它在全世界任何其他国家的利润。对于这种完全依据商业契约进行的自愿经济对价行为，不是"强制技术转让"，政府也不应该进行干预。

关于对知识产权和敏感商业信息的网络盗窃，美国承认自 2015 年之后检测到的中国网络间谍活动案件有所减少。有美国官员认为这可能意味着攻击者数量减少并同时转向更集中熟练且复杂的攻击，同时，他们仍然在没有任何证据的情况下，坚持声称这是由中国政府执行的。

"301调查"的所谓结论和制裁违背了知识产权制度"促进创新"的根本目标，与美国国内制度的走向背道而驰，也完全忽视中国政府对知识产权保护所做出的努力和取得的进展。

美国国内对知识产权的保护是一个不断变化、螺旋式的发展历程，多数时期以平衡知识产权权利人和第三人之间利益为基本原则，并非一味仅是简单地进行强化。在建国初期，美国曾被欧洲称作"百年盗版之国"，也不愿意承认专利制度的垄断性，认为这种垄断性可能影响创新的传播和应用。即使在承认专利制度的垄断性之后，美国对于权利人的权利保护也需要经过平衡"侵权造成无法挽回的损害""法律规定的救济方式不足以弥补造成的损害""在因侵权遭受的损失与因禁令遭受的损害之间进行权衡""禁令的颁发不会对公共利益造成危害"四要素来衡量。只有21世纪初到2006年之间，美国实行完全倾向权利人的强保护制度。自2006年EBAY案以来，美国知识产权制度改革重回"四要素"平衡考量，通过对专利质量的要求，对管辖权以及律师费的调整等诸多方式，不断调整因为过度保护带来的对创新的伤害。这些制度规则之所以变化，主要源于国内产业及企业发展的需求。

中国政府对于知识产权保护的关注是史无前例的，其进展也是有目共睹的。中国的知识产权制度几乎融合了大陆法系和英美法系所有可能保护知识产权的举措，如3倍惩罚性赔偿、较高的刑罚处罚、丰富的保护机制（除司法外，各种行政执法机制和活动）等。彼得森国际经济研究所的研究表明："近年来中国支付的外国技术许可费大幅飙升，2017年达到近300亿美元，比过去十年增长近四倍""事实上中国针对在本国范围内使用的技术所支付的许可费金额大概在全球排名第二"。然而美国制裁的核心是遏制先进技术与中国的合作，不管是美国企业对中国的高科技产品出口，还是中国企业在境外对技术的寻求和并购。美国以保护知识产权为借口来掩盖其试图阻止中国创新，这显然已经远离了知识产权制度的本质。

任何国家的技术进步都建立在开放包容、互相借鉴的基础之上，特朗普政府对中国创新的单边遏制阻挡不了中国技术进步的步伐。

中国作为后发的发展中国家，同美日等国曾走过的经历一样，过去、现在和将来都会存在对外部技术的模仿、学习、消化、吸收的过程。不同的是，中国的知识产权制度用了 30 年时间走过了外国几百年的路。国家领导人在不同场合都一再强调中国政府会一视同仁地保护来自国内外知识产权权利人的合法权益，而且中国政府及各有关部门也是按这样的承诺去做的，越来越重视知识产权保护工作，不断加强执法办案措施，这一点连对中国非常苛刻的"301 特别报告"也承认中国做了大量工作，取得了不断向好、不断改善的成效。

中国这样一个大国在过去的 40 年间取得了令世界瞩目的发展成就，仅靠模仿别人的知识产权来实现是不可能的，也是不可想象的。美国前财长萨默斯在美国消费者新闻与商业频道网站刊文写道："中国公司在某些技术上的领导地位并不是窃取美国技术的结果，而是靠自己的技术进步"。美国政府单边制裁的方式不可能阻挡中国技术进步的步伐。

作为当代全球经济治理机制和格局的缔造者，不惜践踏自己亲手推动建立的国际规则和国际合作机制，不惜违背其国内无比尊崇的法治精神，以猜测和臆测为证据，逆全球化潮流而重启"301 调查"和经贸摩擦，美国——正在远离知识产权制度的本质。

美国长臂管辖权问题研究[*]

美国长臂管辖权的起源

从国际法来看，域外管辖指的是一国将其法律的适用范围或其司法和行政管辖范围扩展至该国领土以外，包括立法管辖权、司法管辖权和执法管辖权。长臂管辖是法院司法管辖中的一种特别管辖权，是域外管辖的一种。美国的长臂管辖权是指当被告的住所不在法院所在的州，但和该州有某种最低限度的联系，而且所提权利要求的产生又和这种联系有关时，就该项权利而言，该州对于该被告有属人管辖权（虽然他的住所不在该州），可以在州外对被告发出传票。美国的长臂管辖仅限于民事诉讼中的对人管辖权，来源于美国各州制定的"长臂法规"，美国国会并未在联邦层面制定长臂法规，但《联邦民事诉讼规则》允许联邦法院借用其所在州制定的长臂法规，从而取得对外国被告的对人管辖权。

一般认为，美国的长臂管辖最早源于"国际鞋业公司诉华盛顿案"[①]。在该案中，上诉人主张其活动不构成"存在"于华盛顿州，华盛顿州法院无法主张属人管辖，联邦最高法院认为，"被告须与一州有某种'最低联系'，使该州法院能够行使管辖权并不违背传统的公平与实质正义观念"。所谓"最低联系"，即如被告有意在某法庭所在地作出产生责任的行为，且该被告有权依据该地法律取得权利或利益，则该法院即对由该行为引起的诉讼拥有管辖权。长臂管辖的另一个基本法理依据是所谓"效果原则"，即只要某一发生在外国的行为在本国境内产生了"效果"，则不管行为人是否有本国国籍或住所，不论该行为是否符合行为人所在地法律，本国法庭即可就此种效果产生的诉讼原因行使管辖权。此后，联邦最高法院在一

---

[*] 本文与李锐合作。
[①] *International Shoe v. State of Washington*，[1945] 326 U. S. 310，326.

系列的判例法中继续发展了"最低联系"和"效果原则",为了保护本州的利益,很多州都根据该案所确定的原则扩张对非本州居民管辖的立法。伊利诺伊州于1955年制定的了最早的长臂管辖权法。比较有代表性的州长臂法律是美国统一私法协会制定的《统一联邦和州示范法》(以下简称《示范法》)中有关长臂管辖权的规定。这部《示范法》成为美国大多数州的长臂管辖权条款的统一性示范法。

美国长臂管辖权对中国企业和公民的实践及影响

2008年"Gucci案"中,中国公民在网上出售的商品存在质量问题,通过中国银行清算。美国商标权人起诉该中国公民,并要求中国银行纽约分行提供该中国公民在中国银行纽约分行和中国境内各分行的账户及交易信息。美国纽约南区联邦地区法院认为中国银行通过在纽约开设的代理行账户为中国公民提供美元清算服务,商标权人所提起的诉讼与该代理行账户和交易有关,所以法院依据纽约州的长臂法规对中国银行具有特别管辖权。

2016年9月26日,美国司法部宣布对中国辽宁鸿翔实业发展公司提起刑事诉讼,指控该公司涉嫌违反联合国安理会2270号决议。针对此案,我国外交部明确指出,"我们反对任何国家根据国内法对中方实体或个人实施长臂管辖"。这是我国外交部首次使用"长臂管辖"概括美国提起此类诉讼的行为,此后中国外交部又多次使用"长臂管辖"形容美国的类似行为。

2017年12月4日美国国光公司向美国加利福尼亚北部联邦法庭起诉福建晋华公司和台湾联合电子公司,认为被告违反《商业秘密保护法》和《反勒索及受贿组织法》,侵害了美国国光公司的商业机密。2018年10月29日,美国商务部将福建晋华公司列入实体名单,理由是该公司生产的芯片所使用的技术可能源自美国,并可能威胁到美国军方此类芯片供应商的生存,从而对美国国家安全构成显著威胁。2018年11月1日,美国司法部对福建晋华公司提起刑事诉讼和民事诉讼,指控其违反美国法律。

2019年4月20日某中资银行纽约分行因离岸客户将电汇欺诈犯罪所得汇入其中国境内总行账户,被美国法院罚没其在纽约分行持有的银行同业往来账户中的相应资金,该案中的三家中资银行因"藐视法庭"被美国法院处以每日5万美元的罚款，三家银行未应美国检方的要求提供美方对朝鲜的制裁背景下银行客户与朝鲜相关方的交易记录，处罚持续至履行法院命令为止。尽管本次三家银行被要求提供的记录与美国没有任何其他联系，却依然无法阻止美国适用《爱国者法案》进行长臂管辖。美国的长臂管辖已超越《联邦民事诉讼规则》的规定，首次因国际制裁进行长臂管辖。

针对近年来美国长臂管辖对中国企业及公民的实践，国务院新闻办公室于2018年9月24日发布《关于中美经贸摩擦的事实与中方立场》白皮书，指出"长臂管辖是依托国内法规的触角延伸到境外，管辖境外实体的做法。近年来，美国不断扩充长臂管辖的范围，涵盖了民事侵权、金融投资、反垄断、出口管制、网络安全等众多领域，并在国际事务中动辄要求其他国家的实体或个人必须服从美国国内法，否则随时可能遭到美国的民事、刑事、贸易等制裁"。

从美国长臂管辖对我国产生的影响来看，主要有三个方面：其一，中国企业及公民个人面临美国通过长臂管辖实施的诉讼风险。美国法院适用长臂管辖权的初衷在于有意扩大美国法院的司法管辖范围，将原本不具有或不完全具有管辖权的某些案件纳入其中，这会给中国企业在司法管辖权方面带来极大不确定性。即便中国企业和公民的行为发生在中国境内，美国的相关主体依然可能在美国提起诉讼。只要中国企业和公民符合"最低联系"原则，例如在美国开立有银行账户，在美国参加过展会、会议，在美国申请过商标、专利等，美国法院就可能依据长臂管辖原则行使管辖权。这种过度扩张的管辖权无疑会给中国企业和公民带来高昂的诉讼成本负担和诉讼风险。且中国企业所面临的责任形式不再单一，既包括传统的民事责任，如商事违约责任、知识产权侵权损害赔偿责任，也包括行政制裁手段，即将涉案中国企业列入美国出口管制的经济制裁的黑名单，并施加报复措施。其二，在实施"走出去"战略中，中国企业合规风险及运营成本加大。中国企业"走出去"时，应充分考虑并尊重东道国法律、法规、政府政令、国家政策以及东道国政府和中国政府签订或认可的国际条约。但是，美国的长臂管辖制度使得任何有损美国利益的行为均有可能受到美国的管辖。体现美国利益的制度既包括法律、法规，也包括判例、外交政策、行政文件、总统政令等纷繁复杂且不断变化的规制措施。针对美国的制度进行合规审查是一项耗资高、风险大的工作。而且，"走出去"

企业在当地发生纠纷后，东道国法院可能会比照美国法院的做法，要求银行提交"走出去"企业的国内账户信息，或协助冻结资金、交付财产等。其三，中国银行业的国际业务发展受阻。中国银行业是美国实施长臂管辖的重点行业，所受影响最为严重。例如，国际结算业务方面，我国商业银行在位于美国境内的金融机构中设有银行账户的外国金融机构也被纳入长臂管辖适用范围，不论目前是否在美国本土设立分支机构，只要在美国境内银行中开立有银行账户，一旦触犯美国反洗钱或金融制裁要求，美国当局就可以直接对相关账户进行冻结和罚没处理。这对我国商业银行在合规及反洗钱方面提出了更高的管理要求，包括更严格的客户辨别标准、增强审慎业务的履行、业务禁止、情报收集和报告等。又如，个人跨境业务方面，不少海外机构积极发展外卡收单等个人跨境业务，如为跨境电商提供信用卡收单服务。美国法院曾在 Tiffiny 诉造假者案中将"收单银行"认定为侵权商户和国际信用卡组织之间的媒介，负有一定的调查义务，从而将银行拉入相关诉讼中。再如，海外机构运营方面，在美国长臂管辖法规及判例法的效用下，原告和律师会故意寻找案件与银行的联系，想方设法将银行卷入诉讼，这在一定程度上增加了银行海外机构的运营成本。

我国对美国长臂管辖的应对之策

第一，积极运用国际争端解决机制。国际常设法院在"荷花号案"中指出，"除非存在国际法上的禁止性规则，否则一国有权行使域外管辖权。当然，这不是说域外管辖是每一个主权国家完全自由裁量的事情，其仍然受国际法和各自国内法约束。如果允许一国没有任何正当利益和依据，却试图控制外国人在其本国的行为，这是难以接受的"。在某些领域，国际法明确禁止采取特定的国内法域外适用措施，这些方面可以积极运用国际争端解决机制寻求法律救济。例如，在"《美伊1955年友好通商航海条约》案"中，伊朗以美国制裁伊朗自然人、公司和机构的行为涉嫌违反该条约，将美国诉至国际法院。

第二，积极参与应对有关诉讼。一方面，在遭遇美国长臂管辖措施时，中国企业和个人不能轻视美国行政机关和法院的命令，否则有可能被美国法院以藐视法庭罪而遭受处罚。在个案应对方面，要积极参与诉讼，特别是利用美国法律积极维护自身权益，比如利用豁免理论、管辖权理论等进行抗辩。另一方面，中国政府有关部门可以通过提交书面意见等形式表达立场观点。在这方面，欧盟、英国、加拿大等的政府部门已有过实践，也曾作为"法庭之友"参加诉讼，中国商务部在"维生素 C 反垄断案"中也曾出庭陈述中国政府关于企业在进出口的价格固定中的法律，无论是否奏效，至少会有助于美国联邦法院注意中国政府的立场，并在作出判决时有相应的政治及法律考量。

第三，探索完善本国法域外适用体系。我国在历史上很少提出国内法域外适用的主张，但随着"一带一路"倡议的推进及中美经贸摩擦加剧，我国本国法的域外适用问题，应当提上议事日程。特别是完善国内法域外适用体系是一项长期的系统工程，应当未雨绸缪、谋而后动。一方面，可以考虑在涉及证券、金融、反垄断及个人信息保护等法律法规中设立域外适用条款，司法机关在案件审理中，涉及域外送达、取证、判决的承认与执行等，对于侵犯我国主权及违反公共秩序的，应当坚决拒绝，不应适用美国相关的法律、命令。另一方面，也可以考虑借鉴国外阻却立法的经验，积极探索研究符合我国国情的阻却立法。阻却立法是外国企业和个人在面临美国行政机关调查、处罚和刑事诉讼以及美国法院管辖时，该外国制定立法，禁止本国企业和个人遵守美国主管机关提出的披露、复制、检查、移除位于阻却立法制定地域内的文件。加拿大是第一个发布阻却立法应对美国域外管辖的国家。1947 年美国纽约北区联邦地区法院要求纽约公司在加拿大的子公司提供存放于加拿大的文件，以协助大陪审团调查可能违反《谢尔曼法》的事项，加拿大安大略省出台了第一部阻却立法——《商业记录保护法》，禁止在加拿大的实体和个人提供在加拿大的商业记录。英国 1980 年《保护贸易利益法》是内容比较全面的阻却立法，主要包括：规定受到外国措施影响的在英国经商的人应向国务大臣报告，国务大臣可以发出指令禁止在英国经商的人服从外国主管机关发布的具有域外效力并损害本国商业利益的措施；规定外国法院和当局指定提供的文件和情报，国务大臣可以发出指令禁止本国公民、商业团体、行政机关向外国主管机关提供商业文件和商业情报；规定如果外国法院提出的在英国取证的请求侵犯英国的管辖权或有损英国主权，英国法院不得执行该请求，英国法院不得执行外国的惩罚性判决和设计限制竞争的判决；规定本国公民或商业团体在外国法院败诉后，可以在英国法院对发起在外国诉讼的人提起诉讼,并获得非补偿性赔偿等①。我国阻却立法的制定应当充分考虑政治因素、针对对象、可执行性等问题,可以考虑的方案是采取宣誓性、概括性的立法方式,宜粗不宜细,以有章可循为目标,通过法律制定为政治磋商留有空间。

---

① 沈春耀:《[英国]1980年保护贸易利益法》,《环球法律评论》1985年第2期;[美] M. A. 布莱思:《评英国1980年〈保护贸易利益法〉》,徐跃武译,《环球法律评论》1985年第3期。

五　企业研究及案例

中兴通讯培育企业自主创新能力的经验总结[*]

中兴通讯培育自主创新能力的过程和做法

（一）中兴通讯公司的情况简介

1. 发展历程

中兴通讯公司是我国通信制造业的龙头企业，公司股票在香港和深圳两地上市，产品包括无线、网络、手机终端和数据产品四大领域，2006年营业收入200多亿元，为遍及100多个国家的运营商提供产品和服务。中兴通讯是国家重点高新技术企业、技术创新试点企业和863高技术成果转化基地，是通信设备领域承担国家863课题最多的企业之一。中兴通讯坚持围绕市场需求开发具有自主知识产权的产品，是国内通信设备的重要供应商，同时在国际市场上也占有一定地位。中兴通讯的发展历程见图1。

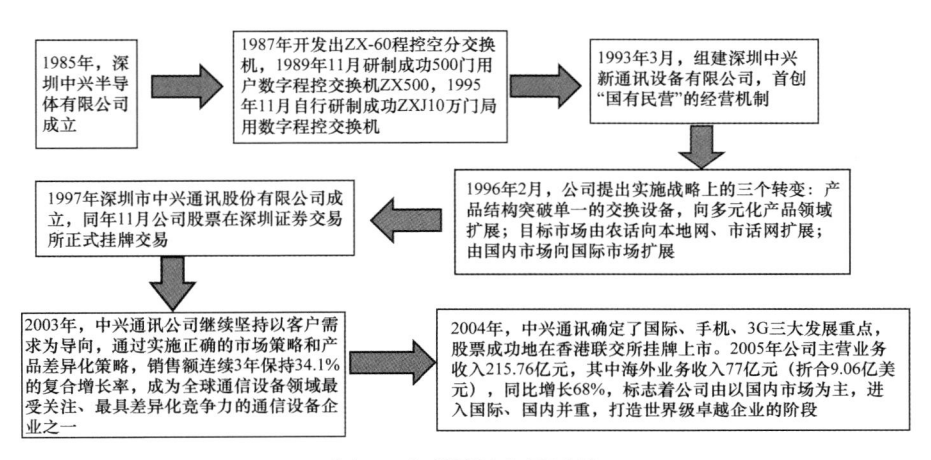

图1 中兴通讯发展历程

---

[*] 本文收录于《激励创新：政策选择与案例研究》，知识产权出版社2008年版。

2. 组织机构

中兴通讯的组织机构为准事业部的分权式结构。组织机构参见图 2。

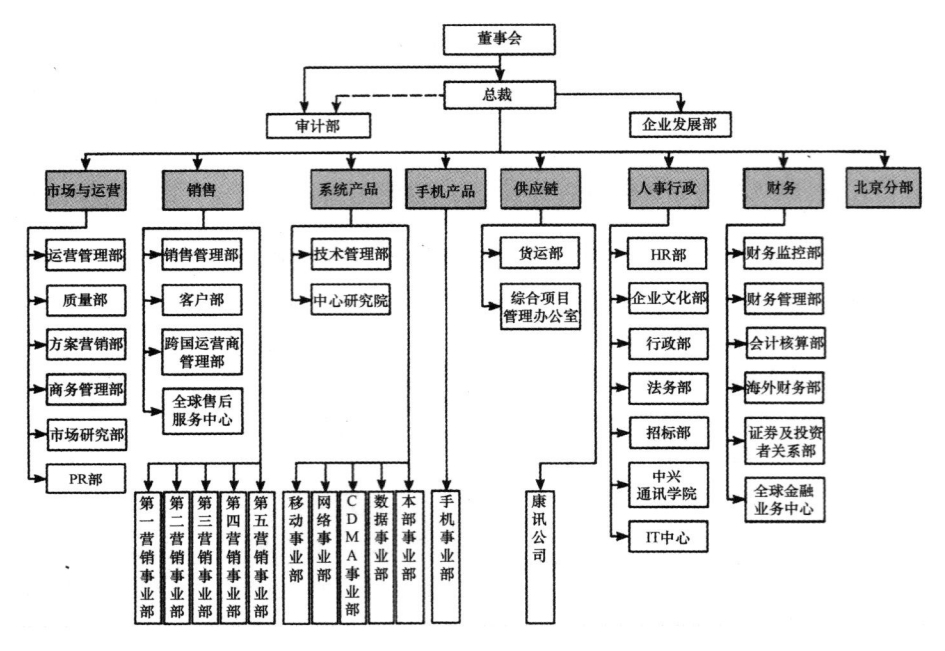

图 2　2006 年中兴通讯组织机构

3. 企业经营情况

（1）中兴通讯主要的财务状况

根据中兴通讯 2006 年中期报告，公司的主要财务状况参见表 1 至表 3。

表 1　　　　中兴通讯 2005 年及 2006 年上半年主要财务数据

项目	2006 年 6 月 30 日	2005 年 12 月 31 日
流动资产（万元）	17889629	17936176
流动负债（万元）	9179636	10010031
总资产（万元）	21771318	21779131
股东权益（万元）	10251664	10125095
每股净资产（元）	10.68	10.55
调整后的每股净资产（元）	10.67	10.55

表2 2006年上半年主要经营成果分析

项目	本期数（千元）	上年同期数（千元）	增减比例（%）
主营业务收入	10490529	10302998	1.82
主营业务利润	3619670	3843072	-5.81
净利润	373468	687663	-45.69
经营性活动产生的现金流净额	-2834793	-2587873	-9.54
现金及现金等价物净增加额	-2592423	-3800867	31.79

注：①净利润比上年同期下降45.69%，主要由于本期主营业务利润率下降，同时营业费用、研发费用（在管理费用中体现）增长综合所致；②现金及现金等价物净增加额比上年同期增加31.79%，主要由于本集团本期增加了银行贷款所致。

表3 2006年上半年实现的主营业务收入和主营业务利润（地区值）

地区	主营业务收入（千元）	主营业务收入比上年同期增减（%）	主营业务利润（千元）
中国	6529012	-8.76	2249333
亚洲（不包括中国）	1746638	-12.29	539700
非洲	1416392	36.08	450273
其他	798487	595.03	380364
合计	10490529	1.82	3619670

资料来源：中兴通讯股份有限公司2006年半年报。

（2）企业的人力资源

企业员工共计3万余人，其中博士、博士后占1.6%，硕士占29.1%，本科占44.5%。研发人员、售前人员、售后人员占公司总体员工比例分别为33.7%、17.6%和14.3%。员工敬业度总指数高达4.03（全球最优秀组织为4.2）。[1]

（3）主要产品市场业绩

——中兴通讯在联通CDMA网络建设中，整体市场份额超过20%，位列第三。CDMA产品已成功进入60个国家的100多个运营商网络。在全球有超过4000万线的商用，跻身全球CDMA设备厂商第一阵营。中兴通讯

---

[1] 资料来源：中兴通讯股份有限公司。

GoTa 产品已在 20 多个国家规模应用，成为应用范围最广和国际化程度最高的国产数字集群系统。

——中兴通讯在全球 10 个国家和地区建立了 WCDMA 商用试验局，并已推出 HSDPA 商用系统。中兴通讯 GSM 设备目前已经进入印度、尼日利亚、巴基斯坦、赞比亚等全球 30 多个国家的 40 多家运营商，产品全球销售超过 5000 万线。

——中兴通讯 TD-SCDMA 商用水平居业界领先地位，提供 TD-SCDMA 端到端综合解决方案，是业界产品系列最全面的厂商，并率先推出基于终端平台的 HSDPA 系统，建立了国内最大规模的外场实验网。

——中兴通讯交换接入产品全球累计容量超过 1.3 亿线，已进入 32 个国家和地区。据 Gartner 报告，中兴通讯 DSL 全球应用规模超 1200 万线，份额为全球第三。中兴通讯已在全球建设了 500 多张 NGN 网络，覆盖各大洲 20 多个国家。

——中兴通讯 CDMA 手机全球销量突破 1000 万台，占全球总销量的 6%—7%，名列国产 CDMA 手机销量首位。中兴通讯 WCDMA 3G 终端产品已经打入发达地区 3G 主流市场。

——中兴通讯光网络产品已成功进入 70 多个国家和地区市场，应用于全球 130 多个运营商网络，在网运行设备达 180000 端，其高端光网络产品已全面进入国内所有运营商的国家一级干线。

——在数据通信领域，中兴通讯已形成窄宽带融合、有线无线一体化的全网解决方案。全面进入国内各大运营商 IP 数据网络及政府、军队等专用网络，并承建欧洲最大的保加利亚 Triple-play 网络。

4. 核心技术持有情况

（1）专利申请情况

截至 2006 年 6 月，中兴通讯累计完成国内外专利申请超过 4000 项，其中近 90% 为发明专利申请。拥有国内注册商标 62 件，并向 160 多个国家和地区申请了超过 400 件注册商标。中兴通讯在 GoTa 领域首开中国通信企业向国际同行进行专利授权许可的先河，到目前，已经申请 GoTa 相关专利 120 多项。

（2）参与国内外标准研究制定情况

中兴通讯加入的国际标准化组织有 50 多个，是 ITU、3GPP、3GPP2、CDG 等的成员，多次成功主办 3GPP2 会议，积极参与国际标准的制定，向各国际标准化组织提交文稿近 1000 篇。10 名专家在国家、行业标准化组织中担任组长、副组长领导职务。17 名专家在国际标准化组织中担任副主席、副报告人和编辑者等职务。2003 年中兴通讯在日内瓦举行的 ITU-T SG/WP15（光和其他传送网）全会上获得 ITU-T 新标准 G.raman 的起草权，这是中国企业在光通信领域首次牵头起草国际主流标准。

截至 2005 年年底，中兴通讯参与制定的国家、行业标准领域涉及软交换、CDMA、CDMA2000、WCDMA 系列标准、光传输方面系列标准等共计 900 多项，参与率在 90% 以上。2004 年 11 月由中兴通讯牵头的，具有中国自主知识产权的 GoTa 数字集群标准，通过信息产业部批准在国内发布，这是全球首个正式发布的基于 CDMA 的数字集群标准。中兴通讯牵头的部分标准参见表 4。

表 4　　　　　　　　　　中兴通讯牵头的部分标准

	标准名称
CDMA 方面	800MHz CDMA 数字蜂窝移动通信网短消息中心设备测试规范 第一部分　点对点短消息业务部分
	800MHz CDMA 数字蜂窝移动通信网短消息中心设备规范 第一部分　点对点短消息业务部分
	800MHz CDMA 数字蜂窝移动通信网移动定位中心与定位业务客户机接口 L1 技术要求
	800MHz CDMA 数字蜂窝移动通信网定位业务相关设备技术要求
	800MHz CDMA 网 NMC-OMC 网络管理接口技术规范
	CDMA 短信设备网络管理接口技术规范
	CDMA 智能网网络管理技术规范
软交换方面	软交换设备总体技术要求（修订版）
	基于软交换的应用服务器总体设备要求
	基于软交换的媒体服务器（Media Server）技术要求
	基于软交换的综合接入（IAD）技术要求

续表

	标准名称
WCDMA 方面	WCDMA/TD-SCDM 移动软交换设备测试规范：移动媒体网关间接口
	WCDMA/TD-SCDMA 移动软交换设备测试规范：移动交换服务器
	WCDMA/TD-SCDMA 移动软交换接口规范：移动交换服务器与移动媒体网关间接口（Mc）
	WCDMA All IP 标准预研：VHE/OSA 的研究
	IMT-DS FDD（WCDMA）系统的安全威胁和要求（预研报告）
	IMT-DS FDD（WCDMA）安全结构（预研报告）
	IMT-DS FDD（WCDMA）密码算法要求（预研报告）
光传输方面	基于 SDH 多业务传送平台测试方法
	SDH 环网保护倒换测试方法

5. 关联企业及研发机构的情况

截至 2005 年年底，中兴通讯共有国内外控股子公司 67 家、合营公司 2 家、联营公司 10 家，这些企业分别开展产品开发、生产制造、销售服务等业务。中兴通讯先后在国内外组建了多家研究所和联合实验室等研究机构，从事不同领域的技术研究和产品开发工作。

（二）中兴通讯培育自主创新能力的过程

中兴通讯发展的过程也是企业自主创新能力从无到有、从弱到强的过程。依靠自主知识产权和品牌优势，公司的成长呈现出跨越式发展的态势。从其创立到 2006 年的 21 年中，企业自主创新能力的发展大体上可划分为 3 个阶段，每个阶段企业都具有明显的特点，参见表 5。

表 5　　　　　中兴通讯自主创新能力培育的 3 个阶段

	时间	主要特点	标志产品
第一阶段：自主开发能力	1985—1996 年	消化吸收先进技术，自主开发通信产品	ZXJ10 大容量局用数字程控交换机

续表

	时间	主要特点	标志产品
第二阶段：系统整合能力	1996—2002年	实施多元化战略，拓展融资渠道，全面开展国际合作	覆盖10个省的CDMA网络；海南综合智能网VPN
第三阶段：技术突破能力	2002—2006年	实现3G重点突破，建立知识产权保护体系，参与基于CDMA2000技术的GoTa数字集群系统的技术标准制定；全套TD-SCDMA商用设备	GoTa数字集群系统

1. 第一阶段：消化吸收先进技术，形成产品自主开发能力（1985—1996年）

在公司的初创阶段，中兴通讯主要依靠来料加工业务进行资金和技术的积累，先后开展过电话机、电子琴等产品的组装业务。20世纪80年代中期，我国政府提出优先发展通信业的政策。在这一背景下，中兴通讯为拓展市场，在消化吸收国外先进技术的基础上，开始研制68门模拟空分用户小交换机。经过一年多的努力，研制成功，并在1987年6月通过原邮电部测试鉴定，取得进网许可证。ZX-60程控空分交换机是中兴通讯开发的第一个通信类产品。为进一步提高企业技术水平，扩大市场份额，中兴通讯开始研制数字程控交换机。1989年11月，中兴通讯与北京邮电学院程控交换系合作研制的500门用户数字程控交换机ZX500在北京通过邮电部测试，被认定为国内第一台具有自主产权的数字程控交换机。

在继续完善ZX500产品和投入批量试生产的同时，中兴通讯在1990年开始进行局用数字程控交换机的预研工作。1991年12月，成功研制了适应我国农话数字化改造的小容量数字局用交换机ZX500A，并在江苏和江西两省同时安装开通3个实验局。ZX500A具有多个不同制式的中继接口，性价比优于国外相应的产品，非常适应农话端局设备更新改造进入数字网的要求，获得了用户好评，为企业后续发展打下基础。

在这一阶段，中兴通讯特别重视研究机构建设。1993年9月组建了深圳中兴新通讯设备有限公司南京研究所，开始研制大容量局用数字程控交换机。1994年8月组建深圳中兴新通讯设备有限公司上海研究所，主要开发无线和接入网产品。上海研究所开发的接入网产品，在技术上和进展上居国内领先地位，超过了部分国外公司的技术进展。这是公司与世界知名通信企业同时起步研制的第一个优化通信网的系统产品。1995年年底开发出的ZXJ10大容量局用数字程控交换机,终局容量为17万线,被专家认定为国内当时能与国际一流机型相媲美的机型。这标志着中兴通讯已经形成了自主开发世界水平产品的能力。

2. 第二阶段:进军多元化领域,构建复杂技术整合能力(1996—2002年)

通信技术和产品的系统整合能力是中兴通讯成为主流电信设备供应商的基本要求。随着企业不断发展壮大,中兴通讯开始面临专业化与多元化的选择。通过对国家通信网建设规划和公司基本状况的分析,1996年中兴通讯明确提出了"三大转变"的战略目标,即产品结构突破单一的交换设备,向交换、传输、接入、视讯、电源等领域扩展;目标市场由农话向本地网、市话网扩展;由国内市场向国际市场扩展。该战略目标的提出,标志着企业也开始向实现国际化综合性大通信企业目标迈进。中兴通讯的多元化战略取得了成效。公司建立了全球电信设备供应商中最长的产品线,可以为客户提供所需的全套设备和系统,提高了运营商日常的设备维护效率,增强了企业的国际竞争力。

在实施多元化战略中,中兴通讯积极跟进国际最新技术趋势。为跟进国际上通信技术的最新进展,1998年在美国新泽西、圣地亚哥、硅谷分别设立了三家研发机构。2000年成立韩国研究所,致力于CDMA产品研发。中兴通讯积极开展与元器件供应商的合作,1998年与美国德州仪器(TI)合作在深圳建立TI-ZTE DSP实验室。1999年与Motorola在南京签署战略合作协议,成立"ZTE-MOTOROLA联合通信实验室"。2002年在深圳与世界领先的通信应用半导体供货商——杰尔系统公司(Agere Systems)成立联合实验室,加强双方在光电子、微电子及数据传输等技术领域的合作。

经过多年的艰苦努力,中兴通讯的技术系统整合能力获得了极大的提高。1999年6月,中兴通讯全套GSM900/1800双频移动通信系统一次性获得信息产业部颁发的6张电信设备进网许可证。2000年12月,ZXC10 CDMA全套移动通信系统在国内率先获得信息产业部颁发的4张入网证。2001年5月中兴通讯与中国联通新时空通信有限公司签订了容量110万线、覆盖全国10个省份的CDMA网络设备采购合同。2002年4月,海南联通综合VPN业务顺利通过调试,标志着国内第一个真正意义上的综合智能网正式建成。该智能网以一套软件构建起涵盖CDMA、GSM、PSTN三网用户的综合智能业务平台,同时支持CDMA网络的WIN协议、GSM网络的 CAMEL 协议以及 PSTN 网络的 INAP 协议，可以为三网用户提供智能业务和混合业务。

3. 第三阶段：实现重点领域突破，初步具备自主研发全球先进技术能力（2002—2006 年）

成功自主研发全球先进技术是中兴通讯自主创新能力进入高级阶段的重要标志。在基本形成了复杂技术整合能力后，中兴把研发目标瞄准了第三代移动通信技术。1999 年 8 月，公司介入了国家"863 计划"，承担第三代移动通信、实用化光纤综合接入、光通信等领域的 5 项重点课题。在这些项目的带动下，中兴通讯突破了 3G 移动领域的核心技术和造就了一批高级技术人才。2000 年 6 月，中兴通讯在国内率先采用基带技术打通了 3G 电话。2005 年 6 月，中兴通讯基于 CDMA2000 技术的 GoTa 数字集群系统通过国家技术鉴定。GoTa 数字集群技术填补了基于 CDMA 技术的数字集群产品空白，并达到了国际领先水平。中兴通讯针对自主研发的 GoTa 系统已申请的国内和国际相关专利共 120 多项，并针对 GoTa 各个技术点申请了 70 多项专利，形成了严密的知识产权保护网络。GoTa 已在国内、国外市场形成大规模商业，其业务仍在迅速增长。

中兴通讯在我国自主研发的 3G 标准 TD-SCDMA 技术上具有明显优势。中兴通讯拥有 TD-SCDMA 标准起草权，2005 年研发成功了包括核心网 ZXWN、ZXTR-RNC、ZXTR-NODEB 和业务服务器等在内的全套 TD-SCDMA 商用设备。中兴通讯在全力研发系统设备的同时，还全面开展了制定 TD-SCDMA 标准和申请专利工作，仅 2004 年就在国内外申请了 100 多项 TD-SCDMA 专利。中兴通讯还在 TD-SCDMA 产业联盟范围内充分开展合作，主导和参与制定了 TD-SCDMA 产业化测试规范。

中兴通讯在国际行业技术标准组织中的地位得到明显提高。公司参与了 CDMA2000 国际标准制定。2003 年 3 月，由中兴通讯提交的三项光传送网提案在 ITU-TSG15 第四次会议上被直接采纳。同年 12 月的第五次全会上，中兴通讯获得 ITU-T 新标准 G.raman 的起草权，并获得一个编辑者席位，这是中国企业在光通信领域首次牵头起草国际主流标准。

上述先进产品的研发成功以及在国际标准组织中的地位提高，标志着中兴通讯已经具备了在重点领域自主研发全球先进技术并成功实现产业化的能力，企业的自主创新能力达到了一个新的高度。

中兴通讯培育自主创新能力的主要做法

中兴通讯创新能力持续提升的关键在于企业形成了一整套有效的战略、制度和措施，并根据企业的发展和环境的变化而进行调整、完善。

1. 不断完善公司产权结构

1989 年，公司董事会在全力支持自行研制数字程控交换机的基础上对企业的经营机制进行改革：由一家股东承包经营，实行总经理负责制。这项改革理顺了企业投资者与经营者的关系，调动了经营者和企业员工的积极性。公司创始人、时任董事长侯为贵和一部分技术骨干、管理人员以个人集资的方式建立了民营科技企业——深圳市中兴维先通信设备有限公司（以下简称"中兴维先"）。1993 年 3 月，国有企业 691 厂和深圳广宇工业公司与"中兴维先"实施了第一次产权重组，共同投资组建"混合所有制"的"深圳市中兴新通讯设备有限公司"，两家国有企业控股 51%，"中兴维先"占股份 49%，由"中兴维先"承担经营责任，首创了"国有控股，授权（民营）经营"的模式。

1997 年 10 月，公司进行第二次产权重组，即改制上市。上市后的中兴通讯国有股占 36%、集体法人股占 31%、社会公众股占 33%。2001 年中兴通讯增发完成后，公众流通股约占公司总股本的 38%，进一步优化了股权结构，国有股仍处于相对控股地位。

中兴通讯从投资主体多元化到二次产权重组，形成了混合经济模式，通过体制上的创新实现了事业的腾飞。中兴通讯"国有控股，授权（民营）经营"的混合经济发展模式主要有以下几个特色。

第一，国有经济相对控股，国有资产保值增值。中兴通讯在发展混合经济时，首先把国有经济的保值增值放在首位，坚持国有经济的相对控股地位，努力使国有经济保值增值。20 多年来公司的国有资产增值 1500 倍，2006 年公司的市值就达 150 亿元，国有股份市值约 50 亿元。

第二，明确责权利，实行授权经营。中兴通讯采取了"国有控股，授权（民营）经营"模式，国有股东通过董事会与既是股东，又是经营者的"中兴维先"签订授权经营责任书，明确公司人、财、物的经营权全部归经营者，董事会不干预企业日常经营；规定经营者必须保证国有资产按一定比例增值。若经营不善，经营者须以所持股本和股本分配收益抵押补偿，若超额完成指标，则获得奖励。

第三，产权主体多元化，不同经济成分优势互补。中兴通讯的"混合经济模式"把国有经济结构调整、国有企业的体制创新同动员社会资本、积极发展多种经济成分有机结合，是一种具有开创性的企业形式。既发挥了国有企业资金雄厚、经营规范、用户信誉好、政策环境宽松的优势，又吸收了民营企业风险意识强、运作高效、市场反应灵活等长处。这种多元化的产权结构，极大地调动了国家、集体、个人以及公众等各方面的积极性，有力地推动了企业的快速发展。

第四，经营者持股，构筑利益共同体。在中兴通讯，国家、经营者及员工一起构筑了企业利益共同体。经营者在公司的股权中占有较大比重，有效地解决了经营者与企业的利益关系问题，极大地调动了经营者的积极性，也使国有经济不断发展壮大。

2. 坚持实施自主创新战略

中兴通讯多年来一直坚持通过自主创新不断掌握核心技术，同时以技术与市场相结合为重点，大力提升运营管理水平，不断开拓国际市场，实施包括研发、运营、市场、人才等在内的全面创新战略。

（1）实施长期的自主创新战略

中兴通讯在发展历程中，正是因为坚持自主研发、注重自主知识产权，才有了竞争力，才占有了市场、树立了品牌。中兴通讯坚持自主创新战略不仅是公司发展的需要，更是企业生存的需要。自主创新成为公司生存与发展的生命线。这种长期坚定的战略支撑，是中兴通讯创新系统的动力之源。

中兴通讯很早就意识到企业自主创新、开发具有自主知识产权产品的重要性，将美国高通这类拥有大量核心知识产权的公司作为自己的标杆，坚持不懈地追求以具有知识产权为目的的技术创新。公司董事长侯为贵要求："坚持走自主知识产权的道路，坚持自主创新是为了在国际化市场竞争中掌握更多主动权。反之，即使在短期内获得市场，但就其竞争则无后发优势可言。"公司在国内外设立了十多个研发机构，并且每年研发投入均保持在销售收入的10%左右。强大的研发投入和技术创新造就了今天的中兴通讯。为了使自主创新战略得到不折不扣的执行，公司硬性规定：每年将销售额按固定比例10%投入研发。

中兴通讯实施技术创新战略主要有以下四点。

第一是解决技术获得问题。通过在高等学府和科研机构密集的南京、上海、北京、西安、重庆、成都等地建立研究所，建立起产、学、研联合体，解决一部分技术来源；通过开展国际技术合作，利用国外先进技术，将国际最新技术与公司产品开发融为一体，以增强公司产品的扩充与升级能力，保持与世界水平同步。

第二是将研发管理科学化、规范化。其决策管理机制，体现为三级管理、两层规划：第一级管理面是公司战略规划委员会，第二级管理面是公司总部技术部门，这两级管理面构成技术战略规划；第三级管理面是各产品事业部，构成产品规划。这样一个层级推进的决策管理体系，保证了技术创新的顺利进行，即公司在制定新产品研发决策时，首先要对市场未来需求、技术发展趋势、竞争对手情况、现有产品组合和自身实力等进行全面分析研究，结合公司总体经营战略和公司技术发展战略规划制定产品总体战略，进一步制定产品规划和平台规划，进行产品的研发。

第三是激励机制。在分配上实行按劳分配与按资分配相结合原则。分配适当向科研开发人员和市场销售一线人员倾斜。中兴通讯推行"三线晋升"制度：管理、业务、研发，三条线相互对应，为不同人才提供管理、业务和技术开发等不同岗位的发展创造机会。

第四是人才培养机制。公司建立了三级培训体系，适应公司的当前需求，为公司各条战线输送高素质人才。

中兴构建了实施长期自主创新战略的"生态圈"，即形成了完善的创新战略决策和支持保障体系，使企业的自主创新战略能够始终得到贯彻执行。

（2）灵活把握创新时机

成熟的企业战略，就是通过有远见的决策，实现差异化的可持续竞争优势。而企业在作出战略决策时，通常面临高度的不确定性，这就要求企业能够根据不完整的信息，来作出决策。"要让企业先活下去"是中兴通讯的决策者在20年发展过程中得出的经营法则。中兴通讯在经营中始终坚持"现金流第一、利润第二、规模第三"。正因如此，每当面对一个不确定的商业机会时，中兴通讯总是采取"低成本尝试"的方法。这样，即使一个项目最终放弃了，损失也不至于太大。

中兴通讯有大量的前期技术研发投资都被纳入"战略投资行为"中。在战略投资方面，中兴通讯坚持"把握机遇、规避风险"的原则，即不会轻易放弃每一个潜在的市场机遇，但也绝不会因为某一个市场被看好而将全部力量投注其中。正是因为坚决贯彻了这一原则，中兴通讯从手机到CDMA、到小灵通，都准确地抓住了市场，在电信设备投资的低谷期取得了高速的增长。

（3）通过"低成本尝试"捕捉市场机会

在中兴通讯20年的发展过程中，尤其是飞速发展的后10年，每当面对一个不确定的商业机会时，中兴通讯总是采取"低成本尝试"的方法。这一策略既控制了风险，又最大限度地捕捉了市场机会。在"低成本尝试"的理念下，中兴通讯在技术上全面跟踪，成功把握了市场机遇。

——中兴对于各种可能出现的、已经形成一定热点的技术或产品，不管其市场前景最终如何，在没有足够的证据否定之前，不放弃任何一次尝试的机会。

——在产品或技术没有足够把握可以研发出来之前，只做尝试性的研究。

——当产品或技术虽然可以研发出来，但尚不能发现一个明确的、有足够容量的市场之前，只停留在产品和技术的实验室研究上，不做市场的投入。

——在市场出现明显的征兆，但尚未启动之前，根据市场成熟的进度，进行大规模的投入，以求突破，亦即应该掌握投入的节奏。

——对于比较大的项目或不明确的项目，通过借助外力，比如与外力合作研究，采用别人已有的成果，以便少走弯路，将风险分散化。

（4）实施开放式创新

中兴通讯实施自主创新战略时，不是将眼光局限在企业内部，而是充分利用企业外部资源实施开放式创新。中兴通讯在进入通信设备制造领域初期，为克服自有技术力量不足的困难，积极整合企业外部资源实现创新，与北京邮电学院程控交换系合作，成功开发出了我国第一台数字程控交换机ZX500。

中兴通讯通过建立实验室或研究中心，与全国50多所院校科研机构建立了长期、稳定、友好的战略合作关系。在全球范围内设立了13个研究开发机构，分别跟踪世界范围内的最新技术成果。其中，在美国新泽西、达拉斯、圣地亚哥和韩国、瑞典设立的研究所，为公司开发CDMA2000、WCDMA、B3G、WIMAX、NGN等最新技术成果立下了汗马功劳。

为保持快速、持续的技术创新能力,公司除了加强自身研发力量外,还专门设立了技术战略合作部门,积极开展与国内外同行、研发机构和高等院校等多渠道技术交流与合作,分享产业链价值。目前,公司已经与IBM、Intel、爱立信、高通、微软等国际知名企业建立了合作关系,通过产品互补及合作研究,促进了关键技术的突破,增强了产品及解决方案的竞争力,实现了双赢。

(5) 培育整合技术与市场的能力

中兴通讯的核心竞争能力既不是单纯的技术研发能力,也不是单纯的市场能力,而是整合技术与市场的能力。中兴通讯认为技术与市场能否紧密结合是企业自主创新成功的基础。中兴要解决这个问题,首先要解决的是组织与考核模式。在中兴,研发是与市场捆绑在一起的,通常由研发人员和市场人员共同组成项目小组,按产品线来经营,使研发的每个产品有经营要求,与市场挂钩。中兴明确了产品总经理为项目牵头人角色,由其掌握研发资金。为使研发触角伸到市场一线,公司要求骨干研发人员花50%的时间去接触市场,以做到研发平台前移。培养自己对市场的判断力,在中兴已上升为文化层面上的内容,无论是市场人员还是研发人员,都已成为其自觉的要求和行动。

中兴通讯建立了与提高核心能力相适应的企业管理组织体系。在发展中,企业不断优化调整组织架构,以适应建立核心竞争力的需要。其组织架构调整的依据是:所有的组织调整,都是为了增强公司的竞争力,不盲目地追求理念,不简单地认为直线好或是矩阵好,各有优势;让承受市场一线压力的人直接控制资源;随着内外环境的变化、矛盾与形势的变化,持续调整优化公司组织机构。1998年年底以前,公司组织架构一直都是直线职能制管理。1999年以后,随着公司规模的急剧扩张,公司全面推行准事业部制,并同步实施经济责任制。2002年,在研发领域推行研发矩阵,目的是实现资源共享、提高研发效率。2003年,全面推行产品经营团队,通过成立以产品总经理为首的产品经营团队,为产品总经理配备充分的行政和人财物资源,实现产品总经理为产品经营者的角色转换,使产品线成为真正的经营实体。2006年,实行市场驱动研发的管理架构,强化总部角色,优化关键规划的驱动和决策流程,以便科学决策,同时建立有效的管理流程和工具,以市场驱动产品开发组织。中信通讯的产品开发是紧紧围绕着市场需求展开的。对市场信息的分析研究、市场开发策略和计划是产品开发可行性研究决策的主要依据，产品开发的进展情况也会及时反馈给市场部门。这种主要以市场需求为核心的产品开发组织模式与中兴通讯在全球通信行业所处的地位是相协调的，能够有效降低新产品开发的盲目性，提高新产品开发的成功率（见图3）。

3. 构建先进的研发模式

（1）建设市场驱动的企业研发组织模式

中兴通讯的研发组织模式见图4。在该模式里，客户是产品开发的始点和终点。在对市场信息、技术发展趋势、竞争对手分析、现有产品组合进行综合考虑后，在符合公司总体经营战略和公司技术发展战略规划的条件下，制定产品总体战略，并以此为基础制定产品规划和技术平台规划。中兴通讯强调的技术平台规划使不同产品可以共享相同的核心技术、单一技术的研究可以支持多个产品的研发，不但降低了产品研发的成本，而且大大加快了研发的速度，实现了研发成果的相互渗透，从而提高了公司的整体价值。典型的例子如无线通信与手机技术成果的相互渗透，以及交换与接入、数据通信技术研发成果的相互渗透。

通过矩阵化运作的产品经营团队组织产品研发。中兴通讯的新产品研发组织是以产品经营团队为核心，以产品经营为主线，在公司、事业部和研究所三个层面运作的矩阵式组织模式。产品线是中兴通讯产品经营和技术研发的基本业务单位。每个产品线由产品经营团队负责，产品经营团队的管理模式，使产品总经理由研发负责人变为真正的产品经营者，使产品线成为真正的经营实体。技术创新主要集中在系统产品体系、手机产品和康讯公司。中兴通讯的产品线研发组织结构参见图5。

在公司层面，产品经营是建立在产品事业部、营销事业部、康讯公司和财务中心基础上的大矩阵运作。产品事业部负责产品研发、质量管理、生产组织、营销实施；康讯公司是整个公司的供应链部门，负责为新产品提供测试设备、完善工艺、组织物料供应；营销事业部协助产品事业部策划营销方案、提供市场与工程支持；财务中心对新产品开发全过程的成本进行控制。

在事业部层面，产品经营团队由来自所有相关部门的人员组成，成员通常包括：负责产品策划的产品总工、资深系统工程师、资深市场工程师，负责市场支持的市场总监，负责产品研发的研究所总工、项目经理，负责专利标准的标准总监，负责质量控制的质量经理，负责工程服务的工

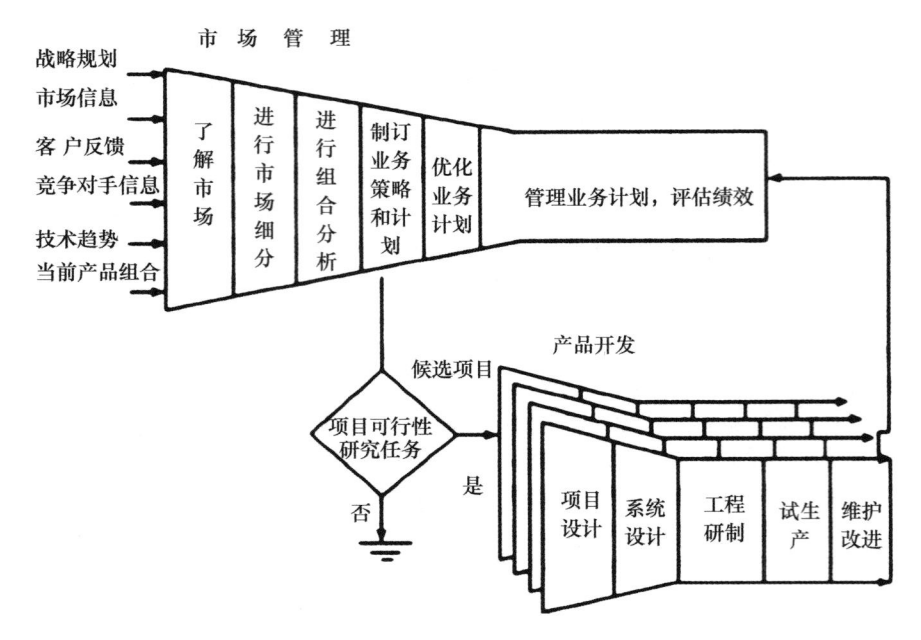

图 3　市场驱动的产品开发

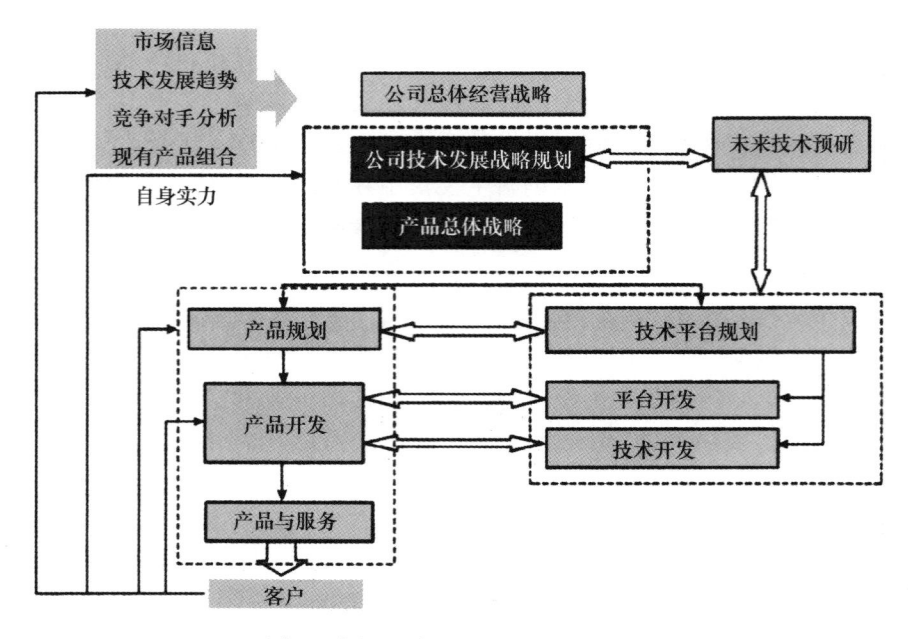

图 4　市场驱动的研发组织模式框架

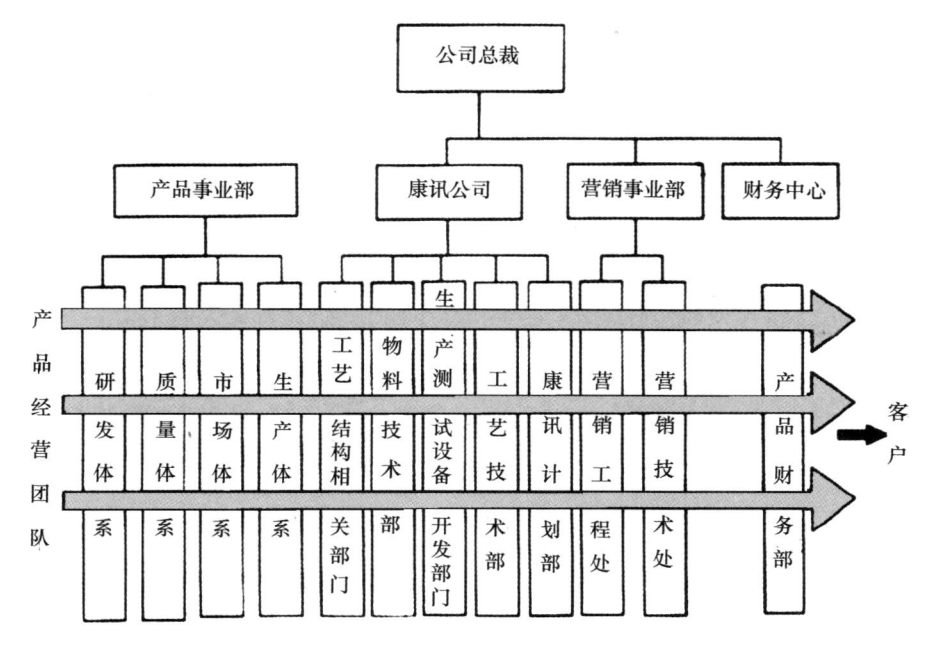

图 5　中兴通讯的产品线研发组织结构

程总监、测试总监，负责商务成本的商务总监，负责物流生产的物流总监，负责财务监控的财务经理和负责产品管理的管理经理。团队成员在基于研究所、市场、质证、物流等职能平台上对产品开发的全过程进行协调，保证项目的顺利进行。

在研究所层面，产品研发基于各有关技术平台进行运作。产品开发团队的成功运作有赖于跨部门和系统的协同，团队由核心层、研发骨干层和研发支持层组成。核心层是由产品经营团队组成；研发骨干层由项目经理负责，包括硬件开发经理、软件开发经理、IPR 经理、系统工程师、中试经理、测试经理、物流技术经理、生产测试设备经理、结构开发经理和装联工艺经理。研发支持层包括各有关部门，为新产品开发提供支持。

(2) 建立研发战略联盟

建立研发战略联盟是中兴通讯推进产业链共同成长的主要方式，如 API、CDG、WiMAX、TD-SCDMA 联盟、GoTa 联盟等，对技术创新成果的迅速产业化起到了巨大的推动作用。

如中兴通讯在 GoTa 系统的产品开发中成功建立了联盟,取得了良好的效果。在 GoTa 系统产业化方面,中兴通讯与北电、赛格、首信等系统设备制造商签订技术合作协议,实行"标准和接口规范公开",共同建立系统设备产业链联盟。终端产业化方面,中兴通讯不仅拥有自行研发生产的 GoTa 系列化终端,还同南方高科、冠日、恒信等多家终端制造商合作,实现了终端产品的多家供货及终端产品系列化。目前,各联盟厂商陆续推出了几十款适应高中低端不同用户需求的 GoTa 集群终端,包括普通 GoTa 手机、三防直板机、车载台、DTU(无线数据传输单元)和无线网卡等。业务平台方面,中兴通讯已经与 100 多个增值业务 SP 和行业应用集成商建立了合作关系,开发了多种实用化的 GoTa 业务,包括 PN4747 定位、多 ISP 接入支持等 GoTa 独家支持的应用业务,使得运营商可以快速切入市场并实现盈利。

(3)高水平的研发投入与技术储备

近年来,中兴通讯研发投入占每年销售收入的 10% 左右,从资源上保证了技术创新的开展。公司重点研发投入方向是无线、网络和终端,研发投入主要向创造最大附加价值的环节倾斜。中兴通讯的研发投入情况参见图 6 至图 8。

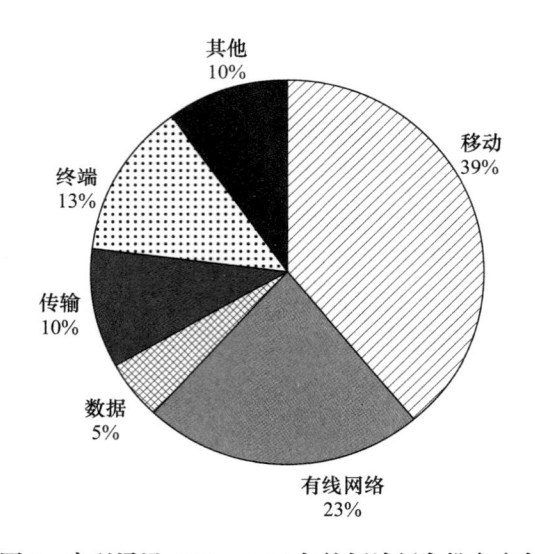

图 6 中兴通讯 2002—2005 年按领域研发投入分布

(亿元)

11.06　15.36　22.65　19.60

2002　2003　2004　2005　(年份)

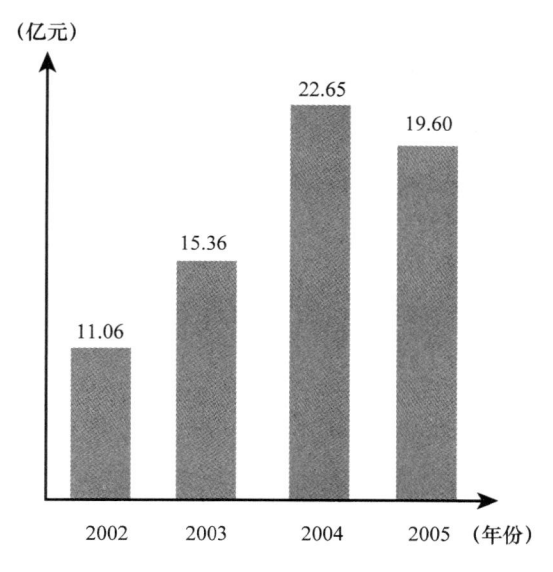

图7　中兴通讯研发投入增长情况

(人)

5491　6321　8211　8639

2005年：
219 ASIC研发人员
5513 软件研发人员
2479 硬件等研发人员

2002　2003　2004　2005　(年份)

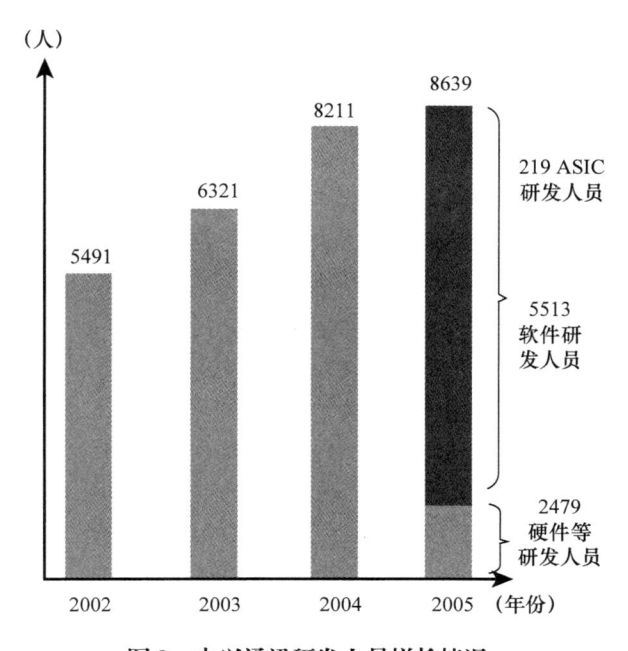

图8　中兴通讯研发人员增长情况

中兴通讯根据"市场优势、技术优势、人才优势"原则，除了在国内建立多家研究所和联合实验室以外，还在全球设立了 14 个研究开发机构。其中，国内研发中心是中兴通讯核心研发机构，重点进行技术的产品化工作。欧洲、美国研发中心的任务是跟踪国际上前沿、核心技术的最新动态；法国研发中心的任务是与当地运营商合作，开发能够满足其要求的产品，促进高端市场突破；而印度、巴基斯坦等发展中国家的研发中心的主要工作是客户推进和客户化产品定制。

中兴通讯建立了围绕公司整体战略的 RSD 研发模式，将技术预研、产品开发和技术标准制定紧密结合、相互促进，有效提高了新产品开发的效率。RSD 模式参见图 9。

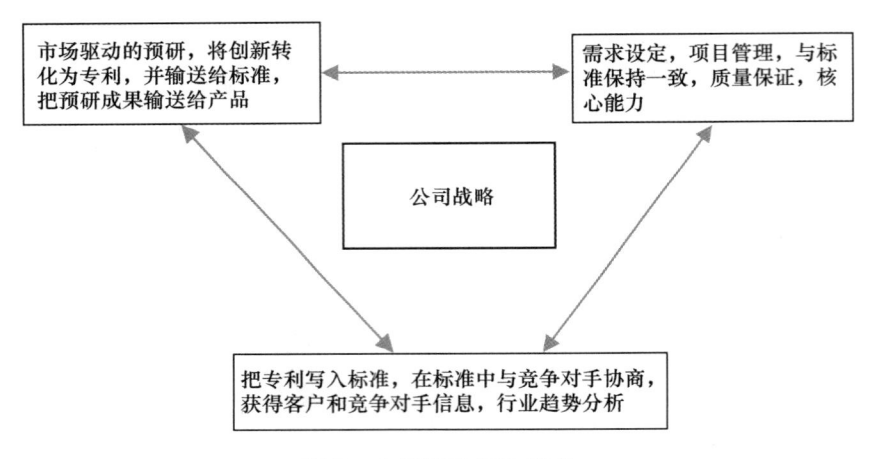

图 9 中兴通讯 RSD 模式

中兴通讯通过建立实验室或研究中心，与全国 50 多所院校科研机构建立了长期、稳定、友好的战略合作关系。在合作中，重点关注前沿技术、基础技术和重大突破性关键技术。中兴通讯企业博士后工作站在解决产品研发和技术领域的某些难题或关键技术上，发挥了技术骨干和项目带头人的作用。博士后工作站先后承担国家级重大项目 2 项，省级、其他项目 10 项。已经获得专利 5 项，正在申请专利 5 项，在三大索引杂志上发表论文 6 篇、国家级刊物上发表文章 14 篇。

（4）建立完善的知识产权管理制度

中兴通讯的知识产权管理包括知识产权基础工作、知识产权运营、知识产权分析、知识产权制度组织和知识产权培训服务 5 个方面（见图 10）。

中兴通讯始终坚持将知识产权战略贯穿到整个公司运作过程中，从研发到市场、从产品到项目，都同知识产权工作有机结合。与此同时，在高速的国际化进程中，充分利用各个国家的知识产权保护制度，使得知识产权制度成为公司海内外市场拓展中的护航者，成为公司长期发展的核心动力，而知识产权资产也成为中兴通讯的核心资产之一。

——中兴通讯的知识产权战略的基本任务有两个：发展与保护。"发展"是清除中兴通讯发展中可能遭遇的知识产权障碍，为公司的发展创造更广阔的自由空间；而"保护"的目标则是守卫中兴通讯的无形资产权利。通过制定《中兴通讯知识产权战略规划》，全面、详尽地阐述了公司的短、中、长期发展规划，而且同公司整体发展战略进行了有机结合。

——中兴通讯建立了较为完善的企业知识产权管理体系。公司专门成立了包括总裁、副总裁、事业部副总经理、法务部部长在内的知识产权战略委员会。法务部知识产权科负责具体执行，同时，各事业部设有知识产权工程师。设立知识产权领导小组，负责整个公司知识产权战略的决策和推动，采用集中管理与分散管理有机结合的方式来管理公司的知识产权事务。

——中兴通讯有着非常完善的知识产权制度体系。它包含两个层面的内容，一个是公司级制度，这类制度用于规范公司内所有员工的活动，并且保障知识产权业务在全公司范围内的发展，包括《无形资产管理办法》《知识产权奖酬办法》《商标管理办法》《知识产权分析管理办法》《公司商业秘密保护规定》等；另一个是业务级规范，主要针对各项具体业务进行实体和程序上的规范化，保证每项业务在整体框架下的有序发展，包括《计算机软件登记实施规范》《研发流程知识产权业务操作规范》《国际专利申请管理规范》《评审会召开规范》《标准知识产权业务规范》等。同时，深入推进知识产权培训。开展全方位、多层次培训，从高层领导到基层员工，从研发到市场，全面提高员工的知识产权意识。

——中兴通讯有着完整的知识产权业务体系。基础、分析和运营三大业务体系形成了中兴通讯整体知识产权战略下的完整业务网络。三个业务互相区分又紧密联系，层次不同又互为支撑。中兴通讯知识产权业务体系见图11。

其中，知识产权基础业务主要包括专利申请及维护、商标注册及维护、软件产品及著作权登记、商业秘密管理等各类基础性业务。知识产权

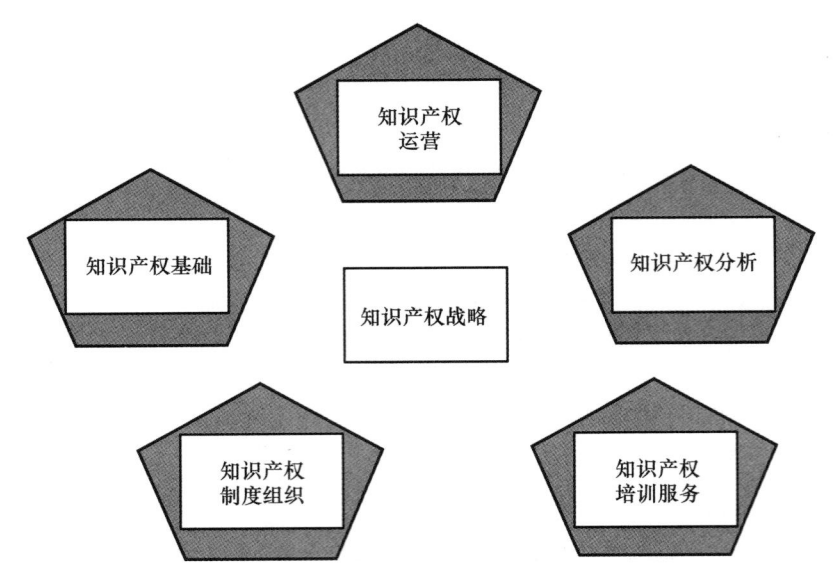

图 10　中兴通讯知识产权战略

分析业务的主要目标是降低研发和市场的风险，从项目立项，到产品研发，再到市场拓展，进行有效的知识产权分析，充分保护他人的知识产权，并同其他企业进行友好的技术和知识产权合作，形成共赢局面。而知识产权运营业务则通过侵权、许可、转让、秘密保护、合同知识产权审查、标准知识产权等各类增值和有效利用业务为公司直接创造价值。知识产权运营的目标是知识产权的商品化、资本化、资产化和公司发展的可持续化，采取许可、转让、入股、抵押、兼并、评估、筹资和上市等形式来实现知识产权的增值。为此，要完善知识产权增值制度，建立知识产权流程，创造增值机会。

——中兴知识产权策略强调专利布局。中兴通讯一直坚持"以质量为核心、数量适度增长""策略性、综合性"等原则，强调专利布局，避免走入单纯追求专利申请数量的误区，将 70% 的专利工作资源投放在基础研究和预研项目上，30% 专利工作的资源用于产品的改进升级。在商标方面，中兴通讯非常重视全球化的商标部署，公司目前拥有国内商标 40 余件，向 140 余个国家和地区申请了超过 300 件注册商标，80 多个已获注册，全面支持企业的国际化进程。中兴强调根据公司战略和标准发展状态确定重点标准领域（见图 13）。

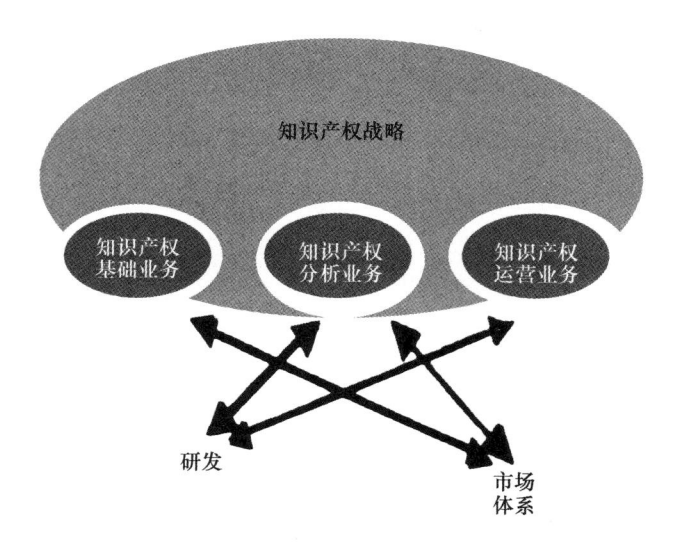

图 11 中兴通讯知识产权业务体系

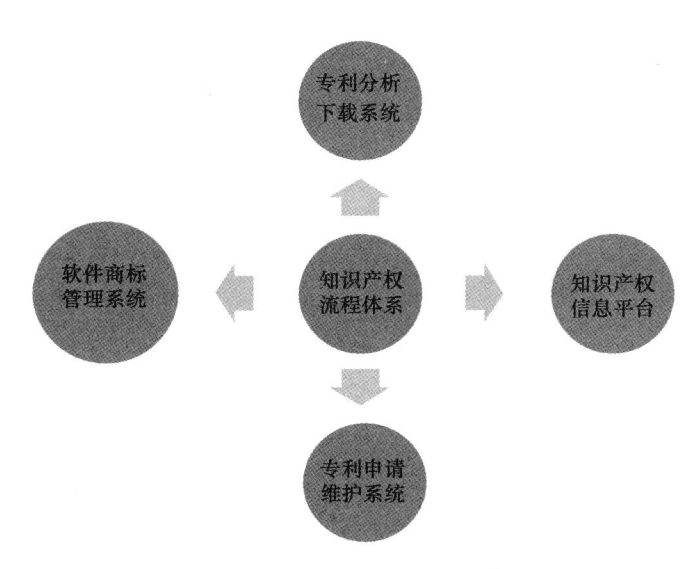

图 12 中兴体系知识产权流程体系

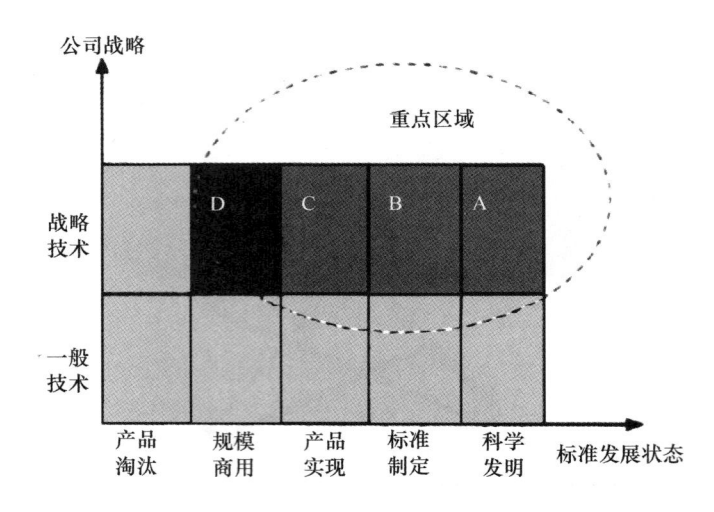

图13 中兴通讯技术标准重点领域

——中兴通讯的专利策略主要是根据公司战略和技术发展状态制定标准管理工作策略,并且分类分区域实行标准研究管理,具体模式参见表6。

中兴通讯的标准考核要素主要有4个方面,包括:专利数、国际提案数、标准专利数和基本专利数,参见表7。

中兴通讯建立标准专利奖励制度来推动基本专利的产生,并制定了专门的《知识产权奖励办法》,对专利申请、标准提案(含专利)、标准专利分别给予奖励。在已经发布的标准中,含有本企业专利的,给予重奖。将专利标准提案和标准专利作为员工技术职称评审的重要因素,设立标准组织领导职位和编辑席位津贴。

——中兴通讯拥有一支高素质的知识产权专业队伍。公司几乎所有的知识产权经理均具有法律、技术双重背景,不仅如此,通过大量的外部交流和业务实践以及理论学习,使得这个学习型团队始终能够把握知识产权发展的前沿问题,为公司提供优质服务。中兴通讯还充分尊重他人知识产权,创造合作、和谐和共赢的机会,坚持有效利用国际知识产权游戏规则,在同国际通信巨头的竞争中求得发展。

——中兴通讯强调专利与技术标准的结合。在国内通信行业标准研究的数百个项目中,中兴通讯参与了其中90%以上项目的研究。此外,中兴通讯还积极参与 ITU、3GPP、3GPP2、CDG 等国际标准化组织的活动。现在中兴通讯是中国通信标准化协会 CCSA 的成员。在 2001 年 4 月，成为 3GPP2 的独立成员，连续承担 3GPP2 年度大会，扩大了其在该标准化组织中的影响。积极参与或独立制定相关的行业标准，如交换机、IMT-2000、GSM/CDMA、SDH/DWDM、数据产品、通信电源等行业的技术、设备和测试标准，逐步从行业标准的跟随者向行业标准的制定者与领导者转变。中兴通讯在积极参与和推动标准化工作的进程中，深入实施基础专利战略，使得标准和专利互相紧密结合，进一步推动整个公司向产业链的更高层次发展。申请专利—制定标准—最终成为行业的领导者。

表 6　　　　　　　　中兴通讯专利分类分区域管理模式

	A 区域（战略技术、科学发明阶段）	B 区域（战略技术、标准制定阶段）	C 区域（战略技术、产品实现阶段）	D 区域（战略技术、规模商用阶段）
区域特点	技术路线有多种选择；关键技术未完全解决；技术风险比较大；以科学家参与研究为主；适合风险性投资	市场需求和产品架构逐步明晰；存在多层面的标准专利突破机会；以预研人员和标准人员参与为主；可能在国际或国内形成主流标准	标准已基本稳定；标准专利突破机会少；大量研发人员参与产品研制	标准已冻结；产品进入大规模生产阶段；全球市场已规模商用
项目目标	明确与公司战略相吻合的技术方向；奠定公司技术领先地位；产生重要基本专利；在合适的时机，发起标准制定	产生基本专利（价值高）；优势技术在标准中得到体现；寻找研发方向；研发原型样机；实现与高端运营商的合作	寻求机会点，实现基本专利突破（价值降低）；主导国内行标/运营商企标制定；衍生技术和差异化技术创新（例如 GO-TA）；集成技术创新（例如，OFDM、MIMO 技术集成为 WIMAX）	积极跟踪标准发展动态；参与测试标准制定；防止专利侵权

续表

	A 区域（战略技术、科学发明阶段）	B 区域（战略技术、标准制定阶段）	C 区域（战略技术、产品实现阶段）	D 区域（战略技术、规模商用阶段）
实现方法	技术委员会确定战略技术方向；有目的地在科研机构中培育相关技术；寻找并购买创新型小公司；根据需要，建立精干预研队伍	自建预研标准队伍；结合高校合作；考虑购买小型公司，获取基本专利；积极参与国际标准活动；与标准主导机构和高端运营商密切合作	以产品经营团队为主；需要进行有效的研发和市场策划工作；与标准主导机构和高端运营商密切合作	以产品经营团队为主；需要有效的研发和市场策划工作；与标准主导机构和高端运营商密切合作
管理工具	技术委员会战略技术规划；高校合作机制；创新技术交易机制；外聘专家和少量技术跟踪分析专家	战略技术预研投入制度；产品事业部/中研院设立预研标准部；产品事业部/中研院标准专利考核制度；重点标准项目单列进行项目化管理；高校合作机制；创新技术交易机制；标准专利奖励制度；标准专项合作费用；标准研究信息平台；标准组织领导职位和 Editor 席位奖励办法	产品事业部/中研院标准专利考核制度；重点标准项目单列进行项目化管理；标准专项合作费用；标准专利奖励制度；标准组织领导职位和 Editor 席位奖励办法	专利风险提留金；标准起草标准活动参与度 50% 以上

表 7　　　　　　　　　　专利标准考核内容

	B 区域	C 区域	D 区域
专利数	产品年度预算/60 万元人民币	产品年度预算/80 万元人民币	产品年度预算/200 万元人民币
国际提案数	产品年度预算/100 万元人民币	产品年度预算/150 万元人民币	产品年度预算/200 万元人民币
标准专利数	专利数×10%	专利数×10%	专利数×2%
基本专利数	专利数×2%	专利数×2%	专利数×0.2%

4. 实施与技术创新紧密结合的市场策略

中兴通讯在市场开拓中，以拥有自主知识产权的产品为核心，打造自主品牌，制定实施市场开发战略，使技术创新与市场需求紧密结合，大大提高了技术创新的成功率，而新技术的成功应用又使企业产品的市场占有率不断提高。

1985—1995 年，中兴通讯根据企业及其产品的实力，制定了"农村包围城市，创新夺市场"的市场战略，并取得成功。用户交换机的创新，进入农村固定接入网市场；局用交换机的创新，进入城市局用交换机市场；固定网络设备、移动网络设备和互联网设备的创新促使中兴通讯成为产品线最全的厂家，有能力为各种市场提供产品和服务。

1995 年，中兴通讯就启动了国际化战略，在持续 10 年国际化的发展历程中大致经历了四个阶段。

第一阶段从 1995 年到 1997 年，是海外探索期。此阶段是中兴通讯确立进军国际市场的大战略并有少量产品在海外市场实现突破。这一时期，中兴通讯开始在个别国家设立"据点"，初步了解了国际市场的一些运行规则。

第二阶段从 1998 年到 2001 年，是规模突破期。在此阶段，中兴通讯开始进行大规模海外电信工程承包并将多元化的通信产品输出到国际市场。这一时期，中兴通讯陆续进入南亚、非洲的多个国家，海外市场实现了由"点"到"面"的突破。其中，在 1998 年，中兴通讯先后中标孟加拉国、巴基斯坦交换总承包项目。其中巴基斯坦交换总承包项目金额为 9700 万美元，是当时中国通信制造企业在海外获得的最大一个通信"交钥匙"工程项目。

第三阶段从 2002 年到 2004 年，是全面推进期。中兴通讯国际化战略开始在市场、人才、资本三个方面全方位实现推进。这一时期，中兴通讯先后进入印度、俄罗斯、巴西等潜力巨大、人口众多的若干战略国家的市场，海外市场逐步进入稳定发展阶段，并为进军欧美高端市场奠定了基础。

第四阶段从 2005 年开始，包括今后几年，是高端突破期。中兴通讯希望通过借助有效实施"本地化"战略，通过和跨国运营商全面、深入的合作，在短时间内，实现对西欧、北美等发达市场的全面突破。

中兴通讯在开拓市场的过程中，注重树立差异化战略，通过创新不断改变游戏规则，使企业不断成长。在市场上，根据区域市场特点有针对性地进行营销创新，不断按照客户需求进行定制创新；在产品上，敏锐把握行业脉搏推出差异化产品，或者挖掘产品技术的独特优势赢得客户；在技术上，不断推出自主知识产权技术，参与和主导国际标准，形成专业优势。

5. 利用资本市场与风险控制促进创新

（1）有效利用资本市场融资促进企业自主创新

1997年，中兴通讯成功发行6500万股A股，募集资金净额为42835万元。募集资金主要投向程控交换机生产线技术改造、CDMA数字移动通信系统接入网系列产品、多媒体通信产品以及光纤传输设备等建设项目。程控交换机是公司当时的主导产品，通过技术改造，扩大了产能，增强了企业的盈利能力，改善了现金流，为公司自主创新提供了资金。CDMA移动通信系统在当时属于尚未启动的产品，公司提前投入研发，为后来联通CDMA网络投资节约了大量资金。多媒体通信和光纤传输等项目丰富了公司产品线，提高了公司的抗风险能力。

1999年7月中兴通讯向A股流通股股东配售1950万股，募集资金净额38072万元。此次募集资金主要投向移动通信GSM900/DCS1800基站子系统、移动通信移动交换子系统、数据通信、接入网技术改造、多媒体通信技术改造等建设项目。GSM900/DCS1800基站子系统、移动通信移动交换子系统属于第二代移动通信GSM产品。GSM产品在当时均为国际厂商所垄断，中兴通讯通过自主研发，打破了国际厂商的垄断，降低了国内运营商的采购成本并大规模推向国际市场，同时为第三代移动通信系统的研发储备了人才和技术。数据通信、接入网技术改造、多媒体通信技术改造提高了相关产品的生产能力，扩大了企业规模，保证了企业有足够的资金和实力投入其他产品的自主研发中。

2001年3月中兴通讯增发5000万股A股，募集资金净额为159448万元。此次募集资金主要投向WCDMA第三代移动通信系统、线速路由器、宽带交换系统、宽带接入系统、数字电视编解码系统、光通信传输系统以及信息化智能小区系统技改等建设项目。WCDMA第三代移动通信系统在2001年尚未在全世界取得大规模商用，公司通过启动该项目，站到了与世界主流厂商基本同步研发的竞争地位。经过5年的努力，公司WCDMA产品在技术和商用成熟度方面与国际主流厂商已经没有差距，为中国即将启动的第三代移动通信系统建设提供了更多的选择。在 WCDMA 第三代移动通信系统研发过程中，公司培养了一支具有世界级竞争能力的科研队伍，取得了一大批成熟的技术成果，这些人才和技术成果为公司自主研发 TD-SCOMA 系统奠定了坚实基础。

2004 年，中兴通讯发行 160151040 股 H 股，12 月 9 日在香港主板市场上市，公司从此进入国际资本市场，也成为首家成功发行 H 股的 A 股公司。此次 H 股发行募集资金净额为 354218 万元。此次募集资金中约 141876 万元投向了具备战略意义的技术和产品的研发，主要包括全 IP 移动交换平台、移动宽带业务应用综合系统、高速分组化移动通信基站系统、核心路由器、NGN 网络系统等建设项目。本次募集资金项目主要面对下一代网络技术和业务产品的开发，顺应了通信运营商战略和业务转型的技术和市场需求，将有力推动公司从硬件产品提供商向软件和服务提供商的拓展。

（2）建立完善的创新风险控制体系

高科技产品的开发具有高投入、高产出、高风险的特点，中兴通讯建立了比较完备的风险控制体系，有效降低了企业自主创新的风险。

中兴通讯的风险管理原则包括：总量控制、额度管理、独立评估、流程嵌入。管理思路是将风险管理嵌入业务流程，实施全程监控，事前风险预警，事中风险评估，事后风险监控。采用的管理方法有：按行业平均可接受程度和信用、投资、市场风险政策实施全球总量管理、地区额度控制，即风险额度作为一种稀缺的资源，在事业部和片区中分配。风险控制的主要工作内容包括：数理统计分析、风险因素量化、建立风险模型数据库管理体系等（见图 14 至图 16）。

中兴通讯有一套非常严格的风险评审流程。在风险控制中该流程有三个主要作用：过滤器作用，即风险评估对客户信用低、收款风险大的项目严格把关，迫使一线人员争取更好的付款和融资方案，降低风险，筛选出与公司交易信用良好的客户，采用授信等方式促进对其的销售；放大器作用，即通过定性与定量的分析，将项目的财务风险点逐一展示出来，通过分级决策机制，使决策人关注重大风险，谨慎决策；水晶球作用，即通过对考核期项目风险指标的汇总，使决策者对各事业部、各片区的财务风险状况一目了然。

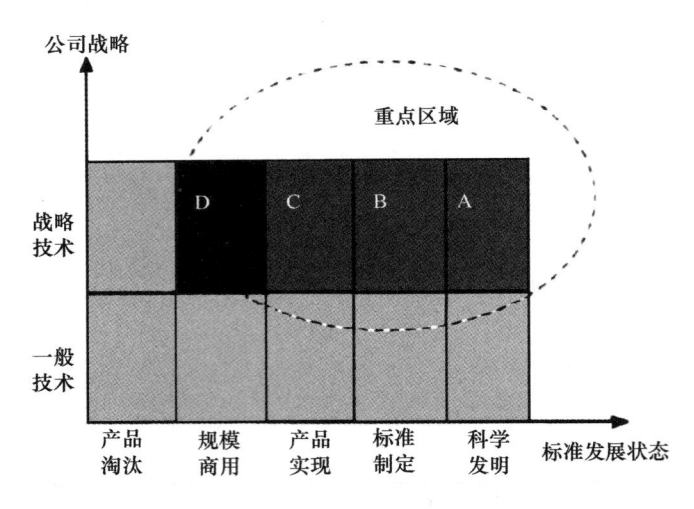

图 14　风险管理架构

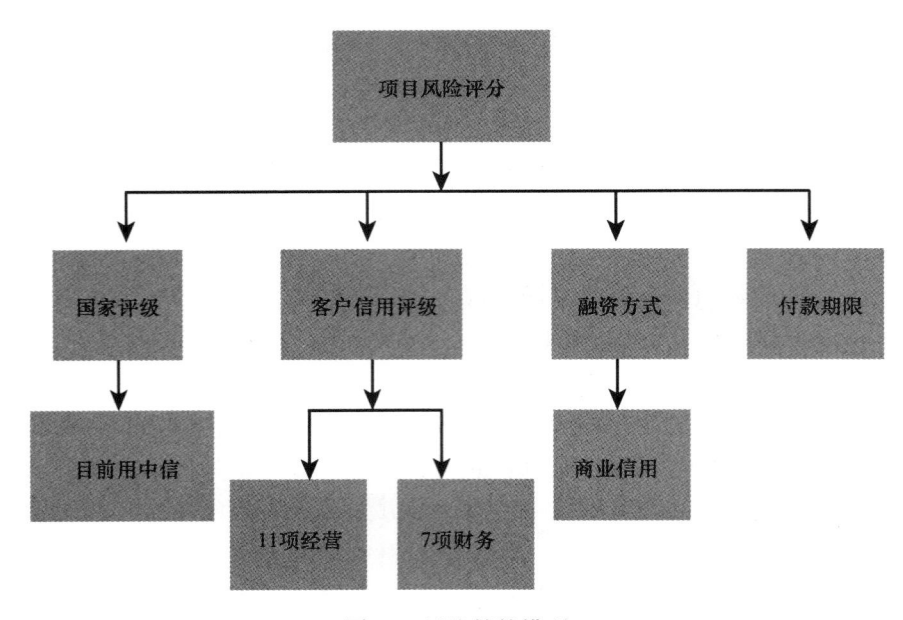

图 15　风险管控模型

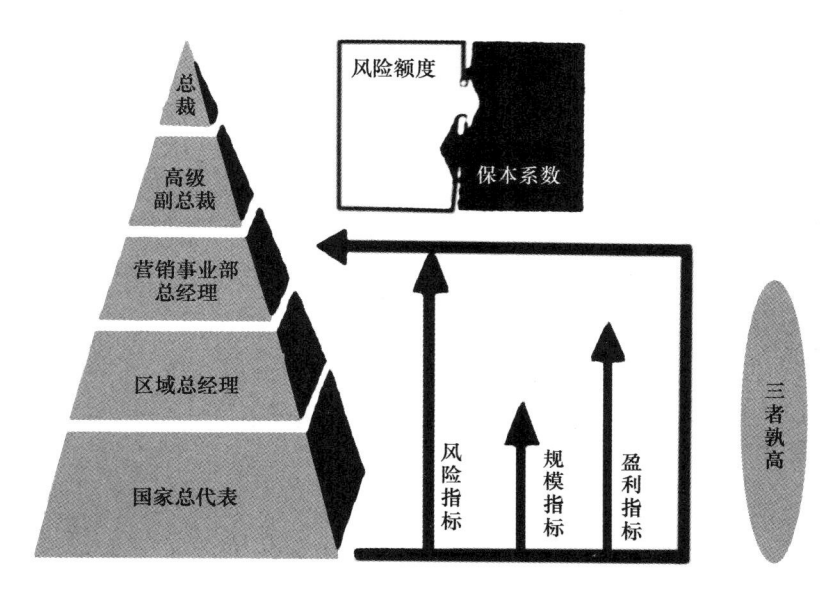

图16 风险决策升级原则

6. 建设人才队伍和企业创新文化

（1）大力建设高素质人才队伍

中兴通讯的人员增长情况。中兴通讯的员工数量连续保持增长，数量变动情况参见图17。

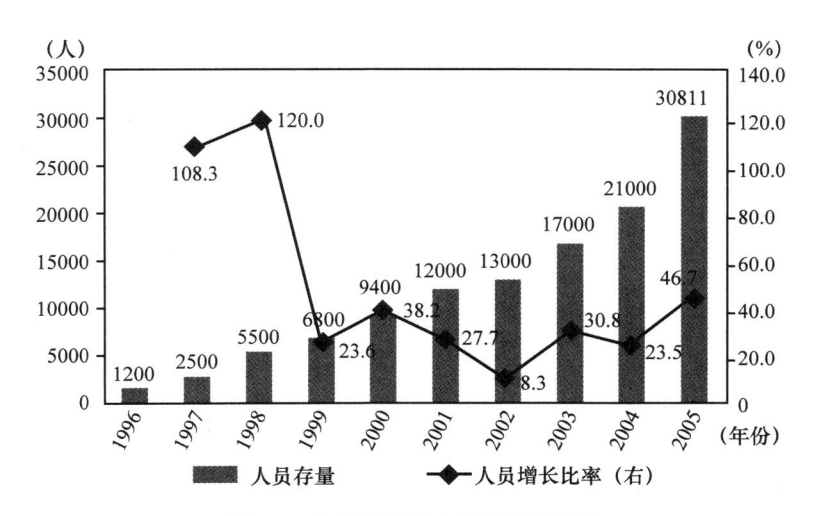

图17 中兴通讯员工数量增长情况

——人才获取与配置。公司目前重点引进关键人才,关键人才是指具有创新的知识结构,能够迅速推动公司在技术、市场、业务等领域获得相对优势的人才。管理干部是关键人才引进的第一责任人,承担主要责任;中兴通讯将人才标准定为行业优秀人才,在全球范围内引进优秀人才的同时,也进一步优化了人员结构与队伍;通过高校招聘、人才网站、猎头等多种渠道引进人才,支撑公司的可持续发展。

——人才严格甄选。采取"集体面试""一票否决"等方式,严格把关;公司对于特殊、高端人才,"不拘一格"选拔企业发展需要的人才。中兴通讯这一独特的选才标准,从人员进入伊始严把关,不仅提高了招聘质量,而且使得企业在通信行业激烈的人才竞争中保持了较低的人才流失率。

——盘活内部人力资源、优化人员配置。个人层面,员工可以根据自己的特长和意向选择适合自己的岗位与发展途径,并实现合理流动,人尽其才;公司层面,为满足公司战略发展的需要,有序、有计划地对公司的技术、市场等人才进行合理、重点的调配。人力资源的优化配置,为员工的发展营造了公平、公开、公正的竞争环境,培养了一大批年轻的技术、业务和管理专家,员工在努力工作中实现了个人价值,有力地支撑了公司战略的发展。

——人才培养。中兴通讯始终坚持下大力气加强对员工的培养。公司每年按工资总额 1.5%—3% 的比例制定培训预算,员工参加系统培训的年平均课时达到 40 小时以上。员工再教育方面,公司根据 TL9000 认证要求及 CMMI 能力成熟度模型的试点与推广,要求每人每年必须参加 1 次以上相应等级的技能认证与培训,确保技能的实时更新。公司借助 E-learning 平台开发多媒体课件,将各种培训资源快速传递到遍布全球的分支机构。全面推行"以师带徒"的人才培训方式,公司根据培训结果对员工和师傅进行考核评估。2003 年年底,公司正式成立自己的"企业大学"——中兴通讯学院,标志着中兴通讯在培训专业化的道路上迈上一个新的台阶。中兴通讯学院拥有专职讲师 170 余名,认证兼职讲师 800 多名;中兴通讯学院不断拓展培训分支机构,已经在北京、西安、南京建立授权培训中心,在海外的印度、巴基斯坦、印度尼西亚及北非、中东等设立海外培训分院,在全球挖掘培训资源。中兴通讯博士后分站与清华大学、北京邮电大学等高校签订联合培养企业博士后、联合定向培养研究生的协议。为跟踪通信技术发展趋势，分析、预测通信行业高科技创新人才的培养需求，中兴通讯与清华大学联合成立产品技术研发的教育课程及认证项目。

——人才发展。中兴通讯十分重视员工的职业生涯发展，为员工提供了广阔的发展空间。具体来说，包括两条职业发展的途径：一是纵向职业发展，即职称评定、专业技能认证、职位聘任；二是横向职业发展，即转岗、内部调动、干部轮岗。员工成长有三条跑道：技术线、业务线、管理线。所谓"三条跑道"是指管理、技术、业务三条序列既平行发展，又可交叉选择。如果一名员工不善于管理，但由于其技术特别过硬而成为技术序列的佼佼者，那么他就可以享受到与管理序列的最高者一样的待遇。这样就给各类人才提供了广阔的发展空间。在中兴通讯看来，不管是管理、业务、市场还是技术研发等诸多层面，人才的管理和培养体系都是一个核心话题，也是企业的核心竞争力所在，可以看作"创新的驱动力"。

中兴通讯对干部队伍的管理与梯队建设有一套完整的制度。干部选拔主要采用基层直选、中层竞聘等方式；干部聘用要经过公示、试用、转正评估等程序才能够正式聘用；对干部的培养包括设立管理干部读书班和进行定期岗位轮换；干部管理主要包括高压线承诺书、述职结合360度考核和离任审计等内容。

中兴通讯对员工管理主要采用技能认证的办法。公司建立的技能认证体系是丰富拓展现有职业发展通道、评价员工任职资格的比较科学的工具，是公司走向国际化、规范管理全球员工队伍的标准基线。员工通过技能认证考核，在所在单位获聘相应职称，从而进入规定的薪资区间、享受职称对应的工资等级。员工的职称、职位和其他绩效因素共同决定员工的奖金水平，并从而最终决定员工的薪酬收入（见图18）。

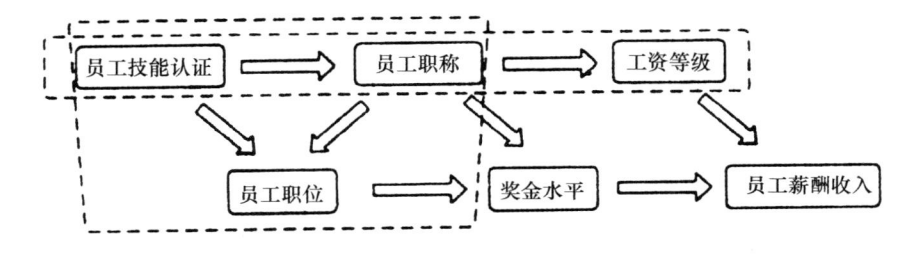

图18　企业员工技能认证管理模式

（2）积极打造企业创新文化

中兴通讯特别强调建设创新型的企业文化，坚持以放眼未来的气魄吸引创新人才；以务实的实践作风带动创新人才；以"以人为本，互相尊重"的氛围留住创新人才。

——以放眼未来的气魄吸引创新人才。中兴通讯企业文化最根本的标志是"中兴通讯，中国兴旺"，即要为国家强大不断做出最大贡献。中兴通讯坚持追求卓越，做有理想的企业，致力建立一个有利于创新的激励机制和创新型的企业文化，吸引人才。

——以务实的实践作风带动创新人才。创新型文化，能激发各级管理者和员工调动自身积极性，主动开发个人与团队潜能，推动企业不断自我超越，适应环境要求，在竞争中立于不败之地。中兴通讯的创新是全方位的，不仅包括技术创新，还包括管理创新等与企业产品、结构及流程的各个方面相关的内容。企业文化是与企业发展长远目标紧密结合在一起的，是一个企业特有的、区别于其他企业的、引导该企业走向其追求的理想状态的精神实质。体现中兴企业文化特色的是整个企业在人员、结构、过程等方方面面展示出来的共有价值，尤其是企业最高层管理者的言谈举止和精神风貌。企业文化是与干部的实践行为紧密结合的，实际上，一个团队的负责人行为、一个团队的文化，就是企业文化。中兴企业文化强调行动，强调干部要以身作则。干部的行动就体现了公司的文化。

——以"以人为本，互相尊重"的氛围留住创新人才。人才是企业自主创新的第一资源，只有创新成为公司不可或缺的企业文化、企业精神，高科技员工才能获得肥沃的土壤和充沛的甘霖得以成长。"互相尊重，忠于中兴事业"，这是公司1993年提出的核心价值观的精髓。多年来，中兴通讯坚持实施以人为本的人才战略，建立了一套引进、培训、使用、激励人才的机制，每年吸引大批优秀高校学子和社会人才。良好的个人发展空间、富有竞争力的薪酬待遇及公司内部互相尊重的和谐文化氛围，使员工创新才智得以充分施展，企业创新水平迅速提高，在凝聚员工的同时，也更加吸引外部人才。

中兴通讯努力给每一个员工提供发展的平台。积极制定有利于留住员工的人性化措施，每年实施覆盖全体员工尤其是研发、营销一线员工的凝聚力工程项目，提升员工满意度。开通总裁信箱及各级管理者的沟通信箱；建立了午餐会沟通制度，管理层与员工每周进行非正式沟通；

对怀孕女员工专门开设孕妇餐厅；对穆斯林员工开设清真餐厅、祷告室；等等。有针对性地满足员工对工作环境、后勤保障、社会福利、文体娱乐等方面的需求，在一个良性竞争的环境中，让员工的努力得到精神上和物质上的认可。

公司每年召开企业文化推进大会，确定本年度企业文化建设的纲要和举措。中高层干部都要参加，并且从最高层领导开始，要在企业文化会议上签署价值观承诺书。高层干部不仅是文化的倡导者，而且是率先的行动者。各级管理干部都必须签署，这是任职的前提。如果违背承诺，作为纪律"高压线"处理，一律开除。

公司每半年面对全体员工开展企业文化诊断：国际一流企业通行的员工敬业度调查。由员工自己对本部门组织文化氛围、干部的管理能力等进行民主评估，评估结果将作为干部的业绩评价之一直接与干部绩效考核挂钩，排名在后的干部必须免职。每个部门都有一份调查报告和改进建议，作为新的一轮考核期内部门敬业度提升的改进方向。这个报告也作为董事会对总裁及经营班子绩效考核的指标之一。

中兴通讯自主创新的模式分析

中兴通讯经历 20 多年的自主创新过程探索，形成了提升自主创新能力的一些经验做法。本节以前述历程探索和经验做法为基础和素材，从模式分析的角度进一步对中兴通讯自主创新规律性特点进行总结。一方面，这种模式分析对中兴通讯总结自身成功经验、探索未来发展具有参考价值；另一方面，对其他企业选择自主创新模式也具有借鉴意义。

所谓模式，英文为 pattern。经典定义是：描述了一个在我们的环境中不断出现的问题，然后描述了该问题的解决方案的核心。其实就是解决某一类问题的方法论，把解决某类问题的方法总结归纳到理论高度，就是模式。模式选择受到企业本身在技术领域的地位、技术变化的速度、政策确定程度、市场的竞争地位、企业规模实力、竞争市场的开放程度等关键因素的影响。综观中兴通讯自主创新能力的发展，其模式选择受到技术、市场、政策等关键因素影响深远，既有不利条件，也有有利环境，中兴通讯在这些关键因素中找到了自身发展的模式。

（一）中兴通讯选择自主创新模式面临的不利条件

1. 技术上的后来者

自主创新往往以自主技术为核心和基础。技术领域上没有一席之地，技术能力上就没有竞争地位，就谈不上自主创新。中兴通讯所从事的通信设备制造业是技术密集型行业，该行业的发展又深刻地受市场应用的引导，该行业具有技术和市场创新强交互作用的特点，突出表现为技术创新与市场创新的波浪形替代和不同波段之间的逐渐积累和相互依存性。图19是该行业技术创新浪潮与市场创新浪潮的对比，从中可见该行业技术、市场之间的强交互作用以及技术积累和依存的关联性。

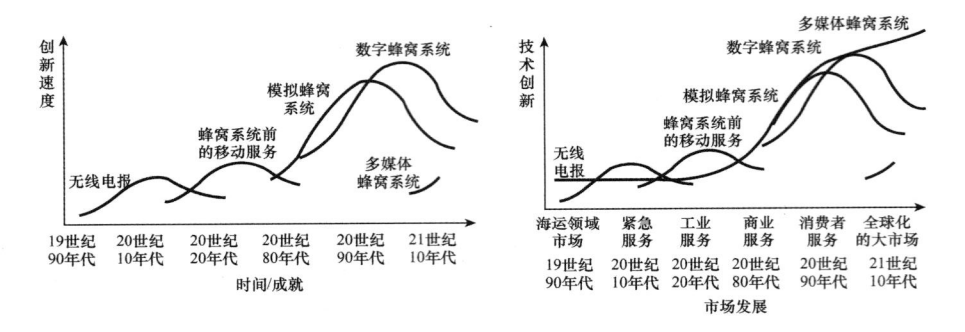

图19　通信行业创新浪潮与市场浪潮路线

资料来源：[美]丹·斯坦博克：《移动革命》，岳蕾、周兆鑫译，电子工业出版社2006年版。

在技术市场强交互作用行业，技术上的后来者往往处于非常被动的局面——一方面，由于技术浪潮之间有积累性，后来者必须掌握和学习成熟的技术；另一方面，由于技术与市场关联性强，技术上滞后往往带来市场上被动。

中兴通讯在技术上则是典型的后来者（中兴通讯与技术领先者时间比较见表8）。没有自主技术，必然受制于人；技术的后来者，必然要经历一段技术的消化吸收学习过程，必须要有技术的追赶过程，这些都不利于中兴通讯选择自主创新模式。

表8　　　中兴通讯所从事的技术领域与该技术领先者时间比较

技术领域	中兴通讯从事该技术的年份	中兴通讯进入该领域时的领先者	其从事该技术的年份	中兴通讯与之时间差距
有线网络	程控交换机，1992年	—	—	—
移动通信GSM（2G）、CDMA等	GSM，1999年 CDMA，1999年	诺基亚（GSM），高通（CDMA）	1993年 1995年	6年 4年
传输	1999年	朗讯	1990年	9年
终端GSM手机，终端CDMA手机	1998年 2003年	NOKIA	1992年 1996年	6年 7年

资料来源：笔者根据中兴通讯大事记和移动行业发展情况整理。

2. 企业小、起点低、位势低

中兴通讯1985年在深圳注册成立，当年销售额只有35万元人民币，与行业中的跨国巨头竞争对手比，企业规模微乎其微。即使到2000年中兴通讯销售额达到11亿美元时，其企业规模和实力与跨国竞争对手的对比也是非常悬殊的（中兴通讯与跨国竞争对手2000年销售额和员工人数对比情况见表9）。企业小、起点低、位势低，竞争地位极其不利，在这样的情况下，企业能否生存下来都是未知数。

表9　　　中兴通讯与跨国竞争对手2000年销售额、员工人数比较

公司名称	公司成立年份	2000年主导领域	销售额（2000年）	员工数（2000年）
中兴通讯	1985	交换、接入、传输、移动设备	11亿美元	0.94万人
朗讯	1907	光网络、无线网络、数据网络	213亿美元	15万人
MOTOROLA	1928	手机、系统网络产品	302亿美元	14.7万人
SIEMENS	1847	家电、系统设备、手机、电话机、电子安装系统	792亿美元	44.7万人
爱立信	1876	手机、以太网、光网络、移动系统设备	164.4亿美元	11万人

续表

公司名称	公司成立年份	2000年主导领域	销售额（2000年）	员工数（2000年）
思科	1984	IP路由器、无线网络设备	222.9亿美元	2万人
阿尔卡特	1898	移动系统设备、无线系统、宽带网络	246.7亿美元	11万人

资料来源：笔者根据通信行业主要公司历史资料整理。

3. 中国市场开放度很高

从历史数据分析，发达国家对于本土通信市场往往市场的开放度不高，出于国家安全和保护本国企业的角度，本土市场基本上由本土的厂商占主导。以全球移动通信系统设备市场为例，表10是各主要市场、各国供应商的市场份额分布数据，从中可见上述特点。

表10　　　　　**全球移动通信系统设备市场份额分布**　　　　（单位：%）

	北美供应商	欧洲供应商	日本供应商	中国供应商
北美市场	85	10	5	0
欧洲市场	9	85	5	1
日本市场	5	5	90	0
中国市场	20	62.5	0	17.5

资料来源：中兴通讯整理提供。

20世纪80年代，由于我国通信设备制造业与国外发达国家存在巨大的差距，进口通信设备和吸收外资发展通信设备的"市场换技术"的发展道路成为加快我国电信业发展的必由之路，也决定了我国通信设备市场一开始就呈现出"国内竞争国际化"的特征——全国上下从农话到国家骨干网，都由"七国八制"（来自7个国家的8种不同制式的机型）国外进口设备占领市场（市场占有率数据见表11）。中国本土通信市场在发展之初，基本处于跨国公司垄断的局面。

表11　　　　中国移动通信、交换机、传输市场中国内外
　　　　　　　厂商市场占有率结构变化　　　　　　（单位：%）

		移动通信设备		
GSM（2002）	爱立信	19.8	西门子	18.8
	诺基亚	16.8	贝尔阿尔卡特	9.9
	摩托罗拉	8.1	北电	7.6
	国外厂商合计	超过85	国内厂商合计	不足15
CDMA	朗讯	21	北电	18
	爱立信	10	贝尔阿尔卡特	6
	北电阿尔卡特	6	中兴通讯	7
	其他国内厂商	24		
	国外厂商合计	69.4	国内厂商合计	30.6
		交换机		
1993年	国外厂商合计	96	国内厂商合计	4
1996年	贝尔阿尔卡特	49	西门子	8
	北电	6	爱立信	5
	NEC	4	朗讯	4
	国外厂商合计	83	国内厂商合计	17
2004年	中兴、华为	59.6	贝尔阿尔卡特	18
	西门子	10	其他	12.4
	国外厂商合计	40.4	国内厂商合计	59.6
		传输		
2001年	国外厂商合计	52	国内厂商合计	48
2004年	国外厂商合计	26	国内厂商合计	74

资料来源：Gartner历年数据。

中国市场开放度高，造成中兴通讯等本土通信设备制造商在本土市场从一开始就与实力相差极其悬殊的跨国巨头直接竞争，竞争的压力可想而知。

4. 市场、技术和政策的不确定性高

行业的技术与市场创新的强交互作用，决定了市场和技术的不确定性

高，不仅要求公司在技术创新方面非常优秀，而且在技术创新和市场创新两方面都要有优异的表现。随着信息技术、移动通信和电子在技术和市场方面的三重融合，技术和市场的未来大方向相对确定，但实现路径和市场把握却变得非常的不确定，甚至有些趋势上却是相反的，例如移动通信正经历着从语音到数字的转变，而 IT 却正经历着从数字到语音的发展。市场上美国以互联网的创新领导通信市场革命，亚太地区消费电子则依赖成本上的优势来占领市场。图 20 是信息技术、通信技术、消费电子技术市场演进的路线。

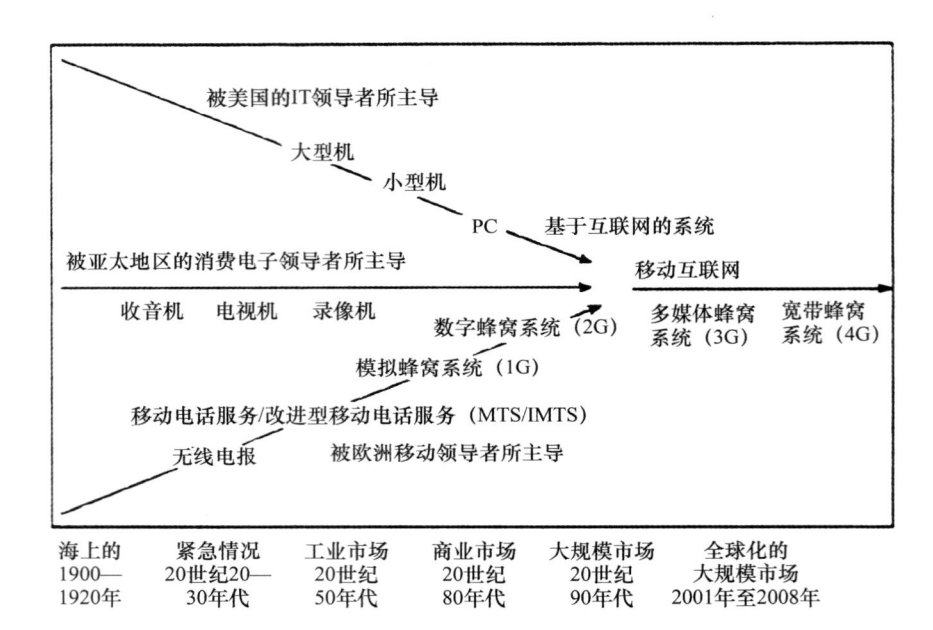

图 20　三重融合：美国的信息技术、欧洲的移动通信、亚洲的消费电子

资料来源：［美］丹·斯坦博克：《移动革命》，岳蕾、周兆鑫译，电子工业出版社 2006 年版。

政策决策的不确定性。主要表现在三方面：（1）赖以生存的客户本身受政府与政策的影响很大。例如，中国电信的分拆，中国联通的组建，网通、卫通、铁通等 "4＋2" 格局的形成，这些重组和变化直接影响着中兴通讯的客户关系工作。（2）客户从事通信产业运营政策的不确定性高，而且往往超越产业主管部门决策，上升至国务院决策。例如，中国联通在 2001 年选择 CDMA 制式政策决策上，从多种选择 WCDMA、CDMA2000、

CDMAlX、CDMAIS95 等中选择了先上窄带的政策决策。再如 3G 牌照问题，至今已经 4 年有余，而牌照发放给哪家运营商、具体进程时间表仍不确定。(3) 通信行业政策决策同时受国家宏观政策的影响，宏观调控、国家的金融政策等决策往往实施没有提前准备期。

5. 存在体制、人才、知识产权等方面的不利因素

中兴通讯股份有限公司源自深圳中兴半导体有限公司，是 1985 年 2 月由航天工业部 691 厂、深圳广宇工业公司和香港运兴电子贸易公司共同投资创办，其中 691 厂占总股本的 66%。1986 年 6 月，691 厂让出一部分股份，陕西邮电器材一厂入股中兴。1993 年 3 月，成立中兴新通讯设备有限公司，并以"国有控股、授权经营"模式经营（后简称"国有民营"模式）后才得以解除，中兴通讯为解决体制问题经历了近 8 年时间。

20 世纪 80 年代至 90 年代，通信领域的人才绝对比例集中于大学和科研院所，企业的比例非常小。中兴通讯是在只有 7—8 位科研人员的基础上开始从事数字程控交换机研发的，而这 7—8 个人中学电信或计算机专业的也只有一两位。中兴通讯最初进行程控交换机研发的人才来源于邮电部的一些研究所和南京邮电大学、北京邮电大学等高校，通过来实习或工作，甚至周末兼职方式，来进行研发工作。

现代通信技术是微电子技术、光通信技术和软件技术的综合体。半导体每 18 个月单位容量提高 1 倍，光通信每 9 个月能力提高 1 倍，软件技术则提高了产品设计、使用和升级的弹性。而这些方面的技术和商用技术基本上由国外跨国公司控制，中兴通讯缺乏在此基础上的技术储备，标准与知识产权都掌握在跨国竞争对手公司手中（见表 12）。

表 12　　　　　不同国家标准在全球移动市场所占份额　　　　（单位：%）

	美国标准 NAMPS & CDMA	欧洲标准 GSM&DEC	日本标准 PDC&PHS	中国标准
美国市场份额（2003 年）	90	10（GSM）	0	0
欧洲市场份额（2003 年）	0	100	0	0
日本市场份额（2001 年）	12（CDMA）	0	88	0

续表

	美国标准 NAMPS & CDMA	欧洲标准 GSM&DEC	日本标准 PDC&PHS	中国标准
中国市场份额（2004年）	10（CDMA）	70（GSM）	20（PHS）	0

资料来源：各国电信管制研究机构。

（二）中兴通讯选择自主创新模式的有利环境

1. 迅速成长的国内市场为其发展提供了机遇

全球移动通信行业的市场发展，经历了3个阶段。

第一阶段：以美国为代表（20世纪80年代），1983年主导市场分布在北美洲（美国）、西欧（瑞典、挪威、丹麦、芬兰）、日本。

第二阶段：以欧洲为代表（20世纪90年代），1992年主导市场分布在北美洲（美国、加拿大）、西欧（英国、德国、意大利和法国）、日本以及太平洋沿岸地区（包括澳大利亚）。

第三阶段：新兴市场崛起（2000—2008年），以中国、印度、韩国为代表的新兴市场迅速发展，2003年成为全球范围的主导市场之一。

据《中国统计年鉴》和信息产业部统计，中国1989年移动电话用户仅为1万户，1999年超过4000万户，2001年超过1亿户（见表13）。2003年移动电话用户数首次超过固定电话用户数，移动电话普及率达到每百人21.2部（同期固定电话普及率为每百人20.1部）。从2004年1月至2004年10月，仅10个月时间内，中国移动电话用户净增1亿户，到2005年累计总数达到4亿户。2004年信息产业增加值占GDP的比重达到7%，运营业和制造业利润双双超过1000亿元，电话用户、互联网用户和电子信息产业规模分别跃居世界第一、第二和第三。而且中国是世界十大热点市场中唯一一个独立的且占有用户总数约1/3的国家，而且每月还有400万个新增移动用户。

全球通信主导市场的发展和转移以及中国市场"成长中的大市场"，为行业中的后来者中兴通讯等本土通信设备制造商的发展和探索自主创新之路提供了可能和难得的机会。中兴通讯业务发展与中国通信市场发展的吻合关系见表14的对照和说明。

表13   1995—2004年中国电话用户数   （单位：百万）

	固定电话用户	移动电话用户	合计
1995年	40.7	3.6	44.3
1996年	55	6.9	61.9
1997年	70.3	13.2	83.5
1998年	87.4	23.9	111.3
1999年	108.7	43.3	152
2000年	144.4	85.3	229.7
2001年	180.4	144.8	325.2
2002年	214	206.6	420.6
2003年	263.3	268.7	532
2004年10月	295.5	305.3	600.8

数据来源：对应年份的《中国统计年鉴》。

表14   中国通信市场发展与中兴的业务范畴变更

时期	1989—1997年	1998—2000年	2001—2002年	2003—2006年
中国通信行业				
行业发展	*国内通信行业起步期，发展迅速 *产品主要涉及交换及接入技术，用于电话及邮电通信	*1999年经历了短暂调整，但总体通信行业保持高速发展，行业竞争渐大 *中国互联网用户超过2000万，固网及移动电话网规模跃居世界第二 多媒体通信、光纤传输、移动通信、数据通信等产品兴起	*中国通信业发展空间巨大，但世界经济形势持续不振，国内电信营运业竞争加剧 *2002年国内各营运商重组，除手机以外的设备制造商出现较大萎缩	*国际电信业复苏，整体通信业仍保持较快增长速度，营运商加大固定资产投资力度 *交换及接入市场成熟，移动通信成为推动电信业的强劲增长点 *3G通信起步期
中兴通讯				
中兴策略	*企业创始时期，从事引进交换技术和交换机的自主研发 *1989年，自行研发数字程控交换机，同年自主知识产权的国产化第一台程控交换机诞生并通过鉴定	*巩固既有的交换及接入网产品市场份额，开拓光通信、移动通信及数据通信市场	*发展重点转向光通信、移动通信及数据通信三大领域 *光通信国内市场明显增长，移动通信CDMA产品在联通网络上得到大规模应用 *开始研发手机市场	*手机成为公司新的业务增长点，以捆绑和渠道销售方式进行 *投放大量资源研发3G通信系统

续表

时期	1989—1997 年	1998—2000 年	2001—2002 年	2003—2006 年
交换机及接入网	√	√	√	√
移动通信	—	√	√	√
数据及光通信	—	√	√	√
移动终端	—	—	√	√
3G	—	—	—	√

资料来源：郎咸平：《科幻——中国高新技术企业发展战略评判》，东方出版社 2006 年版，第 32 页。

2. 在客户、政府关系、制造和市场等方面拥有的优势

中兴通讯的客户主要为运营商，这些客户主要源自中国电信和中国邮政。中兴通讯与这些客户之间存在良好的关系和历史较长的业务关系，正如美国学者斯莱沃斯基在《微利时代的成长》一书中所倡导的，与客户之间的长期、紧密关系易于形成"需求创新"优势。

作为本土公司，与当地政府、信息产业部等主管部门之间关系良好，对自主创新政策的支持和鼓励都有有利条件。例如深圳市政府把中兴通讯确定为第一批 A 股上市的两家企业之一，为中兴通讯利用资本市场创造了优越的条件，提高了中兴通讯自主创新的资金投入和能力积累水平。

珠江三角洲全面、完善的电子信息产业链和产品配套能力，从计算机及外设、手机等高端产品，到电视机及各种数码产品，其零部件80%在深圳周边地区可以实现配套，大大降低了生产成本。这奠定了制造和运营优势，此点在后面还会详叙。

3. 新兴企业更有可能利用颠覆性技术占领市场

"颠覆性技术"带来"技术赶超"的机会。在领先企业持续开展技术创新的同时，领先企业外部也在产生大量的创新技术，其中时常会出现"颠覆性技术"。颠覆性技术在短时间内快速颠覆既定技术和市场。颠覆性技术的基本特性是：早期性能低、成本高，基本没有市场价值，但是技术发展潜力大，能快速降低成本和提高性能。

过去的实践多次表明，领先企业恰恰因为其领先的特点而更容易被颠覆：巨额的长期研发投入成为没有回报的沉没成本，既有的市场地位阻碍

了企业的转型。在颠覆性技术面前，国外企业的领先优势大幅减少，国内企业有可能获得同时起跑的机会。颠覆性技术给国内企业的技术突围带来了重大机遇：摆脱跟随发展模式中的被动地位，趁国外领先企业消化历史包袱的机会实现赶超。由于国内企业轻装上阵，国内企业应该更加积极地支持潜在的颠覆性技术的发展，尽管风险巨大。实际上，中国企业的加入很可能将潜在的颠覆性技术变为现实的颠覆性技术，因为中国企业具有制造低成本产品的能力，而且国内市场庞大。

4. 新兴企业规模较小，组织结构灵活，市场反应快

中兴通讯因为建立了信息系统和企业规模尚不大，其对顾客需求的响应速度非常快。而且组织结构也易于调整，例如其1998年进行事业部改制，以及每两年进行一次组织结构调整，基本上都是围绕市场和客户进行的。特别是2002年根据运营商重新进行了营销组织机构划分，实现了反应速度与组织形式的匹配。在响应速度上有一个典型的例子，是中兴ADSL产品备战2004年雅典奥运会。在该届奥运会前夕，阿尔卡特ADSL设备出现故障，中兴通讯在12个小时内调集技术人员赶赴现场，快速安装中兴ADSL设备，实现了ADSL产品在欧洲国家的商用。

（三）中兴通讯培育自主创新能力的模式

基于前述分析，中兴通讯自主创新的模式可概括为："重点紧随、局部突破"模式。

1. 重点紧随

具有"市场导向""低成本""明确突出重点领域、重点领域拥有完善产品线、策略上稳健紧随"三大特征。

（1）市场导向

企业始终从市场需求出发，重视顾客的需求，也重视竞争者，力求在顾客需求与竞争者之间求得一种平衡的营销观念，被称为"市场导向"。市场导向与生产导向、产品导向、技术导向的差异在于对客户的理解观念和实现方式的差异，这四者之间的比较见表15。

表15　　　　市场、生产、产品、技术导向的比较

类型	客户理解观念	实现方式和关注点
市场导向	客户需求是多方面、多层次的	有效地满足客户需求

续表

类型	客户理解观念	实现方式和关注点
生产导向	客户喜欢随处可买到的价格低廉的产品或服务	致力于追求更高的生产效率和更广阔的分销范围
产品导向	客户喜欢质量最高、性能最好、特色最多的产品或服务	致力于开发优良产品并加以改进
技术导向	客户喜欢技术含量高、新奇、能带来全新体验的产品或服务	致力于开发新技术、高技术并产品化、服务化

资料来源：[美] 菲利普·科特勒：《市场营销管理》，洪瑞云、梁绍明、陈振忠译，中国人民大学出版社2000年版。

学者 Narver 和 Slater 把市场导向本质看作一种组织文化——这种文化能最有效地诱发为创造对买方的较高价值所必需的行动。市场导向已经成为中兴通讯组织文化中的重要指导原则和核心。中兴通讯的企业文化为"互相尊重、忠于中兴事业；精诚服务、凝聚顾客身上；拼搏创新、集成中兴名牌；科学管理、提高企业效益"。第一句话阐述了做事业、做长寿公司、做世界通信卓越公司的愿景，第二句话就说明了实现的方式。从中可见市场导向对中兴通讯创新的导向作用，而且从中兴通讯发展的6次转型以及中国通信市场发展与中兴业务范畴的变更，都深刻地体现和反映了这最重要的特征。6次转型的详细信息参见专栏内容。

通信界对中兴20年来6次转型的评价"几乎抓住了每一次市场热点"是对市场和客户需求导向的最好注释。这正是中兴培育自主创新能力的基本出发点，也是其产品和研发的来源与判断标准。市场导向，在中兴通讯做事方式上体现得非常普遍。例如，开会主题最多的是市场会，每年公司范围内至少开两次市场经营大会，专题类市场分析会更是不计其数；再如，研发人员要花费一半的时间在市场一线，与销售人员一起解决需求设计和产品改进问题，贴近客户需求等。在《中兴通讯》报和中兴通讯员工中最大比例的内容和讨论主题也是市场情况和市场上需要什么样的产品。"深入到运营商竞争的每一个步骤""变成客户的一部分""技术的生命力来自市场""技术是一种市场能力""比客户更了解客户需求""比竞争对手更了解竞争对手"等都无不体现了市场导向。

（2）低成本

低成本的智力型人力资源。根据2004年某跨国公司董事会内部汇报材料的分析，中兴等中国公司的低成本优势主要来自低廉的研发成本。欧洲企业研发人员的年均工作时间只有1300—1400小时（周均35小时，但假日很多），而中兴等中国设备制造商研发人员的年均工作时间约为2750小时，是欧洲同行们的2倍！同时，中兴等中国公司研发的人均费用约为每年2.5万美元，而欧洲企业研发的人均费用为每年12万—15万美元，是中兴等中国公司的5—6倍。

元器件、原材料等采购成本低、配套效率高。广东省拥有全国电子信息行业最齐全和规模最大的产业链配套网络，以及珠江三角洲地区、深圳市、惠州市视听产品产业园、佛山市显示器件产业园和顺德家用电子产品产业园5个国家级电子信息产业基地。2005年全国电子信息企业百强，仅广东省就占四分之一——25家。这25家企业均在上述的五大国家级电子信息产业基地中，形成聚集效应。据统计，在广东省进行原材料采购和组装业务，比长江三角洲能节约20%—25%的采购支出。据中兴通讯统计，2003—2005年中兴通讯在广东省内的国内采购比例占60%—65%，占全部采购的比例约四成。产业配套优势为中兴通讯建立灵活、敏捷的供应链运营体系，以及在运营成本和反应速度上建立竞争优势提供了天然条件。

专栏：中兴通讯的6次转型

第一次转型为"从来料加工到交换机"。催生转型来自两方面信息，一是一个外商要推广IC，做了一个交换机。侯为贵等中兴创始人在与这位客户的接触中认识到：微机技术在通信行业有应用前景。二是看到中国优先发展通信业政策所带来的巨大市场发展趋势。

第二次转型为"从68门模拟机到万门数字程控交换机"。ZX-60模拟机的市场成功，使中兴进一步验证了对市场的判断，坚定了研发500门局用数字程控交换机的决心。1989年11月ZX500成功通过邮电部测试，成为国内具有自主知识产权的国产化程控交换机，并在江苏吴江桃园镇开局成功，使中兴进入农话市场，满足了中国农话局升级改造需求，万门机研发则针对城市市场研制。

第三次转型为"从单一程控交换机到三大领域"。根据目标市场从农话向本地网、市话网扩展的需求，通信由固话向移动发展的市场趋势，中兴在数字程控交换机的基础上，向上述市场需求与发展趋势的另外方向进行研发，进入传输、接入网、视讯、电源等市场和产品领域，为后期的增长和发展种下了种子。

第四次转型为"上市和管理整改"。为了满足多领域市场和技术升级，中兴必须有巨大的资金支撑，上市成为其解决资金问题的关键。深圳市给予了支持，1997年10月6日中兴在深交所上市成功，融资用于ZXJ10型万门交换机200万线生产能力建设和投入CDMA无线产品研发。上市融资为中兴进入数据、光通信和移动市场提供了有力的保障。1999年电信改革，邮政分营、电信分家、电信资费结构性调整，中兴感受到来自客户方面的变化，并开始管理整改。侯为贵带队深入销售处调研，提出六大问题和相应整改方案，提升了整体管理和执行能力。

第五次转型为"三大战略"，即确定移动通信、数据通信、光通信三大领域，重点是移动通信，抓住了CDMA和PHS市场，准确把握固定运营商电信和网通对移动业务需求和中国联通与中国移动竞争的需要。

第六次转型为"新三大战略"，针对市场提出手机、国际化和3G新三大战略市场。

通过比较中兴通讯与上海贝尔的技术能力培育历程，也可以看出中兴通讯强调降低成本的技术学习特征。上海贝尔的发展历程和模式是[①]：引进生产线进行SKD，CKD组装—外围零部件国产化—核心元器件国产化—自行研究开发软件及部分元器件。从上海贝尔的技术能力成长道路可见，在其建立起竞争优势的过程中，最为关键的是外围及部分核心元器件的国产化过程，通过国产化发展行业领先的生产能力，取得了在国内市场上的先动优势。而中兴通讯的技术能力成长道路基本如下：解构国外成熟产品—自主设计开发—引进设备、提高生产能力—软件开发—自主设计核心元器件。与上海贝尔相比，中兴通讯竞争力的提高主要是随着企业对交换机硬件及软件的持续研究开发不断降低成本、改进技术性能，通过低成本策略来占领市场。

（3）明确突出重点领域、重点领域拥有完善产品线、策略上稳健紧随

明确突出技术创新、研发投入的重点领域。中兴通讯选择通信行业中

[①] 杨志刚、吴贵生：《复杂产品技术能力成长的路径依赖——以我国通信设备制造业为例》，《科研管理》2003年第6期。

的重点领域有两个判断标准：第一，该领域拥有非常广阔的市场空间（例如至少拥有年10亿元人民币销售规模，小于10亿元人民币销售规模的领域不进入）；第二，该领域未来发展趋势稳定或前景好。如果某领域满足上述两个标准，中兴通讯就努力进入该领域，并力争进入国内市场的前三名。以此为指导思路，中兴通讯确定了从单一产品（交换机）向移动、数据、光传输三大领域战略调整，以及后来发展为移动、数据、传输、国际、手机五大战略领域。中兴通讯每年都对公司产品进行市场空间和趋势分析，确定重点领域和战略产品，加大技术投入和资源配置，淘汰、收缩或转移非重点领域产品。图 21 为中兴通讯 1986—2004 年重点领域和产品系列变化路线。

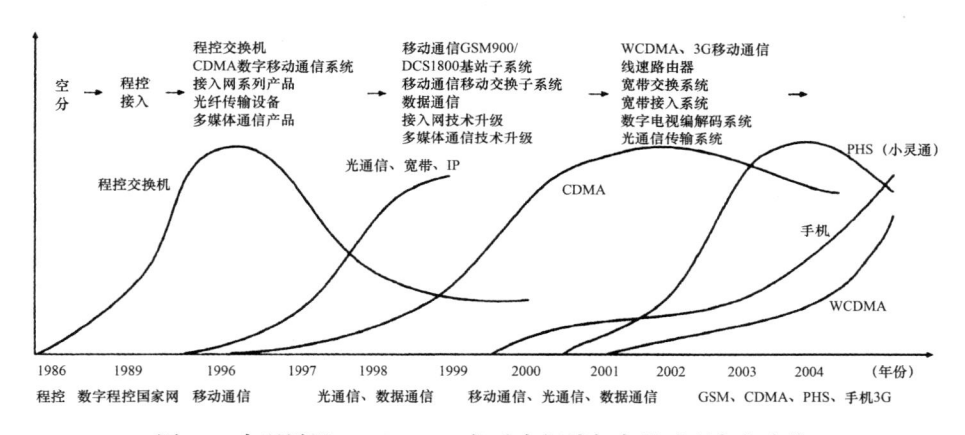

图 21　中兴通讯 1986—2004 年重点领域与产品系列变化路线

下面再引用几段中兴公司 2002 年市场战略会议的有关内容加以说明重点领域和研发投入的指导原则（见表 16）。

"我司已经涉及的产品市场，年市场空间超过 100 亿元的只有 5 个产品：交换、传输、GSM、CDMA 和手机。而视讯、监控、网管和 7 号信令检测系统等市场空间不足 10 亿元""大产品养活大企业，但现状是我司的小产品越来越多，应采取相应评估和控制措施""有所为、有所不为，强化公司研发资源的战略调配，增强核心竞争力，建议确定以下产品为公司战略性产品：WCDMA、CDMA 系统、手机、光传输、光接入网"。

表16　2002年中兴通讯公司核心、非核心产品研发投入和市场情况对比

（单位：亿元，%）

产品类别	销售额	销售额比例	有效值	有效值比例	历年累计研发投入	费用比例
核心产品 A	91.9	67	16.64	81	14.2	66
其他产品 B	47.9	33	3.8	19	7.3	34
A/B	1.9	2.0	4.4	4.3	1.9	1.9

——重点领域拥有完善的产品线。图22是中兴通讯在重点领域形成的产品系列。通过与跨国竞争对手比较可见，中兴通讯产品系列的特点是在重点领域，由于中国是"成长中的大市场"，再辅之以中兴通讯的低成本优势，形成了重点领域广泛的全线产品，中兴通讯是唯一一家可做世界上所有制式手机的厂商，亦说明其产品线全面。通过这种全线跟随的方式，一方面丰富齐全的产品线可以大大增强中兴通讯提供通信网络整体解决方案的竞争力，充分开拓中国的细分市场，有利于"做大"；另一方面也可以避免跨国竞争对手利用产品组合和补贴方式在战略市场上采用"抢占市场份额"策略挤压后来者和跟随者的生存与利润空间。

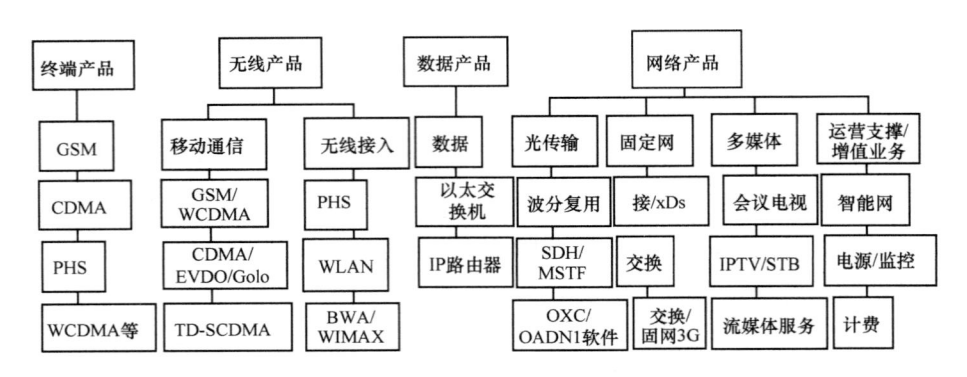

图22　中兴通讯在重点领域齐全的产品线

——策略上稳健紧随。创始人侯为贵在回顾公司创立时说："从市场来讲，我们是从比较边缘的市场，也就是农村端市场开始做，因为那时候我们的能力还不是很强，一下子进入大城市，可能难度比较大。另外，大城市当时是被国外的大厂商占领的。"通过选择特定的市场和跟进国外先进技术，慢慢培养自主知识产权和自主研发能力，1991年中兴自主开发的

小容量数字局用交换机研制成功，在全国农村电话市场掀起市场高潮，是当时国内自行研制的电话交换机第一次打破由国外厂商对中国通信设备市场的垄断。这种在市场上做跟随者的方法成为中兴通讯自主创新模式中的一个重要特征和较普遍的现象，详见表17。

表17　　　　主要通信领域国内外商用时间差距及
中兴通讯与国内首次商用时间差距

关键产品	国外商用时间	国内商用时间	国内与国外商用时间差距	中兴通讯与国内首次商用时间差距
模拟程控交换机	1965年美国贝尔	1986年巨龙	21年	约7个月
数字程控交换机	1970年法国	1989年中兴	19年	基本同步
CDMA基站	1995年高通	2001年中兴	6年	基本同步
GSM基站	1991年爱立信	20世纪90年代后期大唐/华为/中兴	6—7年	4—8个月
WCDMA基站	2001年爱立信	2003年华为	2年	约6个月
CDMA1X基站	2000年高通	2002年中兴	2年	基本同步
软交换	2000年北电/朗讯	2002年中兴	1—2年	基本同步
核心路由器	1997年思科	2001年国防科技大学	4年	

处于萌芽期，或者尚未进入成长期的产品，在投资上的策略是不落后、不争先（见图23）。如在有线领域，以软交换为核心的NGN将继交换机之后成为新的基础平台，可以延伸出多种成长性业务，中兴在这一市场上一直与国际保持同步；在数据方面，中兴拥有国内首张高端路由器入网证书；在3G领域，三大标准齐头并进。

进入成长期的产品，中兴则采取短时间内加大投入的突破策略，如CDMA、PHS和手机等。

逐步进入衰退期的产品，中兴的态度是不放弃，并且将其转移到海外市场，使其产生新的活力。相对于经济基础比较薄弱的国家和地区，交换和接入、GSM等产品依然是一种相对先进的技术。

但是，这也容易造成资源分散、控制力削弱和利润率下降。据统计，如果行业领先者由于先发优势往往能够获得16%的平均利润率，那么行业

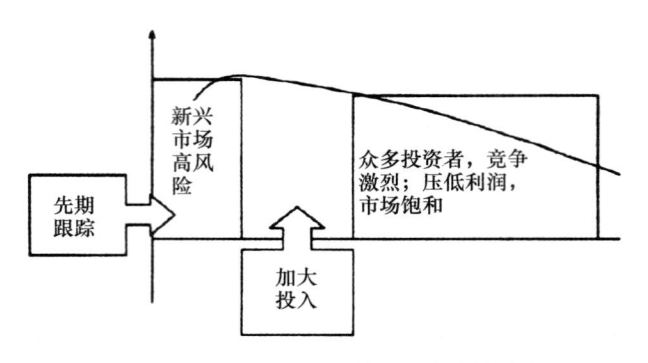

图23 中兴通讯稳健的弹性投入政策示意

中第二名跟随者则只能获得6%的平均利润率，而行业中第三名、第四名跟随者的平均利润率分别为 -1% 和 -6%。因此，作为跟随者，最明智的选择是做行业中的第二名。中兴通讯正是采取了此策略在重点领域进行全线紧随。所谓紧随是指中兴通讯在重点领域、产品商用时间上紧随国内的第一个商用者，并根据行业特点，把与国内第一个商用者之间的时间差控制在 3—12 个月，以保证自己是第二个"吃螃蟹"的，由此获得较好收益。这一点在表 10 最后一列数据中有显著体现。

2. 局部突破

在重点领域积累了相关能力的前提下，通过长期跟随竞争对手和为客户提供解决方案，中兴通讯具备了在需求创新和局部技术创新领域的实力，表现为可凭借自身的实力在某些应用领域引领技术和市场。例如 GoTa 技术与市场就是这种局部突破的典范。中兴通讯自主研发的 GoTa（Global Open Trunking Architecture）全球开放式集群体系，是全球首个基于 CDMA 技术的专业数字集群技术。通过关键技术研究和高层设计，目前已经实现了系统、终端和业务产品系列化。GoTa 拥有超过 100 项基于 CDMA 技术的集群核心技术专利和扩展业务专利，成为国际上技术最先进、最具市场竞争力和市场潜力的数字集群技术。中兴 GoTa 已在俄罗斯、马来西亚、挪威、贝宁、斯里兰卡、蒙古、越南、海地等国家正式商用建设和运营，并且被跨国竞争对手或合作伙伴（如北电、高通等）认可和进行技术合作。GoTa 获得信息产业部"重大技术发明项目""电子发展基金项目""标准科技进步奖一等奖"和"中国信息产业重大技术发明奖"。

(四)"重点紧随、局部突破"模式的评价

1. "重点紧随、局部突破"模式的优点

(1) 把资源投向市场和客户需求，在竞争中占据有利的市场地位；(2) 自主创新在技术上与新产品上易于实现商业化和市场应用；(3) 稳健的弹性投入策略、跟随策略有利于降低风险，快速跟进能缩短与领先者的市场差距，而比其他竞争者较早地建立起市场优势和锁定市场，以及构建起供应链，从而获得竞争优势；(4) 省去了新技术探索性开发的大批投资，因而能够在创新链的设计、生产、营销等下游环节投入较多的人力物力，在工艺改进、质量控制、大批量生产管理、市场营销等方面形成自己的特色；(5) 作为快速跟随者，分得的市场份额未必最大，但对于有潜力的市场，仍有可观的利润。

2. "重点紧随、局部突破"模式的缺点

(1) 无法获得先发优势，由于跟随策略，产品的推出迟于创新者，可能造成市场上的劣势和不得不面对大量其他跟随者进入的激烈竞争；(2) 稳健的弹性投入可降低风险，也可能错失良机，造成沉没成本，未带来收益；(3) 快速跟随资源的集中使用，需要大量高素质的科研人员储备以及良好的研发与市场管理能力，并且需要技术、市场和供应链平台基础较好；(4) 对领导人的市场判断和决策能力要求更高，更具艺术性；(5) 追赶的风险较大，当领先者增强知识产权和专利力量时，技术的获取和相关人才的获取难度较大。[1]

---

[1] 例如，思科对华为的知识产权诉讼，就是对快速追随者进行的阻击。

当前我国企业转型发展的主要模式与进展[*]
——基于实地调研及中小板、创业板上市公司问卷调查

企业的转型发展是经济发展方式转变的基础，没有企业发展方式的转变，就无法实现经济发展方式的根本转变。企业的转型发展，一般是指企业通过改变原有的发展模式，包括对市场、经营、产业、管理等方面进行改变与变革，以更好地适应外部环境变化，获取并提升竞争优势、提高企业可持续发展能力的行为。

基于此，我们把企业的转型发展界定为以下几个方面。（1）价值转型：包括产品从低端到高端，也包括产品本身附加值的提高等，价值转型主要来源于企业的研发创新和产品升级等。（2）经营转型：指企业经营模式的变化，例如从代工到自主品牌的变化。（3）市场转型：主要反映企业销售市场的结构调整情况。（4）产业转型：主要反映企业在专业化水平分工和完善产业链，以及产业多元化程度等方面的转变情况。（5）管理转型：企业管理规范化、科学化方面的进展。（6）绿色转型：主要反映企业提高生产效率和降低污染方面的进展。

在对东中西部具有代表性的 10 个省区市[①]约 300 多家企业（包括了大、中、小规模和各种所有制）访谈调研的基础上，结合对深交所 887 家中小板和创业板上市公司的问卷调查[②]，我们评估和总结了当前我国企业转型发展的总体情况、转型发展的若干模式和进展[③]。值得说明的是，在

---

[*] 本文刊于国务院发展研究中心《调查研究报告》2012 年第 146 号，2012 年 8 月 15 日，与赵昌文、许召元合作。

[①] 调研的 10 个省区市分别为广东、浙江、上海、江苏、湖南、湖北、江西、辽宁、四川、北京。

[②] 2012 年 5 月，我们对深交所的中小板和创业板上市公司进行了问卷调查，收回问卷 887 份，其中有效问卷 823 份。

[③] 如没有特别说明，本报告中的数据均来自对深交所中小板和创业板上市公司的问卷调查统计结果。

中小板和创业板上市的公司基本上都属于我国中小企业中的佼佼者,因此,本调查结果更多地代表了当前我国优秀中小企业的转型发展状况。

企业在提高附加价值,向"微笑曲线"两端移动方面取得普遍进展

非制造环节对企业利润贡献显著提升。自国际金融危机以来,企业由于外部市场需求的萎缩带来竞争加剧,本来利润率就偏低的生产制造环节的价值空间受到进一步挤压,而与此相比,研发设计、销售服务等"微笑曲线"的两端利润空间相对较大。调查中,非制造环节(研发设计、品牌价值、销售渠道和售后服务等)对总利润的贡献超过50%的企业比例在2011年达到31%,比2007年提高了5.5个百分点,而非制造环节对总利润贡献小于10%的企业,2007年接近50%,2009年下降11.8个百分点,2011年比2009年进一步下降7.8个百分点(见表1)。

表1　　除制造环节外的研发及服务环节对企业总利润的贡献　　(单位:%)

非制造环节对总利润的贡献	2007年	2009年	2011年	百分比变动(2011年与2007年相比)
10%及以下	48.8	37.0	29.2	-19.6
10%—50%	25.7	35.6	39.8	14.1
50%—90%	11.4	13.9	16.8	5.4
90%及以上	14.1	13.5	14.2	0.1

向高附加值延伸也体现在公司生产装备和技术水平的提升方面,近70%的受访企业生产装备和技术水平属于国内先进水平,近20%的受访企业生产装备和技术水平属于国际先进水平,约90%的企业在今后3年内还有改进生产装备(工艺)来升级的计划。另外,81.8%的受访企业主导产品品种更加丰富并向高端化发展,也是企业提高附加值的重要形式。

企业对研发投入不断加大,是价值转型得以实现的重要支撑力量。一是企业专职研发人员占职工总数的比重不断上升。调查表明,2011年专职研发人员占职工总数的比重在10%以上的企业达到76.7%,累计比2007年提高了10.9个百分点。二是企业研发费用占销售收入的比重有所上升。

研发费用占销售收入的比重低于2%的企业所占比例从2007年的19.8%下降为2011年的12.2%，2%—4%的企业所占比例则从2007年的33.0%提高至41.7%，提高了近9个百分点，10%及以上的企业所占比例从6.9%提高到8.9%（见表2）。

表2　　　　　　2007年、2009年和2011年企业研发
费用占销售收入的比重　　　　　　（单位：%）

研发费用占 销售收入比例	2007年	2009年	2011年	百分比变动（2011年 与2007年相比）
2%及以下	19.8	13.7	12.2	-7.6
2%—4%	33.0	38.0	41.7	8.7
4%—6%	28.1	27.5	23.2	-4.9
6%—8%	8.7	8.1	9.2	0.5
8%—10%	3.6	6.0	4.9	1.3
10%及以上	6.9	6.5	8.9	2.0

研发的效果及其在公司价值转型中的关键作用得到普遍认同。首先，企业专利拥有数量显著提升。2007年，企业专利数量不足5个的比例高达40%，到2011年这一比例为13%，减少了27个百分点，而专利数量超过20个的企业比例则提高了33.6个百分点。与此同时，高达89.3%的企业认为研发作用显著。其中，32.7%的企业表示作用很显著，形成了独特竞争优势；56.6%的企业表示作用比较显著，提升了产品竞争力等。可见，许多企业向"微笑曲线"两端移动的价值转型已经成为一种共识，且已经成为自觉加大研发等活动的重要推手。

强化品牌经营是众多企业的共识

金融危机背景下，品牌对企业利润的提升和市场地位的作用进一步凸显。调研中一个共性发现是，已经建立品牌优势的企业，受经济减速影响相对较少，甚至发展得更好。许多品牌优势企业，内外销订单两旺，产品或服务供不应求，企业盈利水平不断提升。相反，没有品牌的企业，大多

面临着市场和利润双降的挑战，举步维艰。调查也充分表明：在上市公司中，自有品牌销售收入是总销售收入的重中之重。2011年自有品牌销售收入占总销售收入的比重50%以上的企业占90.2%，而且，近八成的企业自有品牌销售收入占总销售收入的比重超过90%。另外，94%的企业肯定了品牌对利润和市场地位的突出作用，其中65%的企业认为自有品牌的利润率较高，29%的企业认为虽然短期内利润没有大的改观，但巩固了市场地位（见图1）。

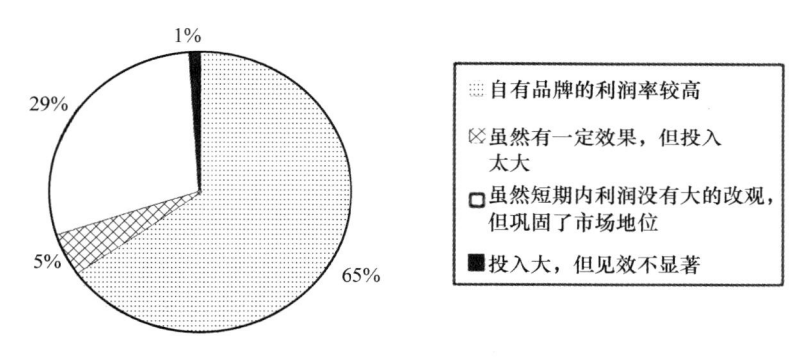

图1　品牌对企业的利润影响作用

企业经营转型的基本模式：从无品牌到有品牌。调研发现：率先通过贴牌方式利用国际、国内两个市场和两种资源来发展的出口加工贸易型企业，目前转型升级的主要模式是从无品牌（OEM）向有品牌（OBM）发展。OEM 是 Original Equipment Manufacturer（直译为原始设备制造）的缩写，起源于欧美的服装行业。OEM 指制造商使用品牌企业（委托方）提供的设计、图样、技术设备来生产制造产品，再由品牌企业贴上自己的品牌商标进行销售的外包模式。随着制造业从发达国家逐步转移至发展中国家，OEM 方式在发展中国家，尤其在东亚、东欧以及南美的新兴工业化国家快速兴起，其中我国是全球最重要的 OEM 生产基地和承接国。我国的 OEM 主要集中在通用化、标准化程度高的行业，如服装、家电、IT、玩具、日化、电子通信等（见表3）。这些行业中的企业，相当大的比例曾经或正在从事 OEM 生产（据统计，在家电行业此比例约占90%）。OEM 生产方式已经从过去我国企业主要为国外品牌企业代工发展为现在既为国外品牌企业代工，也为国内品牌企业代工。

表3　　　　　　　　　我国 OEM 发达行业及代表企业

行业	OEM 代表企业	主要 OEM 产品	知名品牌委托方
传统家电	格兰仕、深圳凯欣达、创维、TCL、康佳	微波炉、DVD、彩电	意大利德龙、美国 GE、日本三洋、TCL、金正、海信、日立、三菱、NEC、汤姆逊
IT 制造业	深圳富士康、台湾鸿海精密	笔记本电脑、PC 电脑	HP、苹果、SONY 等
通信	东信、英业达、TCL	手机	摩托罗拉、飞利浦、阿尔卡特等
服装鞋类	广东溢达、台湾宝成（东莞）	服装、运动鞋	CK、NIKE、BOSS、POLO 等 NIKE、ADIDAS、REEBOK、李宁等
玩具	浙江云和玩具、广东中美玩具	木制玩具、塑料玩具	迪士尼、芭比娃娃等
日化	广东丹奇日化、浙江纳爱斯	化妆品、洗涤品	POLO、美国宝洁、德国汉高等
小家电	广东东菱凯琴	西式小家电	飞利浦、健伍等

资料来源：毛蕴诗、吴瑶：《中国企业：转型升级》，中山大学出版社 2009 年版，第 49 页。

近年来服装纺织、玩具加工、家电、IT、日化、通信等行业中贴牌企业向品牌企业转型呈现出一种趋势。调研中，服装纺织行业的小猪班纳公司、顺纺集团、安东尼公司等都已经实施了从过去以 OEM 为主导向以 OBM 为主导转型。厨卫家电市场著名 OEM 厂家广东东菱凯琴，在其成立之初的 1998 年 100% 是 OEM 业务，自 2003 年开始启动向自主品牌转型，2012 年已经成为 OBM 业务主导企业。电子信息行业的深圳佳士科技从 2002 年成立之初的 100% 的 OEM 业务，已经发展为完全的自有品牌公司，彻底放弃了传统占主导的 OEM 业务。通过对无品牌企业的预期调查也证实了这一趋势：85.8% 的受访企业选择或计划在未来 3 年内发展自我品牌。另外，从无品牌到有品牌在中国的企业转型中具有非常大的普遍性，是目前全国许多著名品牌优势企业曾经的成功经验。例如，服装龙头企业雅戈尔、厨房家电的苏泊尔、家电行业的海尔、TCL，IT 终端行业的联想，汽车零部件行业的万向集团等。

企业经营转型的另一种模式是从单一品牌到多品牌。例如，随着国内市场和国际化市场开拓，针对不同的顾客需求，许多公司都采取了多品牌运作。汽车行业按低中高档车的多品牌运作、中国公司通过收购海外品牌在国内外不同品牌运作等都是如此。调查也显示，受访企业中拥有商标数量5个以上的比例逐年呈上升态势，拥有商标数量5个以上的比例从2007年的43%上升至2011年的64%，提高了21个百分点（见表4）。

表4　　2007年、2009年、2011年企业拥有商标数量占比情况　　（单位：%）

商标数量		2007年	2009年	2011年	百分比变动（2011年与2007年相比）
商标数量	1—5个	57.0	48.3	36.0	-21.0
	5—10个	13.5	16.1	17.9	4.4
	10—20个	11.6	13.0	14.8	3.2
	20—40个	8.8	9.2	12.9	4.1
	40—80个	6.3	7.8	9.6	3.3
	80个及以上	2.8	5.6	8.8	6.0
	合计	100	100	100	

大多数企业加强了对国际和国内市场的拓展

（一）越来越多的企业通过"走出去"和"国际化"实现市场转型

"走出去""国际化"是企业市场转型的重要方式之一。市场寻求、资源寻求、战略资产获取、效率获取、产业推动、减少制度障碍是推动企业国际化的六大驱动力。[①] 国际金融危机后，全球经济进入调整期，我国出台的产业振兴规划，都把"走出去"和"国际化"作为应对危机或化"危"为"机"的重要举措，支持或鼓励钢铁、汽车、船舶、石化、纺织、轻工、有色金属、装备制造、电子信息等企业积极实施"走出去"和"国际化"。关于中国企业国际化战略的系统研究也表明，我国企业"走出去"主要分布在纺织、轻工制造等传统劳动密集型行业，以家电、电子通信、汽车为代表的技术密集型行业及以钢铁、能源为代表的资源

---

① 国务院发展研究中心企业研究所：《中国企业发展报告2012》，中国发展出版社2012年版。

行业等。① 例如，海尔通过产品经营，以"吃休克鱼"的方式资本运营，把产品市场拓展至全球主要经济区，建立了自己的全球市场网络和服务网络。中兴通讯和华为，从20世纪90年代起就开始了国际化市场探索和开拓，逐步明晰国际化战略，目前都已经完成了全球的市场与研发布局，成为以国际市场占主导的公司，国际市场销售额占比2011年分别超过六成和七成。

我们的调查也显示，"走出去"和"国际化"是当前企业市场转型发展的基本模式。近年来许多企业扩展了出口市场的分布范围：出口国家和地区在5个及以下的企业由2007年的44.3%下降至2011年的33.5%，下降了10.8个百分点；而出口国家和地区在20个以上的企业比例累计上升了8.8个百分点。不少企业的国际化实施，除了继续巩固和开拓传统的欧美等发达国家市场外，还不断加大力度开发新兴市场国家、转型经济国家和发展中国家的市场。

（二）外向型企业近期的市场转型模式：强化国内市场

2008年国际金融危机以来，美国、日本等发达经济体经济持续低迷，欧元区深陷债务危机，导致中国出口产品的外部需求萎缩并出现较大幅度下降。为此，出口型企业适时调整市场结构，开始更加注重国内市场的拓展。调研中，以外向型经济为代表的"珠三角""长三角"地区企业普遍反映，由于出口比重不断下降，近几年开始更加注重国内市场，纷纷加大在国内的市场投入和开发力度，强化国内市场布局和地位。调查也显示，许多企业拓展了在国内的销售范围，国内市场省区市数在20个及以下的企业占比逐年下降，而在20个及以上的企业比例2011年比2007年上升了17.6个百分点（见表5）。

表5　　　　2007年、2009年和2011年国内市场分布情况　　（单位：%）

国内销售地区数量	2007年	2009年	2011年	百分比变动（2011年与2007年相比）
5个及以下	15.5	10.0	6.8	-8.7
5—10个	10.2	8.7	6.2	-4.0

---

① 国务院发展研究中心企业研究所课题组：《中国企业国际化战略》，人民出版社2006年版。

续表

国内销售地区数量	2007 年	2009 年	2011 年	百分比变动（2011 年与 2007 年相比）
10—20 个	21.0	18.6	16.1	-4.9
20 个及以上	53.3	62.8	70.9	17.6

向产业链上下游延伸是产业结构调整的主要模式

（一）进行产业结构调整的企业比重逐年增加

调查表明，32.5%的受访企业 2007 年以来进行过产业结构调整，而且比重不断提高。2007 年在调查的 874 家企业中，有 93 家进行过产业结构调整，占比为 10.6%；2009 年调查的 884 家企业中有 127 家，占比提高到 14.4%（不包括 2007 年进行过调整的情况），这一比重在 2011 年进一步提高到 19.3%（见图 2）。

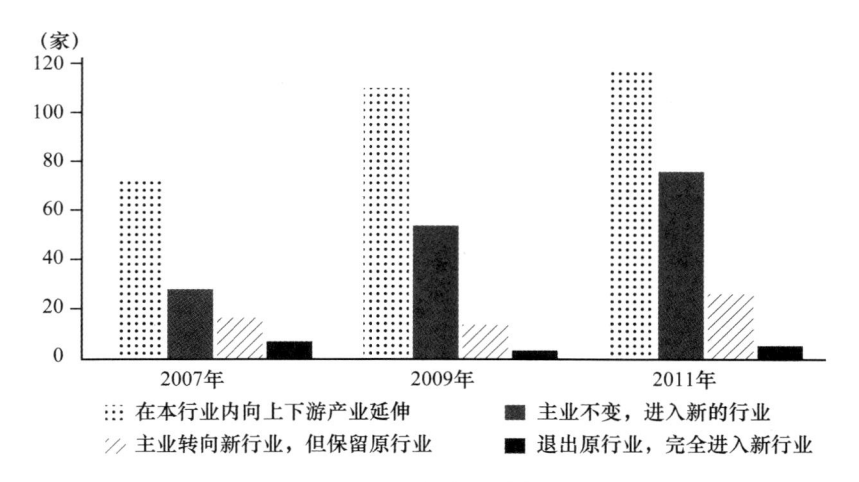

图 2　2007 年、2009 年、2011 年进行过产业结构调整的企业数

（二）超过一半的企业选择向上下游产业延伸的模式

在产业结构调整的方式中，向产业链上下游延伸是最主要的形式。2007 年，向上下游产业延伸占各种调整方式的 59.7%，2009 年为 61.1%，2011 年为 52.7%，都超过了一半的比重。

(三）保持主业不变，进入新行业的情形也较普遍

保持主业不变但不断拓展企业经营行业也是企业转型发展的常见方式之一，2011年这一方式在各种方式中的比重为33.8%。调研中，这种产业转型模式在许多行业都有典型代表，有不少企业成功地实现了跨行业发展。例如广州TIT纺织厂原本为亏损企业，通过这种模式从传统的纺织加工企业转变为集多家知名服装服饰企业和设计产业链企业于一体的综合性文化创意产业园，年产值超过150亿元。在家电行业，奥克斯从竞争激烈的空调制造业，向移动通信、地产、医疗、物流、能源、金融服务业等跨行业转型。在化工行业，浙江传化集团从单一化工行业向现代农业、物流和投资行业跨行业转型等。

（四）1/10左右的企业在保留原行业的前提下，主业转向了新行业

这种方式是企业跨行业转型的一种重要模式。此方式一方面保留了原行业的业务，有稳固的经营基础；另一方面，根据外部经营环境和产业的发展阶段，进入其他行业，挖掘和分享其他行业的机会。但调查显示：这种跨行业转型方式自国际金融危机之后，比例有所下降，由2007年的占比13%下降为2011年的11%。

（五）退出原行业，完全进入新行业的比例很小

调研中，这种方式由于面临的风险较大，复杂性较高，企业对此类跨行业转型非常慎重。调查也显示：采取此种方式转型的企业比例由2007年的5%下降为2011年的3%。例如，重庆金山科技有限公司原行业为建筑装饰，成立于1998年。2001年进入微系统医疗设备研发行业，2004年成为世界上第二家成功研制出胶囊内镜的企业。目前，该公司已经完全放弃建筑装饰行业业务，成为专注于微系统医疗设备技术，处于全球领先地位的高科技民营企业。再如，江苏的法尔胜集团从创业初期的纺织业麻绳生产，跨行业到桥梁用的钢绳生产，再跨行业到高技术行业的光纤生产。

绝大多数企业十分重视通过引进现代管理技术和工具推动管理转型

调研中发现，公司普遍重视现代管理技术和工具的应用，管理手段越

来越丰富。2007年约有38.0%的企业实施了ERP（企业资源计划），到2011年共有78.1%的企业实施了ERP。其他的如引入全面质量管理、精益生产、电子商务的比重也都有大幅度提高。

表6　　　　　　　企业现代管理手段应用比例　　　　　　（单位：%）

引入的管理手段	2007年	2009年	2011年
引入ERP（企业资源计划）	38.0	56.4	78.1
引入TQM（全面质量管理）/ISO9000	62.6	72.1	77.8
引入精益生产（LP）或准时生产（JIT）	18.0	30.6	40.4
采用电子商务	21.5	31.8	45.9

推进管理规范化，是企业实现转型发展、提高效益的重要途径。2007年以来，85.3%的企业加强了管理的规范化。金融危机后，由于外部市场需求不断萎缩，虽然原材料价格、劳动力成本、融资成本持续上升，但大多数企业并没有能力将价格和成本上升的压力转移出去，通过加强管理降低成本是企业生存与发展的必然选择。调查问卷统计结果也表明：加强管理对企业应对成本上升和保持盈利具有重要作用。在企业面临劳动力成本持续快速上升的背景下，有56.6%的企业相应提高了产品销售价格，但幅度低于成本上涨，而是主要通过加强管理保持盈利。

在节能减排降耗、推动绿色转型方面也取得了一定进展

（一）节能减排降耗成为企业绿色转型的基本模式

企业单位产品能源消耗量总体上有一定降低。在调查的企业中，12.8%的企业过去五年来单位产品能源消耗量有显著降低，每年下降5%以上；52.6%的企业有一定降低，每年为1%—5%；较高比例的企业采用了节能生产工艺或技术。参与调查的企业中，46.3%的企业能源使用效率提高是因为采取了节能的生产工艺或者技术；40.5%的企业能源使用效率提高是因为加强了管理，减少了浪费。企业污染物排放方面总体上有一定降低。2007年以来28.9%的企业产品污染物排放有显著降低，平均每年下降5%以上；57.7%的企业有一定降低，每年为1%—5%，13.4%的企业表示变化不明显。

（二）实力企业开始尝试绿色转型的大产业链循环经济模式

此种转型方式涉及深度产业链整合和多产业相互连接，难度、复杂度都非常大，很容易形成大的风险，但一旦按循环经济方式实现绿色转型成功，将带来多重竞争优势。调研中，一些有实力的企业已经开始积极实践。例如，东方希望集团，由传统饲料业向重化工业扩展，在氧化铝、电解铝、煤化工等领域，打造了"铝电复合—电热联产—赖氨酸—饲料有机"一体的产业链，形成发展循环经济的新格局。摒弃了"大量生产、大量消费、大量废弃"的传统发展方式，实现了由资源消耗型企业绿色转型为依靠资源循环发展企业，降低了企业经营成本，实现了污染的低排放和资源的高效循环利用。

小　结

在调研的基础上，我们从价值、产业等六个维度，对当前企业转型发展模式和进展进行了分析和归纳，具有一定的代表性和适用性。但企业的转型发展往往是多维度、综合、互动的，因此，现实中企业转型发展模式往往是前述模式的综合交互体现。而且，不同的企业虽然有一些共同的发展趋势，但并无一个标准化、普适性的转型模式，只要有利于企业成功持续发展的经营模式就是好的模式。

考察英、美、德、日等发达国家经济发展史会发现：这些国家经济发展到了一定阶段后，就无一例外地开始进入新一轮产业结构的调整期，同时伴随着大量企业的转型发展行为。国际经验表明，企业转型发展的周期与经济发展周期之间具有密切的关系。中国经济在经历了30年来的高速增长之后，正在进入新的发展阶段，经济增长开始由高速增长向中速增长转变。由此，我国的企业转型发展也将进入重要的转折期。调研中，我们也发现，当前转型发展已经成为绝大多数企业，特别是优秀企业的自发要求，不少企业在转型发展中积累了许多好的经验和做法，各级政府部门也出台了许多引导、鼓励和支持措施，但企业在转型发展过程中也面临诸多困难，需要加以进一步推动解决。在发挥市场主导、政策引导的条件下，积极推动我国企业加快转型发展，具有重要的理论与现实意义。

客观看待企业分化，
积极推进结构调整[*]

经济进入新常态，工业增速大幅放缓，工业企业分化不断加剧，给一些企业和地方带来了严峻挑战。应客观看待企业分化现象，并采取更有针对性的措施顺势推进结构调整。

客观看待企业分化

1. 企业分化的结构性特征

行业间分化明显。重化工行业、产能过剩行业处在深度调整之中，如2015年1—5月采矿业实现利润总额同比下降59.8%。同时，以医药健康、高端装备制造业、战略新兴技术产业以及电子商务、智能物流、互联网金融等为代表的新业态却实现了超过两位数的同比增长。

同一行业内分化也很明显。一些行业增速放缓，但优势企业依然保持稳定发展态势，劣势企业则加速萎缩。例如，2014年钢铁、煤炭都是全行业亏损，但宝钢和神华等龙头企业则凭借综合竞争力取得了较好的盈利。

地区差距拉大。传统产业比重较大、产业结构调整进展较慢的东北、西北、华北地区一些省市工业增速明显回落，而长三角、珠三角等结构转型先行省市工业增速虽有所下降，但总体平稳。从工业企业利润总额同比指标看，2015年1—4月黑龙江、吉林、辽宁、山西分别增长66.3%、13.3%、27.7%和51.1%，广东、江苏分别增长4.3%和16.3%。

不同所有制企业经营分化，国有企业面临的压力更为严峻。2015年

---

[*] 本文与马骏、张永伟、袁东明合作。

1—5月，国有控股企业实现利润同比下降23%，而外资企业和私营企业实现利润同比分别增长5.3%和6.2%。

不同规模企业也出现分化现象。大型龙头企业应对环境变化的资源较多，小微企业船小好掉头，中型企业相对困难较多。以浙江省为例，2015年1—5月大、中、小微企业工业增加值分别增长2.9%、1.9%和7.0%。

2. 客观看待企业经营分化

企业经营分化是我国经济进入新常态的必然结果。经济增速放缓，优势企业保持市场稳步扩张，也容易获得要素市场支持，弱势企业则市场萎缩，逐渐被银行等金融机构抛弃，最终形成强者恒强、弱者更弱的现象。因此，适应经济新常态，就要接受企业经营分化的现实，尊重经济发展的客观规律。

过去几年东部发达省份的经验表明，在经济下行时期，利用企业经营分化的趋势加快结构调整，有利于提升经济发展的质量，实现经济的长期稳定发展。当前，我国工业企业分化加剧，可以顺势加快企业优胜劣汰的速度，从而加速整个工业结构的调整。

积极推动结构调整

企业经营分化为结构调整创造了条件，但我国市场经济体制尚不完善，结构调整并不顺畅，应重点关注以下几个方面的问题。

完善企业的破产与重整机制。为了促进要素资源由低效企业向高效企业配置，我国出台了一系列促进企业兼并重组的政策，取得了积极效果。但新常态下企业兼并重组出现新的趋势，优势企业倾向于强强联合，不愿并购劣势企业，劣势企业之间兼并重组积极性也不高。未来大量的企业可能不得不走上破产与重整的道路，通过破产与重整实现企业再生和资源再配置。但我国企业破产和重整的难度很大，地方政府因为担心政绩和社会稳定阻止企业破产甚至设法为困难企业不断输血，银行业务人员因担心追责反对企业破产和重整。主动适应新常态，地方政府可借鉴国外经验设立市场化的重整机构和重整基金，借助市场力量推动结构调整。金融监管部门也应与时俱进修改监管规则。

对转型困难行业的优质骨干企业给予支持。化工、钢铁、装备、机械、船舶等重资本行业中有些正在推进转型升级、长期看有较好发展前景的企业，由于行业不景气暂时陷入困境，再加上银行从防范风险的角度加紧对其抽贷，部分行业优质骨干企业很可能因为资金不足而导致转型进程中断，甚至濒临破产。为保存行业发展的先进力量，建议对这类企业在技改、信贷方面给予支持。政府可通过加大技改资助、贴息、担保、加速折旧、研发费抵扣、进口设备免税、简化投资审批等多种方式激励企业在经济下行时增加技改投资，这对其提升未来竞争力以及参与国际竞争有重要意义。银行应实行有差别、精准的信贷政策，区别对待过剩产业中的先进企业和低效企业，对先进企业不应因为其所在产业是过剩产业而停贷、抽贷、骗还贷及变相提高贷款成本，要严格遵守已经承诺和签订的贷款协议，帮助过剩产业实现结构调整。

改进新兴产业的促进方式。在经济下行期要弥补传统产业增长下滑造成的落差，必须大力发展新兴产业。过去曾出现过一哄而上的现象，如国家制定规划，地方配套资源、招商引资、分割市场，造成大量浪费。新兴产业发展已经获得市场认同，领先企业在资本市场大受欢迎，未来应减少政府直接干预，更加注重科技、教育、需求等环境因素的改善。

促进企业土地资源高效合理配置。产业结构不合理带来的工业用地利用率低的问题越来越突出，一些低效企业没有创造多少价值和就业岗位，却占有大量土地，导致最宝贵的土地资源闲置或浪费。可借鉴广东的腾笼换鸟、浙江的低效用地二次开发等做法，建立低效用地退出机制，引导优质企业参与低效用地的再开发利用。

积极化解企业分化加剧带来的金融风险和社会风险。随着企业分化的加剧，停产破产企业数量会显著增加，区域性金融风险和社会保障压力都会加大。要积极化解互保联保引起的连锁反应，目前东部有的省份互保联保贷款占企业融资的比例超过40%，少数企业停产破产就会对整个行业甚至整个区域产生巨大冲击。浙江、江苏等省探索出的由政府协调实现集体协商和企业互助的做法取得了较好效果。建议加快完善风险化解机制，严格控制互保联保的新增贷款数量。应进一步完善社会保障体系，加强下岗失业职工的再就业培训，适应机器换人、"互联网+"等新的发展趋势，既维护社会稳定，又为经济转型升级提供更多人力资本。

加快国企改革以提高国企的适应能力。国有企业是结构调整的重点，但国有企业管理体制和内部机制改革滞后，导致国企的自我调整能力明显落后于民营企业和外资企业。目前政府对国企干预仍过多过细,企业活力不足,决策周期长、效率低,企业乱作为和不作为现象并存。应加快推出国企改革的一揽子方案,同时鼓励地方先行先试,通过体制机制改革提高国有企业适应新常态的能力。

成长型中小企业的创新特征及政策建议[*]

——基于对新三板挂牌公司的分析

2016年4月,我国新三板挂牌公司已达9779家,主要以成长较快的中小企业为主。这些企业能基本反映出我国中小企业创新发展的情况和趋势,分析其创新特征,有利于更准确地掌握中小企业创新发展的规律,改进相关政策。

我们主要从研发投入强度与企业内部激励机制两个方面来评价新三板公司的创新性。尽管评价企业创新需要多个维度,如可包括科研人员数量、专利产出、新产品数量、市场地位、研发投入、公司治理等,但考虑到新三板公司大多还是处于企业发展初期,成长性好但盈利较弱,有核心技术但可能尚未形成知识产权,有市场但自主品牌尚不强等,对其创新评价宜采用与其发展情况相适应且相对简单可比的指标,即选择研发投入、股权激励两个维度。从国内外创新企业发展的历程和特点来看,有持续创新能力且有内生活力的企业大多是比较注重研发投入且有较强的内部激励。很多大企业尽管研发投入很大,之所以缺乏创新性往往与其内部激励机制不到位有关,比如很多国有企业就有类似情况;很多创业企业尽管一开始就采用合伙人制、高管持股等激励机制,但缺乏对研发的重视和应有投入,创新性亦不够。基于这两项指标我们得出初步结论是,发展比较好的新三板公司大多是强研发投入与强股权激励并存的公司,新三板公司总的研发投入强度明显高于全国企业平均水平以及在主板上市公司平均水平,同时新三板公司普遍注重股权激励,其高管持股比例也远高于其他公司。

[*] 本文刊于国务院发展研究中心《调查研究报告》2016年第181号,2016年12月19日,与张永伟、吴宇晨合作。

基于创新投入与股权激励的二维分析模型

除研发投入与创新正相关外,越来越多的研究表明,公司治理与持续创新能力有非常紧密的正相关性,若给予高管持有公司股份的权利,可使高管和所有者利益趋于一致,直接有助于企业持续创新能力提升。为了兼顾短期和长期创新能力,我们选择通过创新投入强度及创新激励强度两个维度对新三板挂牌公司可持续创新能力给予分析和衡量。创新的投入强度通过企业 R&D 投入占销售收入的比例指标来衡量,创新的激励强度以企业股权激励结构(董事、监事、高管以及核心员工持股数占全部股权的比例)来衡量。这两个指标可以较直观地反映出企业的创新投入程度和创新的持续动力,这样就形成了如图 1 所示的创新投入强度及股权激励强度的二维分析框架。

激励强度	低投入高激励区	高投入高激励区
	低投入低激励区	高投入低激励区
	研发投入强度	

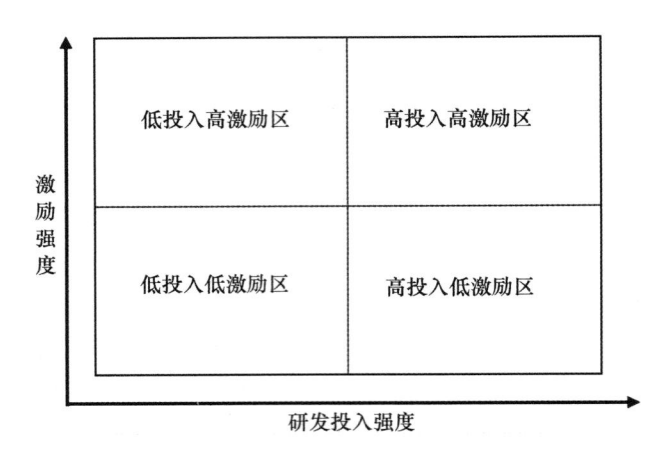

图 1 企业创新投入强度、股权激励强度的二维分析

以样本企业的平均研发投入强度和平均股权激励强度作为分割线,形成四个区域。研发投入强度和股权激励强度"双高"的区域,为高投入高激励区域;研发投入强度和股权激励强度"双低"的区域,为低投入低激励区域;研发投入强度高但股权激励强度低的区域,为高投入低激励区域;研发投入强度低、股权激励强度高的区域,为低投入高激励区域。通过上述区域划分,我们认为落入"双高"区域的企业更可能是创新能力强且创新能力可以持续的"未来之星"企业,更可能成为群体中的"脱颖而出者",具有向上分层发展的能力和实力;而落入"双低"区域的企业则更可能是创新能力弱、创新持续驱动力也较弱的"易淘汰者",可能成为向下分层淘汰的对象或被整合的对象。对于落入另外两个区域的新三板公司,则构成了一种中间状况,会向"双高"区域或"双低"区域不断转化和动态演进。

新三板挂牌公司研发投入情况

我们选取2014年及2015年公布了研发投入和股权激励数据的新三板挂牌公司作为观察研究对象,共5180家(占2016年4月底全部挂牌公司总数的75.3%)。此外我们对占新三板挂牌公司总数比例最高的两个领域——制造业(共3066个样本)以及信息传输、软件和信息技术服务业(共1199个样本)进行了对比研究。分析发现,新三板公司研发投入总体较高,但行业差异大,制造业低于软件等新兴服务业。

1. 创新投入强度普遍较高。2014年新三板挂牌公司R&D投入占销售收入的比例,平均数为8.8%,2015年稍有下降也高达8.3%(见表1)。其中挂牌制造业企业R&D投入占销售收入的占比近两年均保持在7%左右,是同期A股制造业上市企业平均研发投入强度(约2.6%)的2.7倍。

表1　　　　　　　新三板公司研发投入情况　　　　　　（单位:%）

总样本		2015年投入强度	2014年投入强度
中位数		5.9	6
平均数		8.3	8.8
按交易类型分	做市转让企业平均数	7.4	8.1
	协议转让企业平均数	8.6	9
按行业类型分	制造业企业平均数	6.8	7.1
	信息传输、软件和信息技术服务业企业平均数	14.1	15

2. 行业差异较大。挂牌制造业企业投入强度比全部挂牌公司的平均水

平低约 1 个百分点，而信息传输、软件和信息技术服务业因其高附加值、高技术特征，整体投入强度近两年高达 14%—15%，是制造业投入强度的 2 倍强，且显著高于同期总体三板企业的平均投入水平。制造业研发占比较高的行业是化学纤维制造业及仪器仪表制造业，占比约 10%，计算机、通信和其他电子设备制造业，专用设备制造业以及医药制造业占比约为 8%（见表 2）。

表 2　2015 年新三板挂牌制造业企业细分行业及其创新投入强度　（单位：%）

制造业细分行业	2015 年投入强度	2014 年投入强度
电气机械和器材制造业	6.3	6.8
纺织服装、服饰业	2.1	3.2
纺织业	3.3	3.5
非金属矿物制品业	5.7	5.9
废弃资源综合利用业	3.2	3.4
黑色金属冶炼和压延加工业	4.2	4.4
化学纤维制造业	12.4	8.7
化学原料和化学制品制造业	5.5	5.8
计算机、通信和其他电子设备制造业	9.5	9.0
家具制造业	2.5	3.2
金属制品、机械和设备修理业	5.3	5.7
金属制品业	4.6	5.4
酒、饮料和精制茶制造业	1.7	1.6
木材加工和木、竹、藤、棕、草制品业	4.5	4.4
农副食品加工业	2.9	3.1
皮革、毛皮、羽毛及其制品和制鞋业	3.1	3.1
其他制造业	4.8	6.8
汽车制造业	5.2	5.2
石油加工、炼焦和核燃料加工业	3.3	4.3
食品制造业	4.5	4.3

续表

制造业细分行业	2015年投入强度	2014年投入强度
铁路、船舶、航空航天和其他设备制造业	7.2	9.5
通用设备制造业	6.6	6.8
文教、工美、体育和娱乐用品制造业	5.6	5.5
橡胶和塑料制品业	5.4	5.3
烟草制品业	7.4	7.4
医药制造业	8.0	9.1
仪器仪表制造业	10.1	10.5
印刷和记录媒介复制业	4.1	4.7
有色金属冶炼和压延加工业	4.8	4.6
造纸和纸制品业	3.5	3.7
专用设备制造业	8.5	9.3

3. 创新投入与规模相关。一般而言，规模较小企业成长和发展空间较大，成长速度和市场份额占有优先于盈利目标，因而表现出创新投入强度较高的特点。而随着规模变大，成长速度趋缓和发展空间收窄，稳健和盈利目标优先于速度，往往创新投入强度也会有所降低。做市转让企业的经营规模往往高于协议转让企业和基础层企业，表现为做市转让企业创新投入不仅低于协议转让企业，而且低于整体企业平均数。

新三板挂牌公司股权激励情况

通过对新三板挂牌公司高管、董事、监事及核心员工的持股（包含限售及流通股份，但不包含未统计在内的员工期权数据）情况进行统计分析发现，样本企业的股权激励强度逐步增加，近两年企业高管持股比例占总股本三分之一强，制造业企业平均股权激励比例从2014年的34.9%小幅上升至2015年的35.6%，信息服务业则维持在36%左右（见表3）。这说明在重视创新投入的同时，新三板公司越来越重视有长期、持续作用的股权激励。第一个显著差异是新三板公司股权激励水平与沪深主板企业存在显著差异，新三板公司股权激励水平远高于沪深主板企业；通常来说，做市企业相对于协议转让企业，企业状况更为优质，因此做市机构才更愿意参与，但从股权激励强度来看，新三板挂牌协议转让企业（37.0%）股权激励强度却显著高于做市转让企业（31.8%），这是第二个显著差异。

表3　　　　　新三板挂牌公司高董监及核心员工持股情况　　　（单位：%）

总样本		高董监及核心员工持股比例	
		2015年度	2014年度
中位数		25.4	21.9
平均数		35.8	35
按交易类型分	做市转让企业平均数	31.8	34.3
	协议转让企业平均数	37	35.3
按行业类型分	制造业企业平均数	35.6	34.9
	信息传输、软件和信息技术服务业企业平均数	36.9	36

新三板挂牌公司创新投入与股权激励的结构分析

1. 制造业中"双高"区域企业比例提升、"双低"区域企业比例降低。2015年，在3066家制造业企业中处于"双高"区域的企业占总体数量的13.6%，比2014年增加了近1个百分点（见图2）；同时，在"双低"区域的企业占比却下降了近2个百分点，显示出新三板挂牌制造业企业的良好发展趋势。

从制造业细分行业分布情况来看，新三板制造业企业组分行业中医药制造业和仪器仪表制造业，计算机、通信和其他电子设备制造业，化学纤维制造业投入强度表现突出，但股权激励结构上却较弱，可能会导致创新的持续动力不足（见图3）。而传统制造业、轻工业等部分细分行业则体现出较强长期激励水平特征，有望未来在创新驱动的转型升级中脱颖而出。

2. 信息服务业双高比重提升。新三板信息传输、软件和信息技术服务业（简称信息服务业）企业创新竞争优势明显、结构性升级明显。新三板信息服务业创新投入强度平均值保持在14%—15%，是新三板制造业企业的1倍左右，是沪深制造业上市公司创新投入强度的5倍左右。从信息服务业平均股权激励强度也有小幅上升，2015年达到36.9%。信息服务业企业数量分布来看，虽然在1199家信息服务业企业中，2015年处于"双高"区域的比例是14.5%（见图4），比2014年有所下降，但是，在"双低"区域的企业占比下降的更多（由39.6%下降到36.5%），下降比例远远大于高创新投入区的变化比例,这说明信息服务业企业进行结构性的优化调整情况较好。

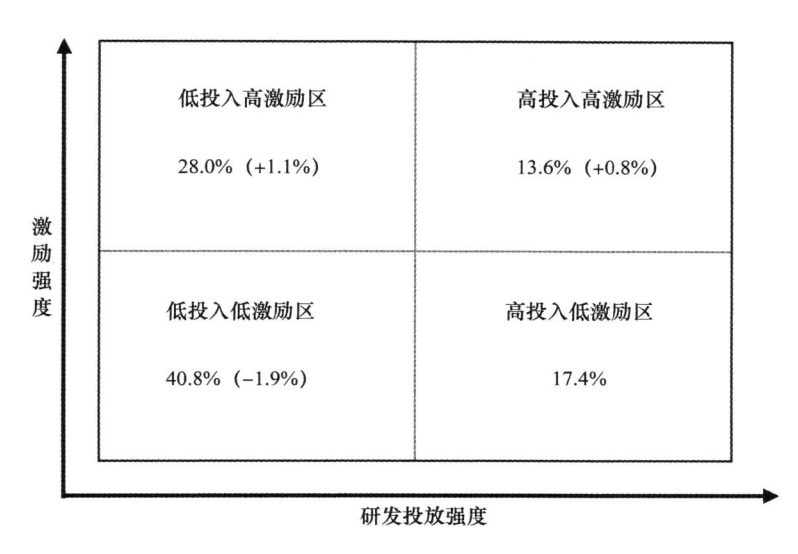

低投入高激励区 28.0%（+1.1%）	高投入高激励区 13.6%（+0.8%）
低投入低激励区 40.8%（-1.9%）	高投入低激励区 17.4%

纵轴:激励强度　横轴:研发投放强度

图2　2015年新三板制造业挂牌公司分布及与2014年的比较

注:括号内是百分比的变化。

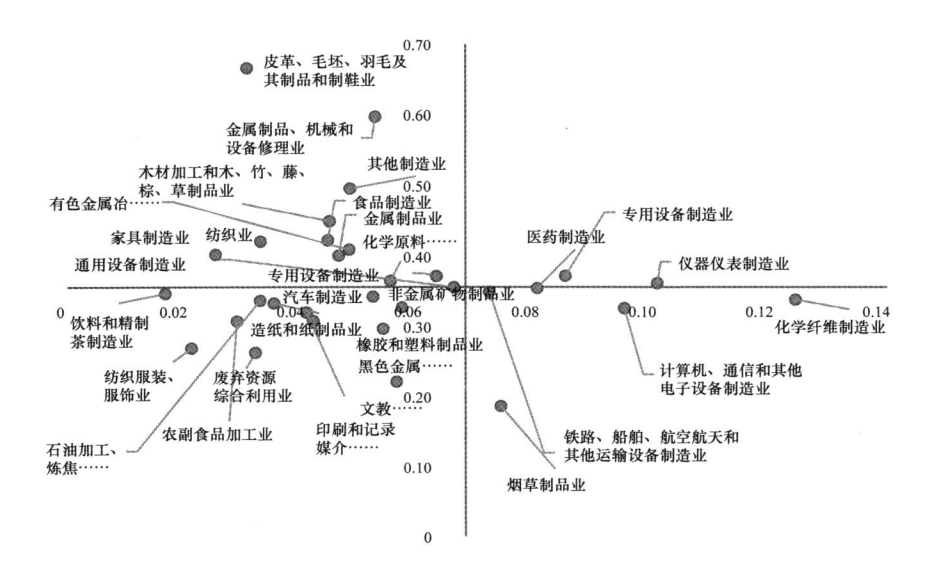

图3　2015年新三板制造业细分行业分布情况

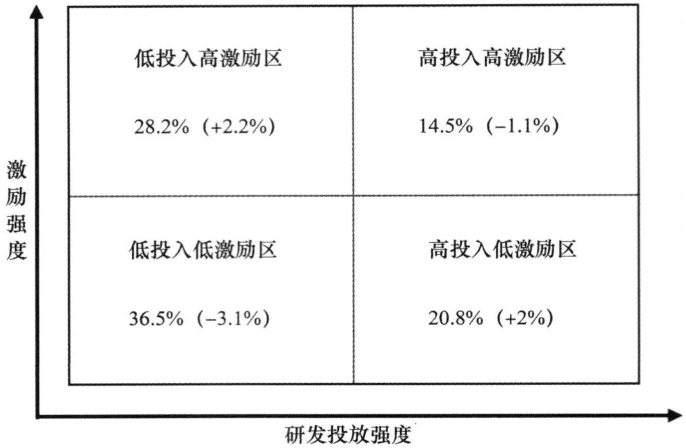

```
           ↑
    激励   │  低投入高激励区      │   高投入高激励区
    强     │                      │
    度     │  28.2% (+2.2%)       │   14.5% (-1.1%)
           │──────────────────────┼──────────────────────
           │  低投入低激励区      │   高投入低激励区
           │                      │
           │  36.5% (-3.1%)       │   20.8% (+2%)
           └──────────────────────┴──────────────────────→
                          研发投放强度
```

图 4　2015 年新三板信息服务业挂牌公司分布及与 2014 年的比较

从细分行业来看，信息服务业分为三大类行业，电信、广播电视和卫星传输服务业，互联网和相关服务业以及软件和信息技术服务业，其平均投入强度及激励强度见表 4。可以看出，电信服务业作为较为传统的信息服务业，其研发投入水平较低，符合其行业属性，而互联网及软件业研发投入强度约为 14％，也体现出明确的行业特性。但从激励强度看，相较其他两个细分行业，互联网业高管持股比例普遍较小，差异达到近 8 个百分点，这将可能影响其持续创新能力。

表 4　2015 年信息服务业细分行业投入强度及激励强度　（单位：%）

信息服务业细分行业	2014 年投入强度	2015 年激励强度
电信、广播电视和卫星传输服务业	7.8	38.4
互联网和相关服务业	14.4	30.9
软件和信息技术服务业	14.2	38.3

改进新三板市场以支持中小企业创新发展的建议

新三板挂牌公司在创新上有突出表现并能取得快速发展的一个重要原因是利用新三板实现了快速融资，包括股权融资以及因为上了新三板而能更容易获得银行贷款等间接融资。同时由于进入新三板，企业也走上了进一步规范发展的轨道，包括在董事会、股权激励、财务规范、信息披露、资本运作等很多方面已具备了上市公司要求。新三板在支持创新、促进要素集成、筛选创新企业、扩大资金规模与风险分散等方面的作用日益凸显。但与大量中小企业创新需求相比，新三板挂牌企业数量仍远远不够，同时由于新三板自身还存在制度性不完善，在再融资、与主板市场对接等方面难以满足大量已挂牌公司的发展需求。国家要进一步明确对新三板支持中小企业创新创业的发展定位，出台进一步支持新三板的政策，以使其能更好地为中小企业创新创业服务。

1. 进一步明确新三板在多层次资本市场和国家创新战略中的定位与功能。目前新三板已具有较强的公开市场特征，但这个特征还没有在国务院有关条例或证券法等法规中得以明确，这导致社会对其下一步能否具备比较完善的公开发行、公开交易等功能，已挂牌公司能否获得公众公司地位等问题，还存在很大疑惑和迷惘。市场定位不清也导致改革方向不明、监管依据不足，中小企业借助新三板持续创新发展的市场预期不稳，市场功能也受到了影响。可考虑先出台相关政策规定对此问题进行明确，条件成熟时再通过立法或修法以在法律上予以确认。

2. 进一步完善新三板融资制度，发展多样化融资工具，提高市场流动性。新三板的再融资功能对于中小微企业成长和能力培育至关重要，但目前新三板市场流动性有所不足，导致投资人退出困难，既影响了市场融资功能，也降低了股权激励的吸引力，不利于企业集聚人才、资金等创新资源要素。应改革现有的股票转让制度，尽快有效地开展私募基金参与做市业务试点，推动包括保险资金、社保资金、企业年金在内的长期资金入市，改善投资者结构和数量等，进而增强市场流动性，强化新三板再融资功能。

3. 在市场分层的基础上，以培育壮大创新型企业为导向，加快实现差异化制度安排。新三板公司群体大、多样化强、分化明显，目前市场已经实施分层管理，旨在分类监管、分类服务，降低投资者信息收集成本。对于不同层次不同发展阶段的企业，在市场监管、公司治理、交易方式、股票发行、投资者准入等方面，应实施差异化的制度安排，鼓励具备创新成长能力的企业快速发展，实现市场内部层次间的有序进出。

"十三五"时期企业转型发展与企业全球竞争力提升

"十三五"是我国经济能否成功避免"中等收入陷阱"、能否转入新的增长模式的关键时期,这在很大程度上取决于我国企业能否实现转型发展、能否实现全球竞争力的提升。一国经济转型发展的成功/失败,实质上是其企业转型发展的成功/失败。过去,中国经济增长主要依托于需求拉动下的低成本要素组合优势;今后,中国经济增长将更多地依靠创新驱动下的企业创新活力。过去,中国经济效率提升主要通过农业劳动力向非农产业转移;今后,中国经济效率提升将转向重点通过产业内部的竞争和重组,不断淘汰低效率企业。

增长阶段转换及互联网全面渗透新环境对企业发展的挑战

我国经济30多年来以平均近10%的速度高速增长,创造了经济发展的"中国奇迹",完成了从低收入国家向中等收入国家的转变。目前我国经济发展正处在从10%的高速增长阶段向7%左右的中高速增长阶段转换的关键时期[1],正处在能否成功跨越"中等收入陷阱"的关键期。国际经验表明,高速增长期结束,并不意味着中高速增长会自然到来。如果新旧增长动力的接替不成功,新的发展方式未能及时确立,中高速增长将难以维系。因此,增长阶段转换不仅仅是增长速度的调整,更是增长动力和发展方式的实质性转变。

---

[1] 刘世锦、余斌、吴振宇:《向新常态过渡取得的进展与面临的突出矛盾》,国务院发展研究中心《调查研究报告·择要》第162号,2013年10月28日。

(一) 增长阶段转换背景下的增速下台阶挑战

GDP 增速下台阶（见图 1）。中国经济保持了近 30 年的 10% 的高速增长，近几年出现了趋势性调整。自 2012 年起 GDP 季度增速已经明显调整至另一个台阶，维持在 7% 左右。

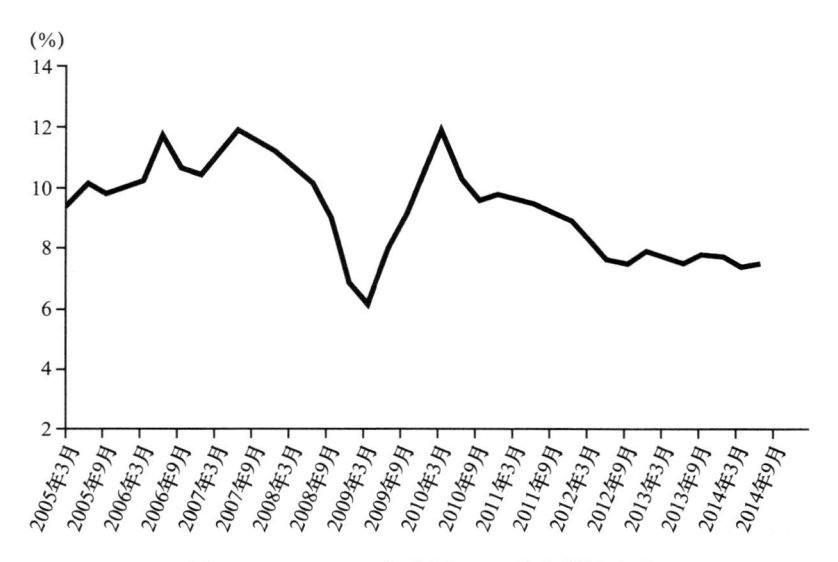

图 1　2005—2014 年我国 GDP 季度增速变化

资料来源：Wind 数据库。

出口增速下台阶（见表 1）。在加入 WTO 以后的 10 年中，我国出口年均增长 23%，2003—2007 年，出口年均增长更是高达 29.2%。2010 年以来出口增速趋势性变化引起的调整持续至今，出口增速已明显下降一个台阶，维持在 7%—8% 的水平。[1]

表 1　　　　　　　2002—2013 年外贸出口额及增长率　　　（单位：亿美元,%）

年份	出口额	较上年增长	年份	出口额	较上年增长
2002	3256	22.36	2008	14306.9	17.23

---

[1] 刘世锦、余斌、吴振宇：《对经济增长阶段转换期若干问题的认识》，国务院发展研究中心《调查研究报告·择要》第 96 号，2014 年 7 月 15 日。

续表

年份	出口额	较上年增长	年份	出口额	较上年增长
2003	4382.28	34.59	2009	12016.1	-16.01
2004	5933.30	35.39	2010	15777.54	31.30
2005	7619.50	28.42	2011	18986	20.34
2006	9689.80	27.17	2012	20487.10	7.91
2007	12204.60	25.95	2013	22100	7.87

资料来源：中华人民共和国国家统计局编：《中国统计年鉴2013》，中国统计出版社2013年版。

基础设施等投资增速下台阶。市政公用基础设施建设占全社会投资的比重，在2003年达到8.0%的高峰后持续下行，2012年仅为4.1%。包括市政建设、公路、铁路等在内的基础设施投资在过去10年快速增长，2013年，基础设施投资增速达到25%，但近两年已降低至22%左右。制造业投资增速下降到19%左右，房地产投资增速更是下降到14%左右（见图2）。

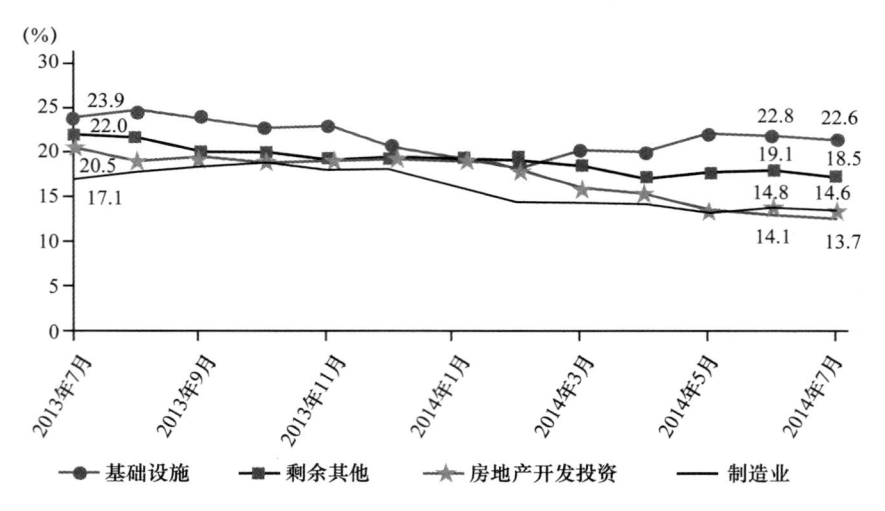

图2　2013年7月至2014年7月分大类投资的累计增长速度

资料来源：国务院发展研究中心经济形势分析月报，2014年8月30日。

工业企业利润增速下台阶（见图3）。规模以上工业企业利润总额增速自2004年起的十年间连续下了两个台阶。在2004年平均值为40.7%，随后呈现下调趋势，2005 年至 2008 年 8 月期间平均值降至 24.9%，近两年进一步下调，2013 年起至今维持在 12% 左右。

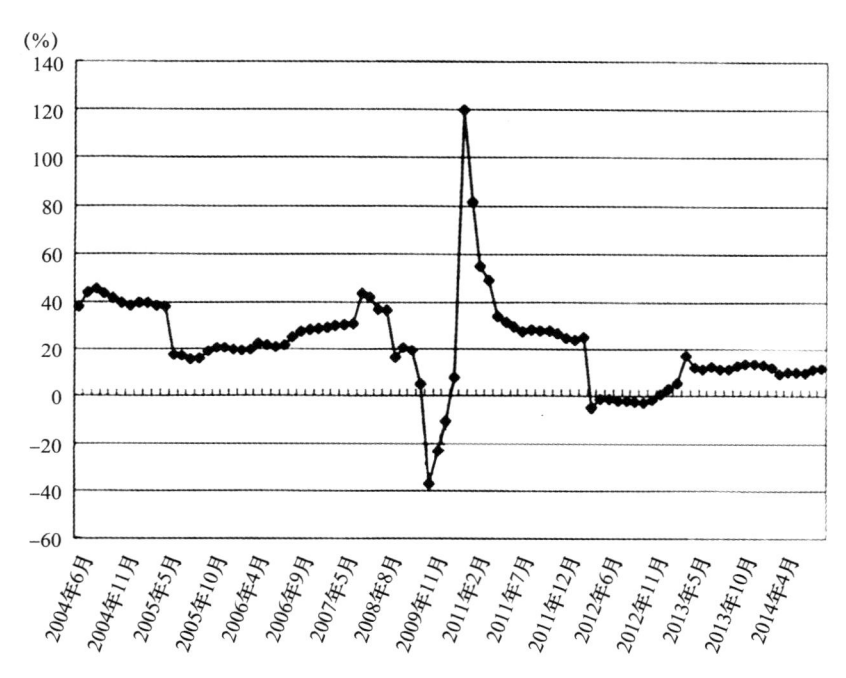

图 3　2004—2014 年规模以上工业企业利润总额增速变化

数据来源：根据 Wind 数据库数据计算整理。

经济增长贡献动力转变，投资、出口下台阶。消费、投资和出口对 GDP 的贡献和拉动力也正在发生显著改变（见表 2）。投资和出口的贡献率进一步下调，不断下台阶。出口贡献率近几年出现负贡献率，而消费贡献率提升，自 2011 年起开始超过 50%。

表 2　　　2003—2012 年消费、投资和出口对 GDP 的贡献与拉动　　（单位:%）

年份	最终消费支出		资本形成总额		货物和服务净出口	
	贡献率	拉动	贡献率	拉动	贡献率	拉动
2003	35.8	3.6	63.3	6.3	0.9	0.1

续表

年份	最终消费支出		资本形成总额		货物和服务净出口	
	贡献率	拉动	贡献率	拉动	贡献率	拉动
2004	39.0	3.9	54.0	5.5	7.0	0.7
2005	39.0	4.4	38.8	4.4	22.2	2.5
2006	40.3	5.1	43.6	5.5	16.1	2.1
2007	39.6	5.6	42.4	6.0	18.0	2.6
2008	44.2	4.2	47.0	4.5	8.8	0.9
2009	49.8	4.6	87.6	8.1	-37.4	-3.5
2010	43.1	4.5	52.9	5.5	4.0	0.4
2011	56.5	5.3	47.7	4.4	-4.2	-0.4
2012	55.0	4.2	47.1	3.6	-2.1	-0.1

资料来源：张立群、苟文峰：《当前经济增长速度下降的原因分析》，国务院发展研究中心《调查研究报告》第111号，2014年7月18日。

（二）企业盈利模式由"速度效益型"向"质量效益型"转换的挑战

就企业而言，盈利模式的核心在于降低成本和提升效率。随着中国经济由高速增长阶段向中高速增长阶段转换，中国企业盈利能力对传统简单规模扩张的依赖度正在逐步下降，盈利模式正由传统的"速度效益型"转向"质量效益型"。

1. 高速增长期企业的"速度效益型"主导盈利模式

中国经济高速增长期追求速度和规模往往是多数企业的优先选择。这一点在GDP增速与规上工业企业利润总额增速之间的明显正相关性有典型体现（见图4）。当GDP增长率高时，企业利润总额增速更高，当GDP增长出现回调或大幅回调时，企业利润总额增速回调的幅度更大。工业企业利润增长率与GDP增长率的高度相关性及更大幅度的振幅源于企业在经济扩张期的"速度效益型"盈利模式，该模式的一个主要特征是以不断扩大产能、追求市场份额为优先目标和手段。在经济高速成长的宏观大环境下，虽然扩大产能的同时，固定成本也增长迅速，但营业收入的增长可能更快，从而掩盖了其固定成本的快速增加。而一旦经济增速放缓，由于销售收入增速降幅更快，而固定成本却较难消减，可变成本也难做到同比消减等，导致经济下行时经营效益更大幅下滑。国际金融危机后和2011年后经济增速下台阶,工业企业利润增速同步更大幅度下滑,充分说明了"速度效益型"模式的典型特征。

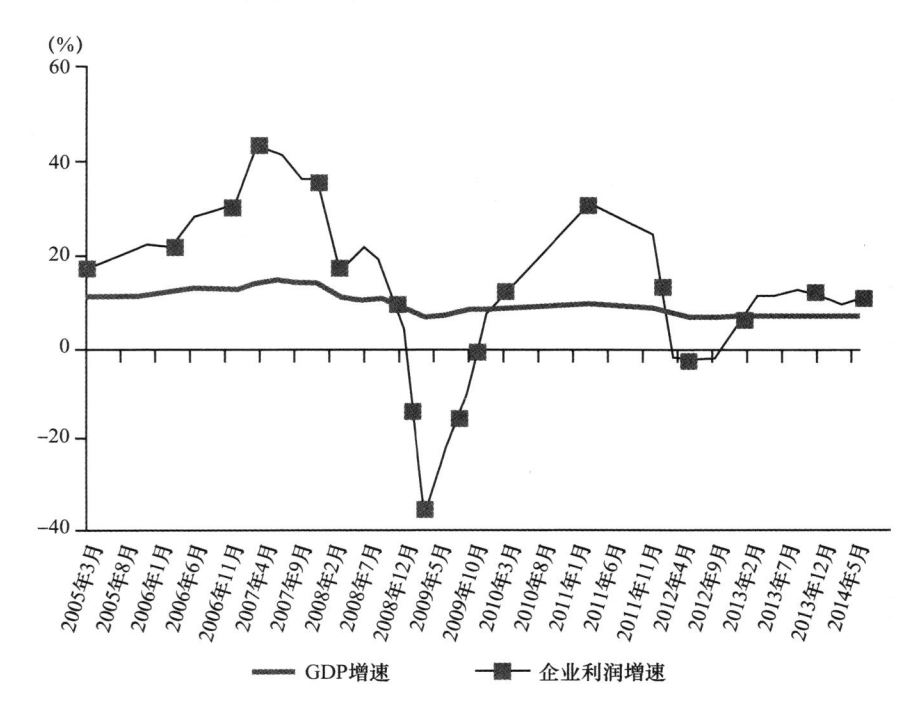

图 4 GDP 增速与规上工业企业利润总额增速变化

资料来源:Wind 数据库。

企业"速度效益型"盈利模式的另一个主要体现是,长期以来企业利润总额增长率高于企业主营活动利润增长率(见图 5)。众所周知,企业核心竞争优势集中体现在主营业务的盈利能力上,企业主营活动利润增长率长期低于企业利润总额增长率说明企业的盈利能力除来源于主营业务外,还有其他非核心竞争优势方面的更重要影响因素(例如来自政府的补贴、较低廉的土地成本、较低的融资成本等)。

2. 企业盈利模式正逐步向"质量效益型"转变

伴随着中国经济从高速增长阶段向中高速增长阶段转换,企业也开始调整自身的盈利模式以适应中高速增长阶段的竞争。企业开始越来越注重对以稳定利润、降低成本、提升效率为基础特征的"质量效益型"盈利能力的培养和强化。近两年,企业从"速度效益型"向"质量效益

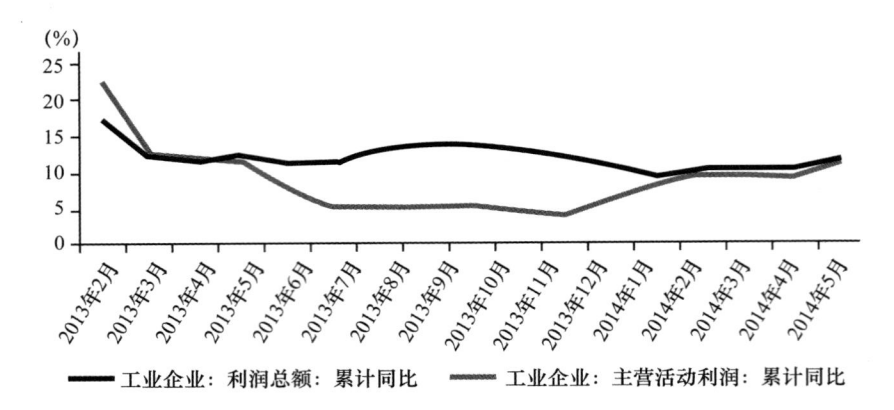

图 5　工业企业利润总额增长与主营活动利润增长情况

资料来源：国务院发展研究中心经济形势分析月报，2014 年 8 月 30 日。

型"盈利模式转变也已经取得了一定的进展。例如，以往在工业增加值增速为 10% 左右或低于 10% 时，企业亏损情况会比较严重，如 1997—2000 年，亏损额占主营业务收入的比例达到 2% 以上。亏损额占主营业务收入的比例 1997 年以来的历史均值约为 1.4%，2003 年以来约为 0.9%。近些年工业增加值增速已经多次降至 10% 左右，企业亏损额占主营业务收入的比例却没有出现大幅上升，相反略有下降，2013 年以来平均值降为 0.76%（见图 6）。规模以上工业企业利润增长平稳、企业利润总额增长与企业主营活动利润增长率差距逐步减小，这些都反映出企业对中高速增长阶段的适应能力在进一步增强和趋向于从"速度效益型"向"质量效益型"盈利模式的转换。

（三）多行业产能过剩、企业的两极分化与企业退出机制缺乏带来的挑战

1. 多行业产能过剩、企业两极分化

随着我国经济进入增长转换期，经济增速回落，规模以上工业企业利润率明显下降。2011 年下半年以来，企业利润率下降明显。2003—2007 年，规模以上工业企业平均销售利润率在 5.8%—6.5%，2010 年、2011 年、2012 年分别为 6.2%、6.5% 和 6.1%，2013 年降至约 5.5%，下降明显。造成企业利润率明显下降非常重要的原因是产能过剩矛盾的范围和程

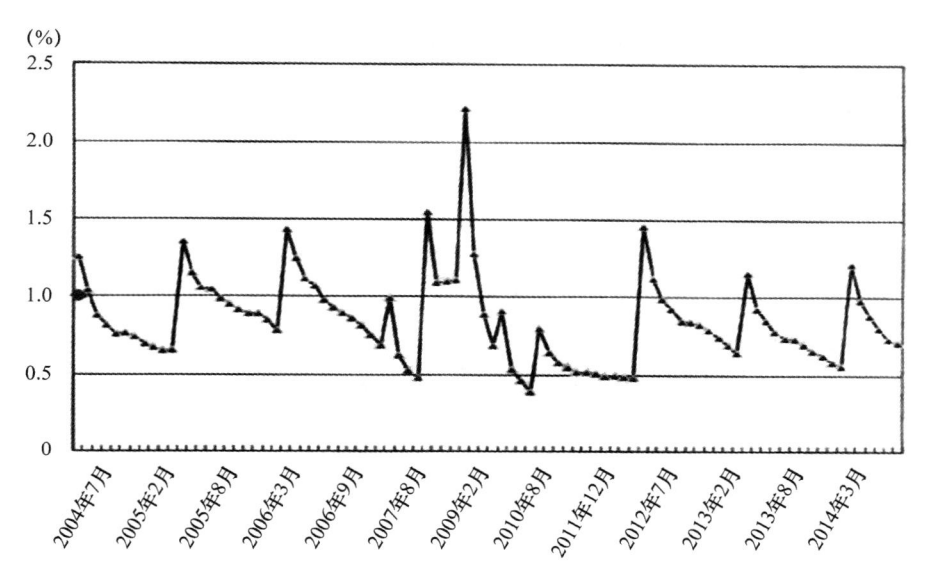

图 6　规上企业亏损额占主营业务收入的比重变化

资料来源：根据 Wind 数据库数据计算整理。

度在不断扩展。① 产能过剩不仅表现在传统行业领域（钢铁、水泥、电解铝、平板玻璃、船舶），还体现在新兴行业领域（如光伏）。为此，2013年10月国务院出台了《关于化解产能严重过剩矛盾的指导意见》，党的十八届三中全会在《中共中央关于全面深化改革若干重大问题的决定》中提出要"建立健全防范和化解产能过剩长效机制"，2013年12月中央经济工作会议提出要"坚定不移化解产能过剩，不折不扣执行中央化解产能过剩的决策部署"。

从国务院《关于化解产能严重过剩矛盾的指导意见》公布的一些产业产能利用率来看，2012年年底钢铁、水泥、电解铝、平板玻璃、船舶行业的产能利用率分别为72%、73.3%、71.9%、73.1%和75%，基本上均低于国际上一般认为的75%的标准。除此之外，煤炭、有色、化工等重化工业代表性行业产能过剩也非常突出，导致重化工行业销售利润率近些年大幅下滑，甚至出现较长期的全行业亏损（例如钢铁、化工、有色行业自

---

① 张军扩、赵昌文主编：《当前中国产能过剩问题分析、政策、理论、案例》，清华大学出版社2014年版。

2013 年起基本处于全行业亏损状态）。

同时，随着竞争的加剧，行业内企业出现两极分化现象。行业领先企业往往由于竞争力和品牌原因，在经济下行和调整期，依然能够获得营业收入、利润和市场份额的提升，而行业缺乏竞争力的企业经营困难、举步维艰，形成"强者恒强、弱者更弱"的两极分化格局。例如，近两年来煤炭行业中的绝大多数企业处于亏损状态，但领先企业神华集团却能够保持着 20% 以上的营业收入增长和可观的利润；钢铁行业的情况类似，在绝大多数企业处于亏损的情况下，宝钢集团仍能够保持着稳定的规模增长和利润提升。另外，根据对 2014 年在上海和深圳上市的 2556 家企业的上半年财报进行的汇总分析，中国上市企业整体利润增长近 10%。然而，出现亏损的企业却多达 366 家，占上市企业的 14%。其中，钢铁和有色金属等制造业的亏损企业高达 247 家。即使是在房地产行业也开始出现"两重天"，一方面是领先企业万科、中海等销售收入利润屡创新高，另一方面也有 26 家上市房企出现亏损，多家房地产企业资金面临问题。

2. 企业退出机制缺失

完善的企业退出机制[①]是市场优胜劣汰机制发挥作用的重要保障。退出机制不完善，生产效率低、经营困难的"僵尸企业"就不能顺畅、低成本地退出，在银行或政府帮助下继续挤占生产资源进而延迟整体效率提升和提高经济风险。要实现产业结构升级，必须不断改造、提升或者淘汰落后生产能力。

破产是企业退出的重要法律选择之一，《企业破产法》自 1997 年实施以来，总体的施行效果一直不理想，没有真正起到通过企业破产建立优胜劣汰市场退出机制的作用[②]。从总量上看，我国法院审理的破产案件却一直在下降。最高人民法院研究室 2014 年 3 月的调研报告显示：2003—2013 年，全国法院审理的破产案件以超过 12% 的比例逐年下降，2013 年只有 1998 件。在申请破产企业中，国有企业和集体企业占绝大多数，2003—2012 年全国审结的 40483 起破产案中，国有企业占 55.75%、集体企业占 25.67%。在每年 70 多万家退出市场的企业中，只有 1998 家通过司法程序破产，这是非常不正常的。

[①] 国务院发展研究中心企业研究所：《产能过剩背景下如何建立和完善企业退出的政策体系研究》，2013 年 3 月 31 日。

[②] 姚恩育：《呼唤"破产管理局"》，《浙商》2014 年第 8 期。

《企业破产法》之所以没有被企业选择作为降低退出壁垒的法律手段，主要有四个原因：第一是破产启动难，造成很多倒闭的企业主宁愿选择"跑路"。第二是进入破产的协调难。税务机关、电力部门往往提前采取强制性措施，征收欠缴的税款和电费，大大降低了破产企业的实际清偿率，使法院的破产审理和资产的重整重组陷入困境。第三是审理难。现行金融、税收等涉企立法以及相应的行政执法体制，与《企业破产法》之间存在不协调乃至冲突的问题突出。第四是维稳难。企业破产案件审理中，往往涉及职工安置、土地厂房设备等破产财产的处置、利益关系人群体性矛盾激化等问题，维稳任务较重。

除破产法事宜外，目前造成企业退出市场极其困难的还有其他一些方面的原因。一是现行行政管理制度下行政干预的大量存在提高了企业退出壁垒。[①] 地方财政压力、GDP 考核、社会问题导致政府行政干预企业退出。地方政府一般不愿所辖企业退出，同时也不愿本地区企业被其他地区企业兼并重组。二是现行财税制度下税收的结构性矛盾促使地方政府不愿企业退出。现行财税制度下只要本地所辖企业有生产经营收入，不管是否有利润，地方财政就能确保营业税、增值税地方留成，这一税收机制导致地方政府轻易不会让企业停产退出。三是现行产权制度条件下增加了沉没成本，导致企业（尤其是国有企业）不愿意退出。由于生产设备、劳动力技能等具有很强的专用性，退出企业的原有设备往往做报废处理，造成资产损失，银行等债权人宁愿维持企业现状，也不愿企业退出而使自身利益受到影响和侵害。四是现行社保和就业公共服务制度仍不完善，增加了劳动力的转移或就业的困难。

（四）市场的决定性作用和企业公平竞争环境仍面临较多挑战

党的十八届三中全会通过《中共中央关于全面深化改革若干重大问题的决定》，提出一系列新论断、新观点、新决策、新举措。其中，对全面深化改革具有全局和战略意义的是"市场在资源配置中起决定性作用"。"十三五"是落实三中全会精神的关键时期，市场的决定性作用关键是市场机制发挥决定性作用，以及建立顺畅的政企关系和公正公平公开的市场竞争环境。中国目前有超过 95% 的产品价格由市场决定，但要素市场上仍

---

① 国务院发展研究中心企业研究所：《产能过剩背景下如何建立和完善企业退出的政策体系研究》"解决产能过剩问题亟须降低企业退出的制度壁垒"专题报告部分，2013 年 3 月 31 日。

存在较多扭曲。① 目前政府定价或管制的价格仍较多，电力、成品油、天然气等重要商品价格形成的行政性管制特征明显，利率尚未实现市场化，资本市场体系不完善，金融机构多元化程度偏低，城乡建设用地市场不统一，户籍制度限制城乡人口流动，等等，这些问题导致多种要素价格不能真实反映资源稀缺程度和供求关系变化。

"当前企业对进一步理顺政企关系、全面深化经济体制改革的看法与建议"课题组根据1539份企业调查问卷的统计分析结果与196家企业的实地调研结果，② 发现：当前困扰企业的"政企关系不顺、公平竞争环境缺乏"主要表现为：一是行政审批事项多、效率低、困难大。近三年，企业平均每年向政府申报、审批项目数量达17.67个，遇到的最长审批时间平均为171.35天，审批部门平均为5.67个，涉及审批程序平均为9.40道。二是政府仍然存在所有制、规模和地域歧视。三是政府职能缺位、越位、不到位。关于"政府市场监管能力在促进企业公平竞争方面所起的作用"：50.6%的企业认为"作用有限"，33.6%的企业认为"缺位、越位、错位严重，该管的不管，不该管的管太多"。③ 四是政府政策变化快、干预手段多、随意性强。企业在回答"政府在宏观调控和经济管理中存在的突出问题"时，选择"政策变化频繁，企业缺乏稳定预期""过度使用行政手段干预企业，如准入、退出、资质审查、限产、限价等"和"产业发展规划、计划等，形成了新的行政干预，市场化程度低"，分别占60.9%、60.82%和39.11%。

另据中国企业家调查系统关于"政府通过哪些方式促进经济转型，能取得最佳效果"问题④的调查分析也发现，企业家选择比重高的选项主要为"企业家呼唤市场化改革的不断深入"，希望政府"改革和完善财税体制"（38.5%）、"加快垄断行业改革"（35.4%）、"鼓励和保护企业家精神"（33%）、"构建有利于经济发展方式转变的微观基础"（28.6%）和

---

① 世界银行、国务院发展研究中心：《2030年的中国：建设现代、和谐、有创造力的社会》，中国财政经济出版社2013年版，第95页。
② 周健奇：《当前企业对政企关系的六点看法及政策建议》，国务院发展研究中心《调查研究报告·择要》第82号，2013年6月28日。
③ 许召元、范保群：《当前企业对深化经济体制改革看法的问卷调查分析》，国务院发展研究中心《调查研究报告》第118号，2013年7月4日。
④ 中国企业家调查系统：《经济转型与创新：对策建议》，国务院发展研究中心《调查研究报告》第71号，2013年5月10日。

"完善资源价格形成机制"（9.1%）。

归根结底，政企关系没有理顺、企业公平竞争环境仍很缺乏，这对于发挥市场在资源配置中的决定性作用和更好地发挥政府作用都构成了障碍。

（五）互联网全面渗透的新环境对企业发展的挑战

1. 互联网经济在世界经济发展中的重要作用日益提升

具有国家战略意义的互联网经济，正成为世界范围的新浪潮，越来越彰显出巨大的影响力和远大前景，甚至正在成为新经济体系的重要拉动者，并且决定着世界各国未来的国际竞争力。

首先，近年来互联网经济占 GDP 的比重呈不断上升趋势。根据麦肯锡全球研究院的统计（见图7），英、美、法、日、韩等国家分别从 2010 年的 6%、3.8%、3.6%、4.8% 和 5.5% 上升为 2013 年的 6.7%、4.3%、4.2%、5.6% 和 5.9%。中国的互联网经济在消费互联网大发展的引领下提升得更快，互联网经济占 GDP 的比例已经由 2010 年落后于大多数发达国家的 3.3%，提升为 2013 年的 4.4%，提高了 1.1 个百分点，目前已经高于美、法、德等国。全球市场价值排名前 10 位的互联网公司中也已经有 4 家来自中国，互联网经济正在成为中国进入新常态阶段后推动经济发展的新动力和新亮点之一，中国移动互联网方面已经具有了一定的国际竞争力。

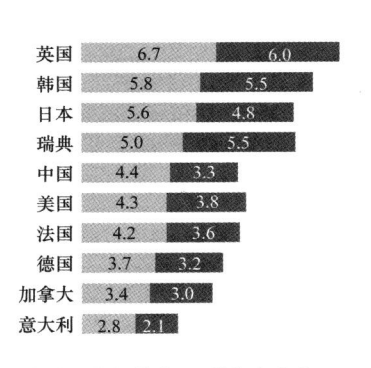

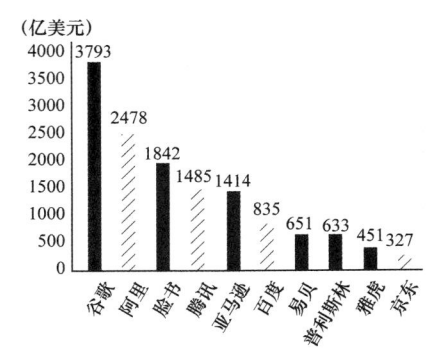

图 7 互联网经济占 GDP 比重及全球互联网公司市值

注：左图深色为 2010 年，浅色为 2013 年。右图浅色为中国公司。
资料来源：麦肯锡全球研究院。

其次，互联网对 GDP 增长的贡献不断提高。图 8 是麦肯锡全球研究院对互联网 2013—2025 年对 GDP 增长贡献率的预测。以消费电子行业为例，2013—2025 年互联网对 GDP 增长的贡献率将会介于 14% 到 38% 之间，也就是说，最少会有 14% 的贡献率。互联网与行业的结合将越来越紧密，与金融、医疗、教育、生活的方方面面，以及各类行业都有结合点，为各行各业的发展做出贡献。

行业	低预测值	高预测值	说明
消费电子	14	38	互联互通的智能终端设备；数字媒体与内容
汽车	10	29	供应链物流智能化；车联网相关服务
化工	3	21	需求预测及生产规划智能化；基于物联网的定制化系统（如高科技农业）
金融服务	10	25	更好的数据分析，以降低不良贷款；更高效的银行业务运营（营销、分销和客户服务）
房地产	-3	6	线上采购（建筑材料、设备、装饰等）；线上营销
医疗卫生	2	13	远程监测慢性病；非处方药品类电子商务

图 8　2013—2025 年互联网对行业 GDP 增长的贡献率

资料来源：麦肯锡全球研究院。

最后，互联网将不断拓宽各产业的边界，形成对各产业的全面渗透。图 9 可以非常清晰地展示出互联网技术，尤其是移动互联技术对传统的第

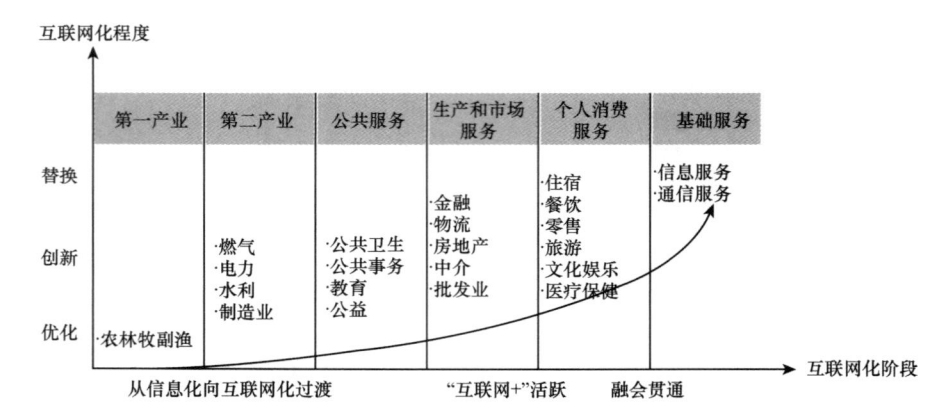

图 9　不同产业的互联网化程度

一产业、第二产业、公共服务，乃至基础服务领域的渗透，互联网及移动互联在不断推动传统产业转型升级，提升整个社会连接的维度和效率。传统产业在互联网的助推下爆发出前所未有的潜力。

2. 互联网经济在带来企业发展机遇的同时，也给传统产业及企业带来巨大挑战

互联网技术在能够有效提高传统产业和企业生产效率、提升传统产业市场应用潜力的同时，也通过独特的网络经济模式给传统产业和企业带来颠覆式挑战。互联网经济对传统产业和企业的颠覆存在四大模式。

一是互联网经济直接面向消费者模式，也就是所谓的互联网的B2C模式。通过直接连接供应商与消费者，废除传统的诸多中间环节，从而以更加有竞争力的价格提供更有品质的产品或服务。如今这种模式在消费领域已经如火如荼。

二是平台（中介）模式。以阿里巴巴为买卖双方建立交易平台为典型代表。平台模式已经对传统的零售业和企业的传统销售方式产生巨大冲击。

三是全面服务模式。通过网络和信息技术把传统产业的整体服务流程转型到互联网上，形成直接通过互联网为用户提供全面服务。例如，携程以互联网为手段对传统旅行社业务的取代是此模式的代表。基于互联网进行全面服务模式正不断延伸至越来越多的产业，形成越来越多的"跨界打劫"效应，对传统产业和企业形成巨大压力和挑战。

四是内容提供模式。借助互联网或移动互联的平台优势，在提供内容上垂直发展，形成有别于传统内容供应商的新模式。例如，以腾讯新闻为代表的新媒体所形成的内容提供（包括内容制作、内容传播等各环节）。

由于中国是制造业大国，拥有世界上最完整的供应链条，是世界上唯一拥有联合国产业分类中全部工业门类（39个工业大类、191个中类、525个小类）的国家，形成了"门类齐全、独立完整"的工业体系。互联网技术的应用将使制造业的三大要素融为一体。一是智能机器网络，即以新的方式将无数的机器、设备、设施群和工业网络，与先进的传感器、控制装置和应用软件相连；二是先进的分析工具，即运用物理分析法、预算法和自动控制技术以及材料、电气工程等方面的精深专业知识，分析机器和大型系统的运行情况，以改进机器性能，并提高机器系统与网络的效率；三是工作人员随时随地互联互通，支持更加智能的设计、操作和维

护，更加优质的服务和更高水平的安全。这对我国传统制造业模式提出了转型的高要求，迫使传统制造业企业必须向智能制造转型，才能生存和发展。

另外，还必须清醒地看清一个事实：传统产业的互联网转型也是具有相当难度的。虽然互联网是通用工具，但由于其对传统商业逻辑和体系进行了大幅度、大尺度，甚至颠覆式的变革，造成传统产业或企业往往需要自我否定才能实现转型，而这种自我否定在实际的操作和运作中不可避免地遭遇传统方式的直接阻隔，造成转型代价高昂且不确定性大。这是当前许多传统优势企业进行互联网转型的共性挑战，大量的不成功案例进一步说明了这种转型的艰巨性，也从另一个角度揭示了互联网全面渗透新环境对传统产业和企业带来挑战的严峻性。

日本、韩国在经济增长转换时期企业发展的经验借鉴

日本、韩国等实现经济成功追赶后也都进入增长转换期，企业发展面临诸多类似的挑战。两国在这一时期，企业发展的经验和教训，对我国具有重要的借鉴意义。

（一）日本企业在 20 世纪 90 年代后失去转型发展的动力[①]

在经历过多年高速增长后，日本原有依靠廉价原材料、能源、劳动力和土地，通过高强度投资拉动经济的发展模式已经难以为继，但日本政府却认为可以用政策扭转经济颓势，采取非常规手段（不适当的宽松货币政策和积极的财政政策）刺激经济增长。1985—1989 年，日本政府曾尝试过多种办法，包括增加国内投资、连续多次调低法定再贴现率，增加货币供应（将 2.5% 的超低利率维持了两年三个月），以期抵消因日元升值而导致的通货紧缩负面影响，最终却催生出巨大的资产泡沫。[②] "1990—1999 年的 10 年间，日本 GDP 增长率累计才增长了 12.1%，只相当于调整增长

[①] 本部分参考了陈共、宋兴义《日本财政政策》，中国财政经济出版社 2007 年版一书不同章节有关资料。

[②] 张承惠：《日本经济转型与资产泡沫》，国务院发展研究中心《调查研究报告》第 121 号，2014 年 8 月 18 日。

时期1年的水平。20世纪90年代被称为日本'失去的10年'。"虽然自20世纪90年代后造成日本经济长期停滞状态的原因有很多,但日本企业在资产泡沫后转型升级受阻和全球竞争力(优势)下降是关键原因之一。

1. 产业结构调整和转变迟缓。20世纪80年代后,日本以汽车、钢铁和石化工业为代表的重化工业发展达到峰值,对经济的贡献率日益减弱,日本开始积极调整产业结构,大力发展信息、通信、生物工程、环境和能源等产业。但向以信息技术为主导的产业调整和转变进展较慢,企业仍主要将资金用于金融资产和土地投资,股票和房地产价格暴涨,形成泡沫经济。加之新兴产业的竞争主要在于创新思想而不是重化工时代的熟练技能,这与日本传统的熟练技能人员优势形成矛盾,新兴产业人才供给短缺,产业结构调整缓慢。

2. 传统的终身雇用制惯性,形成劳动力市场缺乏流动性,也直接影响产业和企业结构调整与升级发展。日本经济快速增长的30年中,以"终身雇用、年功序列"等为雇用体系,被视为成功的最主要制度来源之一。[①]但当日本经济增速放缓、资产"泡沫经济"后,原有的劳动力需求条件发生逆转,市场萎缩和产能过剩加剧了企业雇员的过剩,而终身雇用制的惯性所带来的巨额工资成本、劳动力缺乏流动性直接成为日本企业的巨大负担,并进而影响企业的转型升级。

3. "产业空洞化"拖累企业转型升级。这一时期受成本节约和经济全球化的双重驱动,日本企业的对外投资与海外转移快速发展。日本进行了大量海外资产投资及国内制造业生产基地大规模向海外转移,直接造成了传统优势竞争产业(尤其是制造业)的"产业空洞化"问题,制造业转型升级受拖累。

4. 日本社会快速老龄化,造成企业面临效率下降和成本上升的双重压力,不利于企业转型升级。1970年日本65岁以上人口占总人口的比例为7.1%,正式进入老龄化,1990年达到12%。由于经济调整,企业控制招收新员工,加速了企业职工老化,致使企业不得不面临生产效率下降和工资成本上升的双重压力,使企业的转型升级受到更多制约。

5. 企业退出不顺畅,低效率的"僵尸企业"占用了大量资源并不断累积经济风险、银行部门坏账严重。20世纪90年代日本资产泡沫之后浮

---

① 李博:《日本企业雇用契约的变革》,《经济与管理研究》2013年第6期。

现大量"僵尸企业",这些低效率企业大量存在于政府产业政策保护和财阀间相互交叉持股的背景中,随着经济增长下滑和停滞时期的到来,这些低效率"僵尸企业"借贷途径受阻,其对经济持续减速造成进一步冲击,进一步孕育了经济风险。负债1000万日元及以上企业倒闭件数和负债额,1990年分别为6468件和1.945万亿日元,1991年猛然升至10723件和7.96万亿日元,1999年日本金融监督厅公布日本所有金融机构不良债权金额约为80.6万亿日元。大量的坏账损失使日本金融机构陷入严峻的经营困难、信誉下降和不断有较大影响的金融机构破产倒闭。

6.20世纪90年代后,日本的全要素生产率大幅下降、企业设备投资意愿严重不足。1960—1973年全要素生产率为7.2%,1973—1982年为2.2%,1983—1990年为3.6%,1990—1995年为-0.5%,不仅低于日本以前年度,也明显低于同期美国(0.6%)、德国(1.0%)和法国(0.8%)等欧美国家。企业的总资本营业利润率降至3%以下,与此对应,企业设备投资效率(设备投资效率=增加值/固定资产)出现显著降低,仅相当于20世纪70年代的50%—60%,这种低迷的设备投资效率在整个20世纪90年代一直持续。

(二)韩国在20世纪90年代末金融危机后的企业改革

从1989年起,韩国GDP增长率急剧下降,出口贸易不振,进出口贸易和经常项目由盈转亏,国内物价上扬,企业大批倒闭,经济呈现明显的停滞状态。1997年发端于泰国的亚洲金融危机波及韩国,进一步造成大量资本从韩国流出、金融机构倒闭、股市一落千丈、企业大量破产倒闭。

为应对这一危机,韩国政府进行了一系列企业改革。

1. 大企业结构调整与改革

(1)韩国经济属于典型的大企业集团(财团)经济。1987年,韩国前30名大企业集团的销售额达97.1万亿韩元,与当年的韩国GNP(99.63万亿韩元)不相上下。1993年,前8家大企业集团所属的综合商社出口贸易额达358亿美元,占韩国当年出口总额(822.36亿美元)的43.6%。从吸收就业方面看,1987年,占韩国企业总数12%的大企业集团所雇用的职工占韩国职工总数的40.2%,仅三星一家雇员便超过25万人。

(2)韩国对大企业集团和财团进行了一系列调整。包括:要求各大财团按照国际标准对所属企业进行金融管理，增加企业财政状况和经营状况的透明度；清理与下属企业之间曲折隐秘和长链条的交叉持股及支付担保关系；提供各下属企业的现金流动报表，以防止财团谎报资产和经营状况，隐瞒债务及内部困难，要求限期改善财务结构，设定核心企业，强化与中小企业间的合作，限制各财团对不盈利的下属企业的投入，强化主要股东和经营者的责任性，如果因经营不善或因违法经营导致企业亏损，经营者要承担责任。

随着五大财阀企业以其核心产业为中心重组子公司进程的深入，其子公司数目从以前的264家减少至130家左右，它们通过自救和扩大资本金来改善企业的财务结构并使之富有效率。与此同时，它们将企业的经营体制转变成董事会负责制，建立现代化的经营管理体制。

（3）产业重组。1998年"韩国经济人联合会"按照国家产业政策对韩国产业进行大规模产业重组调整。确立大企业集团各自的核心产业，放弃弱势产业，并按优势互补的原则交换旗下企业，进行相互兼并，形成半导体（现代电子收购LG半导体）、石油化工（现代和三星之间签订设立独立法人的基本协议书）、铁路机车（现代、大宇和韩重设立新的独立法人）、航空（现代、大宇和三星设立新的独立法人）、发电设备和船舶用发动机及炼油（韩重和三星之间设立独立法人，现代炼油收购韩化能源，韩重、现代和三星之间签订发电设备转让合同）等7个主导行业，以实现经营专业化，提高企业国际竞争力。

（4）缩减负债。通过七大产业大企业集团之间重组出售重复资产、增资，韩国将七大产业负债额从原来的31.5兆韩元下调到22.7兆韩元，减少了8.8兆韩元（见表3）。统合法人的设立提供了将负债比率从平均374%下调到156%。

表3　　　　　　　　　七大行业负债减缩情况　　　　　　（单位：亿韩元）

行业	重组前负债	重组后负债	减缩额
炼油	66458	56555	9903（14.9%）
半导体	153512	106955	46557（30.3%）
铁路车辆	7422	6891	531（7.2%）
飞机	15217	7474	7743（50.9%）

续表

行业	重组前负债	重组后负债	减缩额
发电设备	12913	12436	477（3.7%）
船舶用发动机	2933	1937	996（34.0%）
石油化学	57010	34500	22510（39.5%）
总计	315465	226748	88717（28.1%）

2. 扶持中小企业发展

韩国采取一系列措施促进中小企业的发展，主要包括：清理现行法律法规，废除阻碍中小企业发展的规定；整顿6300多个行业组织，确保对各企业的信息服务，加大资金投入，并在用地、税收、销售等方面对科技型中小企业实施优惠；设立专门的担保基金，为中小企业提供融资担保；等等。

3. 推进高新技术产业成长

制定了《面向21世纪的产业政策方向及知识经济新产业发展方案》，明确提出从1998年至2003年投资140万亿韩元，集中发展计算机、半导体、生物技术等知识经济产业及服务业，并计划使高新技术产业及服务业年均分别递增8.7%和12%。

对大企业的改革使集团结构调整获得进展，企业财务结构趋于合理，同时，中小企业的发展环境也获得了大大改善，中小企业数量不断增加，高技术产业也获得了快速的发展。韩国通过对大企业改革和激发中小企业活力为经济转换期的发展创造了条件。

（三）日本、韩国经济转换期企业发展的经验借鉴

伴随着经济增长阶段转换，低成本竞争优势（如市场规模快速膨胀）消失，企业盈利模式需要适应性转换，能否成功实现企业的转型升级成为转换平稳的重要前提。企业需要实现全球范围内竞争优势的转换，效率提升更是要注重低效率企业的退出和中小企业发展，政策上需要给予市场更多的准入便利和退出的市场化，并把创新和国际化作为长期的驱动力。

中国企业竞争优势转换：现状与进展

（一）我国企业在高速增长时期形成的竞争优势

中国经济发展的成就是我国企业竞争优势的集中体现，核心表现为中国的"要素组合优势"[①]下中国企业的现实低成本竞争优势。

一是廉价的劳动力[②]。据国家统计局的调查显示，我国农民工总量已高达2.5亿人，农村能够转出的剩余劳动力至少还有3000万人。长达30多年的大量农村剩余劳动力的无限供给，为经济扩张提供了充足的劳动力。而且农民工工资一直处于较低水平，由此保证了较高的企业利润。

二是廉价的土地。1997年以前，建设用地基本上是无偿划拨，特别是工业用地。许多地方政府经常会以"零地价"甚至"负地价"出让土地用于招商引资。

三是廉价的能源资源。一直对水、电、煤、气、油等能源资源实行低价政策，这些能源价格改革至今没有取得突破性进展。

四是廉价的环境。为追求经济的快速增长，我国在环境政策上较宽松，环境成本基本未纳入企业经营成本中。

五是产业配套体系齐全。产业配套能力是我国制造业竞争力的重要来源。近期一项基于2001—2007年中国全部国有及规模以上非国有工业企业的微观数据，考察产业配套能力对提高制造业生产率的贡献大小的研究发现，[③]2000年以来由于产业配套能力增强使制造业生产率平均每年提高1.7—2.8个百分点。28个制造业行业中，有21个行业的平均生产率由于产业配套能力的提高而有显著增加。另有针对IT行业电子元器件采购成本的统计，珠江三角洲完善的电子产业配套体系获得的采购成本比在中国其他区域配套采购成本至少低15%—20%。

另外，我国还拥有良好的基础设施、拥有世界上最多人口的大规模本土市场和快速技术追赶与学习模仿能力。根据世界银行研究人员的估计，

[①] 刘世锦等：《传统与现代之间——增长模式转型与新型工业化道路的选择》，中国人民大学出版社2006年版，第3页。

[②] 黄泰岩：《中国经济的第三次动力转型》，《经济学动态》2014年第2期。

[③] 许召元、胡翠：《产业配套能力对我国制造业生产率的贡献》，国务院发展研究中心《调查研究报告》第71号，2014年5月5日。

中国的全要素生产率（包括人力资本提升与要素配盟优化的影响）保持了每年3%—4%的增长速度，在全球范围内来说都是相当出色的。

（二）实现竞争优势转换的必要性和迫切性

根据国务院发展研究中心的研究成果，[①] 后发国家追赶过程由起飞、追赶、回落三个时期构成。其中追赶时期，由于经济增长主导动力不同，又可分为高速、中高速、中低速三个增长阶段。这样，从增速表现和动力转换的角度，可将追赶周期划分为五个阶段（见图10）。

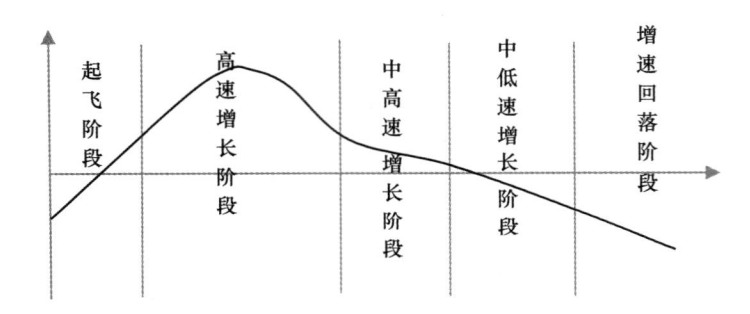

图10　追赶周期中的五个阶段

我国目前正处于中高速增长阶段后期、中低速增长阶段前期。主要特征是市场空间变小，要素成本快速上升，资本积累速度开始下降。企业开始加强创新和海外市场开拓，优胜劣汰成为常规现象。技术引进空间基本释放，国内市场饱和，生产综合成本达到国际平均水平，投资进一步下降，仅仅依靠模仿式创新的增长动力已经无法覆盖不断上升的生产要素价格，更多企业开始涉足前沿技术的研发和商业模式的创新。

我国企业在经济高速增长时期形成的低成本竞争优势，正逐步弱化或丧失，迫切需要实现在新阶段下企业竞争优势的转换。

一是劳动力成本上升。劳动力供给增长所带来的人口红利正在消失，劳动力供给已经进入绝对减少的"拐点"区域，[②] 劳动参与率也已经从1993年的84.8%，降低为2012年的76.4%，并且还在进一步下降。近年

[①] 张军扩等：《增长阶段转换的成因、挑战和对策》，国务院发展研究中心重点课题，2013年。
[②] 中国经济增长前沿课题组：《中国经济转型的结构性特征、风险与效率提升路径》，《经济研究》2013年第10期。

来劳动力工资大幅度提高,与周边一些国家特别是东南亚国家相比,中国劳动力成本低的传统比较优势正在逐步消失。2000年中国制造业职工月平均工资约88美元,同年印度和越南分别为59美元和67美元,三个国家的平均工资水平相差不大,中国分别为印度和越南的1.5倍和1.3倍。但到了2011年,中国和印度的月平均工资分别为456美元和107美元,中国是印度的4.3倍。①

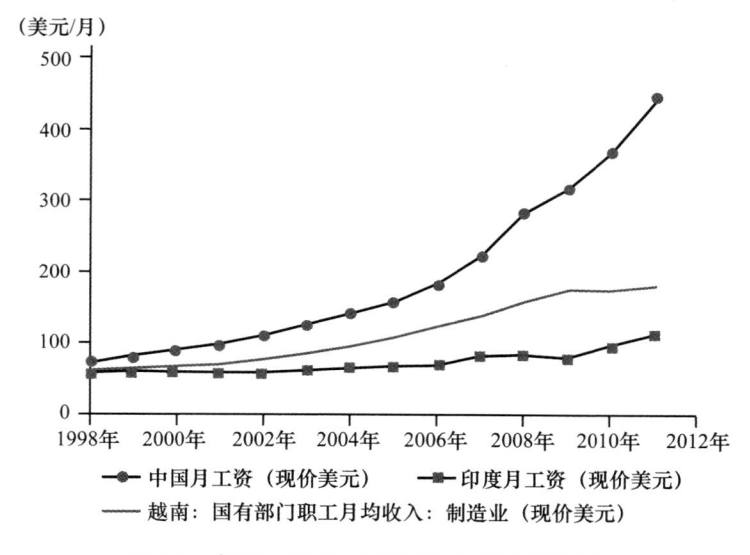

图11 中国、越南、印度平均工资水平比较

资料来源:Wind资讯。

二是土地成本上升。土地出让价格增长迅速,商业用途平均地价增长2.7倍、居住用途平均地价增长4.2倍。从土地价格看,2011年年末,全国主要监测城市地价总体水平为3049元/平方米,已经是2005年的2.4倍。

三是融资难、融资贵。中国的金融资源高度集中于大银行,垄断性的供给结构造成目前企业融资难、融资成本高。调研中发现,大型国有钢铁企业的融资成本已高达20%—30%,银行贷款中的现汇只有30%—40%,其余都以承兑汇票支付,贴现利息达到10%以上。民营企业融资更贵、更

---

① 国务院发展研究中心企业研究所:《中国企业转型发展的调查研究》,中国发展出版社2013年版,第2页。

难，融资成本、贴现利息甚至超过30%。正如彼得森国际经济研究所①研究员 Nicolas Borst 文章指出的，与发达国家甚至和印度、印度尼西亚等发展中国家相比，中国资本市场的直接融资规模过小且利率扭曲，中国亟须进行资本市场改革，使其能够真正地为实体经济服务。

四是能源资源环境压力空前加大，企业面临排放指标限制和治污成本增长的双重约束。煤炭本是中国的优势能源，但从2009年开始已经呈现净进口的局面。我国煤炭消费总量相当于其他国家煤炭消耗的总和，石油消费量的近60%依赖进口，全国600多个城市中，有400多个城市缺水。由于多年来持续高速的经济增长，资源和环境约束与压力日益加深。

五是产业配套对生产率提升的贡献也在不断下降。随着我国进入新的经济增长阶段，企业数量和规模增长的速度相应减缓，产业配套能力对制造业企业生产率提升的贡献已呈现下降的趋势。②

除此之外，还存在流通成本一直很高、许多市场准入成本依然很高等问题。这些"高"是中国传统的竞争优势正在面临的突出挑战，也是当前企业转型升级和结构调整的诸多"压力"和"痛点"，只有通过新增长时期企业建立起新的竞争优势才能化解和实现转换。

（三）我国企业转型升级也已经取得了一定程度的进展

我们对各类企业转型发展以构建新竞争优势的情况进行了专题调研，访问了东、中、西部具有代表性的10个省区市约300多家企业（包括大、中、小规模和各种所有制），回收了1491份调查问卷（其中887家为深交所中小板和创业板的上市公司）。调研发现：（1）多数企业仍处于低水平同质化竞争中，但也有不少企业在提高附加价值方面取得了显著进展。调研中的多数企业由于创新能力不强，产品特色不突出，表现出明显的低水平同质化竞争。但不少企业在向研发设计、品牌建设、售后服务等附加价值更高的非制造环节延伸过程中取得了显著进展。2007—2011年非制造环节对总利润贡献率相应提高了15.1个百分点。并且，高达85.4%的企业认为研发作用显著，研发帮助企业形成了独特竞争优势和提升了企业的产

---

① 《中国资本市场改革》，《商业时报》（*The Business Times*），2014年7月21日，http：//blogs.piie.com/china/? p=3954。

② 许召元、胡翠：《产业配套能力对我国制造业生产率的贡献》，国务院发展研究中心《调查研究报告》第71号，2014年5月5日。

品竞争力。(2) 发展自主品牌仍存在诸多困难,但强化品牌经营是众多企业的共识。调研企业普遍认同品牌的重要作用,94.2%的企业认为品牌对利润和市场地位有突出作用。不少企业已经开始从无品牌向有品牌转型。(3) 加强协作整合,向产业链上下游延伸是产业结构调整的主要模式。进行产业结构调整的企业比重逐年增加。调查问卷发现,2007—2011年进行过产业结构调整的企业比例提高了5.2个百分点。(4) 市场压力不断加大,企业普遍加快了对国际和国内市场的拓展步伐。金融危机以来,企业普遍加大了对国外市场的拓展力度。调研中出口国家超过20个的企业比重和国内销售区域在21个及以上省份的企业比重四年来分别上升了7个百分点和14.9个百分点。

下一步需要推进的改革

(一) 以市场化为方向调整产业政策

中国产业政策的主要特点[1]有以下几点。(1) 通常以规模为导向,把重点放在大型企业的发展上,往往不利于中小企业的发展。(2) 常被用来控制政府认为存在过剩产能的行业扩张。(3) 常被用来对被视为过于分散的产业进行整合。(4) 鼓励自主创新,比如要求使用某种特定的(本地)技术。(5) 通过直接行政干预将资源引向重点产业(或抽离禁止类产业)。(6) 各级政府在贯彻执行这些产业政策时,常常会出现目标之间相互矛盾的现象。例如,中央政府可能想在全国范围内整合某个行业,但有些省份却想把这个行业作为本省经济的支柱产业。

中国产业政策的这些特点在取得一定成效的同时,也存在多方面的缺点。第一,产业的实际发展往往与政府的初衷不一致。经常出现政府要重点发展的行业却没有发展起来。第二,尽管有关部门作出各种努力来提高行业的集中度,企业也进行了一些并购活动,但有些受产业政策扶持的行业反而变得更加分散。第三,产业政策对不同规模、不同所有制的企业进行区别对待,影响资源的有效配置。第四,产业政策泛化,[2]"加快"、

---

[1] 世界银行、国务院发展研究中心:《2030年的中国:建设现代、和谐、有创造力的社会》,中国财政经济出版社2013年版。

[2] 肖庆文:《调整产业政策 促进企业转型》,国务院发展研究中心《调查研究报告》第209号,2012年11月21日。

"促进"或"推进"发展的战略性重点产业越来越多,如基础产业、支柱产业、核心产业、先导产业、新兴产业,产业政策层出不穷。这使不受政策优待的企业面临很大的不确定性,政策可预见性差,导致其投资环境恶化。第五,各级政府、不同部门之间的不同产业政策使营商环境复杂化。

产业政策频繁干预与市场在资源配置中的决定性作用和公平公正公开的市场竞争环境要求之间存在或多或少的矛盾。为有效地发挥市场的决定性作用和更好地发挥政府的作用,产业政策下一步有必要进行相应的调整和改革。一是要进一步明确产业政策的作用和目的,使产业政策更有针对性,缩小适用面,以避免稀释宝贵的技术与企业管理智力资源和避免将其他具有比较优势的成熟产业挤出投入品与要素市场。二是减少实施产业政策的政府机构。这将有助于使政策更加协调,减少可使用的干预手段,包括规定任何资金的支持都应通过财政而非银行渠道,这将带来更大透明度。三是减少对其他市场的连带影响。例如,产业政策应追求更为一般性的目标。再如对企业的支持应当是暂时性的,要有严格的结束期限。四是应当尽量让市场发挥作用,利用市场的力量来实现政策目标。例如,通过市场力量来促进企业并购,比如让企业更多的股份上市交易,将有助于提高产业的集中。五是建立以竞争政策为核心的产业组织政策[1],形成有利于多种所有制成分共同发展的公平竞争环境,克服各种类型的垄断行为。六是建立企业退出市场的产业援助政策,推动劣势企业顺畅退出市场。

(二) 进一步深化国企改革[2]和所有企业的公司治理改革

充满活力的企业部门[3]将是维持未来中国经济相对快速增长的关键。在中国经济高速增长期,企业改革(尤其是国有企业改革与深化)和公司治理完善发挥了重要作用。经过30多年的改革,国有企业的管理体制、运行机制、布局、效率和企业形态都发生了深刻变化。目前,全国90%以上的国有企业完成了公司制股份制改革,中央企业的改制面也由2003年的30.4%提高到2014年的70%以上。一大批大型国有企业先后在境内外

---

[1] 卢中原主编:《世界产业结构变动趋势和我国的战略抉择》,人民出版社2009年版,第255页。
[2] 马骏、王继承、项安波:《国企改革可分三步走》,国务院发展研究中心《调查研究报告》第39号,2014年4月9日。
[3] 世界银行、国务院发展研究中心:《2030年的中国:建设现代、和谐、有创造力的社会》,中国财政经济出版社2013年版,第28页。

资本市场上市。现代企业制度的建立、公司法人治理结构的完善,从体制机制上强化了国有企业市场主体的地位,增强了其市场化运作的适应力和自觉性。

但国有企业也积累了一些问题、存在一些弊端,需要进一步推进改革。目前的国有资产管理体制和国企制度在职能定位、运营模式、治理结构等方面,仍存在深层次的体制机制问题。突出表现为:一是国有资产职能定位不清晰。国有资产分布行业多、涉及范围广,70%以上的国有企业仍分布在一般生产加工、商贸服务等各类竞争性领域中,并存在"保值增值""促进市场竞争""公共产品提供""服务特定目标"等多重职能目标。二是国有资本的运营效率和回报率仍较低。有研究表明,如果扣除了政府补贴和由于行政性垄断所获取的超额利润,2001—2009年,国有及国有控股企业平均真实净资产收益率为-1.47%。三是出资人制度和管理层选拔机制不完善。目前许多政府公共管理部门仍掌握着大量的经营性国有资产,国企管理层的选拔和产生,仍过多地依靠传统的体制内组织配置。

为进一步深化推进国有企业改革,党的十八届三中全会《中共中央关于全面深化改革若干重大问题的决定》中进行了重点部署:加快国企改革,发展混合经济,改善公司治理和产业组织。

第一,进一步深化国有企业改革的方向[①]。党的十八届三中全会《中共中央关于全面深化改革若干重大问题的决定》强调指出,国有企业属于全民所有,是推进国家现代化、保障人民共同利益的重要力量。进一步深化国有企业改革,各项举措要有利于继续发挥国有经济的主导作用,有利于不断增强国有经济活力、控制力、影响力,有利于增强国有企业社会责任感。

第二,进一步深化国有企业改革,要以管资本为主,完善国有资产监管体制。党的十八届三中全会《中共中央关于全面深化改革若干重大问题的决定》提出对国有资产的监管要从以管企业为主转向以管资本为主,完善国有资产监管体制,确保出资人到位履行职责。要支持有条件的国有企业改组为国有资本投资公司,以投资融资和项目建设为主,通过投资实业拥有股权,通过资产经营和管理实现国有资本保值增值,履行出资人职责。国有资本投资运营要服务于国家战略目标,更多投向关系国家安全、

---

① 本书编写组编著:《党的十八届三中全会〈决定〉学习辅导百问》,学习出版社、党建读物出版社2013年版,第37页。

国民经济命脉的重要行业和关键领域，重点提供公共服务、发展重要前瞻性战略性产业、保护生态环境、支持科技进步、保障国家安全。

第三，进一步深化国有企业改革的重点是规范经营决策、资产保值增值、公平参与竞争、提高企业效率、增强企业活力、承担社会责任。一是推动国有企业完善现代企业制度。必须健全协调运转、有效制衡的公司法人治理结构，建立职业经理人制度，更好地发挥企业家作用，提高经营决策的科学化、规范化水平。二是深化企业内部管理人员能上能下、员工能进能出、收入能增能减的制度改革。三是建立长效约束激励机制，强化国有企业投资经营责任追究，探索推进国有企业财务预算重大信息公开。四是国有企业要合理增加市场化选聘比例，合理确定并严格规范国有企业管理人员薪酬水平、职务待遇、职务消费、业务消费。

不仅对国有企业如此，改革对所有企业都是永恒的主题。所有企业都应进一步加强公司治理方式的推进，提高企业股权的透明度和合规性，保证企业运营的守法性与合规性，坚持财务会计的规范性，形成具有竞争力、规范、有序的现代企业治理体系。

（三）鼓励更多中国企业成为新型跨国企业[①]

中国企业上榜《财富》世界500强的数量2013年增长至100家[②]，仅次于美国位列第二位。这本身说明了我国企业国际竞争力的提升。

决定企业全球竞争力的因素主要包括四个方面：规模因素（销售收入和利润）、效率因素（总资产报酬率、销售利润率和人均收入）、成长因素（近三年平均销售收入增长率、近三年平均利润增长率和研发投入比例）和国际化因素（海外资产占总资产比例、海外收入占总销售收入比例、海外员工占总员工比例）。按照德尔菲咨询法，我们对各指标权重进行了赋值，选择了石油化工、汽车制造、钢铁、电解铝、通信设备制造和家电等六个制造业行业，每个行业选取1—2家国际标杆企业和3—5家国内领先企业，共计37家企业。采用数据"归一化"的办法，对每个企业的三级指标数据进行标准化处理，得出每项指标数值，然后以线性加权法计算各个专项指数和综合指数。测算对比结果如表4所示。

[①] 国务院发展研究中心企业研究所：《中国企业的国际化和全球竞争力研究》，国务院发展研究中心2013年重点课题，2014年3月。

[②] 详见财富中文网 www.fortunechina.com，2014年7月7日。

表4　　　　　　　　　　37家企业全球竞争力指数排名

排名	公司	规模指数	效率指数	成长指数	国际化指数	综合指数
1	埃克森美孚公司	0.2899	0.2730	0.0887	0.1055	0.7571
2	荷兰皇家壳牌公司	0.2461	0.2332	0.0889	0.1235	0.6917
3	大众汽车公司	0.1754	0.1906	0.1357	0.0980	0.5997
4	三星电子	0.1318	0.2530	0.0974	0.0877	0.5699
5	丰田汽车公司	0.1331	0.1995	0.0883	0.0822	0.5031
6	中国石油天然气集团公司	0.2156	0.1322	0.1037	0.0409	0.4924
7	中国海洋石油总公司	0.0760	0.2589	0.1148	0.0393	0.4890
8	思科系统公司	0.0527	0.2525	0.1008	0.0650	0.4710
9	中国石油化工集团公司	0.1905	0.1451	0.0938	0.0372	0.4666
10	上海汽车工业（集团）总公司	0.0544	0.2257	0.1091	0.0013	0.3905
11	联想控股有限公司	0.0276	0.1985	0.1014	0.0598	0.3873
12	中国第一汽车集团公司	0.0496	0.2416	0.0949	0.0007	0.3868
13	爱立信	0.0275	0.1207	0.1250	0.1097	0.3829
14	华为技术有限公司	0.0327	0.1481	0.1146	0.0647	0.3601
15	荷兰皇家飞利浦公司	0.0255	0.1061	0.0819	0.1394	0.3529
16	索尼公司	0.0419	0.1414	0.0677	0.0959	0.3469
17	安赛乐米塔尔	0.0302	0.0804	0.0767	0.1454	0.3326
18	中国有色矿业集团有限公司	0.0227	0.1320	0.1463	0.0303	0.3312
19	美铝	0.0224	0.1197	0.0754	0.0984	0.3160
20	北京汽车工业控股公司	0.0311	0.1703	0.0947	0.0048	0.3010
21	东风汽车公司	0.0447	0.1698	0.0756	0.0008	0.2909
22	海尔集团公司	0.0261	0.1456	0.0825	0.0353	0.2895

续表

排名	公司	规模指数	效率指数	成长指数	国际化指数	综合指数
23	珠海格力电器股份有限公司	0.0229	0.1429	0.1146	0.0085	0.2889
24	江苏沙钢集团有限公司	0.0260	0.1808	0.0711	0.0086	0.2865
25	南山集团有限公司	0.0213	0.1670	0.0948	0.0015	0.2845
26	山东魏桥创业集团有限公司	0.0274	0.1379	0.1139	0.0012	0.2804
27	美的集团有限公司	0.0224	0.1339	0.0905	0.0275	0.2743
28	中国电子信息产业集团公司	0.0249	0.1056	0.0904	0.0411	0.2620
29	海信集团有限公司	0.0205	0.1428	0.0807	0.0155	0.2595
30	TCL集团股份有限公司	0.0184	0.0974	0.0951	0.0420	0.2530
31	宝钢集团有限公司	0.0325	0.1219	0.0790	0.0168	0.2503
32	中兴通讯股份有限公司	0.0174	0.0654	0.0907	0.0556	0.2290
33	武汉钢铁（集团）公司	0.0253	0.1046	0.0852	0.0079	0.2230
34	首钢总公司	0.0246	0.0984	0.0654	0.0110	0.1994
35	河北钢铁集团有限公司	0.0266	0.1016	0.0622	0.0062	0.1966
36	中国铝业公司	0.0220	0.0691	0.0868	0.0182	0.1962
37	蒂森克虏伯	0.0154	0.0258	0.0319	0.1042	0.1773

资料来源：国务院发展研究中心企业研究所：《中国企业的国际化和全球竞争力研究》，中国发展出版社2014年版，第64—66页。

与国际标杆企业的全球竞争力相比，除电解铝之外，其他五个行业的领先企业普遍存在一定差距，其中石油化工、汽车制造和通信设备制造的差距较大，钢铁和家电制造较为接近。分专项指标来看：（1）规模因素。电解铝和家电企业的规模因素已经高于同类国际标杆企业；石油化工和钢铁制造接近于同类国际标杆企业；汽车制造和通信设备企业的规模因素与同类国际标杆企业有较大差距。(2) 效率因素。效率指数有的行业高，有的行业低，行业间差异较大，如石油化工和通信设备制造显著低于国际标杆企业，汽车制造、钢铁、电解铝和家电企业已接近和超过国际标杆企业。(3) 成长因素。除汽车制造外，各行业领先企业的成长因素均普遍高于国际标杆企业。(4) 国际化因素。除通信设备制造业外，其余五个行业领先企业的国际化程度都比较低，远远低于同类国际标杆企业。

我们通过对领先制造业国际对标的研究表明，中国企业已经具备了成为全球型企业的良好基础，已经具备了一定实力的国际竞争力，但与同类国际标杆企业相比，仍存在一定的差距，因此，应进一步加快我国企业的国际化经营力度，鼓励更多的中国企业成为全球企业。过去中国企业全球竞争力的提升主要来自企业规模的快速扩大，随着中国经济逐渐由速度效益型向质量效益型转变，依靠规模和快速成长提高竞争力的传统路径空间已很小，未来必须尽快通过企业效率提升和全面的国际化运作挖潜力、促增长，进一步鼓励和推动领先企业的全面国际化运作，进一步提升全球竞争力，培育一批国际领先的全球型企业。

（四）鼓励创新、创业，激发市场主体活力

企业是市场经济的细胞，是创新、创业的主体，是整个经济保持生机活力和蓬勃发展的基础。而平等的市场准入和产权保护、公平的竞争条件和营商环境，是市场主体焕发生机活力的根本保证。

有效的市场进入是十分关键的。中国全要素生产率提升很大一部分是来自新的高生产率企业的进入和效率低下的现有企业的退出。有一项研究表明，中国企业的净进入贡献了 2/3 以上的生产率增长，比美国制造业部门的比例还要高。

为了进一步激发市场和社会的创造活力，增强经济社会发展的内生动力，更好地促进市场主体平稳健康发展，国务院批准了《注册资本登记制度改革方案》。这项改革着重解决三个问题：一是市场准入环节中反映的办照难问题。在工商部门，只要登记材料齐全、符合法定要求，在登记窗口 5 个工作日内就可以拿到营业执照。但前置审批项目过多、程序过于烦琐、办理周期过长，造成了目前的办照难。二是企业注册资本问题。《公司法》规定了设立公司的最低注册资本以及首期实缴的必要数额，以及严格的验资程序。实践中，很多行业都把注册资本数量作为市场准入的条件之一，对特定行业规定了更高的注册资本限额，提高了设立公司的资金门槛。三是企业住所问题。目前，企业办理工商登记时需要提交住所的权属证明和使用证明文件。但很多企业尤其是小企业，在商用办公场所价格高、创业成本有限的情况下，难以提供规范的房屋权属证明。原有规定在一定程度上抬高了创业门槛，限制了经营活力和投资热情。

注册资本登记制度改革，极大地激发了市场活力，取得了非常好的效果。据国家工商总局统计①，2014年上半年，全国新登记注册市场主体593.95万户，比上年同期增加85.03万户，增长16.71%，增速比上年同期提高8.41个百分点；注册资本（金）9.3万亿元，同比增加3.97万亿元，增长74.51%。3月，注册资本登记制度改革正式实施。3—6月全国新登记注册市场主体440.06万户，同比增长20.48%；注册资本（金）7.22万亿元，同比增长4.37%。同时，市场主体发展还呈现出以下特点：一是我国产业结构持续优化，第一产业基础性地位进一步加强，第三产业保持持续增长势头；二是区域发展更趋协调，中西部地区增长较快；三是注册资本登记制度改革对新增企业注册资本规模推动作用明显，微小规模企业比重逐渐减少，中型规模企业比重逐渐加大；四是全国新登记注册外资企业平均规模提升明显，利用外资质量不断提高；五是注册资本登记制度改革对信息传输、软件和信息技术、文化等行业带动作用明显。

（五）进一步完善以破产制度为主的企业正常退出机制

企业退出机制应当坚持市场化的方向，包括准入条件和运行标准的设定及动态调整，以及财政税收政策的合理调整，主要通过市场经济的倒逼机制，实现经济的自我优化调整。

第一，应加强政府协调和政策扶持力度，完善破产制度。建议加快修订《企业破产法》，依法明确和落实政府在企业破产中的相关职责。同时可先行试点，明确负责协调破产企业风险的政府机构来承担企业破产过程中行政事务的管理职责。第二，建议加大对企业破产案件配套政策的扶持。一是要督促税务、电力等部门对破产企业积欠的税费、电费，严格按《企业破产法》顺序清偿，不得提前强制征收。二是制定重整企业专门的

---

① 详见国家工商总局网站 www.saic.gov.cn。

税费减负政策和特殊的征管方式，帮助企业脱困重整重组。三是建立和完善破产企业职工安置、土地权属变性、工商登记变更、档案管理等相关制度，简化审批，提高工作效率。

除此之外，还可从以下几个方面进一步完善企业退出市场的政策体系：一是整合成立统一的企业退出扶助基金，发挥财政政策的支持作用；二是改革完善税收制度，发挥税收政策的引导与激励作用；三是严格落实资源环境要求，发挥市场的倒逼机制作用；四是减少审批、促进竞争，形成有利于产业健康发展的市场结构；五是加快资本市场化改革，提高企业退出的压力。

（六）进一步鼓励企业间市场化兼并重组，提高产业集中度

中国大部分产业的集中度仍然较低。[①] 中国产业集中度与日本和韩国类似时期相比较而言偏低。日本所有产业最大的三个企业在产业总产量的占比（C3）的平均值在 1937 年是 57.6%，1950 年为 53.5%，1962 年是 44.1%。韩国所有产业的 C3 平均值在 20 世纪 80 年代是 62.9%。而中国最大的四个企业的产量占比（C4）平均值只有 23%。中国的产业集中度大大低于早些时候的日本和韩国。

过去 30 年，技术引进和结构转换是支撑我国全要素生产率提高的传统动力。随着我国进入跟随式技术追赶的后期，技术引进难度加大。生产资源从农业转向工业带来的效率提升空间缩小。传统市场空间萎缩，迫使一些企业加大研发投入，在引进技术的基础上进行改进和创新。行业内兼并重组现象增加，创新能力强、生产效率高的企业通过优胜劣汰逐步占据更大的市场。优势企业的胜出，从整体上提高了全行业的生产效率。

（七）进一步推进资本市场上市制度和退市制度改革

世界经济体发展表明，资本市场和实体经济的协同发展，是一国经济可持续增长的重要动力，是一国成为经济强国的重要标志。我国已经是世界第二大经济体，但由于资本市场仍存在较大差距，还不能称之为世界经济强国。

上市制度和退市制度是资本市场的一项基础性制度。一个完善的上市

[①] 世界银行、国务院发展研究中心联合课题组：《2030 年的中国：建设现代、和谐、有创造力的社会》，中国财政经济出版社 2013 年版，第 116 页。

和退市制度，对于促进资本市场实现资源优化配置、提高上市公司经营效率、完善上市公司治理结构、培养成熟理性的投资者，具有重要意义。一个高度市场化的资本市场应该通过其内在的动态调整机制，不断吸收优质公司上市，同时又不断淘汰劣质公司退市，为资本市场不断注入新的生机与活力，以提高资源配置效率。

过去20多年，中国资本市场新股发行制度存在公平缺失的"严重缺陷"，直接导致新股发行的"三高"现象（高价格、高市盈率、高超募）。在一级市场，机构垄断了定价权和绝大多数的发行份额；过低的流通股比例，造成上市公司上市"本质上是圈钱"；首日不设"涨跌停"的制度，又给高中签的机构提供投机机会，而中小投资者更可能成为风险承担者，限售期结束，"大小限"减持行为对中小投资者权益进行又一次"掠夺"。

退市难则是我国资本市场退市制度的又一个严重缺陷。据统计，20多年来，只有45家公司被动退市。[①] 沪深两市的年平均退市率不足0.4%，并且呈逐年下降的趋势。美国纳斯达克平均年退市率在8%以上，纽约证券交易所的平均年退市率在6%以上，伦敦证券交易所平均年退市率更是高达10%以上。沪深两市如此低的退市率，导致我国资本市场陷入了上市难、退市更难的怪圈，市场上频现"僵尸公司"与股市"不死鸟"。

现代资本市场应该是双向开放、有进有出的市场。只要股票发行制度不走向市场化，上市公司的壳资源价值将始终存在，因此，必须进一步改善上市审核制度，逐步改善上市公司"严进宽出"的现状，增强决策的透明度，改进目前的发行上市制度，建立多层次的资本市场，更好地满足企业的上市需求。同时，一个趋于严格和多元的退市制度已经建立和完善，沪深证券交易所应严格按照退市制度的相关规定，对符合退市标准的上市公司启动退市程序，减少实施弹性。

---

① 丁丁、侯凤坤：《上市公司退市制度改革：问题、政策及展望》，《社会科学》2014年第1期。

我国企业对当前经营环境、发展机遇和制约因素的看法

2012年5—8月，国务院发展研究中心企业研究所在对约300家各类企业转型发展情况进行专题调研的同时，对东、中、西部具有代表性的10个省区市1491家企业做了有效问卷调查。问卷代表性较强，内容比较全面，对了解和分析我国企业当前面临的经营环境、发展机遇和制约因素具有一定的参考价值。

企业对当前经营与发展环境的看法

1. 总体经营环境尚可，与金融危机初始阶段相比有所好转。参与调查的受访企业中，认为企业经营环境"很好"和"比较好"的比例累计占49.7%，39%的受访企业认为"一般"，10.2%认为"比较差"，1.1%认为"很差"。针对调研中许多企业反映当前经营环境比国际金融危机后还要严峻的看法，我们设计了"当前与2008年相比，贵公司认为经营环境的状况？"问题，结果为：50%的受访企业认为当前经营环境与国际金融危机发生初期相比"有所好转"，25%的受访企业认为"差不多"，25%认为"有所变差"。

2. 满足企业需要的人力资源环境不容乐观。人力资源情况的变化是企业近几年关注的焦点。针对当前人力资源环境状况，仅有38.4%的受访企业认为"人力资源状况很好，能满足企业需要"，41.4%认为"技工招聘困难"，41.8%认为"新招用大学生/技工的实际能力不足"，26.8%认为"普工招聘困难"，26.3%认为"优秀人才流动性大、不稳定"。人力资源总体环境不容乐观，技工和普工招聘难、新招用大学生或技工实际能力不足、人才的稳定性差是突出问题。

3. 经营的法律环境还有较大改善空间。企业经营的法律环境状况直接影响企业的行为和经营策略。针对在发生贸易纠纷时，法律对公司合同和财产权的保护程度，仅 6.5% 的受访企业认为"保护程度非常高"，48.9% 认为"保护程度高"。选择"高"和"非常高"累计比例刚刚超过 55%，这意味着有接近一半的企业对经营的法律环境不乐观，法律环境仍存在较大改善空间。

4. 市场化程度有所降低。为了比较国际金融危机期间企业市场化程度的变化，我们设计了"公司负责人一年中大约有几天用于和政府部门打交道"问题，比较了国际金融危机前后的三年情况。2007 年和 2011 年相比，公司负责人一年中用于和政府部门打交道的天数，"20 天以下"的比例由 21.4% 减至 18.2%，下降了 3.2 个百分点，而"20—50 天""50—100 天""100 天及以上"的比例分别上升了 1.6%、1.3% 和 0.3%。调查显示，金融危机发生后，企业负责人与政府打交道的整体时间增多。

5. 税费负担有一定程度上升。调研中，税费负担是各类企业反映的共性问题。为了解企业税费状况及国际金融危机期间的变化，在问卷中我们设计了"2007 年、2009 年、2011 年贵公司税费占营业总收入比重"问题。调查显示，受访公司 2007 年、2009 年、2011 年税费占企业总收入的比重基本上在 20% 以下，仅有 5%—6% 的企业其税费占总收入比重超过 20%。但 2007 年和 2011 年相比，企业税费占总收入比例在 5% 以下的占比下降了 4.2%，而 10%—20% 和 20% 以上的占比分别上升了 4% 和 0.6%，税费负担有一定程度上升。

企业对发展机遇与驱动力的看法

1. 企业竞争力仍处于较低水平，同质化、低水平重复仍较普遍。成本上升、企业的盈利能力变化往往是竞争力的直接体现。我们设计了"近几年，随着能源、原材料及劳动力成本增加，公司盈利状况如何?"问题，"盈利影响不大""盈利能力提高"的比例合计不足 1/4，而"盈利状况有所下降"的比例累计超过 3/4。

2. 影响企业竞争力的主要因素是品牌、市场和研发能力。通过对企业竞争力的主要影响因素调查显示，排在前五位的分别为"品牌认可度较高"（66.3%）、"稳定的客户群体，市场稳定"（65.7%）、"研发和创新能力较强，有专利技术"（63.4%）、"生产工艺先进，质量高"（61.4%）、"自我研发的产品，有独特的功能"（56.5%）。

3. 国内市场需求潜力是企业最重要的发展机遇。对公司发展机遇的看法排名前五位的是："国内市场需求仍有较大增大空间"（80.6%）、"本企业研发能力较强，有较强竞争优势"（72.8%）、"企业品牌优势正在形成"（67.6%）、"国外市场仍有增长空间"（45.1%）、"生产技术有突破或者较大提升的可能，生产成本可能显著降低"（20.5%）。

4. 推动企业发展的主要驱动力是技术创新、管理规范化。受访企业对推动企业发展主要驱动力量的看法是：技术创新（82.9%）、管理规范化（70%）、产品升级（63%）、扩大规模（55.1%）、调整产品结构（53.9%）、扩大内销（33.3%）、降低能耗（31.9%）、向中西部转移（23.2%）等。"今后5年公司主要从哪些方面继续发展"，技术创新、管理规范化、产品升级等仍按相同顺序居前。调查表明：技术创新、管理规范化、产品升级及调整产品结构、扩大规模是推动企业发展的主要力量，而且具有中长期的持续影响效应。

企业对制约因素和困难的看法

1. 准入障碍、用地困难、收费多、法律不完善是制约企业发展的主要因素。受访企业对发展的主要制约因素的看法是：51.6%认为"审批太多，许多行业难以进入"；40.9%认为"用地困难"；35.4%认为"各种变相和强制性收费太多"；34.5%认为"法律不完善"；28.5%认为"融资困难"。准入障碍、企业用地缺乏保障、乱收费、法律不完善是制约企业发展的四大主要因素。

2. 政府职能需要改进的方向是政策执行、政府服务和平等准入。"对于政府职能而言，企业认为今后对于发展最需要改进的方面"问题的分析中，受访企业对政府职能需要改进方向的看法：37.6%的企业认为"需完善的政策法规和执行力度"；29.1%认为"需高效的政府服务和支持"；12.5%认为"需平等准入与公平竞争"；9.1%认为"需完善的融资环境"。政策法规和执行力度、政府服务和支持、平等准入与公平竞争是企业发展最需要政府职能进行改进之处。

3. 技术创新的主要困难是缺乏人才和技术。创新是企业发展的主要原动力。对"企业在技术创新过程中所面临的主要困难"问题，统计结果是：超过半数企业认为困难来源于"缺乏研究人员"（55.1%）、1/3 的企业认为困难来源于"缺乏技术研究的合作伙伴"（33%）、1/4 的企业认为困难来源于"资金紧张"和"难以引进或购买相关技术"，1/5 的企业认为困难来源于"缺乏技术信息"。

企业变革的八大处方[*]

> 变革始于对问题的认知和发现合适的人去领导组织推进和实施变革。获得动力和支持是变革能取得成效的关键。

你是否曾经尝试修理一列飞速行驶的火车？变革一个公司涉及的困难和复杂性与修理飞速行驶的火车相类似。境况不佳的公司不能因为面临挫折就停止业务运营，相反必须一边继续开展原来的业务运营，一边进行公司变革。

变革始于对问题的认知和发现合适的人去领导组织推进和实施变革。获得动力和支持是变革能取得成效的关键。正如尼桑变革型领导 Carlos Ghosn 认识到的"尼桑变革最费时间和精力，最重要的阶段是分析阶段——听大家说和观察实际条件"。理解公司的病因，获得动力和支持是变革的核心所在。

表 1 是从 12 个行业的 50 多家公司中概括出来的最佳标杆公司变革时的一般变革步骤。本文称之为处方。

表 1　　　　　　　　　公司变革步骤

变革阶段 1	变革阶段 2	变革阶段 3
1. 识别变革的需求 2. 选择变革型领导	3. 调查事实 4. 建立紧迫感 5. 创造激励式愿景	6. 构建一个强有力的工作组 7. 获得阶段性胜利成果 8. 创造跨功能团队

---

[*] 本文刊于《中国企业家》2006 年第 10 期，作者：贝那姆·塔布里兹，译者：范保群。

处方1：识别变革需求

传统的财务因素尽管经常出现，但不能告诉变革的整个故事。其他主要因素常要考虑的是公司在市场的竞争地位和预期的环境变化。

我们的研究给出了一系列变革需要的典型驱动力因素（见表2）。一个公司获得积极的变革成效往往是因为领导人不满现状，想改变公司。另外，公司文化变化的渴望是组织变革的充分诱因，特别是当现有文化不能匹配行业需求和市场变化时更是如此。

尽管有些情况在变革前，需要相对深入的调查来确定是否启动变革，但变革需求有时是非常明显的，而不需要进一步深入分析（见表3）。例如，尼桑的市场份额已经连续27年不断下降，公司1999年以前的8个财务年度中有7次亏损。另一个戏剧性的例子是，IBM在1991—1993年三年中损失了160亿美元，使公司陷入危机，立即决定聘请郭士纳作为CEO和变革型领导。

绝大多数人认为变革是解决存在的问题，然而变革也能作为一种预防性措施来强调预期事宜。为了保持竞争性市场地位，你和你的公司必须总是要领先竞争者一步，这需要公司领导对组织现状和行业、市场与竞争者发展方向等方面的洞察。Home Depot公司的变革型领导Robert Nardelli洞察到了预见和预期的价值"能把我们带到这里的因素，可能无法把我们带到那里"，这句话意味着过去发挥强有力作用的方法使公司达到现在的状况，但公司需要其他的方法走向未来。而且"内部变革速度必须快于外部变化速度，否则我们就落后了"。

表2　　　　　　　　　变革需要的典型驱动力因素

- 收入、利润或市场份额下降
- 预知竞争对手将戏剧性地超过自己
- 预知顾客需求的变化趋势将改变你公司做生意的方式
- 预知你的公司将无法掌握市场上的主要变化
- 公司正快速变化，旧文化和风格控制与运营组织越来越不适合
- 你想成为行业领导者
- 所有上述因素的组合

处方2：选择一个变革型领导

关键是找到这样的人，他能够"跳出盒子思考"。

针对组织现状决定进行变革后，接下来就是发现一个强有力、合适的领导去推进、组织和实施变革，以达到成效。除了要考虑选择公司领导的一些通用标准外，还需要考虑一些特殊标准和选择程序（见表4）。

需要注意的是，候选人不一定必须来自公司外部。尽管许多成功的变革型领导来自公司外部，但也有许多成功的变革型领导来自公司内部。一个典型的例子是通用电气的韦尔奇，他在公司工作了21年后被提升为首席执行官。韦尔奇在任期内，他领导了通用电气公司的伟大变革。关键是找到这样的人，他能够"跳出盒子思考"。Home Depot 的变革型领导 Nardelli 来自公司外部，他发现他进入公司并改变事物非常容易，因为他没有任何制度类的观点。

表3　　　　　　　　　　公司变革原因举例

公司	变革原因
尼桑（Nissan）	忽视顾客需求的自大管理，导致220亿美元债务，供应成本高，新产品开发停滞，处在破产的边缘 股票价格垂直下跌
港湾网络（Bay Networks）	财务原因
ACI	财务原因
Best Buy	发展速度超过公司能够控制的限度，失控和缺乏集权
Home Depot	发展速度超过掌控，需要文化变革，组织重组和全面转型
通用电气（GE）	尽管现在有繁荣和稳固的市场地位，但韦尔奇预见公司不足以掌控未来
IBM	在三年内损失160亿美元，股票价格垂直下跌

表4　　　　　　　　选择变革型领导时需要考虑的问题

他是否有过管理我们这样规模组织的经验？
他曾经推动过变革或达成过变革结果吗？如果没有，有助于他在我们的变革中达成成效需要什么技术或工具，他是否具有？
他能激励整体组织进行变革吗？

续表

他的领导风格与公司现在生命周期阶段的需要匹配吗？他理解我们公司文化吗？他是否有文化意识，对公司价值观敏感吗？
他在文化的基础上能如何改善？
他的目标与公司目标是否一致？
他是否能看到透过树木看到森林大图景？
他具有优秀的判断能力吗？
他是一个不直接跳至结论的优秀的聆听者吗？是优秀的、开放式的沟通者吗？

首要的事之一，你应该寻找有经验的变革型领导。在很多案例中，最强有力的候选人可能事实上不是来自本行业，而是其他行业。例如 IBM 的郭士纳、Home Depot 的 Nardelli，前者受雇于 RJR 饼干公司，从没有技术行业的经历，而后者在进入 Home Depot 前从没有管理零售业的经历。尽管他们缺乏行业经验，但他们两人具有的独特技能和特征都与所在公司要求变革的需求很匹配。例如 IBM 认识到问题不在技术上，而是组织和文化，他们要选择一个可信的、高效的，在产生和管理变革方面有经验的领导者，郭士纳在这方面曾经在美国运通和 RJR 饼干都推动了变革并取得了很好业绩。Nabisco 也是一个理想的变革型领导，他带给 Home Depot 一系列 GE 公司使用的新方法，如六西格玛质量管理、财务控制、标杆管理等，他领导建立了通用电气电源系统事业部，还成为公司的接班候选人之一，具有优秀的管理和领导能力。

领导必须能动员整个组织进行变革努力，必须有强有力的沟通能力来连接变革需求与期望的结果，以及创造信奉透明度的环境。特别在初期阶段，透明度是非常有用的技巧。尼桑变革初期，Ghosn 坚持要总体上透明，这就是为什么他与其他人交谈时如此直截了当地坦陈尼桑和它面临的问题，而且经常描述令所有人都能看到的、痛苦的细节。

沟通不仅只在开放和诚实时起作用，即使当语言是简洁和强制时一样起作用。简洁的重要性不应忽视，因为复杂信息常常缺乏强制力和激励作用，并且更可能被误解。

总之，一位成功的变革型领导不应该假设一种方案适合所有的变革努力，他也不应该预制解决方案，而应是思考他对公司问题的理解是否已经全面。他必须具有优秀的判断力，而且为了激励和动员全公司推进变革，他必须敏感和有意识地面对公司文化。当他可能最终寻求改变或改善文化时，我们的研究发现最成功的变革型领导都采取了有意识、敏感方式对待原来的公司文化和环境。例如 Nardelli 进入 Home Depot 后认识到公司已经过于分散、独立，"牛仔"文化阻碍公司成功，最终他不得不通过变革来创造其继续成长。

在某些案例中，如果涉及的国家不同，这种企业文化差异将更复杂。对于变革型领导者来说，特别重要的是领导者要意识到文化差异并有一个计划来强调调节这种差异。例如，尼桑公司的 Ghosn 曾经在一些外国公司工作过，他知道，尤其是在初期必须把自己融入尼桑和日本文化之中。

与文化差异类似，也存在领导风格差异。新的变革型领导可能具有的风格与前任领导截然不同。但是新领导的文化敏感意识能有助于缓和公司对标领导风格变更的剧烈反应。例如，与前任领导激情创业型态度相比，Robert Nardelli 更多地属于保守和数字导向管理风格。但是通过开放、坦诚的沟通与对文化的敏锐感，他的这种领导风格促进了公司过渡。许多人认为他会立刻把通用电气的六西格玛管理纳入现在公司，但是他意识到这样做可能与原公司文化冲突较大，于是他采取了先给公司一定时间调整思想，试点了几个小规模项目，然后他认为公司已经准备好了，才逐步把六西格玛管理移植进来。

领导风格随着企业发展阶段变化也应有所变化。例如，公司将经历创立、发展、成熟阶段，每个阶段需要不同类型的管理。年轻正在成长的公司可能需要激情创业型领导，这样的案例在 Home Depot 早期体现得很明显，直到他们认识到这种创业型管理风格已经不再对公司发展有效，因此选择了 Nardelli 通过他的领导风格来满足公司发展需要。

Home Depot 任命 Nardelli 为首席执行官来推动这场变革，这容易引起一种误解，好像所有成功的变革型领导都是公司的首席执行官。我们的研究发现，许多公司变革型领导是首席执行官，但也有例外存在。两个典型的例子是 Carlos Ghosn 是尼桑的首席运营官和 Vernon Irvin 是 VeriSign 公司的执行副总裁。尽管他们不是首席执行官，但是他们被赋予了权力、自治、权威和地位。没有自治权、决策权和执行权的变革型领导将极大地被限制其作用发挥。没有地位和权威，新领导在推动变化和获得尊重方面将非常困难。即使变革型领导不是首席执行官，取得首席执行官的支持、授权和与他进行开放式的沟通都是非常关键的。

已经选择了一个强有力的候选人之后，对其器重、尊重非常重要。例如，在郭士纳最终接受 IBM 的邀请前，IBM 已经向他提出三次邀请。戏剧性的例子是，Nardelli 在成为 Home Depot 的首席执行官前选择委员会已经进行了非常缜密的研究和快速决策。

招聘目标领导时，给予公司和他一个高水平目标无论对于变革还是对于公司来说都是有帮助的。例如 Home Depot 在搜寻候选人时已经制定了公司具体目标，推进收入。这些目标不仅有利于选择合适的变革型领导，也有助于引导变革方向。

一旦变革型领导决定加入公司，他接下来就会建立一支强有力的团队来领导与驱动变革。在变革团队中，领导者可以组织一个内外部员工的组合来共同推进变革。例如，如果领导者来自公司外部，他可能带来一个他认为最合适的员工小组来推进变革。在 Ghosn 进入尼桑公司时，他就从雷诺公司带来了这样一个小组。Robert Nardelli 进入 Home Depot 公司时也是如此，他带来的几位关键员工包括业务发展的执行副总裁、人力资源总监和新的首席信息执行官。

与变革型领导者一起进入公司的往往是高管人员，尤其是首席财务执行官居多。例如郭士纳把来自克莱斯勒公司的 Jerry York 带入 IBM 任新的首席财务执行官，Dave House 在港湾网络转型中也带来了新的首席财务执行官。

首席财务执行官是首席执行官在公司的眼睛，持续跟踪着公司各部门的财务状况，能给出全公司完整的财务图景。首席财务执行官往往也被赋予降低成本的重任。

处方 3：调查事实

在这个过程中不仅要发现公司弱点，更重要的是评估和认清公司的力量所在。

新变革型领导者首先要做的事情之一应该是从高层面来分析公司的财务状况，判断整体业务变革在财务上的可行性。基本的财务评估由外部审计专家承担，评估应该考虑公司的现金流。领导者本人应该参与分析公司的整体状况，变革的目标只有在获得公司整体信息与状况的前提下才能制定。正如 Ghosn 所说的，"尼桑处于衰退状况是明显的，但是在我不了解衰退的真正原因和信息前，我无所适从"。通过调查实际情况，变革型领导者能拓展出公司形势的清晰图景，并形成解决问题的重点和公司变革方向。对于一个新领导者来说，不预先假设很重要，一名成功的变革型领导，"首先是听，然后是思考"。不要直接跳至结论，而是构建可信性和保持开放思想去发现以前不知道的事实。

Ghosn 在尼桑的前三个月都在做倾听和分析公司各层次和角度的客观形势。通过交谈，他认识到公司没有某个人能够给出公司已经发生的情况和给出造成公司问题的合理原因说明。于是他到公司在全球各地的办事机构去调查，与不同文化背景下的员工交流，试图确定尼桑公司病根所在和核心难题。在这个过程中不仅要发现公司弱点，更重要的是评估和认清公司的力量所在，因为它提示你能够构建和增强的着眼点，它也是需要实施变革和保持员工士气的关键所在。用 Ghosn 本人的话说，"我最初的本职工作是用事实和透明度来建立利益相关者沟通渠道，劝服他们必须实施变革，同时又重新恢复他们对公司能够再创成功的信念"。IBM 变革过程中，郭士纳的做法也基本相同，他认识到，不能从公司总部员工的看法中判断公司，必须从公司各层面和角度来获得关于公司有价值的洞见（见表 5、表 6）。郭士纳进入公司后的第一次会议就是要求获得业务发展简要状况。由于他没有技术公司工作经历和经验，他频繁地与来自微软、英特尔等行业（计算机和电信）的专家面谈。

表 5	调查事实时询问员工的问题
公司哪些方面做错了？现在针对这些问题将要做什么？	
公司哪些方面做对了？	
我们如何改进公司做错的地方？	
你在公司的角色是什么？你对公司有什么贡献？你的商业价值观是什么？	
公司愿景是什么？	
你在完成目标过程中的主要阻碍是什么？	
对首席执行官你有什么建议？	
谁是公司中伟大的思想领导者？	

表 6	调查客观事实的重要实践技巧
不要预先假设，做判断之前倾听	
与公司各层次人员交谈，包括员工、供应商和顾客	
与你交谈的每个人（包括股东）沟通变革价值观	

续表

| 使员工对公司恢复信心 |
| 用客观数据支持你的结论和发现 |

处方4：构建紧迫感

没有紧迫感，公司常常认为现在采取的行动已经是很完美了，这种自满心态将直接导致变革过程戏剧性地被延长。

公司进行变革在他们期望多长时间完成上有不同的时间表，但是如果没有紧迫感，变革往往要花费的时间更长、更复杂且易遭到抵制。郭士纳特别强调了危机感在驱动变革方面的重要性："任何成功的企业变革与存在的危机强度成正比，没有危机感，变革必然失败。"

在许多方面，紧迫感激活了公司和证实了变革结果。事实上，紧迫感能够使许多员工跳出对变革的抵制转而支持变革。科特认为当公司75%的管理者认为业务发展不能令人接受时，紧迫感能够驱动成功的变革发生。一旦多数关键员工相信应该变革时，变革就成为内在驱动力，容易达到变革目标。

紧迫感和危机感由于能够获得支持和推动变革行动，可以驱动快速而有效的变革达成。紧迫感在驱动变革方面的作用，郭士纳给出了一段经典描述："如果结果不佳时沉默不语，就没有形成紧迫感。如果你不喊'着火了'，而只是说：'那里挺热，可能某处某东西正在燃烧'，火苗将继续扩张。你必须识别问题，然后大声疾呼你的判断。"

在许多失败的变革中，领导者往往低估了驱动员工跳出"舒适区"来支持变革的困难之处。郭士纳也强调了克服这种阻碍的难度："如果员工不相信危机存在，他们就不会为变革而进行必要的牺牲。无论你是高管人员还是一线员工，没有人喜欢变革，变革代表着不确定性和潜在的痛苦。"

那么如何创造与沟通紧迫感，让员工能够冷静而不是情绪化（如生气或害怕）地面对呢？处方1强调认识到变革需求的关键重要性，处方3则认为领导者必须在客观事实的基础上进行沟通（见表7）。通用电气前首席执行官韦尔奇（Jack Welch）认为：如何把员工带入变革过程之中？始于现实。拿出所有的事实，用最清晰、最生动的词理性地告诉他们必须选择变革。当每个人得到相同的事实，他们将得出相同的结论。

表 7	沟通紧迫感
用每一个可获得的机会沟通紧迫感	

利用各种海外关系达到深度和广度
　　——不同的感觉
　　　　——声音
　　　　——视觉文本、图像图形等
　　——情感、逻辑等
　　——传播模式
　　　　——视觉：录像、海报等
　　　　——声音：公告、演讲等

另一种沟通紧迫感的方式是创造视觉演示来解释问题和立即解决这些问题的重要性。情境、数字、统计本身就是力量，有助于识别公司的问题和动员大家行动。例如，一种有效的沟通手段是通过录像来表达重要顾客对公司表现出的失望，这种失望往往是问题的关键，却通过顾客以直接和真诚的方式展现给员工。当然采取什么样的沟通方式取决于不同的情况和不同的角度，但通过选择有效的沟通方式来传递紧迫感，以使员工进入变革过程是关键所在。

总之，强有力和合适的紧迫感沟通是变革启动的关键。正如所期望的，变革型领导者在沟通方面发挥了极其关键的作用，"定义、沟通危机，明确危机的大小、严重程度和影响是变革型领导者的本职工作"。

处方5：创造激励式愿景

激励式愿景是每个决策和行动的核心，它们必须在公司所有层面得到沟通和交流。

可信、充满希望的愿景在组织变革中非常重要。在变革期间，士气通常较低，因为员工一般感觉公司处于低谷，害怕自己成为公司削减成本的牺牲品。而且在业务变革和平衡中，员工更聚焦于现在而忽视将来。因此，拥有正确的愿景对于一个组织来说，不仅有激励和动员作用，而且有过滤和平衡的作用。愿景有助于聚焦公司，项目和决策必须与愿景相匹配。

激励式愿景在调动士气方面是关键，因为它必须是一种根植于公司文化、每个员工心灵中的思想。激励式愿景应该是引人注目的和令人激动的，因为它应该由内而外地烙印和激活他们。激励式愿景是沟通公司核心价值观和公司客户目标的方式，往往是非常清晰的一两句话。例如苹果公司的愿景是"通过为人类提供更友好的工作，为世界做贡献"。激励式愿景也可以是现实的和聚焦的，例如麦肯锡的愿景是"帮助领先公司和政府更成功"，无论激励式愿景是远期的还是聚焦的，重要的是它所定义和引导的战略方向。

郭士纳决定颠覆原来的战略，放弃把公司分成独立单元的做法，相反把公司业务集成在一起为顾客提供集成的解决方式，是激励式愿景的例子。高水平愿景取决于你如何组织你的公司，例如，一个公司可以是集权式组织，也可以是分权式组织。平衡愿景、业务和市场是变革型领导时刻要牢记的。

由于激励式愿景是每个决策和行动的核心，它们必须在公司所有层面得到沟通和交流。沟通涉及几个不同角度，最明显的角度是，愿景的用语。一个简单、易记的句子尽管有时不足以包含愿景的所有含义，但有利于沟通。例如，愿景可能通过演讲、演示等沟通。另一种沟通方式是通过领导的行动和决策潜移默化地影响。在 SAS 公司，变革型领导 Jan Carlzon 创造和分发名称为"让我们到那里去战斗"的小红册子。这本小册子被发给全体 20000 名员工，清晰和精确地沟通组织愿景和目标。沟通愿景时，信息越简单，越容易理解和记忆，就越容易执行。

处方 6：构建一个强有力的工作组

这个工作组理想地由公司高层经理、管理者和有才华、令人尊敬的中层管理者组成。

在变革过程中，来自组织高层关键人员的支持对于推动变革的领导者来说，是最伟大的资产。组建一个强有力的工作组是获得广泛支持的第一步。这个工作组理想地由公司高层经理、管理者和有才华、令人尊敬的中层管理者组成。工作组成员坚信变革的必要性和变革目标一定能达成。工作组成员相互依赖和信任，他们是变革型领导者的核心联盟，是他的左膀右臂。在工作组中最重要的人员之一是首席财务执行官，因为他能够从公司全局来洞察并控制着预算和公司血液。

有许多方式来选择工作组成员。一个重要方法是通过他人推荐，因为公司中知名的"思想领导者"被绝大多数员工所认可，而且，当你在调查事实阶段与高管和员工交谈时，你有机会来判断他们的能力和支持变革的热情。例如当郭士纳与他的高管人员讨论 10 页报告时，他同时组建了团队，试图理解他们面对的问题和他们如何应对这些问题，以及他们想得清不清楚、执行得如何、他们领导潜力如何等。这些机会有助于最大化提高变革过程的效率。

为了高效选择强有力的工作组，变革型领导必须积极把他融入员工之中，使自己成为沟通网络的中心（见表 8）。例如港湾网络的变革型领导 Dave House 从来不独自用餐，而是每次在食堂与一个不熟悉的员工一起用餐，这使他可与公司许多人交谈，从开放式的谈话中发现人才和听取对变革的看法。通过这种方式他不仅在员工中建立了可信度，而且给变革带来了额外的支持力量。毫无疑问，变革型领导必须发现那些有潜力、适合变革的人，同时清除不适合的人。根据通用电气公司前首席执行官韦尔奇的观点，公司中有四种类型的员工，第一种类型员工既履行承诺又符合公司文化，第二种类型员工既不履行承诺也不符合公司文化，第三种类型员工不履行承诺但符合公司文化，第四种类型员工履行承诺但不符合公司文化。很明显公司应该保留第一种类型员工，清除第二种类型员工。第三种类型的员工有潜力可能在不同的部门能够发挥得更好，对于领导者来说，如何处理第四种类型员工是很困难的决策，但韦尔奇的信念是坚决清除这类员工。变革型领导最困难的决定之一就是必须坚决清除那些对公司有害的人。而且，对于那些你想要重用的人，给予他们更有挑战的工作和责任以检验他们的潜力。

表 8	如何构建强有力的工作组？
与公司不同人交谈来获得他们认为谁是最好的工作者或领导者的洞见	
通过直接与他们交谈来评估员工或管理者的能力和潜力	
选择那些他们的经历或他们的关系能够给公司带来不同思路的人	

已经构建了一个强有力的工作组后，领导这个工作组工作的方法和方式多种多样，其中最重要的事情是变革型领导应该成为沟通网络的中心。工作组最重要的产出之一是建立了强有力的关系，变革型领导应该不断与工作组成员沟通并确信他们的需求得到满足。工作组成员间持续的沟通将保证大家兴趣聚焦和工作方向一致。

表9	选择早期胜利时需要考虑的事
它的风险性如何？成功的可能性是什么？	
它与愿景一致吗？是我们行动方向中的第一步吗？	
它能立即实施和快速实现吗？	
能够立竿见影吗？	
早期胜利能够被有效沟通来激励员工和提升推动力吗？	

处方7：获得某些阶段性胜利成果

人们一般不愿花费时间和精力在一件长时间看不到结果或进展的事情上。变革型领导应该不断放眼观察，适时地庆祝早期阶段的胜利成果。

每一棵树都有低处的果实。如果你让这些低处的果实在树上停留的时间太长，它们就会过分成熟而腐烂。类似地，每一个变革都有早期胜利成果，在变革过程中较早获得的成功。如果变革型领导在捕捉早期胜利潜力时等待的时间太长，将变得无效，甚至可能失败。因此变革型领导应该不断放眼观察，适时地庆祝早期阶段的胜利成果。

人们一般不愿花费时间和精力在一件长时间看不到结果或进展的事情上。尽管人们坚信需要变革，但他们不能在看不到努力成果的前提下长期坚持。因此，长期变革过程中应该不断创造短期成功给员工以成就感和缓解员工面临的压力与不确定性。早期阶段性胜利还有助于建立可信性和创造推动力，正如尼桑公司变革型领导Carlos Ghosn所说："可信性依靠两个秘方，首先是绩效。如果你没有绩效，你就不可信。其次是透明度。有效的早期胜利不仅支持了变革努力，而且充电和鼓舞员工，还构建了员工对公司的自信，更有信心地为实现长期目标来面对更大挑战性和复杂性。"

但这并不是说，选择和执行那些早期胜利应该成为公司的焦点。但早期胜利应该被选择来说明变革的可行性和成功的可能性，而且，必须平衡公司的激励式愿景和变革的总体目标。

处方8：创建跨功能团队

跨功能团队主要的作用是发展和提供分析问题后的最佳建议，当目标完成后，团队就解散。这种团队的临时性质增加了变革的紧迫感，而且独特的结构有助于震动和拓展公司的舒适区。

跨功能团队（CFTs）是把不同职能和部门的人员组织在一起，形成跨越组织，实现共同目标的团队。跨功能团队打破了影响沟通的部门阻碍，鼓励合作和开放式对话。跨功能团队使成员共享专有知识与观点，从而使整个组织更具凝聚力。

在驱动整个变革过程中，涉及许多员工、给每个人相同的工作计划以达成相同目标的跨功能团队发挥着主要作用。他们不仅加速变革，使变革更有效和有效率，也挑战着传统的仅由咨询顾问来指导的变革模式。传统的变革团队是从高级到初级咨询顾问的团队，他们不仅调查实际情况和问题，而且也做计划，大量咨询顾问涉及的变革存在以下几个主要问题：（1）员工没有被内化在变革过程中，因而可能根本不理解和不相信变革，使实施成为难题；（2）咨询顾问不必共享相同的目标或者像员工在公司中那样与变革结果利益直接相关；（3）咨询顾问非常昂贵，公司与顾问之间存在利益冲突，公司希望变革过程尽可能早些结束，而咨询顾问却可能相反，因此咨询顾问驱动的变革可能历程要更长些。

当然，咨询顾问可能误解了公司愿景或战略。所以，咨询顾问主导实施的建议书可能有消极产出，与公司目标或期望结果不一致。通过限制咨询顾问数量和限制他们的角色，加速变革，实现了推动变革主车轮的员工与咨询顾问专家的有机组合，员工、专家与公司变革目标成为一个整体，他们更投入并对结果负责。跨功能团队主要的作用是发展和提供了分析问题后的最佳建议，因为他们通常是为变革而组建的，当目标完成后，团队就解散。这种团队的临时性质增加了变革的紧迫感，而且独特的结构有助于震动和拓展公司的舒适区。

双边制度安排与外资企业绩效研究[*]

引 言

对于外资企业绩效提升的研究始终是我国学术界关注的重要问题。现有文献主要从外资企业的交易特定优势,如专有产品、国际化的管理能力以及经验等角度进行分析。这些研究依据资源观,认为资源以及资源分配是决定绩效的关键性因素。然而,新制度主义理论指出,企业的生存与发展不能独立于其所处的外部制度环境,忽略制度因素往往会造成无法深入和全面地了解企业的行为和绩效。近年来,一些学者从东道国和母国的制度以及双边制度距离的视角探讨了外资企业的绩效,[①] 但是很少从国家间的制度安排,尤其是从双边政治关系的角度出发来探讨其对企业绩效的影响。我国目前正处在经济改革的重要时期,市场制度还不健全,产权保护、经济合约等制度基础薄弱,这些亟须政府进一步完善。同时,东道国往往对来自不同投资国的外资企业实行差别对待。这种有差别的制度安排与目前转型经济自身的制度不完善动态地结合起来,致使外资企业在我国面临异常复杂的制度环境。Keohane认为,国家间良好的制度安排能够降低合法投资的交易成本。[②] 双边良好的政治关系是外资企业的权利从母国向东道国的空间扩散过程,[③] 在经济转型时期能帮助外资企业完善生产和经营的外部制度环境,获得制度特权;外资企业的资源获取以及相关收益

---

[*] 本文刊于《社会科学战线》2017年第5期,与姜建刚合作。

[①] 潘镇、殷华方、鲁明泓:《制度距离对外资企业绩效的影响——一项基于生存分析的实证研究》,《管理世界》2008年第7期。

[②] R. O. Keohane, *After Hegemony: Cooperation and Discord in the World Political Economoly*, Princeton: Princeton University Press, 1984.

[③] 张建红、姜建刚:《双边政治关系对中国对外直接投资的影响研究》,《世界经济与政治》2012年第12期。

分配也离不开国家间政治关系的作用。基于此，本文探讨我国与投资国之间的政治关系对外资企业绩效的直接影响以及通过企业内部资源的调整对企业绩效产生的间接影响。

双边政治关系是国家间的一种制度安排，东道国有关外商投资政策的制定与这种关系有极大的关联。已有文献探讨了双边政治关系对跨国投资的影响。部分实证研究认为，良好的双边关系与 FDI 规模正相关，而紧张的双边关系与 FDI 规模负相关。[1] Knill 等发现，较好的双边关系能够增强主权财富（SWF）投资区位选择的吸引力，但这种关系对 SWF 投资规模的影响不大。[2] 也有研究指出，双边关系恶化时，跨国企业所要求的投资回报率将提高。[3] 然而，也有学者认为即使存在双边冲突，如果这种关系能够维持在相对正常的范围内，也不会显著降低外商投资。[4]

与前人的研究相比，本文主要有如下两点贡献。第一，本文丰富了新制度理论与绩效研究的关系。双边政治关系是国家之间的一种重要制度安排，然而在国际商务学的研究中，文献主要分析双边冲突对外资企业期望回报率的影响，[5] 可见该方面的经验研究尚属欠缺。另外，双边友好与双边冲突属于不同的制度结构，它们对外资企业绩效的影响机制与程度也并不一致。相对于双边冲突，双边友好（和平）是时代的主题，探讨双边友好和外资企业绩效的关系更符合时代的趋势。本文首次将双边友好关系对外资企业绩效的影响机制作为研究对象，拓展了双边政治关系，此制度安排与企业投资绩效的关系研究，为我国经济转型期如何深化制度变迁以改善、保障外资企业的绩效提供了一种全新的制度结构。第二，本文融合了制度观与资源观的相关理论，为这两种理论的结合和长期发展提供了新的视角。制度观与资源观的作用不是孤立的，然而前人并没有把国家间的政

---

[1] D. Nigh, "Political Events and the Foreign Direct Investment Decision: An Empirical Examination", *Managerial and Decison Economics*, Vol. 7, No. 2, 1986, pp. 99 – 106；张建红、姜建刚：《双边政治关系对中国对外直接投资的影响研究》，《世界经济与政治》2012 年第 12 期。

[2] A. Knill, B. Lee. and N. Mauck, "Bilateral Political Relationsand Sovereign Wealth Fund Investmen", *Journal of Corporate Finance*, Vol. 18, 2012, pp. 108 – 123.

[3] R. Desbordes, "Global and Diplomatic Political Risks and Foreign Direct Investment", *Economic & Politics*, Vol. 22, No. 1, 2010, pp. 92 – 125.

[4] C. L. Davis and S. Meunier, "Business as Usual? Economic Responses to Political Tensions", *American Journal of Political Science*, Vol. 55, No. 3, 2011, pp. 628 – 646.

[5] R. Desbordes, "Global and Diplomatic Political Risks and Foreign Direct Investment", Economic & Politics, Vol. 22. No. 1, 2010, pp. 92 – 125.

治制度与外资企业的内部资源放在一起研究。针对这一局限，本文首次探讨了双边友好关系如何作为一种制度结构调节企业的内部资源。

研究假设

政治反作用于经济，与风险有关的研究突出了跨国投资时国家间政治制度与环境的作用。双边政治关系的作用不能脱离具体的社会环境。转型经济与发达国家的一个最明显差别是制度的革新造成了市场自主配置企业资源能力的不一致性。在转型经济中，制度安排和变迁对资源配置起着重要作用，资源发挥作用所依赖的制度基础及其对制度化的需要，要求我们在分析双边关系的作用时，将其与企业内部资源结合起来，不能将两种影响效果简单地相加或相减。我们认为：一方面，应重视双边政治关系对外资企业绩效的直接影响；另一方面，也不能忽视其与外资企业内部资源的互动作用。基于此，本文首次将双边政治关系与企业内部的资源互动作用整合于同一个框架。企业多种类型的内部资源在不同层面影响企业的绩效。由于理论以及数据获取的限制，本文将集中探讨双边友好关系对企业市场能力、组织冗余、企业年龄的调节作用。

1. 双边政治关系对外资企业绩效的直接影响

外资企业常被看成其母国的非正式代言人，其绩效离不开双边政治关系的影响。首先，双边较好的关系直接产生了经济合约。现代外交活动的重要宗旨是为双边经济行为提供服务。良好的双边关系对于发展互利的合作关系，维护双边特定的利益具有积极的保障作用。[1] 我国外交活动的一个重要目的是为经济活动提供卓越的外部环境，运用外交加强与各国的经济合作。从这一角度来说，政府常常是商业活动的合作者与推动者，积极的双边关系通常能够直接带来经济合约。其次，东道国对投资国企业的偏好通常因双边这种关系的发展而异。一方面，双边的良好关系维护了东道国的利益，有利于东道国的主权与经济安全，从而提高东道国政府对投资国的外资企业实施自由主义的意愿；[2] 另一方面，两国的关系较好时，东

---

[1] 陈志敏、常璐璐：《权力的资源与运用：兼论中国外交的权力战略》，《世界经济与政治》2012 年第 7 期。

[2] J. Zhang and He X., "Economic Nationalism and Foreign Acquistion Completion: The Case of China", *International Business Review*, Vol. 23, No. 1, 2014, pp. 212 – 227.

道国公众会更乐意接纳投资国的企业所生产、提供的产品与服务。[1] 可见，双边良好关系能够帮助外资企业减轻或避免东道国民族主义的不利冲击，促使东道国对投资国的企业采取更开放的态度。再次，双边友好的外交活动增强了彼此的理解与信任，形成一种稳定的心理契约，从而提高两国企业交易的基础。最后，双边的良好关系为投资国企业在东道国提供较好的产权保护。东道国对不同投资国企业的产权保护存在差别，双边良好的关系促使东道国对投资国企业有选择地赋予更多的产权保护。[2] 由此可见，双边良好的外交关系为外资企业改善绩效提供了有力保障。综上所述，本文提出：

假设1：双边较好的政治关系有助于外资企业改善绩效。

2. 市场能力与双边政治关系的作用

市场能力强的企业，其市场传感会相应增强，交易机会也会增加。企业通过发挥市场能力，能够跟踪市场与利益相关者的最新需求动态，从而对产品、服务做出正确的定位与改进。同时，市场能力较好的企业，其市场活动的广度与深度也会提高，有助于增强利益相关者对企业的了解，改善企业的形象与获利能力。研究还指出，企业的市场能力越强，利益相关者对企业产品与服务的忠诚度也更稳固。因此，[3] 外资企业较好的市场能力对绩效有促进作用。

双边政治关系对外资企业的市场能力有调节作用。首先，良好的双边关系有利于信息与知识的传递，包括相关规则、规范与认知及其他市场信息。[4] 这有利于外资企业增强市场传感，使它们更好地了解市场与利益相关者的动态，并由此对其产品与服务做出及时、恰当的调整，从而改善交易能力。其次，较好的双边关系也提高了投资国企业在东道国的形象，有助于提升产品的接受度。当消费者对外来企业及其产品不熟悉时，他们判

---

[1] R. Desbordes, "Global and Diplomatic Political Risks and Forcign Diret Investment", *Economic & Politics* Vol. 22, No. 1, 2010, pp. 92 – 125.

[2] R. Desbordes and V. Vicard, "Foreign Diret Investment and Bilateral Investmet Teaties: An Itemational Plitial Perspecive", *Journal of Comparative Economics*, Vol. 37, No. 3, 2009, pp. 372 – 386.

[3] D. A. Aaker, "The Value of Brand Equity", *Journal of Business Sirategy*, Vol. 13, No. 4, 1992, pp. 27 – 32.

[4] 张建红、姜建刚：《双边政治关系对中国对外直接投资的影响研究》，《世界经济与政治》2012年第12期；J. Zhang and He X., "Economic Nationalism and Foreign Acquistion Completion: The Case of China", *International Business Reriew*, Vol. 23, No. 1, 2014, pp. 212 – 227。

断外资企业产品的质量以及是否接受该企业通常以来源国的形象为标准。来源国的形象越好，外资企业的产品、服务在东道国越容易被接受。① 较好的双边政治关系是折射国家良好形象的一种积极信号，企业形象则是国家形象的延伸。源于双边的良好关系，增强了东道国政府与公众对投资国企业的认同，维持其对投资国企业及其产品与服务的忠诚度。可见，双边良好的政治关系对外资企业的市场能力有一定的替代作用。综上所述，本文提出了如下假设：

假设2：双边政治关系越好，外资企业市场能力对绩效的促进作用越小。

3. 组织冗余与双边政治关系的作用

外资企业的生产经营面临诸多风险与压力，不利于其取得好的绩效。而组织冗余有助于企业成功地适应风险变动的压力，解决冲突，克服环境变化的冲击。② 由此可见，一定规模的组织冗余有利于外资企业促进绩效，但这并不表明组织冗余越多越有利于企业提高绩效。组织冗余过多时，管理者会运用冗余资源谋求私利，从而产生委托—代理问题，资源出现X效率。③ 因此，外资企业的冗余与绩效存在倒"U"形的关系。

双边政治关系对外资企业的组织冗余有调节作用。首先，两国间的友好关系能使外资企业在体制上根除双边政治风险。国家间发生政治冲突时，东道国通常会把冲突的成本转移给投资国的外资企业，直接没收外资企业的财产或者对其进行严格的干预与管制。④ 而双边的友好关系避免了一系列冲突，为双边互动创造了积极的规制、规范与认知，在体制上杜绝东道国强加给外资企业的风险。其次，这种友好的关系使外资企业在体制上有效地克服了双边投资纠纷。当双边出现广泛而严重的投资纠纷时，单个企业通常无力解决这些争端，必须通过政府之间的积极磋商与

---

① W. W. Powell and P. J. DiMaggio, *The New Istiutionalis and Organizutional Analysis*, Chicago: Univesily of Chicago Press, 1991.

② G. George, "Slack Resources and teh Performance of Privately Held Firms", *Academy of Management Journal*, Vol. 48, No. 4, 2005, pp. 661 - 676.

③ 邹国庆、倪昌红：《经济转型中的组织冗余与企业绩效：制度地境的满作用》，《中国工业经济》2010年第11期。

④ T. Büthe andH. V. Milner, "The Politice of Foreign Direct Investment into Developing Countries: Increasing FDIthrough International Trade Agreements?" *American Journal of Political Science*, Vol. 52, No. 4, 2008, pp. 741 - 762.

协调，才能达成有利于双边投资活动的法律法规，从而有效地解决纠纷。可见，双边的良好政治关系对组织冗余有一定的替代作用。综上所述，本文提出：

假设3：双边政治关系越好，外资企业组织冗余对绩效的促进作用越小。

4. 企业年龄与双边政治关系的作用

外资企业在东道国生产经营的时间越长，接收信息的反馈越多，就越能熟悉并适应当地的投资环境。随着学习能力的提高，外资企业还能积累符合当地环境的生产经营经验，降低交易费用。同时，由于认知存在惰性，东道国政府和公众对外资企业的接受也需要一些时间。此外，转型经济政府也需要时间学习处理与外商投资者的关系，并为其提供合适的制度安排与创造合法性。[1] 因此，外资企业在东道国生产经营时间越长，越能取得好的绩效。

双边政治关系对外资企业的经营时间有调节作用。首先，双边的积极关系能够推动国家间信息与知识的双向传递。这些知识与信息一方面对外商投资企业有积极的反馈作用，便于积累经验，了解当地投资环境，正确处理与当地的关系。另一方面，随着东道国掌握投资国及其跨国公司的信息越来越多，东道国政府与公众对外资企业的认知惰性将得到改变或修正，加速外资企业获得接受与认可。其次，由于公共利益是私人利益的集合体，外交活动同时受国家与私人利益的驱动。[2] 投资者为寻求、保护、提高其在海外投资的利益，通常会游说与委托母国政府帮助其实现利益。[3] 双边较好的外交关系改善了政府间的沟通，有利于投资国把其海外投资企业的利益与要求传达给东道国。东道国政府进而便于及时为外资企业提供相应的制度服务。因此，双边这种良好关系对外资企业生产经营的时间有一定的替代作用。综上所述，本文提出：

假设4：双边政治关系越好，外资企业的生产经营时间对绩效的促进作用越小。

---

[1] P. B. Beamish, "The Characteristice of Joint Ventures in the Peopele's of China", *Journal of International Marketing*, Vol. 87, No. 4, 1993, pp. 29–48.

[2] D. Lee and D. Hudson, "The old and New Signifcance of Political Economy in Diplornacy", *Reriew of Iternatonal Studies*, Vol. 30, No. 3, 2004, pp. 343–360.

[3] R. Desbordes and V. Vicard, "Foreign Direet Investment and Bilateral Investmet Teaties: An Itemational Plitial Perspecive", *Journal of Comparative Economics*, Vol. 37, No. 3, 2009, pp. 372–386.

数据与方法

为检验前文提出的研究假设，本文运用1998—2009年的相关面板数据来进行经验研究。其中企业层面的数据来源于国家统计局对中国工业企业的调查数据。我们先从这些外资企业中提取2227家被连续调查的各种所有制形式的外资企业样本，[1] 然后在互联网上查询这些企业的母国来源，最终得到来源于31个国家的1623家样本外资企业的统计数据。有关变量的说明简述如下。

1. 变量

首先，我们选用净资产收益率（ROE）作为因变量企业绩效的代理变量，企业的净资产收益率等于利润总额与所有者权益之比。

根据前文的分析，本文构建了如下的解释变量。第一个变量是双边关系（Visit），表示双边政治关系情况。文献常用投资国与东道国领导人当年互动的次数乘以权重来度量，元首级领导人和其他国家级领导人互动的权重分别为2、1，加权的数值越大，表示双边关系越好。[2] 我们也按照该方法来测度双边政治关系，并且采用领导人之间互访、问候、在第三国会晤的次数之和表示互动的总次数。第二个变量是市场能力（Capabilities），表示企业的市场能力情况。Lee和Rugman等用企业主营业务账目中的一般费用、行政管理费用、销售费用之和与就业人员的占比来度量企业市场能力。[3] 该比值越大，表明企业相应的市场能力也越大，我们将借鉴这一方法。考虑到缺乏一般费用的统计数值，我们使用行政管理费用、销售费用之和与就业人员的占比作为企业市场能力的代理变量。第三个变量是组织冗余（Slack），表示企业的冗余情况。按Bradley等的方法，用企业流动资

---

[1] 由于本文的一个研究重点是双边政治关系，因此这里没有包含来自于港澳台的外资企业。

[2] 张建红、姜建刚：《双边政治关系对中国对外直接投资的影响研究》，《世界经济与政治》2012年第12期；J. Zhang and He X.，"Economic Nationalism and Foreign Acquistion Completion：The Case of China"，*International Business Reriew*，Vol. 23，No. 1，2014，pp. 212 – 227. J. Zhang，A. Witteloostuijn，J. Elhorst，"China's Politics and Bilateral Trade Linkages"，*Asian Journal of Political Science*，Vol. 19，No. 1，2011，pp. 25 – 47。

[3] L. H. Lee，A. M. Rugman，"Firm—Specific Advantage，Inward FDI Origins，and Perfomance of Mulinational Enterprises"，*Journal of International Management*，Vol. 18，No. 2，2012，pp. 132 – 146.

产与流动负债之比来表示。[①] 第四个变量是年龄（Age），表示企业经营时间的长度，用当年时间减去企业设厂投资的初始时间来表示。

除了上述解释变量，我们还引入控制变量。企业规模（Size），表示企业的规模大小，用就业人员的对数来度量。所有制（Ownership），表示企业采用的所有制形式，采用虚拟变量来度量：独资取 1 值；混合所有制取 0 值。生产率（Productive），表示企业的生产效率情况，用产值与就业人员之比来测度。资本密度（Capital），表示企业的资本密度状况，用资产总额与就业人员之比来做代理变量。市场规模（Market），表示地区的市场规模大小情况，用地区 GDP 产值来测度。FDI 集聚（Intensity），表示地区 FDI 的集聚情况，用地区规模以上工业企业中外资企业个数与全部工业企业个数之比来量化。工资（Wage），表示企业的劳动成本情况，用地区城镇单位就业人员的平均工资来量化。产业繁荣（Prosperity），表示一个产业的繁荣情况，用 SIC 两位数代码中进入与退出该产业的企业个数之间的差额来表示。政府与市场的关系（Government），表示我国政府与市场的关系情况，用樊纲等测算的指数来表示。[②] 双边税收协议（BTT），表示企业的转移定价情况，采用虚拟变量来度量：特定年份我国与投资国签订税收协议，并且协议生效，则取 1 值；反之，计为 0 值。双边投资协议（BIT），表示双边国家是否签订双边投资协议（BIT）。采用虚拟变量来度量：特定年份我国与投资国签订投资协议，并且协议生效，则取 1 值；反之，计为 0 值。双边正式制度距离（Insti_dis），表示两国正式制度的差异情况。按潘镇等的方法，[③] 特定年份的双边正式制度距离用如下公式度量：

$$\sum_{k=1}^{m}\left[\frac{C_{kt}-C_{k}}{V_{k}}\right]/n$$

其中，C_{kt}、C_{k} 分别是投资国 j、我国的第 k 项制度子指标，V_{k} 是第 k 项制度子指标的方差，n 表示制度子指标的总个数。双边文化距离（Culture_

[①] 冗余有多种形式，本文重点分析企业的金融冗余。S. W. Bradley, D. A. Shepherd, J. Wiklund, "The Importance of Slack for New Oranizations Facing 'Tough' Environments", *Journal of Management Studies*, Vol. 48, No. 5, 2011, pp. 1071–1097.

[②] 樊纲、王小鲁、朱恒鹏：《中国市场化指数——各地区市场化相对进程 2011 年报告》，经济科学出版社 2011 年版。

[③] 潘镇、殷华方、鲁明泓：《制度距离对于外资企业绩效的影响——一项基于生存分析的实证研究》，《管理世界》2008 年第 7 期。

dis），表示两国文化的差异情况。特定年份的双边文化距离用如下公式来度量：

$$\sum_{i=1}^{m}\left[\frac{C_{ij}-C_i}{V_i}\right]/m$$

其中，C_{ij}、C_i 分别是投资国 j、我国的第 i 项文化子指标，V_i 是第 i 项文化子指标的方差，m 表示文化子指标的总个数。投资来源（Origin），表示企业的投资地来源，用虚拟变量度量。当企业来自亚洲国家时，取 1 值；否则，取 0 值。此外，我们还生成一个虚拟变量（Coast）来控制区域特征，并假定企业的区位属于东部地区时取 1 值；否则，取 0 值。

企业净资产收益率、市场能力、组织冗余、年龄、规模、所有制、生产率、资本密度的原始数据来源于中国工业企业数据库。国家领导人互动的次数来源于外交部官方网站[①]的信息统计。市场规模、FDI 集聚、工资来源于各年的《中国统计年鉴》。产业繁荣来源于 CEIC 数据库。政府与市场关系来源于樊纲等的《中国市场化指数——各地区市场化相对进程 2011 年报告》。BIT 的数据来源于联合国于 2011 年 6 月公布的中国与其他国家投资协定表。BTT 的数据来源于国家税务总局。双边正式制度距离的原始数据来源于世界银行政策研究中心测算的世界治理指数[②]。双边文化距离的原始数据来源于 Hofstede 文化价值指标。

2. 模型与估计方法

本文所采用的基本模型如下：

$ROE_{it} = \beta_0 + \beta_1 Visit_{kt} + \beta_2 Capabilities_{it} + \beta_3 Slack_{it} + \beta_4 bSlack^2 + \beta_5 Age_{it} +$
$\quad \beta_6 Size_{it} + \beta_7 Ownership_{it} + \beta_8 Productive_{it} + \beta_9 Capital_{it} +$
$\quad \beta_{10} Market_{rt} + \beta_{11} Intensity_{rt} + \beta_{12} Wage_{rt} + \beta_{13} Prosperity_{jt} +$
$\quad \beta_{14} Government_{rt} + \beta_{15} BTT_{kt} + \beta_{16} BIT_{kt} + \beta_{17} Insti\_dis_{kt} +$
$\quad \beta_{18} Culture\_dis_{kt} + \beta_{19} Origin + \beta_{20} Coast + \varepsilon_{it}$

其中，i 表示企业，t 表示时间，k 表示企业的母国，r 表示企业所在的地区，j 表示企业所属的产业。我们采用面板校正误差模型（PCSE）来估计参数。其优点是能克服模型中的异方差、序列相关以及同步相关问题，

[①] http://www.fmprc.gov.cn/.
[②] 由于世界治理指数没有 1999 年、2001 年的数据，我们用 1998 年、2000 年相应的数据分别来代替。

得到稳健标准误。为降低多重共线性的偏误，在估计参数之前，我们对自变量之间的相关系数进行检验。统计检验表明各个解释变量（不含平方项）之间的相关系数小于 0.7 的临界值，方差膨胀因子 VIF（不含平方项）为 1.07—3.65，表明解释变量（不含平方项）之间并不存在共线性问题。下文根据多元回归结果进一步展开分析。

回归结果与分析

表 1 是没有考虑地区与时间效应的 PCSE 各种回归结果。在模型 1 中，双边关系的系数为正且显著（$\beta = 0.00132$，$p < 0.05$）（见表 1）。在模型 2 中，双边关系的系数为正，但不显著（$\beta = 0.00081$，$p > 0.1$），表明控制外资企业的内部资源后，双边关系并不能显著地改善外资企业绩效，没有完全支持假设 1。市场能力的系数为正并且显著（$\beta = 0.00020$，$p < 0.01$），符合预期，表明市场能力显著改善了外资企业的绩效。组织冗余一次项的系数为正并且显著（$\beta = 0.02365$，$p < 0.01$），平方项的系数为负且也显著（$\beta = -0.00287$，$p < 0.01$），表明外资企业的冗余与绩效存在倒"U"形的关系。经营时间的系数为正并且显著（$\beta = 0.00126$，$p < 0.1$），与预期一致，表明外资企业在我国较长的生产经营时间有助于取得好绩效。在模型 3 中，双边关系与市场能力交互项的系数为负但不显著（$\beta = -9.01e^{-6}$，$p > 0.1$），表明双边关系对外资企业的市场能力不存在显著调节作用，没有完全支持假设 2。在模型 4 中，双边关系与组织冗余一次项的系数为负且显著（$\beta = -0.00139$，$p < 0.01$），与组织冗余平方项交互项的系数为正也显著（$\beta = 0.00022$，$p < 0.01$），表明双边关系对外资企业的组织冗余存在显著调节作用，① 支持了假设 3。在模型 5 中，双边关系和外资企业经营时间交互项的系数为负且显著（$\beta = -0.00057$，$p < 0.01$），表明双边关系对外资企业的经营时间存在显著调节作用，支持了假设 4。

---

① 对于二次型变量的调节作用，模型中不仅需要含有解释变量的一次项与平方项、调节变量的一次项，还需要包含调节变量与解释变量一次项、平方项的交互项；只要调节变量与解释变量平方项的交互项显著，则这种调节作用显著存在。

表1　　　　　　　　　　地区与时间效应同质下的回归结果

	模型1	模型2	模型3	模型4	模型5	模型6
Visit	0.00132** (0.00051)	0.00081 (0.00054)	0.00084 (0.00054)	0.00010 (0.00055)	0.00105* (0.00054)	0.00047 (0.00056)
Visit × Capabilities	—	—	$-9.01e^{-6}$ ($6.91e^{-7}$)	—	—	$-9.25e^{-6}$ (6.92^6)
Visit × Slack	—	—	—	-0.00139*** (0.00043)	—	-0.00111** (0.00043)
Visit × Slack^2	—	—	—	0.00022*** (0.00007)	—	0.00019*** (0.00007)
Visit × Age	—	—	—	—	-0.00057*** (0.00012)	-0.00054*** (0.00012)
Capabilities	—	0.00020*** (0.00004)	0.0002*** (0.00004)	0.00020*** (0.00004)	0.00021*** (0.00004)	0.00021*** (0.00004)
Slack	—	0.02365*** (0.00172)	0.02379*** (0.00172)	0.02413*** (0.00174)	0.02349*** (0.00172)	0.02403*** (0.00173)
Slack^2	—	-0.00287*** (0.00025)	-0.00289*** (0.00025)	-0.00296*** (0.00026)	-0.00285*** (0.00025)	-0.00295*** (0.00026)
Age	—	0.00126* (0.00065)	0.00129** (0.00066)	0.00122** (0.00065)	0.00124* (0.00066)	0.00124* (0.00066)
常数项	0.06507 (0.02551)	0.05616** (0.02694)	0.05897** (0.02701)	0.05663** (0.02693)	0.05743** (0.02698)	0.06056** (0.02703)
观测值	14330	12426	12426	12426	12426	12426
groups	1623	1553	1553	1553	1553	1533
R-squared	0.1215	0.1290	0.1292	0.1299	0.1308	0.1316
Wald chi2	1512.52	1592.88	1593.34	1601.57	1604.44	1614.74

说明：***、**、*分别表示在1%、5%、10%的置信度下显著，括号内的为标准差。

表1显示，在地区区位效应以及投资环境的时间效应呈同质的情况下，在直接影响方面，双边关系对外资企业绩效的积极效应不显著；在间接影响方面，双边关系对外资企业市场能力的替代效应也不显著。这可能

是由于在区位与时间同质性的情况下,我国的投资环境相对比较简单,经济交易比较容易达成。同时,外资企业依靠市场能力就足以构建能保障其经营的良好微观市场环境。因此双边关系相应的效应会大幅度削弱,甚至变得不太重要。但忽略区位以及投资环境在时间上的异质性时,在间接影响方面,双边关系仍然对外资企业的组织冗余和经营时间有显著替代效应。这可能是在此情况下,组织冗余仍然不足以帮助外资企业克服投资的风险与压力,特别是只针对外资企业的经济纠纷等一些非系统风险,仅仅依靠外资企业自身的抵御系统是相当不够的,更需要国家领导人之间积极协商才能解决;同时,外资企业的经营时间长短为其营造有利环境的能力不足,特别是在同质化的环境下,企业在长时间中积累起来的经验的作用并不大;在上述回归中,外资企业经营时间系数显著的置信度相对较低,也说明了这一点。因此,外资企业仍然需要通过双边关系来改善投资环境,从而使这种关系对外资企业组织冗余和经营时间的调节作用都显著。

表 2　　　　　　　　地区与时间效应异质下的回归结果

	模型 1	模型 2	模型 3	模型 4	模型 5	模型 6
Visit	0.00169 *** (0.00059)	0.00137 ** (0.00062)	0.00148 ** (0.00062)	0.00071 (0.00063)	0.00160 ** (0.00063)	0.00112 * (0.00065)
Visit × Capabilities	—	—	-0.00001 * ($6.96e^{-6}$)	—	—	-0.00001 ** (6.97^{-6})
Visit × Slack	—	—	—	-0.00130 *** (0.00043)	—	-0.00108 ** (0.00043)
Visit × Slack^2	—	—	—	0.00021 *** (0.00007)	—	0.00018 *** (0.00007)
Visit × Age	—	—	—	—	-0.00045 *** (0.00013)	-0.00043 *** (0.00013)
Capabilities	—	0.00019 *** (0.00004)	0.00019 *** (0.00004)	0.00019 *** (0.00004)	0.00020 *** (0.00004)	0.00020 *** (0.00004)
Slack	—	0.02356 *** (0.00171)	0.02377 *** (0.00172)	0.02401 *** (0.00173)	0.02349 *** (0.00171)	0.02408 *** (0.00173)

续表

	模型1	模型2	模型3	模型4	模型5	模型6
$Slack^2$	—	-0.00285*** (0.00025)	-0.00287*** (0.00025)	-0.00292*** (0.00025)	-0.00283*** (0.00025)	-0.00293*** (0.00025)
Age	—	0.00391*** (0.00074)	0.00399*** (0.00074)	0.00387*** (0.00074)	0.00398*** (0.00074)	0.00404*** (0.00075)
Coast	0.02509*** (0.00681)	0.02289*** (0.00712)	0.02293*** (0.00712)	0.02227*** (0.00711)	0.02251*** (0.00712)	0.02203*** (0.00711)
时间控制	是	是	是	是	是	是
常数项	0.00028 (0.03073)	-0.01859 (0.03258)	-0.01381 (0.03265)	-0.01655 (0.03259)	-0.01162 (0.03274)	-0.00539 (0.03282)
观测值	14330	12426	12426	12426	12426	12426
groups	1623	1553	1553	1553	1553	1553
R-squared	0.1277	0.1376	0.1378	0.1383	0.1386	0.1394
Wald chi2	1608.36	1733.16	1733.04	1742.04	1734.62	1743.93

说明：***、**、*分别表示在1%、5%、10%的置信度下显著，括号内的为标准差。

在推行渐进式市场化改革的大背景下，我国的投资环境相当复杂。从横向来看，地区间的经济制度、经济发展水平等投资环境差异较大；从纵向来看，在经济转型中投资环境往往因时而异，不确定性较大或者不可预知的因素较多。因此，在我国继续秉承渐进式市场化改革的前提下，双边关系对外资企业绩效的作用可能因地区和时间效应而异。在地区与时间高度异质性的情况下，外资企业越需要依靠双边关系来创造有利的投资环境，从而导致双边关系的作用更加明显。前文的分析基于区位与时间效应的同质性，我们需要将其与区位和时间在异质下的情况加以区分。

表2是进一步控制地区与时间效应的PCSE各种回归结果。在模型1中，双边关系的系数为正并且显著（$\beta = 0.00169$，$p < 0.01$），表明双边关系的发展显著提高了外资企业的绩效，这一结论支持前文的假设1。模型2中，双边关系的系数依然为正并且显著（$\beta = 0.00137$，$p < 0.05$），表明即使进一步控制企业的内部资源，双边关系对外资企业的绩效依然有显著促进作用。该结论不仅进一步支持了假设1，也为验证假设2、假设3、假设4提供了重要依据。同时，双边关系的显著性水平从0.01变化到0.05，在一定程度上说明双边关系通过外资企业内部资源产生作用，该结论为深入探讨双边关系对外资企业内部资源的调节作用提供了重要依据。

在模型 3 中，双边关系与市场能力交互项的系数为负且显著（$\beta = -0.00001$，$p < 0.1$），表明双边关系对外资企业的市场能力存在显著的调节作用。在模型 4 中，双边关系与组织冗余平方项交互项的系数为正并且显著（$\beta = 0.00021$，$p < 0.01$），表明双边关系对外资企业的组织冗余存在显著调节作用。在模型 5 中，双边关系与外资企业经营时间交互项的系数为负且显著（$\beta = -0.00045$，$p < 0.01$），表明双边关系对外资企业的经营时间存在显著调节作用。为进一步验证假设 2、假设 3、假设 4，我们运用 Dawson 和 Richter 的方法，[1] 结合模型 3、模型 4、模型 5 中双边关系与市场能力、组织冗余、经营时间交互项的回归系数，描绘出双边关系对市场能力、组织冗余、经营时间的调节作用示意图，分别如图 1 至图 3 所示。

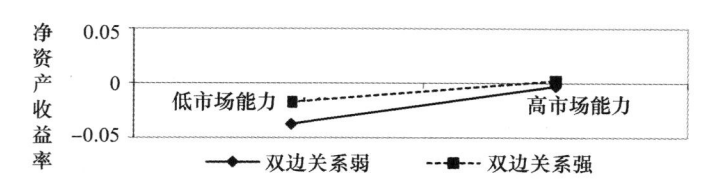

图 1　双边关系对市场能力的调节作用

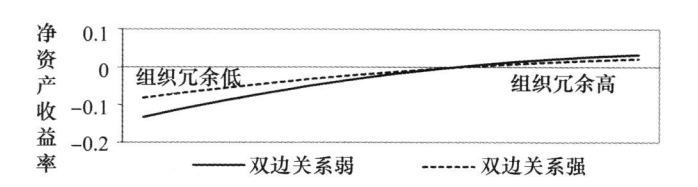

图 2　双边关系对组织冗余的调节作用

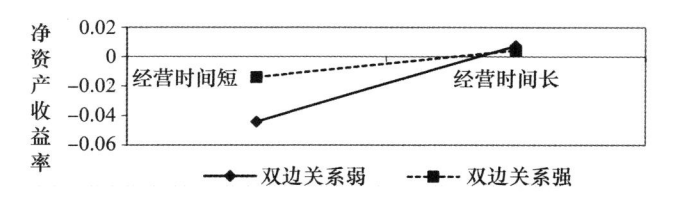

图 3　双边关系对经营时间的调节作用

---

[1] J. F. Dawson, W. Andreas, "Probing Three—way Interactions in Moderated Multiple Regression: Development Application of a Slope Difference Test", *Journal of Applied Psychology*, Vol. 91, No. 4, 2006, pp. 917 – 926.

图 1 显示，与双边关系较好时相比，在双边关系较弱时外资企业市场能力对绩效促进作用的直线较陡，斜率相对较大。这表明，双边关系较弱时，提高外资企业市场能力对改善绩效的速度较快。而双边关系较好时，提高外资企业市场能力对改善绩效的速度较慢。该结论与假设 2 一致。

图 2 显示，与双边关系较好时相比，外资企业组织冗余在双边关系较弱时对绩效促进作用的曲线更陡，因而其斜率也相对较大。这表明，双边关系较弱时，组织冗余的增加引起绩效上升较快；双边关系较好时，组织冗余的增加引起绩效上升较慢。该结论与假设 3 一致。

图 3 显示，与双边关系较好时相比，在双边关系较弱时外资企业的经营时间对绩效促进作用的直线斜率较大。这表明，双边关系较弱时，较长的经营时间对改善绩效的速度较快；而双边关系较好时，较长的经营时间对改善绩效的速度较慢。该结论与假设 4 一致。

表 2 的结果总体上说明，在经济转型下，双边政治关系对外资企业作用的广度与深度离不开地区与时间效应高度异质性的形塑与渗透，与转型经济的特征保持相当高的一致性。当区位与时间高度的异质性导致投资环境异常复杂时，双边关系由于能为外资企业的生产经营环境提供有力保障，从而对外资企业的作用更加突出。在直接影响方面，双边关系对外资企业绩效的促进作用更加显著。在间接影响方面，双边关系不仅对外资企业组织冗余和经营时间与绩效的关系都有显著的负向调节作用，而且对外资企业市场能力与绩效的关系也有显著的负向调节作用。

结论与启示

目前，我国外资企业的生产经营环境发生了巨大变化。如何改善新环境下我国外资企业的绩效，是外来资本在追求利润最大化时迫切需要解决的问题，这一问题涉及外来资本在全球以及我国区域间的配置格局。现代外交的商业活动范围较广，政府通过配置外交资源来改变商业活动的布局。我们认为，在经济转型时期，双边良好政治关系的发展是外资企业提升绩效的制度前提与保障，在具体的时空情境下分析这种关系的作用则更为合理。鉴于企业普遍受到资源约束以及制度结构的影响，我们认为，目前在我国市场尚不能充分配置资源的前提下，将双边良好关系与外资企业的内部资源结合起来分析更有价值。本文运用 1623 个制造业外资企业在

1998—2009年的有关数据进行经验研究，结果显示：忽略区位与时间的异质性时，双边良好的政治关系与外资企业绩效并未存在显著的正相关。随着双边友好关系的发展，外资企业市场能力对绩效的促进作用并未显著变弱，但组织冗余、在华经营时间对绩效的促进作用显著变弱。考虑区位与时间的异质性，当其他条件不变时，双边良好的政治关系与外资企业绩效存在显著的正相关。随着双边友好关系的发展，外资企业市场能力、组织冗余及其在华经营时间对绩效的促进作用都将变弱。

在我国推行渐进式市场化改革的情况下，投资环境更加复杂。本文的研究有如下几点启示：第一，增强国家领导人之间的互动与对话，可以为在华外资企业的发展提供良好的制度保证与投资环境，降低"外来者劣势"的不利影响。第二，双边良好的政治关系为不同的外资企业带来的收益并不一致。外资企业一些影响经济绩效的内部资源受到双边关系的影响，在一定程度上双边良好的政治关系能够帮助企业克服这些内部资源的不足。那些在华市场能力不足、组织冗余较少、经营时间较短的外资企业，更能从友好的双边关系中获益。第三，本文结论对改善我国企业海外经营与绩效也有一定的参考意义。目前我国企业的国际化还处于初期阶段，海外经营困难重重，积极构建双边良好关系，对我国企业国际化发展与改善绩效有促进作用。

六　国有企业与民营经济

要防范国有企业经营困难长期化[*]

2011年下半年以来,部分国有企业经营遇到较大困难。为深入分析国有企业经营情况,我们对利润同比降幅较大的钢铁、化工、有色等行业的国企进行了深入调研访谈。调研发现,在我国经济增长放缓的背景下,国有企业经营困难不是偶然现象,不是短期问题,有可能长期化,需要尽早防范,及时化解风险。

此次国有企业效益下滑的特点

1. 国有企业效益下降幅度大于其他内资企业。2012年1—5月,全国国有企业累计利润总额同比下降10.4%。1—4月,全国规模以上国有企业利润同比下降9.9%,而规模以上私营企业、集体企业、股份制企业实现利润却分别同比增长20.9%、12.3%和0.6%,国有企业效益下降幅度远大于其他内资企业。

2. 特别困难的行业多数集中在基础行业。2012年1—5月,全国国有企业实现利润同比降幅较大的行业分别为石化(-32.3%)、化工(-45.6%)、建材(-44.5%)、有色(-49.5%)、机械(-36.3%),全行业亏损的为交通行业(-50.3亿元)和钢铁行业(-30亿元),这些行业多数是基础行业。调研中钢铁、化工、有色等企业普遍反映,从2011年第三季度起经营效益即开始下降,库存快速增加,企业发展面临较大困难。

3. 此次国企经营困难与2008年国际金融危机后情形相似。2008年国际金融危机后,国企效益下滑幅度也远大于其他内资企业,特别困难的行

---

[*] 本文与许召元、张政军、周健奇合作。

业也多集中在基础行业。2009年1—5月，全国规模以上国有工业企业实现利润同比下降41.5%，同样远大于集体企业（下降0.7%）、股份制企业（下降24.1%）和私营企业（增长2.4%）。降幅大的行业为钢铁（-14%）、化工（-15%）、有色（-18.5%）、石油（-28.4%）、石化（-35.4%）等。

当前国企部分经营效益指标甚至比2009年同期更差。2009年1—5月，成本费用利润率为5.8%，净资产利润率为2.9%。而2012年1—5月，仅为5.4%和2.4%，比2009年同期分别下降0.4和0.5个百分点。

国有企业经营困难可能长期化

对于2012年下半年的形势，调研企业反映经营状况应该会略有改善，但总体改善有限且回升的态势会较慢。我们认为，实际情况可能更差一些，国有企业经营困难有可能长期化。

1. 我国经济增长开始由高速向中高速转换。第一季度我国经济增长8.1%，连续8个季度增速回落，这不是暂时现象，而是我国经济发展到一定阶段、潜在经济增长速度已经开始逐步降低的体现，"十二五"期间乃至未来的10—20年我国潜在经济增速仍将呈持续减缓态势。

在2008年国际金融危机和本轮经济放缓时，国有企业效益下滑幅度都远远超过其他内资企业。统计分析也表明：1999—2011年，国有工业企业的成本利润率与GDP增长率存在高度正相关，而民营企业与外资企业的成本利润率与GDP增长率的相关性则较小。这说明国有工业企业的经营状况高度依赖于经济增长速度，"速度效益型"特征明显，而一旦经济增长下滑，国有企业的利润率就会大幅下降。

需要高度关注的是，国有企业在经济下行周期中出现经营困难，这并不是偶然、暂时现象，而可能长期化、显现化。上一次中国GDP增长率低于8%是1999年（GDP增长率为7.6%），当时国企的成本利润率仅有2.9%。如果2012年或2013年GDP增长率低于8%的话，将是21世纪以来国企第一次面临经济增速低于8%的严峻挑战。

2. 国企过去依赖的投资驱动优势和政策优势难以再现。投资是中国经济增长的主要推动力，其中，国有企业投资在总投资中占据相当大的比重。由于资产规模大，资金实力强，在粗放式扩张的环境下，国有企业更容易发挥优势。近些年国企效益改善的原因固然是多方面的，但主要是靠政策优势、大量的资本投入和资金占用。

国际金融危机后，国家推出的大规模经济刺激计划主要集中在国有企业主导的基本建设和基础设施领域，许多新建、续建的大项目都由国有企业承担，这些都构成了国有企业的政策优势。

目前，我国经济正处于转变经济发展方式和结构调整的关键阶段，依靠政府大规模投入基本建设的空间已经大大降低，因此近些年来国有企业效益改善提升的两大源泉——政策优势、资本投入和资金占用，今后将很难再现。

3. 国企的重资产特征使其对外部环境变化的快速调整较困难。资本密集、重资产、规模大是多数国有企业的显著特征。2010年能源及其加工业、石油原材料业、装备业等资本密集的10个行业国有企业占全部工业国有企业产值的82.8%、净利润的81.4%。但"重"不等于优、"大"不等于强，在市场需求放缓和外部环境变化时，重资产企业短期内更难适应变化及时调整，固定成本和巨额折旧短期内难以降低，因此，更容易产生大幅度亏损和较长期的经营困难。

4. 国企长期存在的一些问题短期内难以改善。国有企业经营效率偏低，与其他企业差距拉大。从单位资本产出看，2004年国企每元资产生产0.64元的工业总产值，而私营企业为1.48元，国企仅相当于私营企业的43.2%。到2010年，国企相当于私营企业的41.0%，与私营企业的差距有拉大的趋势。

外部环境较困难时，国有企业市场开拓能力较弱。例如，2012年第一季度，在国企分布较多的131个3级分类工业行业中，有103个行业国企营收增幅低于私营企业，这反映出在经济较困难时期，国企开拓市场的能力较弱。

国有企业控制成本能力较弱，短期内难提升。2012年1—5月，全国国有企业累计利润下滑10.4%，但成本费用同比却增长12.9%，营业成本、销售费用、管理费用、财务费用均分别同比增长12.7%、12.2%、9.8%和35.9%。这种利润大幅下降而成本费用仍维持在较高水平的情况，在金融危机时期也是如此。例如，2009年第一季度，全国国有企业尽管利润下滑36.8%，而管理费用和财务费用却同比增长3.8%和17.4%。

总之，由于国有企业经营效率偏低、成本控制能力偏弱，且宏观经济增速减缓，过去依赖的投资驱动优势和政策优势难以再现，因此，我们认为，两次经济放缓时国有企业效益下滑，并不是偶然现象，是国有企业速度效益型增长方式的反映和结果。在今后一段时期经济放缓、市场竞争不断加剧的背景下，部分国有企业经营困难的情况可能会长期存在甚至进一步发展。

几点建议

国有企业是我国国民经济的重要支柱。当前及今后一段时期，在我国宏观经济进入中高速增长的新阶段和市场竞争加剧的背景下，国有企业经营可能面临长期的挑战，要防范国有企业经营困难长期化和警惕进一步发展。

1. 非竞争领域的国企要引入竞争提高效率，竞争性领域的国企应进一步推动股权多元化。在一些仍然需要由国企提供服务的自然垄断或重要领域，比如铁路、银行等，要整体或者在某一部分环节引入竞争，通过竞争机制推动国企不断提高经营效率。

对于竞争性领域的国企，改革的重点要逐步从对国有企业的管理转向对国有资本的管理。可以通过进一步优化国有资本布局，逐步降低竞争性领域国有资本的控股地位，通过股权多元化、分散化提高经营效率。

2. 进一步推进国有企业的公司化进程。国有企业的公司化进程还很不彻底，虽然许多国有企业已经初步建立了现代企业制度，但离规范有效的公司治理机制还有很大距离。整个国有企业的结构调整和深化改革速度相对减速，国企管理甚至一度出现了较为严重的行政化倾向（如出现了行政手段主导的企业重组整合）。因此，需要进一步推进和加快国有企业公司化进程，推动公司制和股份制改革。

3. 防范大型国有企业全业经营、混业经营风险。近些年，许多大型国有企业成为全业务、多领域、主辅一体经营公司，主营业务比重不断下降。在外部宏观经济增长放缓的情况下，这种全产业链经营、混业经营方式，风险巨大。需要对这类国有企业给予更多监控和干预，防范风险，分类、分步地引导这类国有企业回归和强化主业经营。

4. 全面推进国企内部控制体系建设。经营压力和风险加大、经营困难长期化，迫切要求国有企业加强和完善内部控制体系，以提升资源配置效率和防范风险。财政部等五部委针对上市公司出台的《企业内部控制基本规范》和配套指引，对于国企提升内部控制能力具有重要的参考价值。近两年经过部分央企试点，取得了积极成效，应加快在所有国企中进行推广和推进。

中国世界级企业的结构失衡问题研究*

2010年，中国GDP总量首超日本，跃居世界第二大经济体，引起世界范围热议。《财富》杂志发布"全球500强企业"名单，中国大陆上榜企业数量增至85家，① 连续两年超越日本，稳居世界第二，再次成为世界范围关注的热点。这两个"世界第二"，一方面是中国综合经济实力大幅提升的具体体现和企业竞争力增强的直接表现；另一方面，也应理性对待、一分为二地进行分析。在看到中国世界级企业②竞争力取得积极进展的同时，更应清醒地审视存在的问题和差距。基于对2013年《财富》杂志上榜公司数据的分析和比较，我们发现中国的世界级企业主要存在如下几方面的结构失衡问题，需要给予必要的重视。

企业平均利润率与经济增长率不相匹配

2013年，如果按照各国企业平均利润率排名，中国大陆在39个国家（地区）中位居第14位（见表1）。中国世界级企业的平均利润率为5.3%，比上年低0.3个百分点。这与2012年中国GDP增长率高达7.8%很不匹配。一般而言，处于宏观经济上升阶段中的企业比处于经济调整期和衰退期的企业更容易实现赢利，企业平均利润率与其所在国家（地区）的经济增长率有一定的相关性。

从2013年所有上榜企业的利润率与各国GDP增长率来看，中国GDP增长率是最高的，而企业平均利润率仅排名第14位。相比较，同样经济

---

* 本文刊于《学习与探索》2014年第3期，与袁东合作。
① 其中，国有企业75家，非国有企业10家。
② 目前一般把进入《财富》杂志全球500强企业名单的企业称为世界级（World-Class）企业。

表1 《财富》杂志中上榜企业数排名前五的国家（地区）及金砖国家GDP增长率、企业平均利润率

	2013年按企业数排名	2012年GDP增长率（%）	上榜企业数（个） 2010—2011财年	上榜企业数（个） 2011—2012财年	上榜企业数（个） 2012—2013财年	2013年按利润率排名	平均利润率（%） 2010—2011财年	平均利润率（%） 2011—2012财年	平均利润率（%） 2012—2013财年	金融公司	非金融公司
美国	1	2.2	133	132	132	10	6.3	6.6	6.6	7.8	6.3
中国大陆	2	7.8	57	69	85	14	6.1	5.6	5.3	18.1	2.7
日本	3	2.2	68	68	62	28	2.7	2.0	2.8	6.7	2.0
法国	4	0.1	35	32	31	32	4.7	4.2	2.7	1.7	3.0
德国	5	0.9	34	32	29	23	4.4	3.6	3.5	4.4	3.3
巴西	11	1.3	7	8	8	6	14.1	12.7	7.2	8.7	6.3
印度	11	5.4	8	8	8	18	5.9	4.9	3.6	7.1	2.8
俄罗斯	16	3.6	7	7	7	3	18.6	19.9	17.4	15.2	17.9

资料来源：根据《财富》杂志有关数据整理。

增长率较高的俄罗斯、马来西亚等国家入榜企业的平均利润率都较高，均超过17%。相反，处于经济调整期的国家，其企业平均利润率也相对较低。例如，法国受累于欧债危机，2012年实际GDP增长为0.1%，其上榜的企业平均利润率仅为2.7%。在经济增长相对较好的金砖国家中，中国企业的平均利润率（5.3%）仅比印度（3.6%）略高，远低于俄罗斯（17.4%）和巴西（7.2%）。

利润结构失衡：金融公司与非金融公司比较

2013年上榜的中国14家金融公司利润总额达到1551亿美元，占所有中国上榜企业利润总额的61%，而上榜的71家中国非金融企业的利润总额仅为998亿美元。中国金融公司平均利润率居各国之首，高达18.1%（见图1），是美国的2.3倍、日本的2.7倍、德国的4.0倍、法国的10.6倍；也比其他金砖国家高，是俄罗斯的1.19倍、巴西的2.08倍、印度的2.54倍。

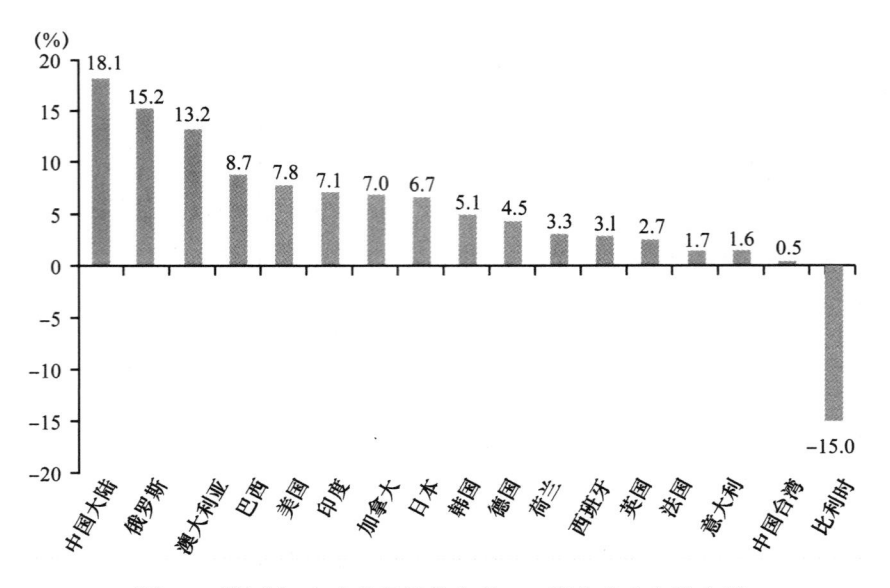

图1　《财富》杂志各经济体全球500强企业中金融公司平均利润率（2012—2013财年）

资料来源：根据《财富》杂志有关数据整理。

中国上榜的非金融公司营业收入总额为3.9万亿美元、利润总额为998亿美元,分别占全球500强中所有非金融公司营业收入总额和利润总额的16%和9.1%,两个指标之间近7个百分点的差距再次表明中国非金融公司赢利能力的差距。从图2可以看出,中国非金融公司的利润率非常低,仅为2.6%,比所有非金融公司平均值(4.5%)低1.9个百分点,在所有上榜的经济体中位居第30位。

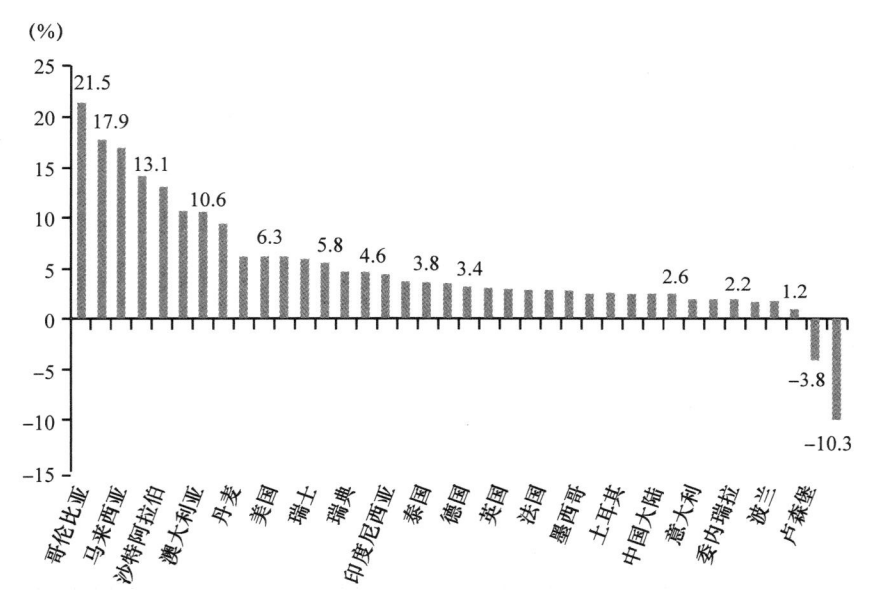

图2 《财富》杂志各经济体全球500强企业中非金融公司平均利润率(2012—2013财年)

资料来源:根据《财富》杂志有关数据整理。

从产业结构看(见图3),中国的采矿与原油生产、车辆与零部件、化学品、船务、航天与防务、炼油和贸易六个行业企业平均利润率都明显低于其他经济体的同类企业。中国企业在平均利润率方面高于其他经济体的行业主要是银行,电信,邮件、包裹及货物包装运输等相对垄断行业。

428 / 六 国有企业与民营经济

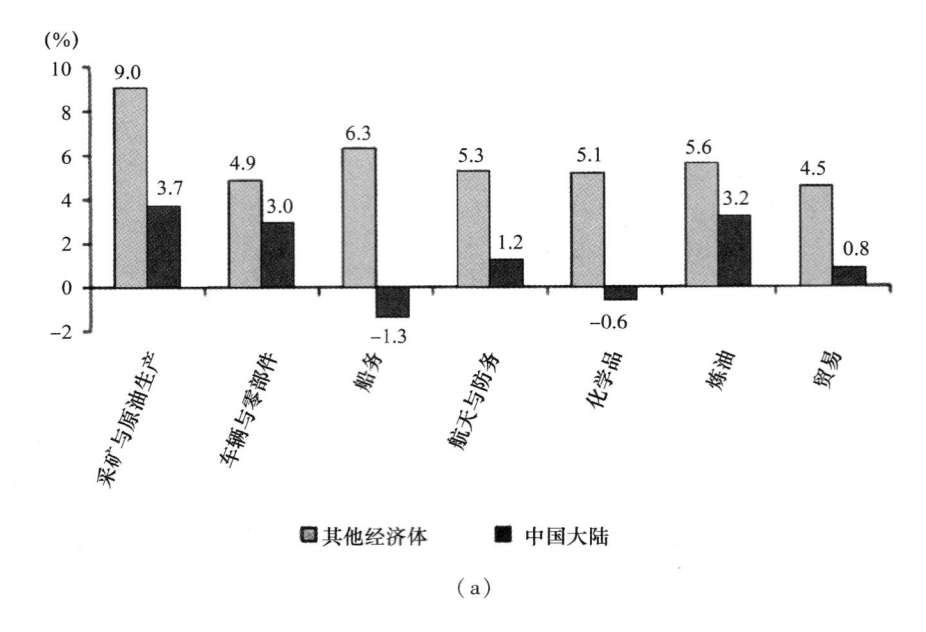

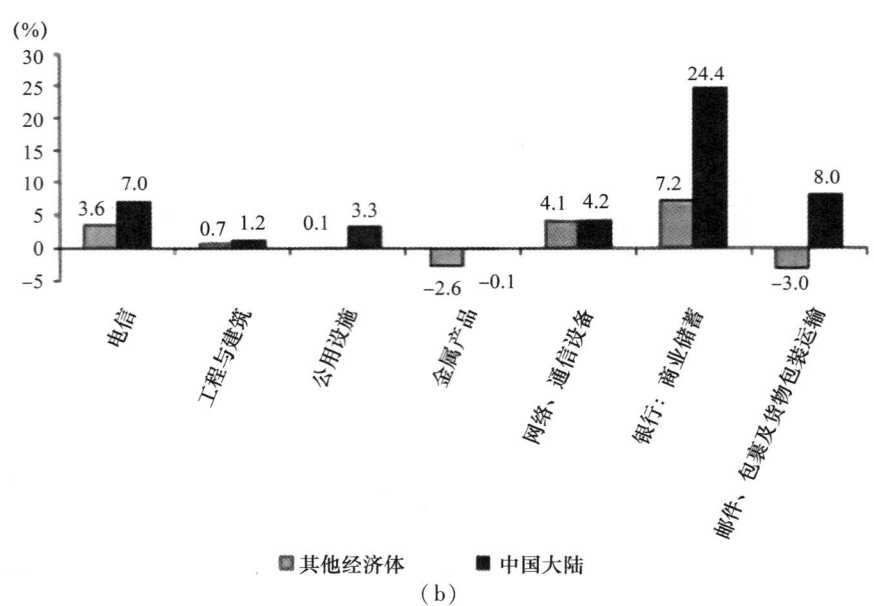

（a）

（b）

图 3　中国与其他经济体若干行业企业平均利润率的比较
资料来源：根据《财富》杂志有关数据整理。

所有制结构失衡：国有与非国有企业的效率比较

85家中国大陆上榜企业中，国有企业占75家，接近90%；非国有企业10家（见表2），且整体排名上榜后，有6家企业排名310—400位、3家企业排名410—500位。但上榜的非国有企业中也不乏极具国际竞争力的企业。例如，华为公司国际业务比例早已超过国内，是名副其实的全球性经营公司，已经进入同行业世界竞争的第一梯队。联想也已成为世界领先的计算机办公设备制造商。

表2　2013年《财富》全球500强上榜的中国非国有企业情况

排名	公司	营业收入（百万美元）	利润（百万美元）	利润率（%）
181	中国平安保险（集团）股份有限公司	53760.9	3177.9	5.91
315	华为投资控股有限公司	34900.6	2435.3	6.98
318	江苏沙钢集团	34557.9	94.5	0.27
329	联想集团	33873.4	635.1	1.87
359	绿地控股集团有限公司	31738.7	1197.5	3.77
387	正威国际集团	29588.3	569.2	1.92
388	山东魏桥创业集团有限公司	29562.0	1074.4	3.63
411	中国民生银行	28436.3	5953.6	20.94
412	招商银行	28039.5	7175.6	25.59
477	浙江吉利控股集团	24550.2	52.4	0.21

资料来源：根据《财富》杂志有关数据整理。

2013年《财富》全球500强企业数据比往年增加了总资产、总股本、雇员数等指标，更便于比较不同类型企业的经营效率。通过比较反映企业经营效率的资产周转率、人均创收指标情况（见表3），可以发现中国大陆上榜国有企业与非国有企业经营效率的差距非常明显，非国有企业拥有较高的资产利用效率和管理效率。国有企业平均资产周转率为0.72 次，不仅低于全球上榜企业平均值，而且远低于中国非国有企业平均值。人均创收方面的差距更加明显：非国有企业平均人均创收 49.2 万美元，比国有企业平均值高 21.4 万美元，比全球企业平均值高 5.3 万美元。

表3　　　　2013 年《财富》全球 500 强非金融公司经营效率比较

指标	资产周转率（次）	人均创收（万美元/人）
计算方法	总收入/总资产	总收入/雇员数
中国大陆上榜企业平均值	0.72	28.5
其中：国有企业	0.70	27.8
其中：非国有企业	1.34	49.2
全球上榜企业平均值	0.74	43.9

资料来源：根据《财富》杂志有关数据整理。

行业布局不均衡：美、日、中三国企业竞争格局对比

2013 年《财富》杂志把全球 500 强企业分为 52 个行业，美国上榜公司分布在 46 个行业，日本分布在 23 个行业，中国分布在 26 个行业。其中，中、美都有公司上榜的行业有 21 个，中、日都有公司上榜的行业有 15 个。对美国大公司而言，在 25 个行业不会遇到来自中国的强大竞争者；而对中国大公司而言，则只有 5 个行业没有来自美国的世界级对手。对于中国大公司而言，在 11 个行业没有来自日本的世界级对手；对日本大公司而言，在 8 个行业没有来自中国的世界级竞争者。没有中国公司上榜的 26 个行业的特点更多体现为对消费者的深入研究、全球品牌、技术密集、全球供应链和长周期高强度研发投入等，例如，电子电气设备、航空、计算机软件、半导体元器件行业、服装、铁路运输、信息技术服务等。

如果按利润额排名来比较中美日上榜公司，这种行业结构不均衡体现得更加明显（见表4），美国利润额排名前10位的公司包括：1家传统老牌石油公司、1家汽车公司、2家银行、1家保险公司、1家计算机软件公司、2家系统集成商、1家全球零售业巨头、1家投资公司，充分体现了行业的多样化，以及传统产业与高科技产业、金融产业与非金融产业等的均衡布局。日本利润额前10位的公司行业分布也相对多元化：3家金融财阀集团、2家汽车公司、1家邮政公司、1家通信公司、1家电子公司、1家综合商社、1家烟草公司。

表4　2013年《财富》全球500强中美、中日企业按利润额排名对比

本国排名	美国 企业名称	利润（百万美元）	中国 企业名称	利润（百万美元）	日本 企业名称	利润（百万美元）
1	埃克森美孚	44880	中国工商银行	37806.5	丰田汽车公司	11586.6
2	苹果公司	41733	中国建设银行	30618.2	三菱日联金融集团	10267.5
3	雪佛龙	26179	中国农业银行	22996.9	日本三井住友金融集团	9562.2
4	摩根大通	21284	中国银行	22099.5	日本邮政控股公司	6776.8
5	美国富国银行	18897	中国石油天然气集团公司	18195.9	日本瑞穗金融集团	6749.9
6	房利美	17220	国家电网公司	12317.9	日本电报电话公司	6311.0
7	沃尔玛	16999	中国移动通信集团公司	11850.6	本田汽车	4421.3
8	微软	16978	交通银行	9251.9	三菱商事株式会社	4335.5
9	国际商业机器公司	16604	中国石油化工集团公司	8221.1	日本烟草	4137.9
10	伯克希尔—哈撒韦公司	14824	中国海洋石油总公司	7735.1	日产汽车	4123.8

而中国利润额前10位的公司则相对单一：5家银行、3家石油公司、1家通信公司、1家电网公司，全部属于相对垄断性国有企业。这些企业在获得国家稀缺资源、获得银行贷款或便利的市场准入和行政审批等方面存在独特优势，因此获得了相对较高的利润额。2012年全国国有企业实现利润总额约3.3万亿元人民币，其中，排名前10位利润额最大的国企累计利润占33.95%，户均利润额超过1100亿元人民币[①]。如果按全国国有企业数135682家来计算，这意味着占总数量不到万分之一的前10位国企占据了利润总额的1/3强。

市场结构失衡：国际国内市场比较

2012—2013财年《财富》全球500强企业营业总收入30.3万亿美元，同比增加3.1%。全球公司往往超过一半的营业收入、资产和雇员来自海外，在全球范围内进行资源整合、价值链布局、市场经营，从而大幅提高生产要素效用、有效地规避在一个或几个国家经营的风险。然而，中国的

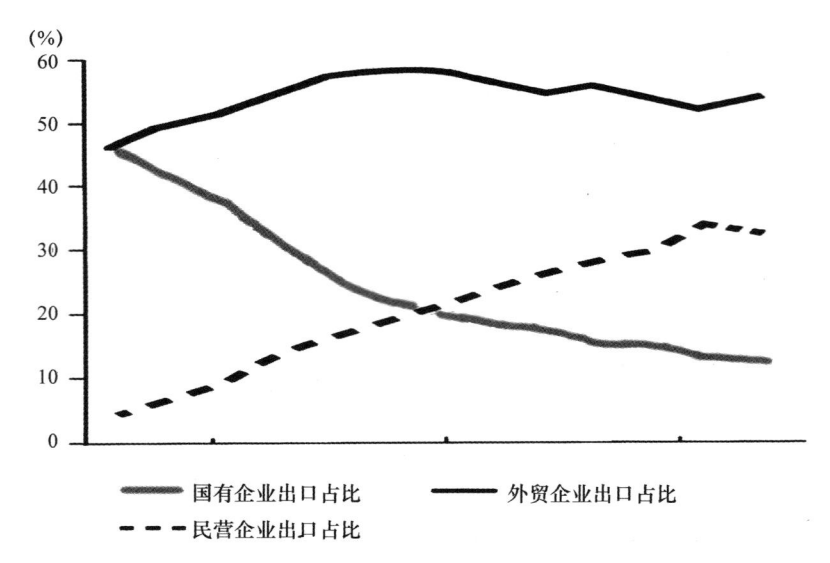

图4 2000年至2012年3月国有、外资、民营企业出口趋势比较

资料来源：《中国民营经济发展报告》，并根据《中国对外贸易形势报告（2012年春季）》计算。

---

① 陈清泰：《国企改革转入国资改革》，《财经》2012年第13期。

世界级公司在全球市场方面尚存在较大差距，跨国经营指数远低于国际水平。

特别是其中占绝大多数的大型国有企业，国际化程度仍相对较低，基本上仍只是国内市场的"巨头"。不同类型的企业出口占比往往反映了市场的布局和国际竞争力（见图4），2000年以来国有企业出口占比持续下降，由2000年前后的近50%下降为2012年的约0%。

结语及建议

中国的世界级企业是国家综合实力和国际竞争力的直接体现。基于比较发现，虽然中国的世界级企业整体实力已经取得长足进展，但仍处在规模大而质量和效益不高、核心竞争力较弱的困局中，仍存在多方面的结构失衡问题。我们必须重视这些问题的中长期影响，并有针对性地解决，以进一步提升中国世界级企业的水平和国际竞争能力。

1. 金融公司与非金融公司利润率严重失衡，主要原因在于金融准入政策、利率管制政策和非金融公司融资成本高。建议进一步放开金融准入、推动利率市场化，降低商业银行的垄断性利差收入，创造金融主动服务实体经济的外部环境。同时，进一步完善多层次资本市场体系，扩大企业直接融资渠道和工具，改变目前社会融资过度依赖银行贷款的畸形状况[①]。

2. 不同所有制类型企业在经营效率方面的差异，说明劳动生产率偏低的原因与行业关系不密切，而与企业体制关系较密切。建议进一步优化国有资本布局，抓紧落实促进非公经济发展的"新老36条"，为民间资本创造更多的投资机会，促进国有与非国有企业共同发展。

3. 针对国际国内市场结构失衡问题，关键是鼓励企业"走出去"。目前制约中国企业"走出去"的主要障碍还是行业管制和审批程序。建议进一步改革与简化中国企业海外投资和并购的审批制度，为企业"走出去"创造更多便利和提供更多支持，促进中国企业国内市场与国际市场竞争力的同步提升。

4. 中国世界级企业平均利润率与GDP增长率不匹配问题，一定程度

---

① 吴敬琏：《当代中国经济改革》，上海远东出版社2003年版。

上反映了中国长期存在的"速度效益型"经济发展模式。中国经济正处在从高速增长阶段向中高速平稳增长阶段的过渡转换期，正处于从规模扩张的"速度效益型"向集约创新的"质量效益型"转变进程中。建议为企业转型升级创造更加有利的体制和政策环境，以进一步提升资源配置效率，提高宏观经济增长的质量和效益。

我国有能力解决国有企业杠杆率偏高问题[*]

2008年以来,与私营企业杠杆率持续下降相对比,我国国企杠杆率不断上升,由此可能引发的债务风险受到决策层和国际社会的普遍关注。国企高杠杆与国企行业分布、金融结构、制度因素有关,但主要受周期性因素影响。在保持经济中高速增长的条件下,通过债转股、政府部门适度增加杠杆等多策并举,我国有能力妥善解决国企杠杆率偏高问题。

我国国有企业及其杠杆率的四个经验事实

经验事实之一:国有企业在工业企业中的比重显著下降,民营企业比重持续上升。从20世纪90年代开始,我国允许国内民间资本和外资参与国有企业改组改革,为非公有制经济较快发展提供了空间。从2000年到2014年,民营企业在工业企业总资产中的比重上升了19.2个百分点,达到22.3%;国有企业的比重则不断下降,从40.6%下降至24%。不同类型企业共同发展,产生了良好的竞争氛围和外溢效应,有效提高了经济活力。党的十八届三中全会以来,混合所有制已被确立为新时期国企改革的主要方向,通过引进民间资本改善国企的治理结构、提升国企效率。

经验事实之二:国企改革提高了国企利润率,而国际金融危机致使所有类型企业利润率下滑。金融危机前,国企虽比重不断下降,但通过引入竞争及股份制改革,按工业企业利润总额与资产总额的比值计算的利润率在危机前的2007年与21世纪初的4.7%相比提升了7.4百分点,并高于私营企业和外资企业的利润率。通过开放领域,民营和外资企业利润率均

---

[*] 本文刊于《人民日报》2016年11月25日,与姚洋、王勋合作。

得以不同程度地提高。国际金融危机后，受世界经济下行影响，我国各类企业普遍出现利润率下滑。受产能过剩和高杠杆影响，国企利润率比私营和外资企业下降得更多更快。当前，发展混合所有制经济，有利于改善资本配置效率和治理能力，提高不同类型企业利润率。通过国有资本、集体资本、非公有资本等交叉持股，有利于各种所有制资本取长补短、共同发展。

经验事实之三：我国高杠杆率主要集中在非金融国有企业。从国际比较看，中国总的债务规模和杠杆率并不算高，但非金融企业部门杠杆率较高。根据中国社科院的测算，截至2015年年底，金融部门、居民部门、包含地方融资平台的政府部门以及非金融企业部门的杠杆率分别为21%、40%、57%和156%。另据统计，2015年年末我国国有企业负债占非金融企业整体负债的比例约70%。可见，我国高杠杆率主要集中于非金融国有企业。

经验事实之四：国有企业和私营企业的杠杆率是在国际金融危机后出现明显分化的。与债务/GDP的总量指标相比，资产负债率更能反映企业内部资产负债表的变化。通过考察规模以上工业企业主要经济效益指标，我们发现，国有控股企业与私营企业的资产负债率自2008年起出现分化。2008年之前，国企资产负债率低于私营企业。国际金融经济危机爆发后，国企资产负债率超过私营企业并开始上升，而私营企业资产负债率持续快速下降。值得注意的是，2013年之后，国企资产负债率也开始出现下降，而私营企业资产负债率到目前仍在下降。截至2015年年底，国企资产负债率为61.4%，比2008年上升近5个百分点；而私企资产负债率已降至51.2%，比危机前下降7.2个百分点。

我国国有企业杠杆率偏高源于周期性和结构性多重因素

宏观经济周期波动是国企杠杆率走高的主要原因之一。一般而言，当宏观经济处于上行周期时，企业的资金运转速度加快，资产负债率下降。而当经济处于下行周期时，外部需求减少，企业订单下降，资金运转速度下降，资金周转周期变长，负债率上升。2001年加入WTO后至2008年金融危机前，我国经济进入近10年的景气上升期，投资快速增长，包括国企在内的企业资产负债率均呈现下降趋势。金融危机后，外部需求明显下滑，国内投资增速回落，经济进入中高速增长的新常态，国企部门利润难以弥补高额的利息支出，资产负债率不再下降，而与危机前相比出现较大幅度上升。

国有企业集中于高资产和产能过剩行业是造成其杠杆率偏高的直接原因。我国国有企业分布于石油石化、煤炭、化工、钢铁等资本密集型重化工行业等上游产业比例较高，其产能利用率和利润率受周期影响较下游产业大。在国有工业企业中，资产负债率最高的三个行业，分别是化工、煤炭和钢铁。这些行业多属于资本密集型，具有高杠杆运行的性质，需求疲弱时易出现产能过剩，且投资回报率相对较低。以产能过剩的典型行业钢铁业为例，2016年1—7月，利润总额亏损18.1亿元，资本回报率为负，而资产负债率高达70.9%。利润率为负意味着整个行业只能通过举新债来维系现有债务的利息支付和本金偿还，杠杆率自然会不断攀升。

银行主导的金融体系是我国国有企业杠杆率偏高的重要结构性因素。我国金融体系属典型的银行主导型，长期以来通过银行体系配置金融资源。由于资本市场不够发达，企业外部融资仍以贷款等间接融资为主。在企业资产负债表中，权益资产比例相对较低，而负债占比相对较大。同时，国有金融机构在我国银行体系占据主导地位，国有企业可以相对较低的成本从银行体系中获得融资，从而产生贷款的所有制偏向。

刚性兑付预期是国企杠杆率偏高的制度性原因。出于维护社会稳定的需要，在国企出现问题时政府有更大的可能出面组织协调资源助其渡过难关，这导致了对国企债务的刚性兑付预期。在经济下行周期，由于国有企业和民营企业的经营性风险都在上升，刚性兑付预期导致银行和债券市场投资者更倾向于向规模较大的国有企业提供融资，从而显著推升国企杠杆率。

我国有能力解决国有企业杠杆率偏高问题

我国有能力保持经济实现中高速增长，这同时也是解决国有企业杠杆率偏高的关键。"十三五"规划提出到2020年实现国内生产总值和城乡居民人均收入比2010年翻一番的目标，明确了"十三五"时期增长政策的导向。经验表明,当实际经济增速低于潜在增速的情况下,企业债务问题应通过适度的经济增长来逐步解决。2013年以来,我国没有出台大规模刺激措施,而是积极转方式、调结构,深化供给侧结构性改革,以提高经济增长的质量。消费增长、基础设施投资、产业升级和城镇化正成为拉动经济增长的新亮点。同时,我国是高储蓄、低外债国家,拥有大量国有资产,金融市场化改革也将提高股权融资的比重。因此,我国有能力在不发生较大债务风险的情况下妥善解决国企杠杆率偏高问题。

杠杆率向政府部门适度转移有助于降低国企高杠杆率。目前我国政府和居民部门的杠杆率并不高。然而在我国社会保障和公共服务水平有待进一步提升的情况下,居民部门审慎性储蓄动机较强,举债动机较弱。而且,与发达国家政府赤字主要是用来支付失业金、福利等社会保障不同,我国政府绝大多数债务是用来支持基础设施、环保、城市化等方面的投资。这些投资在短期内会创造需求,增加就业;从长期来看,则能提高生产率、形成新资产。因此,中央政府通过公开透明和市场化的方式适度加杠杆,有助于缓解国企部门去杠杆的压力。

市场化债转股对于化解国企高杠杆具有积极借鉴意义。1997年亚洲金融危机爆发后,针对我国国企债务迅速积累、银行体系不良贷款率快速上升等问题,我国政府通过成立国有资产管理公司,把国有银行的呆坏账转化为资产管理公司拥有的国企股份。经过债转股操作,整个经济的杠杆率大幅度下降,为之后经济持续地高速增长奠定了基础。国家统计局曾对20世纪90年代末504家实施债转股企业进行了调查,显示:实施债转股的第一年,各企业平均资产负债率由68.7%下降为45.6%,平均每月减轻利息负担37亿元,预计盈利企业占87%。债转股从两个方面降低了国有企业杠杆率。一是将债务存量转化为股份,从而直接降低国有企业的负债率;二是降低企业借新债还旧债的需要,防止债务的进一步增长。通过债转股不仅对降低国企杠杆率有直接效果,而且可以减少国企债务对信贷资源的挤占,缓解银行体系不良贷款率上升的风险,为宏观审慎管理创造稳健的环境。

更重要的是,政府已经高度重视并积极采取措施推动国企降低杠杆率。2016年,国务院印发《关于积极稳妥降低企业杠杆率的意见》,提出推进企业兼并重组、完善现代企业制度强化自我约束、依法依规实施企业破产等若干措施,以期有序降低国企杠杆率。对国有企业实施破产意味着政府开始采取市场化的方式解决国企的债务问题，这对于打破国企刚性兑付，从根本上解决预算软约束问题，具有风向标意义。让国企中"僵尸企业"有序退出，不仅有利于降低国企杠杆率，还有助于改善国企内部的杠杆结构，真正提高国有企业的活力和竞争力。

以四个"更加注重"进一步发展混合所有制[*]

我国混合所有制发展取得重要成绩，但作用远未发挥

（一）我国混合所有制发展取得重要成绩

自20世纪90年代以来，我国国有企业开展了多种形式的混合所有制实践。主要形式：一是国有企业改制上市，包括整体改制，如中国银行整体改制为中国银行股份有限公司；分拆改制，如上海宝钢集团公司将优质钢铁资产改制设立宝山钢铁股份有限公司并上市；分立改制，如上海石油化工总厂分设上海石油化工股份有限公司并实现上市；海外红筹，如中海油在境外注册股份公司并在香港联交所上市；等等。二是职工持股，包括利用职工身份转换实现全员持股，如安徽海螺水泥股份有限公司；利用增量奖励实现企业骨干持股，如广东TCL集团；利用存量购买实现管理层持股，如联想集团。三是引入民间资本或外资设立新的合资企业。如中国建材集团重组上千家民营企业，以220亿元的国有资本混合440亿元的民间资本形成了660亿元权益，撬动了3600亿元总资产。

中央和地方国有企业发展混合所有制已经达到较高水平。国资委的数据显示，截至2012年年底，全国90%的国有及国有控股企业（不含金融类企业）完成了公司制股份制改革。中央企业及其子企业中，混合所有制企业户数占公司制企业户数的比例接近57%，中央企业资产总额的56%、净资产的70%、营业收入的62%已进入上市公司。许多央企控股多家上市公司，实现主要资产上市，如中石化、中石油、中国电子等；有些央企

---

[*] 本文刊于《经济日报》2015年4月2日。

的混合所有制程度已超过80%，如中国建材集团各级企业中，混合所有制企业的数量超过85%。地方国有企业混合所有制发展得也非常快，如广东省属国企2711户，混合所有制企业占50.8%，其中广州、深圳占比更是分别超过了70%和75%。国有企业的多形式、多层次的混合所有制，实现了投资主体多元化，提升了企业的活力，对国有经济的快速发展发挥了重要作用。

（二）混合所有制的作用尚未充分发挥

应该看到，混合所有制的作用尚未充分发挥，主要表现在以下几个方面。

一是混合所有制的广度和深度还有待提高。目前仍然有相当多的国有企业以全民所有制企业的形式存在，据财政部统计，仍有超过10%的全国国有企业是全民所有制企业，涉及总资产约10万亿元。一些企业即使实行了混合所有制，但国有股的比重仍然偏高。根据财政部的统计数据，国有企业中国有股权比重（国有资产总量占企业净资产总量的比重）自2007年以来一直保持在80%左右。在国有控股企业中，国有股权的平均比例仍然超过67%。国有股权比重超过70%，甚至高达80%—90%的二级上市公司非常普遍。一些企业在发展混合所有制方面裹足不前，有多方面原因，如有些企业负责人担心国有资产流失不敢搞混合所有制，有些企业因"规模大、业务杂、负担重、利润少、责任多"导致难混合，有些部门因为担心混合所有制将国有资产"混没了"或者担心失去控制权而坚持国有独资或绝对控股。

二是许多混合所有制企业未能真正实现机制转换。不少混合所有制企业存在"老体制管新体制"问题。国有资产管理部门沿用"管企业"而不是"管资本"的方式管理混合所有制企业，集团母公司保留全民所有制体制或国有独资的股权结构，许多混合所有制企业难以真正转变机制。

三是国有资本仍未充分流动起来。发展混合所有制不仅要提高国有资本的活力、控制力和影响力，还要让国有资本流动起来，优化国有资本的布局。从目前的实践看，国有资本混合容易，国有资本退出难。这既有认识方面的原因，也有体制方面的原因。国有资本大量沉淀在传统产业，国有资本无法更好地服务国家战略，混合所有制的作用也大打折扣。

将进一步发展混合所有制作为深化国有企业改革的突破口

混合所有制经济是我国基本经济制度的重要实现形式，有利于各种所有制资本取长补短、相互促进、共同发展。进一步发展混合所有制，不仅可以推动企业层面的改革，也可以倒逼国有资产管理体制改革，从而成为深化国有企业改革的突破口。

第一，发展混合所有制是深化国有企业产权改革和推进现代企业制度的重要手段。实践证明，深化国有企业改革的关键和前提是产权制度改革。国有企业只有积极推进产权制度改革，才有可能真正健全公司治理结构，才有可能真正转换经营机制，才有可能更好地成为市场竞争主体和独立法人。长期以来，国有企业存在公司治理不完善、内部管理行政化、公司目标多元化等问题，政企不分、政资不分的矛盾突出。通过发展混合所有制，引入民间资本参与投资，加强股东的外部监督，改进公司董事会的结构，采用更加市场化的管理机制。混合所有制企业允许企业员工持股，有助于形成资本所有者和劳动者的利益共同体，也有利于调动国有企业员工特别是经营管理者的积极性。混合所有制成为促进企业转换机制的重要手段，推动国有企业建立适应市场经济发展的现代企业制度。

第二，发展混合所有制是实现各种所有制资本共同发展的有效途径。长期以来，国有企业和非国有企业分别被贴上不同的标签，在生产要素使用、市场准入、法律保护等方面存在一些差异，国有企业受到一定的优待。另外，国有企业体制比较僵化，非国有企业体制灵活，非国有企业存在较多优势。发展混合所有制，可以淡化所有制标签，促进市场公平竞争，同时还可以改进国有企业的经营体制，实现各种所有制资本取长补短和共同发展。

第三，发展混合所有制为国有经济战略布局调整打下基础。发展混合所有制，可以实现国有资产的"资本化"。国有资产管理部门按照以管资本为主加强国有资产监管，通过国有资本投资运营公司，调整国有资本在混合所有制企业中的股权，实现"国有经济有进有退"，优化国有经济布局。对于市场充分竞争的领域，国有资本可以逐步退出；对于社会经济发展的瓶颈领域，国有资本可以发挥杠杆作用，引导社会资本共同投资。

第四，发展混合所有制是倒逼国资管理体制改革的重要抓手。经验表明，一些重大改革往往由于改革措施不配套或既得利益阻力大等原因，难以深入，最终不了了之。因此，推动重大改革的关键是要形成强有力的倒逼机制。发展混合所有制本身就是倒逼国资监管体制改革的强有力抓手。混合所有制企业是独立的市场主体，涉及多方利益主体，这必然倒逼国资管理部门改变"管人管事管资产"的传统体制，改革传统国资管理体制管得过多、过细等的行政化监管方式，向"以管资本为主"转变。

进一步发展混合所有制的四个"更加注重"

党的十八届三中全会以来，20多个省份公布了深化国有企业改革的指导意见。这些指导意见都将进一步发展混合所有制作为深化国有企业改革的重要举措，甚至还提出了数量指标。根据过去改革的经验教训，发展混合所有制不能"一哄而上""一混了之"，也不可能"一混就灵"，要更加注重市场化原则，更加注重企业转换机制，更加注重推动国资管理体制改革，要更加注重完善规则防止"国有资产流失"。

更加注重市场化原则。发展混合所有制经济不能搞运动，要由企业按照自身条件、市场环境进行自主选择。不宜简单通过政府行政命令推动，而应依靠市场机制来"混合"。一是合理选择投资者，不能由主管部门搞"拉郎配"，要充分尊重市场规律，要有利于国企转换机制，要有利于提高企业竞争力。二是根据企业发展战略科学安排混合的模式，如哪些企业要搞混合所有制、是引入战略投资者还是职工持股、国有股占多少比重等问题，应充分尊重企业的意见，不能搞行政命令。

更加注重企业转变经营机制。混合所有制企业要充分发挥股权多元化的优势，推动企业转变经营机制。一是改善董事会结构，发挥多方利益主体的有效制衡作用。例如，中石化销售公司实行混合所有制后，虽然中石化持有70%的股权，但11名董事中中石化派出董事4名，投资者派出董事3名、独立董事3名、职工董事1名，董事长由董事会选举产生。二是推进混合所有制企业领导人员去行政化改革，建立职业经理人制度，增加市场选聘比例。三是完善激励机制，企业领导人员收入与选任方式、企业效益相匹配，探索采取期股期权、岗位分红、激励基金等中长期激励方式，并健全与激励机制相配套的约束机制。四是深化企业内部三项制度改革，实现"干部能上能下、员工能进能出、收入能增能减"。

更加注重同步推进国资管理体制改革。要利用混合所有制倒逼国资管理体制改革。第一，要继续深化政企分开、政资分开改革，实现以管资本为主加强国有资本监管。为此国资管理部门要减少对企业的直接干预，对不同比例的持股企业实行不同的监管方式，避免行政性管理向下延伸。第二，分类解决集团母公司"旧体制"管理下属混合所有制"新体制"问题。解决方式包括：集团母公司转变为国有资本投资运营公司；撤销集团母公司实现国有资本投资运营公司持股或者国资委直接持股下属混合所有制企业；集团母公司改制为混合所有制企业；等等。第三，要尽快制定国家出资政策，分类推进混合所有制改革。要明确哪些领域是需要国家控股的政策性出资，哪些领域是获取收益的商业性出资，为深化混合所有制和提高国有资本流动性创造条件。

更加注重完善规则，防止"国有资产流失"。发展混合所有制经济，无论是国企、民企，还是政府有关机构，都害怕承担"国有资产流失"责任。多年来，为防范国有资产流失，政府有关部门（国资委、财政部等）颁布实施了以《企业国有产权转让管理暂行办法》（2003年）、《企业国有资产评估管理暂行办法》（2005年）为代表的规范性文件近50个，涵盖国有产权转让管理、国有资产评估、交易机构管理、交易过程监管、国有资产置换与处置、信息披露等方方面面，已经形成了基本健全和完善的政策体系。在实际操作中仍存在的核心问题是国有资产评估和定价存在较大的模糊空间。建议相关部门重点规范国有资产评估方式和完善国有资产定价机制，提高国有资产交易的公开透明度，让所有国有资产交易都在阳光下进行，接受全国人民的监督，消除各方在"国有资产流失"方面的顾忌和担忧，为推动混合所有制创造良好环境。

仍需重视当前我国民间
投资回升不稳固问题[*]

民间固定资产投资（以下简称"民间投资"）是带动国民经济平稳增长的中坚力量。2012年以来，民间投资额占全社会固定资产投资总额的比重高达60%以上，提供了80%以上的就业、60%的GDP、50%的税收。但近年民间投资同比增速出现快速下行的态势。2016年1—7月民间投资出现"陡崖式"下滑，同比增速降至2.1%，下滑9.1个百分点。继2016年7月起中央和地方陆续出台进一步做好民间投资工作的一系列文件之后，2017年民间投资有所回升，1—7月累计完成额约为20.5万亿元，同比增速为6.9%；但1—9月同比增速又下降为6%。在国务院一系列政策措施出台后，虽然政策效应初显，但民间投资回升基础并不稳固，下行压力和波动仍较大，并拖累整体投资和经济增速，仍需要给予高度重视。

民间投资回升不稳固的突出行业和典型地区

2017年以来，民间投资增速回升主要反映在制造业和公共服务业，但能源化工行业和建筑业民间投资增速为负。根据行业数据分析，第二产业和第三产业民间投资增速回升，分别回升至3.4%和8.2%，比2016年增速均为负值有较大改善。从图1可以看出，制造业民间投资增速回升明显，其中"计算机、通信和其他电子设备制造业"回升幅度最大，同比增幅达23.1%。公共服务业民间投资增速回升也较明显，2017年不仅回升稳固而且"公共设施管理业""水利、环境和公共设施管理业""文化、体育和娱乐业"三个子行业回升幅度较大，分别达23.2%、20.1%和

---

[*] 本文与郑世林合作。

12.7%。能源化工行业也一定程度回升，2016年"煤矿开采和洗选业""黑色金属矿采选业"民间投资增速降幅曾分别高达21.1%和36.2%，2017年增速虽仍呈负增长但已收窄。垄断行业和建筑业民间投资增速出现了大幅下降，其中"铁路运输业"下降最为明显，同比降幅达74.3%。

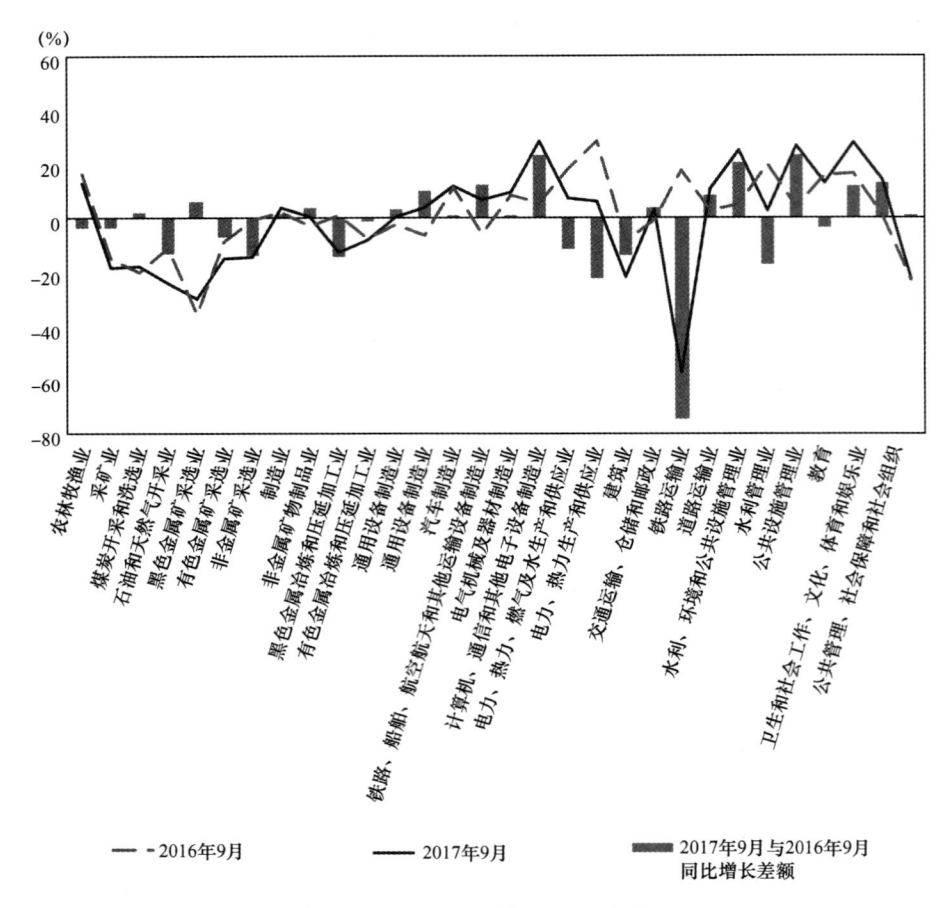

图1 分行业民间投资同比增速对比

从区域来看（见图2），东北地区仍然是民间投资大幅下滑的"重灾区"，增速仍为负。2016年1—9月，东北地区民间投资累计完成额15940亿元，民间投资增速同比降为-30.1%。2017年1—9月，民间投资累计完成额又降为15574亿元，增速为-2.3%，大幅止滑，但仍是四大区域中唯一负增长的区域。东北地区经济重心在重化工业，国有经济占比大，占 GDP 的大半江山。

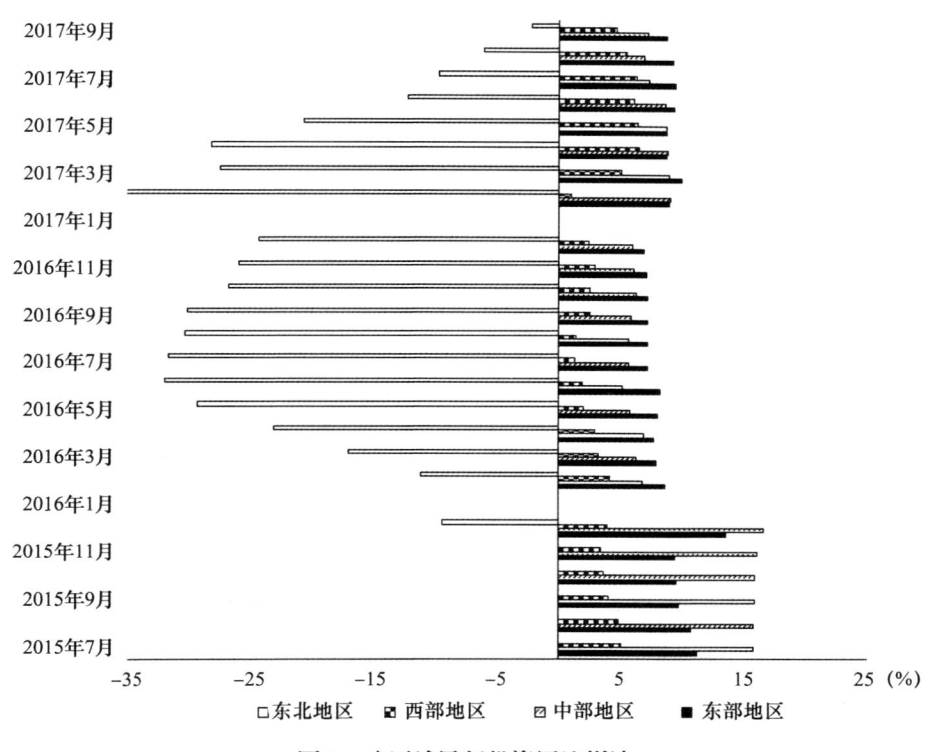

图 2　分区域民间投资同比增速

民间投资与国有投资之间的"剪刀差"虽缩小，但依然很大。从图 3 可以看出，近年来，受国内外经济形势影响，国有与民间投资增速持续走低。长期以来，民间投资增速都远高于国有投资，但从 2015 年 6 月开始，国有投资增速开始超越民间投资增速。一方面，国有投资成为实现"稳增长"的主力军，大量固定资产投资投向公共基础设施、公共服务、高铁等领域，对民间投资产生一定挤出效应；另一方面，2015 年中央工作经济会议上强调要减少低端无效投资、防止新的产能过剩，将大规模"去产能"工作提升到了新的高度，而且各级政府也加大了环境保护力度。在去产能和环保督查过程中，地方政府主要针对的是中小企业的产能过剩，更倾向于保护地方国企，民间投资空间被挤压。从 2016 年 1 月开始，国有投资与民间投资背离趋势不断扩大,出现明显的"剪刀差"。随着国办发明电〔2016〕12号文出台,以及房地产调控措施的不断加强,民间投资从2016年9月开始触底反弹。2017年上半年经济形势回暖,投资者信心增强,民间投资增速已向国有投资增速靠拢,"剪刀差"缩小,但仍有较大差距。2017年下半年国有投资和民间投资增速整体下行,但民间投资增速降幅较大。

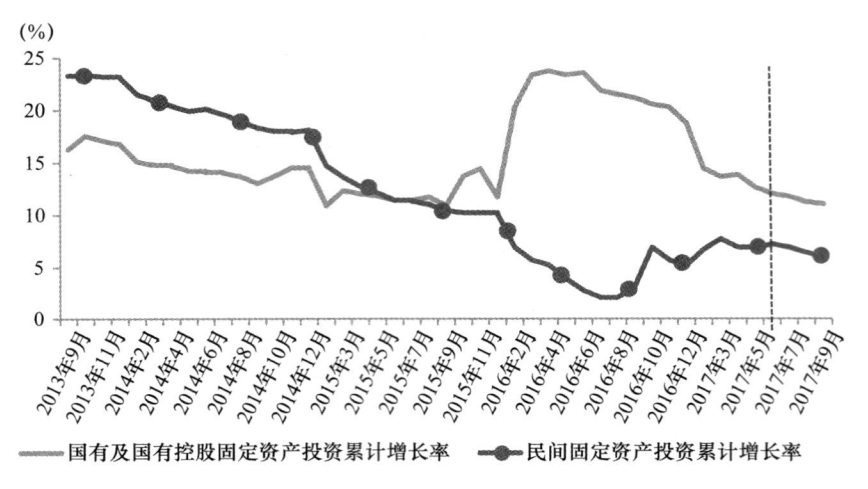

图3 民间投资与国有投资同比增速对比

当前民间投资回升不稳固的原因分析

原因一:"预期影响当期"——宏观经济预期影响民间投资。一是国际经济形势的不确定。受国际金融危机的长期影响,加之国际不确定性因素增加,全球经济复苏步伐放缓,对中国出口影响较大。民营企业出口几乎占全国外贸出口的"半壁江山",国际经济形势动荡影响了民间投资信心。二是国内经济下行的现实。近年来,中国经济增长出现下行,GDP增速降至6.7%,2017年前9个月规模以上私营工业企业主营业务收入利润率约为5.7%,投资成本和风险上升,投资收益率下降,民间主体投资意愿不足。三是房地产价格的上涨。2016年,去库存与加杠杆的交互作用导致部分地区房价出现非理性上涨。据统计,2016年8月70个大中城市新建商品住宅和二手住宅价格同比上涨的城市分别有62个和53个,大量资金流入房地产市场，影响了民间资本的流向。

原因二："想投投不进"——一些行业行政性壁垒仍然较高。首先，由于一些行业行政性准入壁垒较高，民间投资难以进入。其次，2014年以来，虽然在公用事业和城市公共设施领域PPP合作模式被大力推广，但由于地方政府设置的资本规模等限制条件过高，效益较好的PPP项目地方政府又偏爱央企和国企，在PPP项目招标过程中会通过设置各种不必要的条件来避免民企竞标。投资效益不好的地方PPP项目，民营资本又根本不愿意参与。最后，在社会服务行业，绝大多数的地方政府购买社会服务项目均具有较高的可市场化禀赋，部分具有"准市场"特征，其可竞争性市场是客观存在的，但由于行政权力对社会服务外包市场的隐形支配，民间投资往往被挤出。

原因三："转型升级难"——民营企业向新兴产业转型升级遭受转型阵痛。民营企业从污染行业和资源型行业退出，更倾向于投资新兴产业或高端制造业，但进入高技术、新兴行业会遭遇来自多方面的壁垒。具体包括：技术壁垒，新进企业进入高端行业需获得技术许可并达到一定的行业标准；行业壁垒，与企业家才能同等重要的是行业经验，民营企业在传统行业的经验积累往往不适应新兴行业发展；人才壁垒，传统企业进入新的领域或步入更高层次发展，需花费更多的资金引进相关科技和专业人才，这些高端人才往往在短时间内很难获得。因此，民营企业改投新兴产业和高端制造业遭受了转型的阵痛。

原因四："融资难、融资贵"等老问题制约新投资——过高营商成本成为民间经济创新创业投资的"堵点"和"痛点"。近年来国家大力推进"放管服"，效果明显，但部分地方仍然推进缓慢，存在"明放暗不放"的问题。一是制度性成本仍过高。民营企业开办申请、建筑施工和跨境贸易等审批环节，涉及多个行政部门的监管，企业为准备材料和走完流程需要付出的时间成本和资金成本过高。二是融资成本仍居高不下。长期以来，民营企业由于缺乏有效的信用担保，很难通过正规资本市场融通资金，更多地选择利率较高、风险较大的民间借贷，民间贷款利率一直维持在10%以上，远高于5%左右的一般贷款利率，这种不平等竞争削弱了民营企业创新创业的意愿。三是知识产权维权成本和人力资源投入成本过高。由于对知识产权等保护力度不够，民营企业担心维权成本过高以及工作人员频繁流动，企业家不敢过多投资关键技术研发和人力资源。

进一步稳固民间投资回升的建议

（一）加快民间资本参与公用事业和政府购买社会服务项目

PPP项目本应是政府与社会资本合作的最好方式，建议：一方面，健全PPP项目制度，确保PPP项目管理到位，组织有序，保证民营主体公平参与市场竞争，增强民营企业对政府履约的信心；鼓励建设PPP资产交易中心等公共平台，创新PPP融资模式，降低民营资本进入和退出壁垒。另一方面，地方政府应加快社会服务项目提供市场主体的培育。目前我国政府购买社会服务项目多数已经具备市场化和"准市场化"条件，应进一步放开市场准入，对各类投资主体进入社会服务领域一视同仁。地方政府不仅要为培育社会服务项目提供市场主体，还要提高政府采购社会服务项目的透明度，减少限制民间资本进入的隐性行政干预，推动民间经济参与政府购买社会服务项目。

（二）注重有效利用市场机制消化产能和实现环境保护

应发挥市场在资源配置中的决定性作用，通过市场竞争机制来倒逼低效产能退出，推动企业技术进步，提高行业全要素生产率，实现产业转型升级。此外，建议在环保督查过程中，有效结合财税激励以及企业技术升级所带来的市场竞争倒逼机制，来促进民营企业排放达标。

（三）创造优良的营商环境，进一步激发民间投资活力

世界银行公布的《2018年营商环境报告：改革以创造就业》显示，中国大陆排名第78位。我国持续不断地改善并创造优良的营商环境仍是重点和长期任务，需要不懈努力。一是将"放管服"改革继续落到实处。加快清理和修改各种歧视及不利于民间资本投资和民营经济发展的法律法规与政策措施，深入落实简政放权，建设行政审批集中办理制度。实现"一窗受理、并联审批"，实现"互联网+政务服务"，着力提高行政审批效率。二是建设企业转型公共服务平台。地方政府通过平台建设，加强民营企业家创业本领的培训和教育，加快科技人才在地区之间的流动，推动传统行业企业家进行二次创新创业投资，以避免"有钱楼市投""有钱不会投""有钱无处投"。三是加快构建企业及个人征信系统。通过构建企和个人征信系统,实现诚信联合激励和失信联合惩戒机制,缓解金融信息不对称问题,有效解决民间经济投融资困难问题。四是强化知识产权保护能力。完善知识产权保护法律建设,加大执法力度,提高违约成本,逐步与国际知识产权保护体系接轨。

(四)着力恢复东北地区的民间投资

中国经济增速放缓,尤其是重化工业产能过剩,东北经济受到重创。而且,民营经济发展也主要依托于重化工业的产业链,实行转型升级的难度较大,市场主体投资信心不足,民间投资出现下滑。东北地区民间投资的恢复将具有标志性意义,应重点着手。第一,鼓励民营和外资企业进入东北地区农产品加工业、制造业、服务业、新兴产业等行业,降低东北经济对重化工业的依赖,也降低东北经济对大型国有企业的依赖。第二,鼓励改革开放"试验田"的建设。采用试点制模式,中央政府可以给予特殊政策,与中国香港、新加坡、深圳特区、苏州工业园区等加强共建,设立开放创新试验区、劳动密集产业试验区、战略新兴产业试验区、经济特区等,探索出一条发展的新路。

振兴东北老工业基地可优先考虑对创新型国企实施债转股混合所有制改革[*]

自国家 2003 年启动东北振兴战略起，陆续出台了多项政策，至 2016 年已历时 13 年。虽然已取得了诸多进展，但受宏观经济增速放缓、资源密集型产业重、国有经济比重高、结构转型慢、体制机制僵化等影响，东北振兴战略仍面临着十分严峻的挑战。

东北振兴的突破口和抓手在哪里？存在的最突出困难是什么？有什么对策？为此，我们赴东北地区的代表城市沈阳进行了调研，与一些代表性国企和沈阳市有关政府部门进行了交流。根据数据和调研情况，我们发现：东北地区大中型企业创新能力正处于上升期，但同时多数创新型国企都面临财务费用高企（主要表现为高利息支出）、经营资金短缺（主要源于高负债率引起融资难、历史包袱仍较重、盈利情况不乐观）问题，仅靠市场机制解决仍不够，还需要政府给予支持。我们认为：东北振兴的突破口和抓手在于创新型国企的发展和改革。建议：可以优先考虑对东北地区创新型国企实施债转股混合所有制改革。

东北地区企业（尤其是大中型企业）创新能力处于关键上升期

东北地区 2016 年上半年经济下滑严重。黑龙江、吉林分列全国第 29 名和第 26 名，辽宁垫底成为全国唯一的经济负增长地区。原因是多方面的、综合的，这也说明东北振兴是一个长期、复杂的过程，需要有长远打

---

[*] 本文收录于《朗润园观点》，机械工业出版社 2016 年版。

算和打持久战的准备。

但同时我们也看到了亮点，新中国工业摇篮的东北地区科研机构多、技术工人多，工业体系全、基础好、装备优，创新要素集聚，创新投入和产出能力提高很快，大中型企业的创新能力正处于难得的上升期。根据《中国科技统计年鉴》有关数据，从创新投入（人员和 R&D 经费）、创新产出（发明专利数、专利申请数）等来衡量，东北地区在中国八大经济区中已从 2005 年的第 7 位上升至第 4 位，是八大经济区中提升速度最快的。这说明经过十多年东北振兴战略的支持，东北大中型企业的创新能力获得了很大程度的提升，创新产出效果正逐步显现。

调研发现，许多国家重大创新项目（如高铁、核电、特高压、数控装备等）中都有东北企业的核心贡献，东北企业取得了不少突破性的创新成果。例如，沈阳机床自 2007 年起历时近十年研制出从算法到底层编码及应用系统都是完全自主知识产权的数控系统和"i5 智能数控机床"，攻克了中国数控机床行业多年受制于人的核心技术瓶颈；沈鼓集团百万吨乙烯装置用压缩机组、AP1000 核主泵达到国际先进水平；特变集团沈变公司研制的特高压升压变压器成为世界第一；哈尔滨锅炉厂海水淡化领域技术创新处于国际先进水平；中车吉林公司的轨道交通技术国际一流；等等。

虽然受创新转化能力弱及长期体制机制性问题的影响，东北地区创新能力尚未直接体现为经济表现，但也应给予东北地区企业以正面肯定。因为许多突破创新是在背负着历史包袱、体制机制障碍多、没有经济效益反哺等不利因素下负重坚持前行、坚持投入而取得的。这些创新成果是东北振兴战略的重要进展，是今后长远发展的基础和条件，也是东北全面振兴的关键支撑和抓手。

从兼顾短期与长期的角度，振兴东北还是需要抓住国企改革发展的"牛鼻子"，短期突破口和抓手可优先考虑帮助创新型国企获得发展机遇。东北问题的形成是一个历史过程，东北振兴不仅仅是振兴装备工业的问题，不仅要解决国有企业的改革问题，而且要大力发展非国有经济、混合经济和适合的新兴产业。但问题的解决不可能毕其功于一役，非国有经济、混合经济的壮大，新兴产业的培育和接续更不是能够一蹴而就的，"远水解不了近渴"。因此，东北问题需要分类分步解决、兼顾短期和长期。

东北老工业基地国有经济比重高，国有大企业多，这是基本事实。东北大中型工业企业 3346 家，产值占全部工业企业总产值的 54.5%，国有企业产值占全部大中型企业的比重更是高达61%。东北振兴必须要立足于上述基本事实。东北国企包括两种：一种是以自然资源开采为基础的国企（例如大庆油田、龙煤集团等）；另一种是以装备工业为主的国企（例如沈阳机床、一汽、哈电、沈鼓等）。前者的发展方向是寻求新增长点、发展和壮大替代产业；而后者的发展方向是产业技术创新升级，提高产品市场竞争力，增强产业整体竞争力。比较而言，从短期看，以后者为突破口难度较小，且高度契合中央把东北地区建设成为具有国际竞争力的先进装备制造业基地和重大技术装备战略基地的定位和要求。

基于上述分析，我们认为短期上东北振兴的重要突破口仍在国有企业，而且优先要考虑创新型国有企业的率先发展，在发展的过程中实施改革，以改革进一步促进发展。首先，创新能力较强的国有企业率先实现了发展，就能够在一定程度上稳住局面，带来希望和动力，为东北振兴的中长期工作奠定基础；其次，这些创新型企业产业链完整，产业带动效应明显；最后，创新型国企技术有积累、创新有突破、产品有市场、管理有基础、内部控制先进、财务管理规范，率先发展的可能性大、成功的概率高。虽然许多创新型国企目前还面临着许多困难，但有创新能力就有希望、有未来。

对于东北地区创新型的国有企业，目前面临的问题主要是阶段性经营困难和现金流短缺，仅靠市场机制和企业自身可能难以解决，政府（中央和地方）有必要给予其支持，帮助其走出当前短期困境，为其发展创造条件和环境，创新型国企进而可依托自身创新能力实现持续发展。

当前东北地区一些创新型国企面临的最突出困难

根据财政部全国国有企业数据，东北地区国有企业经营困难。截至2016年7月，国有及国有控股企业资产负债率黑龙江70%、吉林78.2%、辽宁68.5%，分别比全国平均水平高出4—12个百分点；全部国有企业利润总额辽宁省仅38亿元，而黑龙江和吉林均为负，分别为-17.8亿元和-27.5亿元。座谈调研中了解到，东北一些行业创新型国有企业在对创新及未来发展前景有信心的同时，普遍反映当前最突出的困难不是过去常说的体制机制问题，而是企业杠杆率高、财务债务负担沉重、创新中断风险大。以沈阳机床为例，2015年年底沈阳机床资产负债率高达90%，仅利息支出就达10.8亿元。虽然依靠"i5数控系统和智能机床"创新，2016年订单逆势获得爆发式增长，但资金链非常紧张。如不能实现资金接续，将可能出现资金链断裂，公司充满市场前景的发展将被迫中断，经多年积累的创新突破成果也可能毁于一旦。对于东北这些已经在技术及产品方面具备创新优势的大中型国有企业，刚刚跨过了技术创新的爬坡期，即将迎来创新的市场"红利期"。但受到债务和资金问题拖累，企业出现暂时的经营困难，甚至极可能资金链断裂，造成破产倒闭，倒在即将"天明"的前夜。这将是国家资源的巨大浪费，也会带来一系列的风险。而国家如能在关键的"破晓"来临前给予这种创新型企业以支持，帮助这些创新型企业渡过此次难关，无论是对企业、产业、地区，还是对国家都具有重要意义。

建议优先考虑对东北地区创新型国企实施债转股混合所有制改革

党的十八届三中全会提出混合所有制作为国有企业改革的方向，当前的供给侧改革把降低中国经济的杠杆率作为重要任务之一，债转股不仅是解决暂时经营困难的创新型国企实现发展的可行方案，而且也是实施国有企业混合所有制改革和降杠杆的重要举措。

第一，债转股有助于帮助实施企业资产负债率大幅下降，利息负担减轻，从而减轻企业经营压力，有助于融资和帮助企业更集中精力谋发展。国家统计局曾对20世纪90年代末504家实施债转股企业进行了调查，显示：实施债转股的第一年，各企业平均资产负债率由68.7%下降为45.6%，平均每月减轻利息负担37亿元，预计盈利企业占87%。

第二，债转股有助于国有企业转变机制。实施债转股后，企业股权结构最直接的变化就是引进新的特别是非国有股东，有助于弥补国企公司治理方面的缺陷，改善公司治理。同时，由于新股东更倾向预算硬约束，可减轻国企长期预算软约束弊病；加之新股东更注重严格监督和降低成本，对企业运营意义也非常积极。

第三，债转股有助于避免东北区域出现国有大型企业因负债沉重大面积倒闭的局面，对维持宏观经济平稳运行作用重要。企业违约概率下降，银行不良率下降，避免系统性金融风险。

第四，当前金融资源及民营资本很丰富，政府只需要给予引导和少量优惠，就可以吸引民资参与债转股改革，改善经营困难的创新型国有企业资产负债情况，从而企业可以通过自身的努力获得其他金融和资本的青睐，走上良性循环。

第五，对创新型国企实施债转股，投资风险和政策风险均较小。这些创新型国企虽然负债较高，但是有高价值的技术和市场，未来发展有前景，有升值空间，可以吸引到有实力的投资者，将来股权退出的风险较小。支持创新型国企发展，符合国家的改革政策、产业政策和振兴东北地区装备产业的政策，特别是《国务院关于印发降低实体经济企业成本工作方案的通知》（国发〔2016〕48号文）强调要支持有发展潜力的实体经济企业之间债权转股权，政策风险小。

第六，债转股改革将推动当前的供给侧改革，特别是在降杠杆方面发挥重要作用。我国经济的高杠杆主要表现在企业部门的高杠杆，而企业部门又集中在国有企业。在经济下行压力下，国有企业的杠杆率不断上升。债转股从两个方面降低企业杠杆率：一是将债务存量转化为股份，从而直接降低国有企业的负债率；二是降低企业借新债还旧债的需要，防止债务的进一步增长。

债转股不仅对东北国企改革具有重要意义，而且将大大推进全国的国企改革和降杠杆进程。截至2016年6月末，全国国有及国有控股企业资产总额126万亿元，负债总额83.5万亿元，平均资产负债率66.3%，比规模以上民营工业企业的平均资产负债率高约15个百分点。如果通过债转股使国企的负债率降低到民营企业的水平，则企业整体负债将降低18.9万亿元。

综上，建议尽快优先在东北地区实施创新型国企债转股混合所有制改革。东北地区最需要债转股，债转股在东北地区起到的作用也会很大。实施债转股改革，不可避免地需要中央政府给予一些优惠政策，允许国有银行核销部分国企债务，具体核销比例可以根据企业具体情况确定。通过债转股方式优先解决东北地区创新型国有企业财务债务负担过重和制度改革不到位的深层问题，对落实中央推进国企混合所有制改革、自主创新、振兴东北、降低经济的杠杆率意义重大。

内外焦灼之际，尤需
破解民营企业困局[*]

增长下行压力浮现，民营企业困局值得重视

2018年第三季度经济运行整体平稳。我国经济在2018年第三季度延续了上个季度的平稳格局。虽然受到中美经贸摩擦的外部影响，但我国出口同比增速在第三季度仍然维持在10%左右，进口增速则稳定在20%以上。外需的稳定在一定程度上对冲了国内投资增速下滑给经济增长带来的压力，使工业增加值同比增速稳定在6%左右。市场对2018年第三季度我国GDP增速的预测均值为6.6%，比2018年第二季度增速略低。

然而，经济增长下行风险已经更为突出地显现出来。国内投资增长的减速态势在第三季度延续，尤以基建投资的下滑更值得关注。2018年7—8月，基建投资（包含电力部门）的单月同比增速已经下滑至-5%左右，创2007年以来的新低。基建投资趋弱令固定资产整体投资增速从2018年第二季度的低位上进一步下滑。生产端，有先导性意义的制造业采购经理人指数（PMI）已经在2018年9月明显走低。而与中小企业联系更紧密的财新PMI更是在2018年9月回落到50这个扩张收缩临界点上，为2017年6月以来的首次。从PMI的分项指数来看，新出口订单和雇员状况正在快速恶化，而销售积压的状况也在明显升温。这些指标都意味着未来可能有更低的经济增速。

前期宏观政策的调整在化解经济增长存在的风险点上效果有限。2018年7月下旬的中央政治局会议和国务院常务会议释放了政策转向稳增长的信号，货币政策也有明显放松。2018年10月7日，中国人民银行宣布降

---

[*] 本文与徐高合作。

低存款准备金率1个百分点,在对冲掉4500亿元的中期借贷便利(MLF)之后,还释放了7500亿元的增量基础货币。但是,制约实体经济融资扩张的主要因素是偏紧的去杠杆政策和金融监管政策。这些政策抑制了地方政府的融资需求,并压缩了融资流向实体经济的渠道,从而令金融市场的流动性难以向实体经济传导。2018年7—9月,社会融资规模月均同比少增约2300亿元,实体经济融资难的状况不仅依旧而且更为严峻。

当前民营企业的经营困境尤其值得高度关注。目前,国企与民企的经营状况呈现分化态势。2017年以来,民营工业企业的利润增速大幅落后于国有工业企业。而从2018年年初以来,在国企亏损比例稳中趋降的同时,民营工业企业的亏损比例明显上升。民企的困境产生于两个主要原因:一是上游的限产政策推高了上游产品价格,增大了中下游企业(民企占比更大)的成本压力,形成了行业间的利润转移;二是在融资紧缩的大环境中,民营企业的融资成本上升得更快。目前,民营企业相对国有企业的债券信用利差已经达到历史高位,表明民营企业在融资难环境中受到的压力比国有企业大得多。

民营企业的经营困境令去杠杆政策目标落空。在经营困境中,民营企业的资产负债率在2018年被动上升。尽管国有工业企业的资产负债率在同期下降,但不足以抵消民企加杠杆的影响,因而使得工业企业整体杠杆率在2018年明显上升。2018年8月,工业企业整体资产负债率比2017年同期上升0.9个百分点。总体来看,紧缩性的去杠杆政策确实一定程度降低了国企的杠杆率,但又快速推升了民企杠杆率,令全体企业的杠杆率不降反升。

民企的经营困境有可能演变为金融风险。在融资难的环境中,民企对股票融资这种新融资方式的依赖程度一直不断上升。股票融资是2012年之后我国股票市场开展的一种新型融资业务。企业股东将其股票质押给证券公司、银行等金融机构,从金融机构处获得融资支持。目前,A股所有上市企业中,民企股东平均将其21%的股票进行了质押;而同期国企股东的股票质押比率仅为3%。在民企股东中,民企第一大股东的股票质押比例更是已经接近40%。由于2018年A股整体偏弱,指数下跌幅度较大,使得被质押股票的市值缩水,不少质押股票账户接近平仓线。根据估算,目前有接近300只股票已经触及平仓线,理论上这些被质押股票需要被金融机构强制卖出。但如果真的进行平仓操作,会加大股市的跌幅,令更多股票质押账户触及平仓线。这会在股市中催生"股灾"型的恶性循环,造成市场的异常波动,可能演变为更具危害的金融风险。

优化去杠杆政策,化解民营企业困局

中美经贸摩擦背景下,认识到以下四点有助于更好地设计去杠杆政策的下一步走向,化解当前经济面临的困难。

首先,我国债务总额不算高,债务危机风险很小。根据国际清算银行的估计,我国全社会总债务占 GDP 比例在 2018 年第一季度为 261.2%,在世界各个国家和地区中处于中游水平,并低于发达国家的平均值。考虑到我国储蓄率接近 40%,是其他国家和地区平均储蓄率的两倍,我国的总债务规模仍处于合理状态,爆发债务危机的风险很小。

其次,地方政府债务对应着优质资产,地方政府的合理融资需求仍需要加以满足。地方政府的债务大部分流向了公共基础设施领域。这些基础设施建设项目有很大的公益性,相当部分的回报体现在社会层面,而难以转化为项目本身的现金流回报。因此,仅凭这些项目本身的现金流回报状况来评价是片面的、不公允的。仅通过项目本身的现金回报率方法来评价地方政府债务的可持续性也是有偏颇的。必须要认识到,地方政府负债建设了大量优质资产。这些优质基础设施项目对当地经济的长远促进作用保证了政府债务的可偿还性。因此,不应"一刀切"地认为地方政府债务就是"洪水猛兽",而需要以恰当的方式满足地方政府的合理融资需求。

再次,去杠杆政策要适度,不可过度,更不能把去杠杆目标凌驾于发展目标之上。发展是硬道理。去杠杆还是不去杠杆都只是为发展目标服务的手段。需要坚决反对将去杠杆目标绝对化的倾向,而要实事求是地结合具体的宏观经济状况,合理调整去杠杆政策的力度和节奏,保证经济的平稳运行。2018 年以来的国企去杠杆、民企加杠杆的状况就是去杠杆政策调控一定程度失当的例证,去杠杆政策实施过度在恶化经济结构的同时,还会进一步推升全社会杠杆率。

最后,在中美经贸摩擦的背景下,我国需要国内加杠杆来扩大内需。一个国家的外部(经常账户)盈余对应着该国国内富余储蓄向国外的流动。过去,我国通过大规模的经常账户盈余实现了国内储蓄向别国的流动,让我国对别国形成了大量债权。但中美经贸摩擦的升温将打击我国的出口（这一点在 2018 年 9 月的 PMI 数据中已初显端倪），压缩我国的经常账户盈余。这意味着我国更多的国内储蓄需要留在国内。我国政策应该顺应这种储蓄流动的倾向，让这些储蓄更多地流向国内债务，以支持国内需求的扩张，弥补外需的不足。这也将是符合经济规律的政策调控思路。

政策建议

在理顺有关去杠杆的政策思路后，国内宏观政策可以采取以下一些有针对性的举措来维护经济的平稳格局，并预防风险的爆发。

第一，地方政府融资"开正门"方能"关后门"。地方政府的合理融资需求需要以正规的、清晰透明的方式来加以满足。地方政府专项债虽然是不错的选择，但 2018 年 1.35 万亿元的总额度明显不够覆盖地方政府的合理融资需求。地方政府专项债券发行虽然加速，基建投资增长却仍然放缓就是明证。有必要扩大地方政府专项债的额度，在正规口径下给予地方政府足够的融资支持，扭转基建投资增长快速放缓的不利局面。而在正规融资渠道畅通之前，对地方政府非正规融资的清查力度需要灵活掌握，不"开前门"就强"堵后门"的刚性做法只会人为地进一步增加经济的下行压力。

第二，上游限产政策需要更加市场化，避免加大经济运行成本。过去两年，限产政策在化解产能过剩、推进环境改善方面发挥了不可替代的作用。在未来，限产政策应该继续在这两方面发挥积极作用。但同时，也需要灵活调整限产政策的力度和节奏，将中下游企业的承受力考量进来。尤其需要避免行政化推进和限产政策成为垄断寻租工具。

第三，需通过调降股票质押的平仓线来避免引发股市踩踏性下跌。根据估算，当前面临强制平仓风险的质押股票的总市值大概在 3000 亿元，对应的总融资额度在 1000 亿—1500 亿元。就整个股票市场来说，这个数字不算太大。因此，需要防范的是强制平仓的恶性循环带来的市场过快下跌风险。而这可以通过调降强制平仓线来实现。由于股票质押业务主要是证券公司在操作，中国人民银行可以适当给予证券公司以流动性支持，以避免券商因无法强平股票质押账户而发生流行性风险。

第四，需要采取措施重塑民营企业的信心。在前期偏紧宏观政策基调下，民营企业经营陷入困境。近期，高层领导重申了党中央对民企的支持。这种表态十分必要,起到了以正视听的作用。除此之外,宏观政策需要化解当前实体经济融资难的格局。限产政策也需调整来切实降低中下游企业的成本,这样方能真正缓解民企的压力,重塑企业家信心,为经济平稳增长创造新的有利环境和条件。

进行集团整体上市试点　加快国有企业混合所有制改革进程[*]

集团整体上市是国有企业混合所有制改革的重要方式

国企集团层面混合所有制改革（以下简称"混改"），指国企集团母公司以增资或出售国有股权或两种方式结合的方式引入民间资本以调整集团母公司股权结构的"混改"方式。集团整体"混改"有两种基本方式：集团整体上市（即集团母公司上市）和集团母公司引入少数社会资本的战略投资者。中国目前国企"混改"的主要做法是在子公司甚至孙公司及以下公司引入非国有资本，包括子孙公司上市。

两种方式各有优劣。集团整体上市能引入战略投资者及一般大众投资者；集团母公司上市同时受《中华人民共和国公司法》和资本市场规则约束，改进企业治理机制更规范、约束更强；为整体上市必然加快集团内业务、资产及产权关系的优化进程；与资本市场结合，整体放大国企资产价值；提高资本流动性。但比集团引入战略投资者方式改革难度更大，财务费用更高。在国企子孙公司及以下层面"混改"，好处是有利于启动及推进"混改"，但存在进一步"混改"空间有限和理顺集团内业务、资产优化动力较小等问题。

两种方式可以互相结合。集团整体上市可以引入部分战略投资者。子孙公司"混改"推进了集团资产优化重组，有利于集团整体上市，只是与母公司同样业务的上市子孙公司必须与母公司合并，除非母公司是纯粹持股的投资公司（如巴菲特的伯克希尔－哈撒韦公司）。

---

[*] 本文与陈小洪合作。

国外大型国企民营化或者股份化改革的主要方式是整体上市。OECD的研究指出1980—2002年国际上国企改革整体上市（IPO）占62%、战略投资者收购占20%、管理者及职工收购（MEBO）占18%，大型国企主要改革方式是整体上市。出现这种结构，与大型国企盘子大、改革需要更多资本参与等客观因素有关，还与整体上市方式更公平透明容易得到社会支持的社会政治因素有关。

国企集团整体上市有重要的战略意义

有利于更好地发挥国有资本推动中国经济及市场经济发展的作用。集团整体上市能做大国有资本基本盘，有利于国企做优做强做大；有利于国有资本和民间资本更大规模的合作共同发展；整体上市进行的集团内业务及资产的优化重组乃至剥离，会给民企及民间投资者带来更多投资机会；在社会资金充裕的背景下增加民间投资的机会；有利于中国资本市场的发展。

有利于加大国企"混改"力度，加快企业机制转变。只搞子公司混改，混改空间有限，因为集团公司为保证不同子公司的协调必然要求控股。集团整体上市，混改盘子更大，国家还可以适当减持国有股份进一步放大混改空间，也有利于减少行政干预和改进国企激励机制。与集团国有独资体制相比，集团整体上市将从制度上限制行政及国家出资机构的不当干预。不少国企将总部员工编制放在上市子公司等事实表明，现行架构不利于理顺集团内治理及激励机制，还会带来国企不透明及违规风险。

有利于大型国企解决内部利益关系复杂、协调成本很高的问题，推进建立现代大公司企业制度的进程。国际一流大企业通常都是母公司整体上市、专业子公司或者事业部负责业务的经营组织。而中国大型国企则是集团母公司国有独资不上市，其控股的业务子公司产权多元化或者上市。这种与国际大公司不同的股权及资产关系倒置架构，限制"混改"空间的扩大，且使集团内治理与管理相混、经营组织及利益关系复杂，降低内部资源利用效率和财务效益。这种架构形成于20世纪90年代，对分拆优良资产上市有历史贡献，但问题和矛盾也日益突出。集团整体上市将从根本上化解这些问题，加快国企现代大公司企业制度建设进程。

有利于大型国企发展成国际一流的大企业。国际一流大企业不仅要有产品和技术达到国际水平的市场竞争力，还要有国际一流的资源及资本组织整合能力。集团整体上市有利于集团内部协同和整体借鉴国际大公司的先进经验，整体提高资源组织能力，整体对接资本市场提高集团整体价值能力及融资能力，更好地支持企业发展和创新。

有利于直接提升大型国企的财务回报水平和资本价值及其流动性，提升国企的财务价值和公益价值。集团整体上市减少了集团内利益分流、直接对接资本市场从而提高资本流动性，能整体提升集团资本价值。财政能通过更多分红和必要时售股直接获得回报，对社保基金会有更大贡献。世界银行专家 M. A. 阿尤布 20 世纪 80 年代总结国企发展及改革的国际经验时指出，国企较好发展必须解决好三个关键问题：竞争性环境、责任明确的财务体制（资本市场融资、财务回报要求、严格财务纪律等）和给企业充分授权并严格责任。集团整体上市不仅可以提高国有资本的市场价值、增加财政贡献，还事关国企长效发展机制的建立和公益价值的提升。

有利于发展以公有制为主的混合所有制的基本经济制度，推进国有资本布局调整和以"管资本"为主的国资监管体制的改革。未来的国企是国家出资企业，包括国有独资、控股和参股企业（《中华人民共和国企业国有资产法》第五条）。集团整体上市及以后相继增减国有股份，有利于国企更好地利用社会资本发展，从基本经济制度及"混改"角度看则是发展有国有资本成分的新型公有制企业。集团整体上市有利于优化国有资本布局结构：国企可以像国际大公司一样更有效地优化集团内的资产及业务结构；政府或国家出资机构可以用市场化方式利用资本流动性更有效地调整国有资本布局。集团整体上市将进一步约束国家出资机构的行为，强化资本市场对国企的激励和约束，有利于推进以"管资本"为主的国资监管体制改革。

有重要的国际意义。有利于国际上理解中国国企改革的市场化目标，因为集团整体上市模式，与国际大公司的基本架构、与国外的做法更为接近；有利于国外企业及资本有更大的机会参与中国的国企改革，因为国企资本盘子更大了、治理机制更市场化和透明了；有利于更好地展示中国推进国企改革的决心及市场化的改革方向。

推进国企集团整体上市已经
具备必要且可行的条件

具备基本的政治条件。中发〔2015〕22号文已经明确国企有条件的可以集团整体上市。而且大型国企集团母公司整体上市在政治上更容易被一般投资者和广大国民接受。

具备基本的政策条件。最主要的政策条件是国家已经明确了不同类型国企的国家股权政策，央企基本都完成了公司制企业改制。我国20世纪四大银行整体上市等实践也已经充分表明，中国大型国企整体上市既有成功经验也有较大的政策空间。

已经具备基本的经济条件。第一，以已有上市国企为基础来推进集团整体上市既有基础又有条件。2017年A股1031家国企上市企业净资产净利润率平均值9.4%，高于全部上市企业及民营企业。第二，大型国企普遍都有上市的子孙公司，部分国企证券化率已经较高，近几年集团内资产优化重组一直重视业务整体上市，试点推进集团整体上市条件已经初步具备。对国务院国资委管理的97家央企的不完全统计，仅A股上市企业就有290家，每家央企平均3家。"上市公司已经是央企的运营主体"[①]，央企证券化率在2018年年底按资产、营收、利润总额计分别已达65%、61%和88%。第三，对24家大型国企（22家为国资委央企，2家为上海国企，见表1）的统计表明，许多企业证券化率较高，上市子公司业务相关性及股权控制程度也较高。128家上市企业，同业的50家，相关业务的63家，二者合计占上市企业的88%；控股的58家，相对控股的65家，合计占上市企业的96%。这种结构有利于整合上市子公司推进集团整体上市。第四，存在企业内外推动集团整体上市的动力。部分集团企业有整体上市获得更多社会资金支持发展的需求。整体上市有利于集团整体改进治理机制和激励机制。一些大型国企（特别是地方国企）一直希望能集团整体上市。民间投资者要求增量存量并举扩大"混改"空间，由此需要集团整体上市。第五，中国有支持集团整体上市的社会资金，还可以利用境外资本市场融资。

---

① 见肖亚庆在党的十三届全国人大二次会议新闻中心2019年3月9日就"国有企业改革发展"相关问题回答中外记者提问时的介绍和说法。

已有实践经验和支持体系。中国四大国有银行都已经整体上市。中国的证券公司、投资机构、法律及会计和审计体系已经有相应的经验。

大型国企集团整体上市也有挑战：需要全面的安排部署，配套调整有关政策法规。具体负责有关工作的政府、机构和企业必须勇于迎接挑战，有较强的协调及管理能力。最大的挑战是国家出资机构，持股对象过去是国有独资的母公司，以后是上市公司，工作规则及方式需要调整转型。但这是国家出资机构乃至国资监管体制改革必须要应对的挑战。

根据改革的长远目标，综合分析已有的条件和问题挑战，在"十四五"甚至更长时期，通过集团整体上市推进"混改"意义重大，而且可行，有必要尽快启动试点。

表1 部分央企和地方国企按上市资产和营业收入在集团占比分档

上市资产和营业收入在集团的占比	企业名称
两指标均在80%以上	中国交通、中国移动、中国联通、中煤集团、中国中建、上汽集团、上海电气
两指标均为60%—80%，或其中一个指标为80%以上	华润集团、中国建材、中石化、中石油、五矿集团、中广核
两指标均为40%—60%，或其中一个指标为60%—80%	宝武钢集团、东风集团、大唐集团、中粮集团
两指标均在40%以下，或其中一个指标为40%—60%	兵器工业、中船重工、中船工业、中国一汽、中国电科、中国信通、中国华能

资料来源：笔者根据Wind数据库及对应公司网站数据计算分档。

七　金融

微型金融大有可为[*]

2008年2月18—25日，国务院发展研究中心、中国银行保险监督管理委员会与中国人民银行组团对印度尼西亚、印度两国的微型金融服务业进行调研考察。考察团调研了有代表性的微型金融业务模式，实地参观了部分微型金融业务网点和批发市场、零售商店。以下是考察的主要发现及对我国的启示与建议。

微型企业、微型金融服务及需求的显著特点

对于微型企业，目前尚未有一致的划分标准。国家统计局将年销售额大于人民币3000万元的企业定义为大型企业，年销售额介于人民币500万元和人民币3000万元之间的企业定义为中小型企业。一般把年销售额介于人民币10万元和人民币500万元之间的企业定义为微型企业。国家税务局把年应纳税所得额不超过30万元、从业人数不超过100人、资产总额不超过3000万元的工业企业和年应纳税所得额不超过30万元、从业人数不超过80人、资产总额不超过1000万元的其他企业认定为小型微利企业。对小型微利企业，按20%的税率征收企业所得税（参见《企业所得税法》第二十八条）。一般而言，微型企业包括登记以及未登记的个体工商户、小型加工作坊、种植养殖户，各类微小企业以及与"三农"有关的城乡个体经营户。他们大多从事批发、零售和商贸服务及小型加工制造。据调研和估计，微型企业在中国大约达到7000万户，已成为中国经济发展中非常重要的驱动力量。

微型金融主要是指为贫困、低收入人口和微型企业提供的金融服务。

---

[*] 本文刊于国务院发展研究中心《调查研究报告》2008年第96号，2008年6月26日。标题为本书新加。

世界银行认为微型金融是为贫困人口提供的贷款、储蓄和其他基本的金融服务。世界银行扶贫咨询委员会（CGAP）的用词为"microfinance"，侧重于为贫困人口提供的贷款、储蓄和其他基本的金融服务。联合国则使用"inclusive financial system"（国内翻译成"普惠金融体系"）一词，基本含义是：能有效、全方位地为社会所有阶层和群体提供服务的金融体系，尤其是要为目前金融体系并没有覆盖的社会人群提供有效的服务。联合国希望通过微型金融的发展，促进普惠金融体系的建立，并把2005年命名为联合国"小额信贷年"。总之，微型金融概念的基本内涵是：为贫困和低收入群体提供金融服务。

微型金融的对象决定了其业务需求有三个显著要求。

一是要求审核的简便性。农村和城镇小额信贷需求者往往没有合格的抵押品和担保品，复杂的信用调查及审核一般不适用。

二是要求办理的方便性。微型金融服务申请者经营的特点，往往要求能够上门服务，以免在去网点办理的过程中影响生产或贸易的连续经营。

三是要求批准的迅速性。农村和城镇小额信贷需求者往往需要的金融服务是急用周转金或备货资金，要求时间紧、额度小。如果审批时间过长，就失去了意义。

这三个显著业务要求，说明了微型金融业务与传统金融业务相比较，其贷款的交易成本较高、风险相对较大、信息不对称更严重。如何创新地解决这些问题，是微型金融服务需要解决的核心问题。

印度尼西亚、印度微型企业金融服务的模式

（一）印度尼西亚人民银行的 BRI-UD 模式

印度尼西亚人民银行（Bank Rakyat Indonesia，以下简称 BRI）是一家国有银行，1983年之前，它一直发放指令性粮农补贴贷款。1984年 BRI 在内部建立农村银行（Unit Desas of Bank Rakyat Indonesia，以下简称 BRI-UD），成为 BRI 内部的独立盈利中心。1984年以来，BRI-UD 在印度尼西亚农村建立了3986个村级营业网点，2510万存款账户和260万借贷客户，在印度尼西亚整体市场占有率为14%。2003年11月，BRI 在印度尼西亚上市，并同时在美国证券柜台交易市场（OTC）挂牌交易，被《亚洲货币》评为当年最佳上市公司。2003年以来，BRI 的资产回报率、股本回报

率超过商业银行的平均水平，分别达到 2.7% 和 38%。BRI-UD 模式通过存贷利率差所获的信贷服务收入来覆盖其运营成本和扩展金融服务业务的广度与深度。

BRI-UD 模式的经验主要有以下两点。

1. BRI-UD 在 20 世纪 80 年代初的改革初始阶段，有效地利用了政府提供的启动支持资金和世界银行的贷款。通过建立独立赢利中心、工作激励和奖惩制度，建立有效的内部管理和监控系统，加强成本控制和管理，在有良好资金启动的背景支持下，转变为可以用吸收的存款储蓄替代外部贷款开展信贷服务。

2. 以市场利率向中低收入群体提供小额储蓄和贷款产品服务。例如为低收入群体开设的名为 Simpedes 的储蓄项目实践，成功地动员了储蓄。

（二）印度尼西亚金融银行的 DSP 模式

受 1997 年亚洲金融危机影响，印度尼西亚 9 家即将破产倒闭银行经过了硬性简单组合，2003 年淡马锡通过收购其股权的 51%，成立印尼金融银行（Danamon Simpan Pinjam，以下简称 DSP）。目前在印度尼西亚拥有专营小额存贷的分支机构超过 700 家，员工 7000 人，客户达到 31 万。过去 4 年，总收益增长 1 倍，税前利润增长 1 倍，成为印度尼西亚资产规模排名第五、贷款规模排名第五、利润排名第四、资本回报率排名第三的银行，新加坡淡马锡持股比例增至 68%。截至 2007 年年底，DSP 实现印度尼西亚摩托车融资市场占有率 15%，微型银行市场占有率 7%，中小企业占有率 8%，整体市场占有率 7%。2004—2007 年，DSP 的整体市场占有率由 3% 上升至 7%。目前印度尼西亚整体市场占有率排名第一的是印尼人民银行 BRI，2007 年市场占有率 14%，这是一家有百年历史的银行，开展微型金融服务 30 年，近七八年来市场占有率一直在 14% 左右。

DSP 模式成功的关键因素主要有以下四点。

第一，向重点目标客户提供适合他们需求的金融产品。DSP 贷款产品的重点客户是占印度尼西亚小型企业约 20% 的市场小规模贸易者。DSP 提供两种产品 Dana Pinjam 50（最大为 5000 万卢比的贷款）和 Dana Pinjam 200（最大为 2 亿卢比的贷款），迄今为止在 DSP 总的未偿贷款中两种产品相当，并在客户两公里范围内建立支行以确保方便他们。

第二，DSP 通过与客户密切联系、有效执行来解决信息不对称的问题。DSP员工每天都会去客户工作的地方进行拜访以收集信息、办理放款和偿还贷款，在执行上体现为简单（贷款申请流程简便、无纸化电子信息现金交易、指纹身份识别系统）、快速（三天内拨划所有款项）和方便（分行设立在社区集市中间、使用电子数据采集系统EDC收付款项）。

第三，使用信息技术来提高客户便利并加强对其产品组合的内部监管。所有信贷人员使用电子数据采集机（EDC）快速并准确地记录偿还情况。每天EDC信息下载到银行支行电脑上，上传到DSP总部，为高级经理提供相关组织绩效的实时信息。

第四，受益于Danamon银行的存款资产，可以专注于贷款组合业务，且无须动员大量储蓄，降低了间接营业成本。

DSP模式的主要特点见表1，DSP模式与BRI模式的比较与差异见表2。

表1　　　　　　　　　　DSP模式的主要特点

DSP模式特点	主要描述
针对一个固定的目标市场，提供合适的产品	目标是市场贸易者
在当地良好的执行	就偿还借款对客户进行每日访问以方便客户、建立客户的忠诚度、在DSP员工和客户之间签订合同，并且促进更高的偿还率
创新且集约的使用信息技术	智能卡和生物识别身份证使得客户无论在哪国都能偿还贷款 EDC加快并简化了偿还借款的时间和手续 EDS允许将偿还信息快速下载到支行电脑上，支行电脑每天都要将结果发送到地方和中心
Danamon资产	允许DSP在无须动员大量储蓄的情况下重点发展贷款组合

表2　　　　　　　　　DSP模式与BRI模式对比一览

	DSP	BRI
目标客户	只针对贸易类微型企业	涉及贸易、农业、林业、渔业
对贸易类客户的最大贷款	2亿卢比（折合约人民币16万元）	300万卢比（折合约人民币2300元）
还款方式	现金提取服务、在支行偿还贷款 可以选择按天/周/月还款	在支行偿还贷款，存款时收取费用 只允许按月还款

续表

	DSP	BRI
客观服务机制	到户服务	传统分行柜面服务
信息系统	电子信息采集（EDC） 生物特征识别 EDC 和支行电脑间连接 支行和 DSP 总部连接	在线存款和贷款储蓄 支行和总部间无在线连接纸质操作
贷款申请到批准的平均时间	2—3 天	7—14 天
抵押品中对土地的要求	不需要土地证	需要土地证
备注		
微型金融市场占有率（截至 2007 年 6 月）	7%	14%

资料来源：笔者根据本次调研访谈及其他相关资料整理。

（三）印度微型企业金融服务模式

印度对微型金融服务业务的监管机构是印度储备银行（RBI），允许在印度具有网点运营的商业银行、私有银行与国外银行经营微型金融业务，也允许印度本国与国外投资者成立不能吸收存款的非银行金融公司（NBFC），开展所有种类的贷款业务。成立 NBFC 需要向 RBI 提出申请：提交商业计划书、宣导公司的能力与经验、承诺注资。根据《巴塞尔协议 I》，RBI 要求获得许可的 NBFC 必须达到 15% 的资本充足率。

富登印度信贷有限公司（Fullerton India Credit Company Limited Vyapaar，以下简称"富登信贷"）是印度微型金融服务的典型代表，属于非银行金融公司。该公司微型金融业务自 2003 年 11 月开始设计，2006 年进行了 25 个分行试点，2007 年开始在全印度农村范围内推广，目前分行已经超过 600 个，2007 年当年新增客户 1 万多，已经基本实现盈亏平衡。

富登信贷模式的主要特点与做法有以下四点。

1. 专属服务。每位小额贷款客户都拥有专属的客户经理。贷款发放、评估及抵押品存管等都由客户关系经理一手经办；从头到尾单一联系人。

2. 产品设计覆盖面较宽。提供个人需求贷款、业务扩张贷款、原材料周转资金贷款、家庭成长计划贷款、投资理财咨询、商业保险等产品及产品组合。

3. 操作上简便。通过标准化文件，建立易懂和简便的流程；快速。平均贷款审批流程仅2天；邻里式融资。为坐落在方圆5公里的客户提供到户服务；一站式服务。满足所有融资要求。

4. 连锁模式。每个分行都由相同的七人团队构成，一个分行经理、一个信贷员、一个操作员、三个销售员和一个柜台营业员。

富登信贷在微型金融服务风险与信用管理方面也采取了与传统银行服务不同的标准与方式。

1. 分权授信系统。大部分的信贷审核（将近80%的审批案例）发生在营业网点且主要由网点信贷人员审批。而传统银行通常采用集中化的授信管理，对客户的信用评级采用刚性的信用评分体系，审批的权限集中在分行。富登信贷通过采用分权式的授信系统缩短贷款审批时间；通过"点对点"的客户信用审核和非刚性的信用评分体系（客户供应商调查、客户家庭情况调查、客户邻里关系和社区关系调查，以及每周定期的拜访等），及时了解客户资信和经营情况，对客户的现金流做出充分有效的判断，从而决定贷款的额度和周期，有效地降低坏账损失的可能性。

2. 销售人员社区化。富登信贷要求销售人员必须来自社区，对当地的市场情况要了解。销售人员负责自己所在区域的产品销售，更重要的是还必须负责自己放贷产品的回收。

3. 放贷依据。富登信贷不是以抵押品作为贷款标准，而是用客户的还款意愿和还款能力作为放贷的决定因素。虽然抵押品的价值可以帮助控制客户的行为，但是富登信贷更加关注客户本身的还款态度。为了更好地控制风险，在财务模型中设置适当的拨备，以便更好地预测和抵御风险。

经验、启示与建议

（一）关于微型金融机构的首要目标

国际范围内，根据首要目标的不同，通常把微型金融划分为两大类："福利主义"和"制度主义"。前者以社会扶贫发展为首要目标，如孟加拉国的GB；后者首要关注商业可持续性。印度尼西亚的RBI-UD模式、DSP模式和印度的富登信贷模式都已经获得赢利，这一点充分说明，在微型金融的首要目标定位上，完全可以实现"制度主义"微型金融，而且只有当参与微型金融的机构能够实现可持续性和盈利，才可能被大量复制、推广，才能不断延伸社会扶贫的范围与深度。因此，对于我国微型金融业务开展的首要目标，建议：在世界范围内的"福利主义"向"制度主义"发展的趋势下，定位于通过市场经济方式、通过竞争机制，创造相关的微型金融政策环境（例如放宽市场准入、明确进入条件、降低进入成本、加强进入后的监管等）和经营氛围。

（二）关于微型金融业务开展模式

微型金融需求有独特的特点和特定的服务群体，这是印度尼西亚RBI-UD模式、DSP模式和印度富登信贷模式揭示出的共同点。微型金融具有更高的交易成本、更严重的信息不对称特性，业务发展需要审核的简单性、办理的方便性和批准的迅速性。

这些都与传统金融业务特点有很大的差异，因此，不宜照搬传统金融的现行经营模式、成本结构、人员结构和内部风险控制机制来发展微型金融，有必要通过创新的设计，甚至颠覆性的变革设计来开展微型金融业务、建立微型金融业务的作业流程和作业标准。印度尼西亚DSP模式利用信息技术降低后台支撑成本，网点业务人员仅凭一个指纹识别仪工作——申请者提出贷款要求，只要在业务员权限之内，留下指纹，马上就能批准，第二天贷款就能到账。还款也是如此。业务人员通过网络向总部汇总，总部可以随时关注每一个网点的风险和经营状况。雇用社区人，连锁式标准化推广的做法，以及其他一些机构创造出来的小组联保贷款、分期还款等新型金融合约方式等，都通过成功实践说明：微型金融的开展模式必须采取有别于传统金融的方式，以创新的思路，才能较好地克服交易成本高、信息不对称严重的障碍。建议：我国微型金融服务的开展模式采取创新的思路，跳出传统金融的模式来思考问题，甚至要放弃通过改造原有机构来开展的尝试。转而考虑成立新机构或引入新机构，充分利用信息技术和目前中国已经建立了较广泛的普惠式服务覆盖的基础，开展微型金融业务。

（三）关于微型金融模式的适用范围

印度尼西亚RBI-UD模式、DSP模式和印度的富登信贷模式都有特定的服务细分群体，例如RBI-UD针对贸易、林业、农业等微型企业，DSP

针对小规模商业贸易微型企业等。这些群体及经营特点都具有对贷款金额需求较低、周转较快、盈利空间较大的特点。中国地域差异很大，很难用一个模式满足不同地区的金融需求，对于需求金额较低、周转较快、盈利空间较大的一些行业，如我们农村的规模化养殖，以及围绕村镇集群的商品、服务、餐饮、修理、运输、物流、加工等领域，印度、印度尼西亚的模式具有一定程度上的适用性，但对于完全的农业、种植业（或农户），上述模式极可能失效。因为农业的特性是生产周期长、利润低、风险大，而一般农户又很难承受太高的利率，这还得需要国家政策性农业贷款来支持。建议：把微型金融服务与目前中国农村的产业化转型、农村闲置劳动力安置结合起来，可根据不同的特点，采取不同的模式。

（四）关于存款业务和利率

印度尼西亚的 RBI-UD 模式、DSP 模式的成功经验都与存款储蓄业务有关，RBI-UD 模式基于 RBI 的储蓄业务开展低收入群体 Simpedes 储蓄服务；DSP 模式借助于 Danamon 银行的存款资产，为 DSP 降低资本成本和重点发展贷款组合提供了基础。启示：储蓄存款业务可能不是微型金融服务成功开展的必要条件，但对于微型金融服务机构快速有效开展业务，以及降低运营成本、有效推广可能是一个重要条件。

印度尼西亚、印度模式中还有一个潜在的条件：灵活的利率。印度尼西亚 RBI-UD 贷款利率可以灵活确定，印度尼西亚 DSP、印度富登信贷也是如此。传统观点认为，较高的利率会阻碍微型金融发展，因为会阻止或减少贷款人。这个观点需要改变，但实际上较高的利率并没有阻止贷款人，DSP 的贷款月利息为 2%—3%，很少有贷款人抱怨利率高，相反他们关心的是简单的程序、快速贷款带来的规模利益和 DSP 员工带来的便利。利率刚性或过低，社会资金根本不愿进入，政府资金又不够，结果恰恰对需要微型金融服务的群体是不利的。世界银行的研究也说明了这一点。建议：我国微型金融服务的开展能否在存款业务许可和灵活利率上有一定突破，让市场决定、满足特定群体的信贷需求，这恰恰有利于摆脱贫困、创造社会财富。

（五）信用风险管理和信息技术

印度尼西亚、印度的经验中，信用判断、风险管理和信息技术应用经验值得学习。微型金融服务不同于传统金融业务，因此在信用判断依据上，需要跳出以抵押品、担保品为唯一依据的框架，而根据贷款人行为和还款态度与意愿来衡量。风险管理也要转变为通过本土化员工，通过掌控贷款人历史信息及实时信息来管理。信息和通信技术对微型金融业近期和未来的发展具有关键作用，对传统上人工操作的微型金融程序实行自动化在提高效率以及减少差错和贷款员欺诈方面具有巨大潜力。建议：我国的微型金融服务要充分考虑信用管理和信息技术的应用。

中度规模金融危机已确认
全面危机应对已开启[*]

近期美股暴跌的基本特征和原因

(一) 此轮美股暴跌的四大特征

2020年2月中旬以来,美股出现大幅下跌。3月9—16日更是6个交易日内三次触及熔断机制。其中,3月16日美股出现崩盘式暴跌,道琼斯工业指数、纳斯达克指数和标普500指数跌幅分别高达12.93%、12.32%和11.98%,几乎都触及第二档熔断点,均为1987年股灾以来最大跌幅。总体上,本轮美股下跌具有以下四方面的突出特征。

一是累计跌幅巨大,负向财富效应显著。从2020年2月12日至3月16日,道琼斯工业指数、纳斯达克指数和标普500指数跌幅分别达到32.24%、29.76%和29.64%(见表1)。以道琼斯工业指数为例,此轮跌幅已明显超过2018年第四季度美股回调(18.77%)和2001年夏IT泡沫破灭(22.26%),仅次于1987年股灾和国际金融危机。从点位看,此轮跌幅更是远超历史之最。26%以上的跌幅,意味着过去一个月美股市值已经蒸发超过12万亿美元。

二是单日跌幅巨大,已出现恐慌性踩踏。3月12日道琼斯工业指数暴跌9.99%,为1987年股灾以来最大单日跌幅,3月9日的跌幅也高居历史第五。美国股票市场是成熟市场,如此巨幅下跌意味着市场已发生恐慌性踩踏。从恐慌指数(标普500 VIX指数)看,3月12日已高达75.47点,仅低于国际金融危机期间的最高值(80.06点),大幅高于2018年第四季度股市回调、2001年IT泡沫破灭期间的最高值。

---

[*] 本文与朱鸿鸣合作。

三是国际共振性强,引发全球金融动荡。本轮美股暴跌的同时,除中国外的主要国家股市也大幅下挫,不少国家股市跌幅甚至超过美股。2月12日至3月12日,日经225指数和英国FT100指数、法国CAC40指数和德国DAX30指数的跌幅分别达到22.22%、30.49%、33.75%和33.37%。与历史上的几次股市大幅下跌相比,本轮国际共振性明显高于国际金融危机、1987年股灾和2018年4季度股市回调,与IT泡沫破灭时相当。

四是流动性危机苗头显现。3月12日,在股市暴跌的同时,作为避险资产的国债、黄金也出现大幅下跌,呈现"股债黄金三杀"的局面,流动性危机苗头已经显现。

表1 主要国家股指表现 (单位:%)

	道琼斯工业指数	纳斯达克指数	标普500指数	英国FT100指数	法国CAC40指数	德国DAX30指数	日经225指数
2020年3月16日跌幅	12.93	12.32	11.98	10.87*	12.28*	12.24*	4.41*
较2020年1月1日以来高点跌幅	32.24	29.76	29.64	30.49	33.75	33.37	22.22

注:*为2020年3月12日数据。

(二)本轮股市暴跌是疫情蔓延、大宗商品市场动荡和欧洲因素叠加的踩踏式暴跌

一是疫情蔓延。新冠肺炎疫情是当前全球经济金融最大的影响变量和最大的不确定性,经合组织(OECD)预计悲观情景下全球经济增速将降至1.5%。新冠肺炎疫情的全球蔓延和美欧在疫情防控上的无力无效,对金融市场产生了较大的预期冲击。

二是大宗商品市场动荡。从长期看,大宗商品价格下跌有利于消费者,但短期内导致市场恐慌,引发避险情绪,导致作为风险资产的股票被抛售。同时,石油价格大幅下跌也引发了对美国能源行业过剩和信用风险的担忧,导致能源股大幅下跌。

三是欧洲因素。新冠肺炎疫情在欧洲呈现失控态势,德、法、意、西等欧洲大陆主要经济体确诊人数均超过2000人,英国、瑞士、荷兰、挪威、瑞典、丹麦确诊人数已超过500人，市场担忧疫情导致欧洲经济崩溃。欧美经济联系紧密，美国公司持有大量的欧洲资产，一旦欧洲经济崩溃，将对美国公司经营造成巨大冲击。此外，3月12日欧央行意外宣布不降息、美国宣布除英国外的欧洲通航禁令，导致欧洲股市普遍暴跌10%以上，这又进一步推动美股下跌。

四是诱发踩踏式机制。投资泡沫、杠杆资金以及暴跌20%以上可能引发的止损机制等美股存在的自我紧缩机制，都成了恐慌式抛售、踩踏式暴跌的原因。

中度规模金融危机已确认　全面危机应对已开启

从美股此轮巨幅波动与1987年股灾以来历次美股大跌的比较（见附表），有以下四点发现。

一是当前股市下跌规模已超出IT泡沫破灭时水平，仅较1987年股灾期间跌幅少7.87个百分点，已具备引发中度规模金融危机的基础。二是当前市场恐慌程度高、政策应对空间有限、股市发酵效应已初步显现，且美欧经济前景仍受不断蔓延的新冠肺炎疫情笼罩，美股在未来一段时间内很可能在救市中继续下跌，股市与债市及其他市场的连锁反应也将进一步显现。三是本轮美股下跌与欧日等主要经济体股市大幅下跌同步，已具有了国际共振性或全球性特征，已对全球金融市场产生了影响。四是当前经济基本面和金融机构稳健性好于2008—2009年，可能不足以诱发类似于2008年国际金融危机的重度全球系统性金融危机，但已经足以引发中度规模金融危机。

本轮美股下跌过程中，美联储已经开始救市，如2020年3月3日紧急降息50个基点至1.00%—1.25%，3月12日纽约联储向市场注入流动性5000亿美元。3月13日美国股市在特朗普宣布美国进入应对新冠肺炎疫情紧急状态，联邦政府将启动500亿美元的紧急资金储备等救市计划下暴涨9%。3月15日美联储再次紧急宣布降息100个基点至0—0.25%的水平，并启动规模达7000亿美元的量化宽松计划。这是2008年金融危机以来，美国首次将利率再次降为0。本来市场预期，美联储会在3月18日的会议上再次降息，美联储又一次未等到18日的FOMC常规会议，提前降息并且是巨幅降息。美联储宣布巨幅降息后，美股道琼斯指数期货和标普

500 指数期货却双双大幅下跌，再次熔断。3 月 16 日，道琼斯指数、纳斯达克指数和标普 500 指数当天分别大跌 12.93%、12.32% 和 11.98%，均创 1987 年股灾以来最大跌幅，市场恐慌指数达 82.69，超过 2008 年国际金融危机时高点。

可以说，美联储再次紧急 100 个基点的巨幅降息，已经确认了危机并正式开启了全面危机模式。一场不亚于 1987 年股灾乃至 2001 年股市泡沫破灭的中度规模金融危机已经发生。

这场中度规模金融危机影响我国的七个渠道

美股巨幅波动正在引发的中度规模金融危机，会通过直接持股渠道、跨市场投资者渠道、中概股渠道、预期渠道、供应链渠道、贸易渠道和利差渠道对我国的金融、实体经济和货币金融环境造成较大冲击，影响我国金融稳定和美元资产安全、降低实体经济需求和供应链稳定性，影响货币金融调控的自主性。

一是直接持股渠道。我国相关特定金融机构持有相当部分的美国股票资产，在美股跌幅接近 30% 的情况下，会产生大量浮亏。若浮亏得以确认，可能会对外汇储备规模产生影响。

二是跨市场投资者渠道。随着 A 股纳入明晟指数等国际股票指数，美股暴跌会导致追踪相关指数的被动投资者减仓 A 股，从而导致 A 股下跌压力。

三是中概股渠道。美股市场有 100 多家中概股。在美股暴跌的同时，中概股也会同步下跌。

四是预期渠道。美股暴跌导致全球范围内的避险情绪，推动资金向国债等安全资产转移，从而引发大量资金流出股市，从而增加 A 股下行压力。

五是供应链渠道。中美之间产业链仍具有高度互补性，美股暴跌对美国上市公司的冲击，可能会影响我国供应链的稳定性。

六是贸易渠道。美国居民部门对股市参与度高，大量居民财富沉积在股市。美股暴跌所产生的负向财富效应，将对美国人的收入和消费产生巨大冲击，导致我国外需受到抑制。

七是利差渠道。美联储降息救市将会导致美国进入零利率时代，使美国国债收益率下降或维持在低位,拉大与我国的利差。在我国疫情防控已取得明显进展、经济稳定性强的背景下,显著的中美利差可能导致我国的被动式降息。否则,美欧过量的流动性可能流入我国,导致汇率升值甚至资产价格泡沫。

政策建议

一是调整稳定股票市场的节奏,释放并加快处置股票市场风险。本轮美股大跌期间,上证综指保持高度稳定,仅下跌0.12个百分点。非踩踏式的股市下跌也是风险释放的过程,在全球股市下跌背景下,可以"随行就市",从而释放风险和增加救市资金的"安全垫"。同时,加大对A股境外资金的监测力度,做好外资大规模抛售的预案。加快推动股权质押融资等风险的处置。

二是保持汇率基本稳定并积极扩大内需。增强货币政策的适应性和灵活性,避免人民币资产过早成为避险资产,从而引发汇率升值和资产价格泡沫压力。积极扩大内需,适度对冲外需萎缩带来的紧缩压力。

三是加强国际宏观政策协调,维护国际金融稳定。支持IMF更好地发挥危机救助者功能,避免新兴经济体债务危机蔓延。利用G20等平台,加强国际金融协调,降低美股暴跌引发重度全球性金融危机的概率。

附表　本轮美股暴跌与1987年股灾以来历次美股大跌的比较

	本轮暴跌（2020年2月12日至3月16日）	2018年第4季度回调（2018年10月3日至12月24日）	国际金融危机（2008年10月12日至2009年3月9日）	IT泡沫及"9·11事件"冲击（2001年7月2日至9月21日）	1987年股灾（1987年8月25日至10月19日）
最高单日跌幅（道琼斯指数）	12.93%（2020年3月16日）	3.10%（2018年12月4日）	7.87%（2008年10月15日）	-7.10%（2001年9月16日）	22.61%（1987年10月19日）
累积跌幅（道琼斯指数）	-32.24%	-18.77%	-42.68%	-22.26%	-36.13%
市场恐慌程度（恐慌指数最高值）	82.69（2020年3月16日）	36.07（2018年12月24日）	80.06（2018年10月27日）	43.74（2001年9月20日）	无
经济基本面	经济基本面尚可但前景受疫情笼罩（IMF年初预计美国2020年增速为2.0%，但近日表示受疫情影响将下调全球增长预期；OECD将全球增速预期降至1.5%）	经济基本面向可（2018年第4季度GDP增速为2.5%）	经济衰退（2018年第3季度、第4季度和2019年第1季度经济增速分别为0、-2.8%和-3.3%）。	经济濒临衰退（2001年第3季度和第4季度经济增速分别为0.5%和0.2%）	经济基本面较好（1987年第3季度和第4季度GDP增速分别为3.3%和4.5%）
金融基本面	金融机构杠杆水平较低，稳健性较高	金融机构杠杆水平较低，稳健性较高	高杠杆且大量持有"有毒资产"，金融脆弱性高	金融脆弱性相对较低	金融脆弱性相对较低
政策应对空间（降息空间）	基本没空间（0—0.25个百分点）	相对有限（2.25—2.50个百分点）	有限（1.50个百分点）	较充足（3.00个百分点）	充足（8.75个百分点）
国际关联性（3月12日）	高度关联（日本、英国、德国、法国股指分别下跌22.22%、30.49%、33.75%和33.37%）	关联度较高（日本、英国、德国、法国股指分别下跌10.98%、15.75%和15.21%）20.55%、	关联度较低（日本、英国、德国、法国股指分别下跌14.38%、16.78%、28.66%和27.07%）	高度关联（日本、英国、德国、法国股指分别下跌25.07%、22.44%、31.03%和38.01%）	关联度较低（日本、英国、德国、法国股指分别下跌0.4%、8.71%、18.64%和13.60%）

八　教育与科学

中世纪教育的发展与近代科学的兴起[*]

近代科学的兴起有一个漫长的孕育过程，这个过程可以追溯到中世纪。正像萨顿所说的，中世纪不是一个黑暗的、没有思想的漫长时代，而是酝酿的时代。[①] 在中世纪为近代科学的诞生所酝酿的各种各样的条件中，教育处于突出地位。在长达十几个世纪的发展过程中，中世纪教育由教义教育演变为具有近代精神的大学教育，不仅为文艺复兴时期的人本主义奠定了基础，而且为近代科学的兴起创造了条件。可以说，中世纪教育的发展是孕育近代科学的温床。

早期的基督教教育

基督教教育是从一个基督教徒的家庭开始的，"当一个成年人走进教堂并庄严宣誓忠于基督教教义之后，他就尽力地教育子女使其符合于教会要求的道德、智力观念，于是，家长就是孩子们的第一个教师"。[②] 但是，单纯的家庭教育不可避免地面临这样两个问题：（1）父母的能力毕竟有限，他们是否能将成年人所必需的知识和应具有的能力都教授给孩子？（2）当时的学校都是异教学校，早期基督教没有开设初等学校，把子女送到异教学校去接受教育是否可行？

为了解决这两个问题，早期教堂和修道院承担了为教友的子女们提供教育的义务。后来，前者发展成为教堂学校，开设的课程包括教堂史、教义和仪式练习；后者主要进行修道士教育，附带地也为修道院附近的教徒

---

[*] 本文刊于《自然辩证法研究》1996年第9期，与张钢合作。
[①] ［美］萨顿：《科学的历史研究》，刘兵等编译，科学出版社1990年版，第51页。
[②] ［美］S. E. 佛罗斯特：《西方教育的历史和哲学基础》，吴元训等译，华夏出版社1987年版，第113页。

教育子女。

但是，中世纪各宗教派别的竞争非常激烈，"基督教必须培养一批能够应付异教的知识分子，能同样辉煌地阐述基督教学说的男女'辩护士'"。[1] 由此，第一所由基督教会办的教义问答学校诞生了。由于教会培养目的的变化，教育的内容也发生了相应的变化，"开设了除伊壁鸠鲁主义外整个希腊哲学体系的课程，包括形而上学、伦理学、逻辑、物理学、几何、天文、解剖学、神学、教义说和教堂礼拜式的解释，还有一个高级课程是《圣经》注释。"[2] 随着教堂教育的发展，教堂本身也出现了新的组织类型——中心教堂统领下的分辖教堂；学校也随之出现新的组织形式——主教家教学校，它产生于培养教师、教育年轻人和训练唱诗班儿童这三种需要。而每一种教育需要最终发展成为在主教监督下的一个单独的学校：教给儿童学习及宗教基本功的学校，为边远教堂的牧师或其他神职人员培养年轻助手的学校和训练唱诗班儿童的歌唱学校。

在教育机构和体系发展的同时，教育的理论和方法也成为许多教区讨论的问题，出现了教科书和教育著作，《教理问答》是基督教各派教会对初信教者传授基本教义的简易教材，早期基督教还用它向孩童或受洗前的成人口授教理。6世纪后普遍实行婴孩洗礼，遂又用作对受洗后的儿童或青少年进行宗教教育的教材。中世纪的著名教育家约翰·克莱斯特姆写出了第一本教科书《论儿童教育》。

早期基督教教育，一方面，无论是从家庭、学校教育，还是从后来的修道院教育来说，作用上都是在传播基督教教义；教育的目的则是培养教士、进一步编织基督教教会的思想网络，为教义辩护和论证。另一方面，在教会大力普及教育的时候，教育机构由一个个彼此孤立的家庭发展成为有一定规模、能够相互学习及相互交流的学校（包括教堂学校、教义问答学校、主教家庭学校等），出现了教科书和系统的教育论著，促进了教育的体系化，使教育更具有组织性，并且教育的内容也发生了相应的变化，科学知识（如教义问答学校开设的物理学、几何、天文等）走进了学校和教堂。对于知识的传播来说，这无疑是一种进步。

---

[1] ［美］S. E. 佛罗斯特：《西方教育的历史和哲学基础》，吴元训等译，华夏出版社1987年版，第120页。

[2] ［美］S. E. 佛罗斯特：《西方教育的历史和哲学基础》，吴元训等译，华夏出版社1987年版，第121页。

经院哲学与"共生教育"

进入 11 世纪，一种为基督教教义做论证的哲学体系——经院哲学迅速发展起来，到圣托马斯·阿奎那时，达到了顶峰。阿奎那吸收和利用了当时正处于复兴中的古希腊科学成果，在他的《神学大全》中，把托勒密的地心体系改造为基督教神学的天体观，把盖伦的人体学说改造为基督教神学的人体观，并利用了当时其他一些自然科学成果，对基督教的三位一体教义进行了广泛的论证，这样，基督教神学就具有了一套从天体到人体的系统的宗教神学自然观。不仅如此，阿奎那还吸收和利用了亚里士多德的逻辑学成就，建立起经院哲学的新的方法论基础。至此，阿奎那把基督教义同亚里士多德的哲学和科学融合成为一个完整的理性知识体系，实现了西方文化的一次大综合，形成了一个相当系统的神学哲学体系。

在经院哲学体系中，宗教和科学结成了一种奇特的关系，"这种奇特的关系表现在两个极端的现象上：一是中世纪基督教的宗教裁判所将追求科学真理者视为'异端'，横加迫害；二是古希腊系统的科学知识的珍珠被镶入了基督教文化之中，不仅科学可以在基督教的殿堂中占一席之地，传教士可从事自然科学实验，而且正是托马斯·阿奎那的经院哲学锤炼了欧洲人的理性精神和逻辑思维的能力，从而为近代实验科学的诞生准备了精良的思想武器"。[①] 正是因为这种关系，僧侣、教士在传播基督教教义的同时，科学知识的教育也被渗透在了其中，为科学后来走上独立的发展道路提供了先决条件。本文称宗教教育和科学教育缔结成的这种特殊关系为"共生"教育。

共生（Symbiosis）是生物学中的名词，原指"两种不同生物个体之间任何形式的共同生活，包括互惠共生、偏利共生和寄生。因此，共生既包括有利的联合，也包括有害的联合"，而处于特定的社会条件中的两个或多个具有教育职能的组织，由于内在的相关性，当其中的一个辐射能力较强的组织在传播自己的教育的同时，自觉或不自觉地传播了其他组织的教育，这种不同组织间在教育上所结成的依存关系，也就是共生教育。共生教育的特点是容易形成一个内容广泛的共同体，便于知识的传播，而且很

[①] 程伟礼：《基督教与中西文化交流》，《复旦学报》（社会科学版）1987 年第 3 期。

容易造成一种百家争鸣的学术气氛。当然，由于不同性质的教育之间的相互渗透，辐射能力较强的组织的教育导向性将受到挑战，结果往往与它的期望相去甚远。

基督教教育和科学教育之间是一种典型的共生教育，它结成了一种内在的奇特关系，其中基督教是辐射、传播能力强大的母体，在长达十几个世纪的时间里，一直是当时文化背景的主体。可以说，"如果没有基督教作为强大的社会媒介，古希腊科学的复兴以及复兴之后的进一步传播和发展将是困难的"。① 正是共生教育，使科学进入了基督教的强大母体之中，并随之传播到世界的每一个角落。基督教经院哲学用自己强大的母体孕育了近代科学的胚胎，为近代科学的发展铺平了道路，共生教育是经院哲学兴起之后，科学得以传播的前提，也是当时特定历史条件下教育的特色；共生教育把宗教和科学组合在一起，形成了一个内容十分丰富的社会共同体，到11世纪，"这个共同体已从只能容纳古希腊科学的小酒瓶逐渐变成了一个能容纳近代科学的大酒桶"。②

大学教育的兴起

如果说经院哲学的兴起使基督教在布道的途中撒下了科学的种子，那么中世纪大学的出现则初步打破了教会对教育的垄断，为近代科学的衍生创造了有益的土壤。

在大学兴起之前，修道院是学术的中心。"当修道院放弃教学转向祈祷和反省隐居生活后，大的教会加强他们的学校来弥补这个理智空白。当欧洲在教会下处于和平、繁荣和一致的时候，这些组织能吸引学者和学生来此。训练年轻人，用以补充他们扩大的教职员。其结果是很多人口的中心都有有名的教学社团。他们的名声吸引了其他学者和学生，于是这样的社团发展起来，渐渐地学者和学生们组织成行会和集团。于是，大学的雏形形成了。"③ 到16世纪40年代，近代科学诞生之前，欧洲的大学数量已经接近80所。当人类终于在16世纪中期迎来近代科学灿烂的日出时，大学早已像闪烁的繁星一样镶嵌在中世纪后期的夜空之中。

---

① 童鹰：《世界近代科学技术发展史》，上海人民出版社1900年版，第20—21页。
② 宋子良：《理论科技史》，湖北科学技术出版社1989年版，第27页。
③ 童鹰：《世界近代科学技术发展史》，上海人民出版社1900年版，第161页。

波伦亚大学是当时最负盛名的大学之一，它以天文学、物理学方面的科学研究和科学教育而著名。近代科学的伟大先驱、日心说的创立者哥白尼在意大利留学时，即就学于波伦亚大学。也正是在那里，他受到了近代天文学与近代数学方面的基本训练，并酝酿了最初的日心说思想。帕多瓦大学则以医学教育而著称，近代科学的另一位伟大先驱维萨里即在帕多瓦大学任教，在那里，他完成了伟大的著作《人体结构》。后来，哈维也是在这所大学接受的解剖学训练并受到血液循环研究方面的启发。另外，像塞尔维特、第谷、伽利略、开普勒等一大批近代科学的先驱也都是在大学里成长起来的。大学教育不仅孕育了大批科学家，同时它作为一种新的教育体制对近代、现代教育也产生了深远的影响。

起初的大学是由教会兴办的，教会控制着大学的教育权，虽然开设了法学、医学和文学等学科，但神学是主要的讲授内容。尔后，尽管大学仍然程度不同地受教会的支配，专业设置仍要以神学课程为主，但是，经过近两个世纪的发展，"与主教和其他教士长期斗争之后，大学掌握了总教堂、大学教堂和其他高级教育机关，获得了介绍教学候选人给教会权威而不需要其批准的权力，即是大学而不是教会成为证明一个人是正教和适合教学的机关。大学进一步不受教会的统治，开始建立自己的标准，以世俗权威统治教学。自古以来，教会掌握教育的权利被夺走了。这种情况发生后，学者从正教世界被解放出来，进入一个自由的、争论的、科学的世界"。[1] 更重要的是，在与教会的斗争中，大学获得了一些特权和豁免权，"第一，许多大学有权设立特别法庭，有内部自治的权利。大学教授有裁判权，凡外人与大学生发生诉讼时，均由大学审理。第二，大学生还可以免除赋税及服兵役的义务。第三，大学还有颁发任教特许证的权利和授予学位的权利。第四，大学有权中止上课、罢课和迁移校址"。这些通过与教会斗争取得的权利，使大学教育作为一种特殊的学校教育逐步走上了自由发展的道路。这些特权成为中世纪向近代世界演变的最积极因素。

中世纪末期教育的世俗化与近代科学

中世纪末期，由于社会条件的变化，世俗文化的需求日益增长，对教

---

[1] 童鹰：《世界近代科学技术发展史》，上海人民出版社1900年版，第161页；程伟礼：《基督教与中西文化交流》，《复旦学报》（社会科学版）1987年第3期。

育提出了新的要求。于是在城市里涌现出了新型学校——行会学校和城市学校。

行会是西欧中世纪商人和手工业者的团体，11世纪时，"大学"一词和"行会"一词同样被用来形容行业公会。直到13世纪，"大学"一词才被专门用来指一种学生团体。基于职业需要，行会非常重视教育。一方面，行会关心其成员子女的普通教育，经常提供经费来加强和扩大学校。不仅如此，行会还自己办学校、雇教师，并从行业的角度出发要求教师对儿童们进行世俗化教育。另一方面，行会还制订了自己培养年轻人的计划。"按照行会制度，想从事某种行业的人必须加入某一行会，先充当学徒。学徒期限2—10年，通常为7年，学徒期满后，才能出师。由学徒到出师的过程也就是接受职业技术教育的过程，一般由行会主持，制订师徒合同，规定职业技术的要求。"为了使学徒制教育更加制度化、规范化，行会还建立起职业学校或艺徒学校，如英国的伦敦出版行会学校，德国的艺徒补习学校，等等。行会学校推动了中世纪后期职业技术教育的实施，加速了教育世俗化的进程，为技术、工艺的传播及其与新兴自然观的结合创造了条件。

城市学校是西欧中世纪后期兴起的，适合新兴市民阶层需要的世俗性学校，主要有拉丁文法学校、读写学校和私立学校。拉丁文法学校是那个时期最大的教育机构。在每一个城市里基本都有拉丁文法学校。它不仅是为较高级的教育做准备，而且是因为在读、写、算之外，获得拉丁文的知识也是十分必要的。值得特别注意的是，这些拉丁文法学校并不依附于教会，而是由市政教育当局来管理，其中也有一些是私人创办的，其办学宗旨直接面向一般市民对读写知识的迫切需要，而各式各样的城市读写学校则是为适应市民阶层处理日常事务和进行商业活动的需要产生的。在这些学校中，宗教虽然仍是一门主要学科，但其影响要比教会学校小得多，城市学校的兴起与发展，打破了教会对教育的垄断，使教育更接近一般市民。如在英国，1406年的法律规定，凡父母能够支付学费者，便有权送子女入任何学校。而1410年，法院又裁定教会不得垄断教育。

随着行会学校和城市学校的进一步发展，加之东西方文化交流，尤其是中国的应用技术为教育提供了世俗化的基础，使得教育得到了大范围的普及，走上了世俗化的道路。当教育又一次回到世俗社会的时候，它主要已不是为了传播基督教的教义，而是把科学知识带到社会的各个阶层。

在教育世俗化的同时，中世纪末期的大学里正在孕育着近代科学的胚胎，近代科学的基本特征是它实现了数学和实验的有机结合。因而，从观念上说，一个数学理性化了的"自然"观念应是近代科学诞生的前提，这个前提是在 12 世纪法国沙尔特学校（Charters' schools）建立起来的。"中世纪科学的大量基础工作，西方迈向征服自然的强有力的第一步开始于 12 世纪的沙尔特学校。"[1] 正是沙尔特学校的思想家首先意识到囿于道德范畴的传统宇宙观不适于同时容纳科学，所以有必要对它进行改革，即将其理性化和数学化，这便是新的自然观念的诞生。在此基础上，13 世纪牛津大学和巴黎大学的学者们具体设计出一门"实验科学"，而把这一设计付诸实施的是 14 世纪巴黎的"冲力派"和牛津的梅登学院派，他们以自己的一系列科学成就，突破了传统的限制，成为走向近代科学的前奏。

"科学主要有两个历史根源：一是技术传统，它将实际经验与技能一代代传下来，使之不断发展；二是精神传统，它把人类的理想和思想传下来并发扬光大。"[2] 中世纪后期的职业教育和城市教育，使教育不再是上层阶级的特权，更多的人获得了学习知识的权利，提高了整个社会的文化素质，为科学的产生创造了一个很优厚的条件。而且，在世俗的基础上，学者和工匠之间的鸿沟逐渐地被填平了，促进了两种不同传统的融合与汇流。这样一来，科学赖以产生的两个根源在世俗的基础上统一了起来，两种传统的融合使科学方法和新的自然观也结合在一起，成为近代科学产生的重要前提。

---

[1] Thomas Goldstein, *Dawn of Modern Science*, Boston: Houghton Miffin Company, 1980, p. 69.
[2] ［英］斯蒂芬·F. 梅森：《自然科学史》，周煦良等译，上海译文出版社 1980 年版，第 1 页。

参考文献

一　中文专著

"改革的重点领域与推进机制研究"课题组:《改革攻坚》(上),中国发展出版社 2013 年版。

"推进经济体制重点领域改革研究"课题组:《改革攻坚》(下),中国发展出版社 2013 年版。

本书编写组编著:《党的十八届三中全会〈决定〉学习辅导百问》,学习出版社、党建读物出版社 2013 年版。

范保群:《中国科技、教育与经济协调发展研究》,中国发展出版社 2000 年版。

国务院国资委政策法规局编:《国务院国有资产监督管理委员会规章规范性文件汇编(2003—2012)》,经济科学出版社 2013 年版。

林毅夫、姚洋、黄益平等著:《朗润园观点》,机械工业出版社 2016 年版。

梁骏等译:《竞争的衰亡:商业生态系统时代的领导和战略》,北京出版社 1999 年版。

沈越、鱼金涛主编:《国际技术转移概论》,中国财政经济出版社 1989 年版。

宋子隄:《理论科技史》,湖北科学技术出版社 1989 年版。

童鹰:《世界近代科学技术发展史》,上海人民出版社 1990 年版。

夏国藩:《技术创新与技术转移》,航空工业出版社 1993 年版。

许庆瑞:《研究与发展管理》,高等教育出版社 1986 年版。

张文魁:《中国混合所有制企业的兴起及其公司治理研究》,经济科学出版社 2010 年版。

[美] S. E. 佛罗斯特:《西方教育的历史和哲学基础》,吴元训等译,华夏出版社 1987 年版。

[美] 乔治·萨顿:《科学的历史研究》,刘兵等编译,上海交通大学出版

社 2007 年版。

［美］萨克森宁：《地区优势：硅谷和 128 公路地区的文化与竞争》，曹蓬等译，上海远东出版社 1999 年版。

［美］詹姆斯·弗·穆尔：《竞争的衰亡：商业生态系统时代的领导和战略》，梁骏等译，北京出版社 1999 年版。

［美］格雷厄姆·温特（Graham Winter）：《高绩效领导力》，范保群译，机械工业出版社 2004 年版。

［美］贝那姆·塔布里兹：《快速变革：全球信息技术领域的流程创新》，范保群译，东方出版社 2006 年版。

［英］斯蒂芬·F. 梅森：《自然科学史》，周煦良等译，上海译文出版社 1980 年版。

二 中文论文

常修泽：《混合所有制的价值再发现》，《宁波经济》2014 年第 6 期。

陈国权：《组织与环境的关系及组织学习》，《管理科学学》2001 年第 5 期。

陈劲等：《选择国家科技发展道路的理论模式》，《科学学研究》1995 年第 1 期。

陈晓剑、李洁、杨新亮：《科研机构进入企业集团的模式及机制的研究》，《科学学研究》1994 年第 2 期。

程伟礼：《基督教与中西文化交流》，《复旦学报》（社会科学版）1987 年第 3 期。

楚序平：《发展混合所有制，激发企业内生活力和动力》，《上海国资》2014 年第 5 期。

范保群、袁东：《要重视我国世界级企业的结构失衡问题》，《学习与探索》2014 年第 3 期。

范晓峰：《我国 R&D 投入趋势研究》，《科研管理》1996 年第 4 期。

李树、陈屹立、雷国富：《市场化发展、供给侧改革与制度创新——"新常态下中国经济增长与制度建设"学术研讨会综述》，《经济研究》2016 年第 6 期。

李维安：《深化国企改革与发展混合所有制》，《南开管理评论》2014 年第 3 期。

林华彬：《工业研究所发展模式的探讨》，《广州化工》1988 年第 3 期。

林岳：《技术转移系统》，《科学学研究》1989 年第 3 期。

罗利元、王胜光、胡志强：《二次创业的动力源泉：技术创新化》，《中外科技政策与管理》1996 年第 2 期。

隋映辉：《我国科技成果转化的障碍因素及其对策》，《科学学与科学技术管理》1995 年第 9 期。

王毅：《以能力为基础的战略管理》，博士学位论文，浙江大学，2000 年。

王毅：《企业核心能力动态演化分析：东信、长虹与海尔》，《科研管理》2002 年第 6 期。

王毅：《新产品开发中的平台战略研究》，《中国软科学》2003 年第 4 期。

王毅、毛义华、陈劲、许庆瑞：《新产品开发管理新范式：基于核心能力的平台方法》，《科研管理》1999 年第 5 期。

魏江、许庆瑞：《科研机构进入企业的融合理论研究》，《科学学研究》1996 年第 1 期。

吴建材、谢永平：《共同进化时代的企业核心竞争力策略》，《西安电子科技大学学报》（社会科学版）2003 年第 3 期。

徐耀宗：《谈技术转移》，《科学学研究》1991 年第 2 期。

许惠然、余春祥：《科技院所进入企业，实现科技经济一体化》，《中国软科学》1995 年第 2 期。

钟锡蛟、李梦玲、颜景忠：《动摇科技与经济离异根基的新路——试论研究所进入企业或企业集团》，《科学学与科学技术管理》1987 年第 10 期。

周放生：《混合的重点对象是竞争领域内的国有大企业》，《上海国资》2014 年第 4 期。

周寄中：《研究开发经费比例研究》，《科技日报》1994 年 8 月 29 日第 3 版。

三 英文文献

Robertson David, Karl Urich, "Planning for Product Plat-forms", *Sloan Management Review*, Summer 1998.

I. Dierickx, K. Cool, "Asset Stock Accumulation and Sustainability of Competitive Advantage", *Management Science*, Vol. 35, No. 12, 1989.

Edison Tse, "Grabber-Holder Dynamics and the Network Effect in Technology

Innovation", *Journal of Economics and Control*, Vol. 26, No. 2, 2002.

Eliezer Geisler, "When Whalesare Cast Ashore: The Conversionto Relevancy of American Universitiesand Basic & ience", *IEEE Transactions on Engineering Management*, Vol. 42, No. 1, 1995.

E. T. Penrose, *The Theory of the Growth of the Firm*, Oxford: Basil Blackwell, 1959.

Graham Winter, *High Performance Leadership*, John Wiley & Sons (Asia) Pte Ltd, 2003.

G. Dosi, *Technical Change and Eonomic Theory*, London: Pinter Publisher, 1988.

G. Hamel, C. K. Prahalad, *Competing for the Future*, Boston, MA: Harvard Business School Press, 1994.

H. Stevenson, "Defining Corporate Strength and Weakness", *Sloan Management Review*, Vol. 7, No. 3, 1976.

Iansiti Marco, Roy Levien, "Strategy as Ecology", *Harvard Business Review*, Vol. 82, No. 3, 2004.

James Carse, *Finite and Infinite Games*, Penguin, 1987.

Jianxin Jiao, Qinhai Ma, Mitchell M. Tseng, "Towards High Value-Added Products and Services: Mass Customization and Beyond", *Technovation*, Vol. 23, No. 10, 2003.

J. B. Barney, "Firms Resources and Sustained Competitive Advantage", *Journal of Marketing*, Vol. 17, No. 1, 1991.

J. B. Barney, "Strategic Factor Markets: Expectations, Luck, and Business Strategy", *Management Science*, Vol. 32, No. 10, 1996.

J. F. Moore, "Predators and Prey: A New Ecology of Competition", *Harvard Business Review*, Vol. 71, No. 3, 1993.

J. F. Moore, *The Death of Competition: Leadership and Strategy in the Age of Business Ecosystems*, New York: Harper Collins, 1996.

Keith Pavitt, "What Makes Basic Research Economically Useful", *Research Policy*, Vol. 20, No. 2, 1991.

K. R. Andrews, *The Concept of Corporate Strategy*, Dow Jones-Irwin, 1971.

Marc H. Meyer, Alvin P. Lehnerd, *The Power of Product Platforms: Building*

Value and Cost Leadership, New York: The Free Press, 1997.

Marc H. Meyer, James M. Utterback, "The Product Family and the Dynamics of Core Capability", *Sloan Management Review*, Spring 1993.

Marc H. Meyer, P. Tertzakian, A. P. Lehnerd, "Metrics for Managing Product Development in the Context of the Product Family", *Management Science*, Vol. 43, No. 1, January 1997.

Marc H. Meyer, Robert Seliger, "Product Platforms in Software Development", *Sloan Management Review*, Fall 1998.

Marc H. Meyer, "Revitalizing Your Product Lines Through Continuous Platform Renewal", *Research Technology Management*, March-April 1997.

Marco Iansiti, Roy Levien, "Strategy as Ecology", *Harvard Business Review*, Vol. 82, No. 3, 2004.

Mark V. Martin and Kosuke Ishii, "Design for Variety: Developing Standardized and Modularized Product Platform Architectures", *Research in Engineering Design*, Vol. 13, 2002.

Mingsarn Santikarn, *Technology Transfer: A Gase Study*, Singapore University Press, 1981.

J. F. Moore, *The Death of Competition: Leadership and Strategy in the Age of Business Ecosystems*, New York: Harper Collins, 1996.

M. A. Peteraf, "The Cornerstone of Competitive Advantage: A Resource-Based View", *Strategic Management Journal*, Vol. 14, No. 3, 1993.

M. E. Porter, *Competitive Advantage*, New York: Free Press, 1985.

M. E. Porter, *Competitive Strategy*, New York: Free Press, 1980.

M. Hammer, J. Champy, "Reengineering the Corporation", *Harper Business*, 1993.

P. Evans, T. Wurster, "Getting Real about Virtual Commerce", *Harvard Business Review*, Vol. 77, No. 6, 1999.

Ronald Coase, "The Nature of the Firm", *Economica*, Vol. 4, No. 6, 1937.

R. Admit, P. J. H. Schoemaker, "Strategic Assets and Organizational Rent", *Strategic Management Journal*, Vol. 4, No. 1, 1993.

R. M. Grant, "The Resource-Based Theory of Competitive Advantage: Implications for Strategy Formulation", *California Management Review*, Vol. 33,

No. , 31991.

R. P. Rumelt, D. E. Schendel, D. J. Teece, *Fundamental Issues in Strategy: A Research Agenda*, Boston, MA: Harvard Press School Press, Vol. 33, No. 3, 1994.

Edison Tse, "Grabber-Holder Dynamics and the Network Effects in Technology Innovation", *Journal of Economics and Control*, Vol. 26, No. 9 – 10, 2002.

Xuehong Du, Jianxin Jiao and Mitchell M. Tseng, "Modelling Platform-Based Product Configuration Using Programmed Attributed Graph Grammars", *Journal of Engineering Design*, Vol. 14, No. 2, June 2003.